월가를 정복한 수학자 퀀트투자의 아버지 에드워드 소프

나는 어떻게
시장을 이겼나

A MAN FOR ALL MARKETS by Edward O. Thorp

A MAN FOR ALL
MARKETS

: From Las Vegas to Wall Street,
How I Beat the Dealer and The Market

— 월가를 정복한 수학자 퀀트투자의 아버지 에드워드 소프 —

나는 어떻게
시장을 이겼나

에드워드 O. 소프 지음 · 나심 니콜라스 탈레브 서문 · 신진오 감수 · 김인정 옮김

이레미디어

**비비안과 우리 아이들,
그리고 우리 아이들의 가족들에게**

라언, 브라이언, 에이바,
캐런, 리치, 클레어, 크리스토퍼,
에드워드 제프, 리사, 칼리, 토머스

차례

차례

A Man For
All Markets

과학, 도박, 유가증권 시장이라는 세계를 관통하는 긴 여정에 독자 여러분을 초대한다. 이 여정에서 여러분은 라스베이거스와 월스트리트, 그리고 인생에서 내가 어떻게 위험을 극복하고 보상을 받았는지 보게 될 것이다. 더불어 블랙잭 카드카운터, 투자전문가, 영화배우, 노벨상 수상자에 이르기까지 흥미로운 사람들을 다양하게 만나게 될 것이다. 옵션과 기타 파생상품, 헤지펀드에 관한 정보를 얻고, 단순한 투자 기법을 통해 장기적으로 전문가를 포함한 대부분을 이기는 이유도 알게 될 것이다.

내가 태어난 1930년대는 대공황이 한창이었다. 수백만 명의 다른 사람들과 마찬가지로 나의 가족도 하루하루 간신히 살아갔다. 도움을 받을 먼 친척도 없었고 공립학교에 다녀야 했지만 나는 한 가지 자원을 발견했고 그것이 결정적인 변화를 가져왔다. 바로 사고하는 법을 배운 것이다.

어떤 사람은 단어로 사고하고 어떤 사람은 숫자를 이용한다.

시각 이미지를 활용하는 사람도 있다. 나는 여기에 더해 모형을 이용한다. 모형은 현실을 단순화하여 표현한다. 약도를 그려 한 곳에서 다른 곳으로 가는 길을 보여주거나, 서로 부딪혀 끊임없이 튀어오르는 작은 고무공을 이용해 기체를 시각적으로 설명하는 것과 같다.

어린 시절 나는 기어, 레버, 도르래와 같은 간단한 장치들이 작동하는 기본 법칙이 있다는 사실을 알게 되었다. 실험을 통해 이 법칙을 발견할 수 있는데 제대로 이해하면 이것을 활용해 새로운 상황에서 일어날 일을 예측하는 것도 가능하다.

무엇보다 굉장했던 것은 광석 라디오의 마법이었다. 광석 라디오는 전선, 광석, 헤드폰으로 만든 초기의 원시적 라디오이다. 수백, 수천 킬로미터 밖의 목소리가 어떤 신비로운 과정에 의해 공기로 전달되어 귀에 들어왔다. 눈에 보이지 않는 무언가가 어떤 법칙을 따르고 있고, 그 법칙을 사고를 통해 발견할 수 있으며 세상을 바꾸는데 내가 발견한 법칙을 활용할 수 있다는 생각은 어린 시절부터 영감을 주었다.

여건상 주로 독학을 했던 경험은 나를 다른 방식으로 사고하도록 이끌었다. 첫째, 카지노를 이기는 것은 불가능하다는 주장처럼 널리 받아들여진 시각을 순순히 수긍하는 대신 직접 확인해야 했다. 둘째, 새로운 실험 방법을 개발해 이론을 시험했다. 그 결과 신주인수권 가치평가 공식을 비롯한 순수사유의 결과물을 얻고 그것을 유익하게 활용하는 것을 일상화할 수 있었다. 셋째, 스스로 가치 있는 목표를 설정해야 할 때는 현실적인 계획을 세우고 성공할 때까지 끈질기게 매달렸다. 넷째, 과학이라는 전문 분야뿐만 아니라 세상의 모든 측면을 다룰 때 일관되게 합리적인 태도를 유지하려고 분투했다. 또한 증거에 근거해 결정을 내리기까지 판단을 유보하는 법도 배웠다.

내 이야기가 독특한 관점을 제시하기를 바라며, 도박, 투자, 위험, 자금 관리, 부의 형성, 그리고 삶에 관해 다른 방식으로 사고하는 데 이 책이 도움이 되기를 바란다.

에드워드 O. 소프

추천사

　에드워드 소프의 회고록은 제임스 본드에게나 어울릴 법한 착용형 컴퓨터와 수상한 인물, 위대한 과학자, 그리고 암살 시도(자동차에 문제가 생겨 에드가 사막에서 '사고'를 당할 뻔했던 사건)가 뒤섞인 스릴러물처럼 읽힌다. 이 책에는 삶, 지식, 재정적 안정, 그리고 무엇보다 재미를 추구하는 철저하고 엄격하며 꼼꼼한 인물이 등장한다. 소프는 너그러운 사람으로 알려져 있다. 좀 더 지적으로 표현하면 자신이 발견한 것을 불특정 다수와 (책을 통해서는 물론이고 직접 대면해서) 공유하는데 열의를 기울인다. 과학자들에게는 흔한 일이지만, 일반적으로 찾아보기 어려운 덕목이다. 게다가 겸손하기까지 하다. 어쩌면 지구상에서 유일하게 겸손한 트레이더일 것이다. 소프가 기여한 것의 의의는 자신이 밝힌 것보다 훨씬 더 크다. 그러나 행간을 읽어 재해석하지 않는 한 독자들은 그 사실을 알아차리기 어려울 것이다. 어째서일까?

　단순하기 때문이다. 그는 간단명료하다.

그의 기여와 통찰이 학계에서는 잘 드러나지 않지만 현실에서는 유용한 것도 그가 복잡하지 않기 때문이다. 당연한 이야기지만 소프의 글은 직접적이고 분명하며 매력적이다. 따라서 이 글을 쓰는 목적도 그의 책을 설명하거나 요약하려는 것이 아니다. 나는 트레이더이자 현장에서 재무수학을 응용하는 한 사람으로서 소프의 기여와 통찰이 지니는 중요성을 소개하려고 한다. 또한 과학을 전공한 트레이더들과 주로 위험에 베팅하는 선수들의 관점으로 그것을 설명하려고 한다.

에드 소프를 맥락 속에서 파악하면 이렇다. 그는 위험에 베팅하는 행위에 계량적 분석을 성공적으로 활용한 최초의 현대 수학자이며, 그 분석법을 적용해 재정적으로 성공한 최초의 수학자임에 틀림없다. 그의 뒤를 이어 뉴욕주립대 스토니브룩에서 응용수학을 전공한 수재들을 비롯한 '퀀트quant', 즉 계량분석가들이 대거 등장했다. 그러나 그들의 수장은 소프이다.

소프보다 앞선 인물 가운데 가장 중요하고 흥미로운 사람이 지롤라모 카르다노Girolamo Cardano이다(제로니모라고도 불린다). 그는 16세기의 인물로 다방면에 박식했고 최초의《딜러를 이겨라Beat the Dealer》류의 책을 쓴 수학자였으며 도박 중독자였다. 완곡하게 표현하면 그는 성공하지는 못했는데 무엇보다 도박 중독자들이 위험을 통제하지 못했기 때문이었다. 몬테카를로, 라스베이거스, 비아리츠 등 도박꾼들의 중독을 재원으로 삼아 번창한 호화로운 시설들이야 말로 도박에 중독된 사람들이 많다는 확실한 증거이다. 카르다노의 저서《확률게임에 관한 책Book on Games of Chance, Liber de ludo aleae》은 훗날 확률이론을 발전시키는 데 도움이 되었지만, 소프의 책과 달리 도박사보다는 수학자들에게 더욱 큰 영감을 주었다. 런던으로 망명한 프랑스 개신교 난민 출신 수학자 아브라암 드무아브르Abraham de Moivre도 있다. 그는 도박장에 자주 들렀고 《확률론: 진행 중인 경기의 확률 계산법The doctrine of chances: or, a method for calculating the probabilities of events in play》(1718)을 썼지만 좀처럼 도박과 수학의 접점을 찾지 못했다. 도박으로 돈을 버는 데 무관심했던 것인지, 아니면 서툰 실력이 도무지 나아지지 못했던 것인지 알 수 없지만, 수학자이자 도박사라고 부를 수 있는 예닐곱 명쯤은 금세 꼽을 수 있다. 페르마Fermat 및 하위헌스Huygens 같은 위대한 수학자들도 여기에 포함된다. 에드 소프보다 앞서 도박을 즐긴 수학자들이 품은 확률에 대한 애정은 대개 짝사랑으로 끝났다.

소프의 방법은 이렇다. 그는 곧장 본론으로 들어가 분명한 우위(장기적으로 유리한 확률로 이끄는 요인)가 있는지 확인한다. 우위는 명확하고 단순해야 한다. 예를 들어, 소프는 착용형 컴퓨터로 룰렛휠의 운동량momentum을 계산했다(소프 못지 않게 위대한 정보이론의 아버지 클로드 섀넌Claude Shannon이 함께했다). 그 결과 소프는 일반적인 우위, 즉 승산을 베팅당 약 40퍼센트로 추정했다. 여기까지는 굉장히 쉽다. 어려운 것은 그 우위를 실현하여 은행의 달러, 좋은 음식점에서의 식사, 흥미로운 유람선 여행, 그리고 친구와 가족을 위한 크리스마스 선물로 바꾸는 것이다. 결국 중요한 것은 베팅의 적정 규모이다. 너무 적어도 안 되고 많아서도 안 된다. 에드 소프는 이것을 해결하기 위한 대업을 혼자서 수행했다. 유명한 켈리공식Kelly Criterion의 창시자인 존 켈리John Kelly가 '정보이론 3인방' 가운데 세 번째 멤버가 되어 소프의 연구를 이론적으로 개선했다. 현재 베팅공식으로서 켈리공식을 논의하게 된 것도 에드 소프가 준비를 마친 덕분이다.

베팅의 적정 규모를 논의하기에 앞서 단순함에 관한 이야기를 좀 더 해보겠다. 지역의 은행 지점장(또는 세무사)이 아닌 동료들의 평가를 받는 학계에서는 큰 산이 진통 끝에 생쥐 한 마리를 낳는다고 해서 대단하게 여기지 않는다.[1] 학계가 바라는 것은 생쥐가 산을 낳는 것이다. 복잡하다는 인상을 주는 것이 중요하다. 복잡할수록 좋다. 단순한 것은 인용되지 않거나 H값[2]을 얻지 못하고 대학 관리자들이 존중하는 현재의 평가 기준을 만족하지 못한다. 단순한 만큼 쉽다고 생각하고 실제 연구의 본질은 이해하지 못하기 때문이다. 복잡해보이기 위해 복잡해져야 하는 부담에서 자유로운 학자는 수학자와 물리학자뿐이다. (순위 매기기가 일상화된 환경과 연구비 조달 여건 때문에 이들에게도 상황은 갈수록 어려워진다고 한다.)

에드는 원래 학구적인 사람이었지만 자신이 가진 것을 걸고 실제 경험을 통해 배우기를 좋아했다. 우리가 조산사로서 산의 출산을 돕는다면, 부작용과 합병증을 최소화한 '가능한 가장 단순한 전략'을 낳기를 바랄 것이다. 에드의 천재성은 블랙잭에서 극히 단순한 규칙을 찾아낸 그의 방식에서 드러난다. 복잡한 조합과 기억 능력을 (서번트 수준으로) 요구하는 대신 그는 자신의 복잡한 연구 내용 전부를 다음과 같은 간단한 규칙으로 구체화한다. 블랙잭 테이블로 간다. 집계한다. 0에서 출발한다. 큰 카드가 나오면 1을 더하고 작은 카드가 나오면 1을 뺀다. 다른 카드가 나오면 0으로 셈한다. 차츰 베팅액을 높이거나 낮추어가는 것이 정신적으로 편하다. 숫자가 크면 크게 베팅하고 숫자가 작으면 작게 베팅한다. 신발 끈을 묶을 줄 알거나 지도에서 카지노를 찾을 정도만 되어도 누구나 즉시 적용할 수 있는 전략이다. 룰렛 테이블에서 착용형 컴퓨터를 이용해 우위를 찾는 일도 배선 작업과 구현이 어려울 뿐 방법 자체는 식은 죽 먹기만큼 단순했다.

부차적인 이야기를 하자면 에드는 블랙—숄즈 옵션 공식을 블랙과 숄즈보다 먼저 발견했다. (이 공식에 에드 소프의 이름이 붙지 않은 것은 경제학 분야의 홍보 때문이 아닌가 싶다. 나는 이것을 바실리에-소프 공식이라고 부른다.) 그러나 유도 과정이 지나치게 단순해서 당시로서는 이것이 막강한 공식이 될 수 있다는 사실을 아무도 깨닫지 못했다.

이익과 손실에 직접 노출되는 경험을 통해 배우려는 사람들에게 돈을 관리하는 문제는 매우 중요하다. '우위'를 갖는 것과 살아남는 것은 별개이다. 일단 살아남아야 우위도 가질 수 있다. 워런 버핏 역시 "성공하려면 먼저 반드시 살아남아야 한다"고 강조했다. 무슨 수를 쓰더라도 절대 완전히 파산해서는 안 된다.

이익과 손실 사이에는 변증법이 작동한다. 처음에는 작게 (초기 자본 가운데 일부를) 베팅한다. 위험을 제한하면(적정 규모로 베팅하면) 우위도 제한될 수밖에 없다. 시행착오를 거치듯 자신의 위험 선호도와 승률에 대한 평가를 한 번에 한 단계씩 수정해 나가야 한다.

실제 도박행위나 투자전략에서 파산을 방지하려는 일반적인 기법은 학술 문헌에 쓰인 것과 크게 다를 수밖에 없다. 최근 올레 피터스Ole Peters와 머리 겔만Murray Gell-Mann이 보여준 바와 같이 재무학은 이것을 파악하지 못하고 있다. 알다시피 학자들은 삶을 단순하게 하는 것이 아니라 더 복잡하게 만드는 대가로 동료들을 통해 관료들로부터 돈을 받는다. 학자들은 효용이론(실제로 관련 논문 수만 편이 실제 독자를 기다리고 있다.)이라는 효용 없는 이론을 발명했다. 또한 미래 가격의 집합적 행태collective behavior 하나하나를 무한히 파악할 수 있다는 발상을 했다. 현재 확인 가능하고 앞으로도 결코 변하지 않을 상관관계 같은 것이 존재한다는 생각이다. (좀 더 기술적으로 말하면, 현대 금융 이론에서 제시하는 방식으로 포트폴리오를 구축하기 위해서는 모든 미래 자산의 전체 결합확률분포[3]와 추가로 미래 모든 부에 대한 정확한 효용함수를 알아야 한다. 게다가 오차가 있어서도 안 된다! [나는 추정오차가 시스템에 과부하를 일으킨다는 것을 입증했다.] 내일 점심에 무엇을 먹을지만 미리 알아도 운이 좋다고 할 것이다. 미래 가격의 역학관계를 어떻게 무한히 파악할 수 있단 말인가?)

켈리―소프 방식에는 결합확률분포나 효용함수가 필요하지 않다. 실제로 알아야 할 것은 최대 가능손실 대비 기본적인 기대수익의 비율이다. 이 비율을 역동적으로 조정해 (즉, 한 번에 한 가지 도박으로) 파산을 피한다. 그것만 알면 충분하다.

소프와 켈리의 구상은 실용적이라는 매력에도 불구하고 경제학자들에게 거부되었다. 경제학자들은 모든 자산 가격과 세상의 모든 역학에 공통적으로 적용 가능한 보편적인 이론을 사랑하기 때문이다. 현대 경제학의 유명 원로인 폴 새뮤얼슨Paul Samuelson은 아마도 소프에게 반발하는 쪽이었을 것이다. 이런 경제학자들의 연구 가운데 어느 것도 궁극적으로 살아남기는 어려울 것이다. 사람들이 살아남도록 하는 전략은 동료들을 감동시키는 능력과는 다르기 때문이다.

오늘날 세상은 뚜렷이 다른 두 가지 방법을 따르는 두 집단으로 구분된다. 첫 번째는 경제학자들의 방법이다. 이들은 파산이 일상이 되었거나, 직접 투기적 투자를 하는 대신 다른 사람의 돈을 관리해주고 수수료를 받아 부자가 된다. 그러나 롱텀 캐피탈 매니지먼트LTCM의 경우, 최고 중의 최고라는 금융경제학자들이 있었지만 자신들이 최악의 시나리오라고 생각한 것보다 몇 배나 많은 손실을 기록하며 1998년 장렬히 파산했다.

두 번째는 에드가 개척한 분야인 정보이론가들의 방법이다. 과학자 출신 트레이더들이 이 방법을 활용한다. 살아남은 투기꾼speculator들은 모두 명시적으로 혹은 암묵적으로 이 방법을 이용한다. (레이 달리오Ray Dalio와 폴 튜더 존스Paul Tudor Jones, 르네상스 테크놀로지Renaissance Technologies, 골드만삭스Goldman Sachs가 증거이다!)[4] '모두' 라고 말할 수 있는 이유는 피터스와 겔만이 입증한 것처럼 이 방법을 이용하지 않으면 결국 파산할 것이기 때문이다.

가령 모리 삼촌에게 갑자기 8만 2,000달러를 상속받았다고 할 때 우리는 결코 파산하지 않으면서 상속받은 재산을 두 배로 불리는 전략이 존재한다는 사실을 안다. 두 번째 방법이 있기 때문이다.

소프에게서 개인적으로 배운 몇 가지 지혜가 있다. 성공한 투기꾼 가운데 많은 사람들은 생애 첫 여유를 누린 뒤 다시 거대한 체계 안으로 들어간다. 수많은 사무실, 아침 회의, 커피, 기업의 음모에 관여하면서 자기 삶의 통제력은 잃은 채 더 많은 부를 추구한다. 에드는 달랐다. 그는 (자신과는 무관한 이유로) 파트너들과 헤어지고 회사를 정리한 뒤에 새로운 초대형 펀드를 설립하지 않았다. 다른 사람들의 돈을 관리하는 일에는 오로지 제한적으로만 관여했다. (안락한 삶을 추구하는 대부분의 사람들은 다른 회사로 복귀한 뒤 자신의 평판을 지렛대 삼아 외부에서 막대한 자금을 조달해 막대한 수수료 수입을 얻으려고 한다.) 이러한 자제력은 직관과 자기인식이 있어야 가능하다. 독립적인 활동은 스트레스가 훨씬 덜하다. 막강한 고객을 보유한 거대 체계에 관여할 때는 결코 독립적일 수 없다. 복잡한 확률을 다루는 것만으로도 충분히 어려운 일이다. 예측할 수 없고 변덕스러운 인간의 감정에 노출되는 것은 최소화할 필요가 있다. 진정한 성공은 치열한 경쟁에서 빠져나와 활동을 조절하고 마음의 평화를 찾는 것이다. 그가 가졌던 직업 중 가장 스트레스가 컸던 것은 UC어바인에서 수학과 학과장직을 맡았던 일이다. 그것은 소프에게 분명한 교훈이되었다. 누가 보더라도 그는 자기 삶을 관리하는 데 충실한 사람이다. 그를 두 번째로 본 2016년의 모습이 그를 처음 만난 2005년 모습보다 더 젊게 보인 것도 그때문일 것이다.

차오,
나심 니콜라스 탈레브Nassim Nicholas Taleb[5]

추천사

퀀트quant라는 말은 내가 2000년에 최적화 기법을 이용해서 주식 투자 연구를 처음 시작했을 때는 생소한 단어였지만 지금은 상식적인 용어가 되었다. 퀀트는 계량적 접근법으로 투자하는 플레이어를 총칭하는 말이다.

지금까지 가장 사업적으로 성공한 퀀트라면 너무나 유명한 르네상스 테크놀로지Renaissance Technologies의 제임스 사이먼스James Harris Simons를 들 수 있다. 그렇지만 퀀트의 역사에서 단 한 명만 들라면 나는 단연 이 책의 저자 에드워드 소프Edward Oakley Thorp를 든다. 소프는 최초의 퀀트이고, 최초의 퀀트 펀드를 만든 사람이다. 퀀트라는 분야가 그로부터 시작된 상징적인 인물이다.

그는 오래전에 라스베이거스에서 블랙잭 카드 카운팅으로 딜러를 이긴 경험을 《딜러를 이겨라Beat the Dealer》라는 책으로 써 베스트셀러 저자로 유명해졌다. 이후 《시장을 이겨라Beat the Market》, 《도박의 수학The Mathematics of Gambling》, 《켈리 원리에 의한 자본 키우기The Kelly Capital Growth Investment Criterion》 등의 통찰 가득한 책의 저자로도 유명하다. 이레미디어에서 아마도 그의 생애에 쓴 마지막 책일 가능성이 높은 이 책의 번역서에 추천을 의뢰받고는 평소와 달리 내용을 제대로 보지도 않고 승낙부터 했다. 보지도 않고 자신 있게 추천할 수 있을 것이라 확신했다. 한국에서 퀀트 문화를 정착시키는데 조금은 기여를 했다고 자부하는 내게 우상과 같은 그가 쓴 마지막 책의 추천사를 쓰게 되어 감사하다.

이 책은 소프가 직접 쓴 자서전이라 할 수 있다. 그의 가난했던 어린 시절부터 시작해서 교수 시절, 회사 설립, 펀드 설립 후 승승장구하던 경험, 본인과 별 관계없는 사건으로 펀드 종료에 이르는 과정 등을 시간순으로 다룬다. 가감 없는 솔직함으로 그의 깊은 내면을 알 수 있다. 책의 전반에 걸쳐 능동적으로 생각하는 그의 습관을 관찰할 수 있다. 그의 이런 경향은 어릴 때부터 스스로 생각하는 경험이 누적되면서 자연적으로 형성된 것 같다. 이 책에는 투자의 원리, 운용의 팁에 대한 힌트도 있으며, 개인의 부와 인생에서 중요한 것에 관한 그의 철학도 알 수 있다. 이 책을 보고 나서 지금껏 기술적, 학문적으로만 존경하던 그가 인간적으로도 굉장히 따뜻하고 깊이가 깊은 사람이라는 것을 알게 되었다.

이 책에는 그의 인생과 국가에 대한 생각도 엿볼 수 있다. 통계 교육의 중요성, 과학자와 엔지니어를 배출하는 것이 국가의 미래에 얼마나 중요한 일인지 강조하기도 한다. 그는 평생 정치적인 것과는 거리가 멀었다. 그는 미국을 지배하는 건전하지 않은 정치적 부자에 대해 따끔한 비판도 한다. 금융위기를 회고하는 그의 논조도 이런 맥락 속에 있다.

대부분의 투자서는 개인의 지식과 생각을 담은 것이지만 이 책은 그에 더하여 자전적 술회를 통해서 그의 인생까지 드러낸다. 자전적 책에는 흔히 가식과 왜곡이 많이 포함되는데 이 책은 어느 구석에도 그런 느낌이 없다. 번역이 잘되어 아주 부드럽게 읽힌다. 솔직하고 따뜻한 천재, 나의 우상 에드워드 소프의 마지막 책을 꼭 읽어보시기를 권한다.

문병로
서울대학교 컴퓨터공학부 교수/(주)옵투스자산운용 대표

"진정한 우상의 놀라운 책이다. 에드워드 O. 소프는 수학을 마법으로 바꾸어 라스베이거스와 월스트리트에 혁명을 일으켰다. 그는 자신이 얻은 인생의 교훈을 에이스로 가득한 한 벌의 카드처럼 이 책에 흥미롭게 엮어냈다. 멋지다!"

— 벤 메즈리치Ben Mezrich

뉴욕타임즈 베스트셀러 《MIT 수학천재들의 카지노 무너뜨리기Bringing Down the House》,

《벼락부자들The Accidental Billionaires》 저자

"야심찬 전문 플레이어든, 일반적인 도박꾼이든 아니면 라스베이거스를 가끔 찾는 사람이든 사막의 도시에 에드워드 O. 소프의 지적 능력이 미친 영향을 느낄 수 있을 것이다. 21 게임에 대한 호기심에서 비롯된 소프의 고유한 연구를 바탕으로 1962년 출판한 『딜러를 이겨라』는 비전문가들이 블랙잭에서 카지노를 이기는 방법을 다룬

입문서로 알려졌다. 간단히 말해, 모든 것을 바꾼 책이다. 『나는 어떻게 시장을 이겼나』는 현상에 도전하며, 예상하지 못한 상황에서 마주친 때로는 위험한 장애물을 헤쳐나가는 소프의 개인적 여정을 연대순으로 기록한다."

- 니콜라스 G. 콜론 Nicholas G. Colon

전문 어드밴티지 도박사, 알리 컨설팅그룹 상무

"굉장한 이력이다. 카드카운팅으로 블랙잭을 이기는 방법을 알아냈다? 세계 최초의 착용형 컴퓨터를 구축했다? 금융 옵션의 가치를 매기는 공식을 알아냈지만 노벨상을 노리는 대신 돈을 버는 데 활용했다? 그랬다. 이 책은 한편으로 한 사람의 천재성과 헌신이 다양한 분야의 수많은 문제를 어떻게 해결했는지 보여주는 눈을 뗄 수 없는 이야기이다. 그러나 더욱 중요한 것이 있다. 이 책은 한 사람의 사고 과정에 대한 대단히 흥미로운 통찰이다. 명성을 얻는 데는 관심이 없어서 대부분 눈에 띄지 않게 움직이지만, 자신의 탐구심을 좇아 그것이 이끄는 곳이 어디든 나아가고 그 결과를 보상받는다. 분명하게 생각하는 방법을 아는 것보다 중요한 것은 없다. 이 책을 읽고, 대가에게서 그것을 배운다."

- 폴 윌모트 Paul Wilmott

〈윌모트〉지 설립자

퀀트 투자자 중 20세기 알고리즘 투자의 아버지이자 전설적인 퀀트인 에드워드 소프를 모르는 사람은 없을 것이다. 이 책은 시장을 이기는 위대한 퀀트가 되기까지의 험난하고 흥미로운 여정을 소프 자신이 직접 들려주는 거대한 한 편의 드라마이다. 수학과 물리학으로 중무장하여 라스베이거스의 도박판을 휩쓴 후, 주식 시장까지 정복한 그의 이야기는 언제 들어도 흥미진진하다. 지금 이 시간에도 시장과 씨름하며 자신만의 투자 전략을 개발하는 모든 퀀트 투자자들에게 강력히 일독을 권한다.

― systrader79, 《주식투자 ETF로 시작하라》 저자

에드워드 소프는 계량적인 방법을 바탕으로 위대한 업적을 만들어 냈다. 불가능해 보이는 카지노를 이겼고 나아가 주식시장을 이겼다. 이 책은 시장을 이겨나가는 과정을 흥미진진하게 보여주고 있다. 그의 천재성에 감탄하게 될 것이다. 논리적이고 과학적인 사고를 원하는 모든 투자자들이 꼭 읽어야 할 책이다.

― 홍용찬, 《실전 퀀트투자》 저자

소프는 수학적으로 금융시장에서 초과수익을 낼 수 있는 패턴을 찾아낸 세계 최초의 계량투자자이다. 그가 카지노와 월가를 넘나들며 끊임없는 연구를 통해 부자가 되는 과정을 본인의 글을 통해 생생히 체험할 수 있다는 점이 매우 흥미진진하다. 계량투자가 어떻게 시작했는지, 세계 최초의 계량투자자는 어떻게 살았는지, 그가

인생과 투자에 대해 어떻게 생각하는지 알고 싶은 분들께는 꼭 추천하고 싶다.

— 강환국, 《할 수 있다! 퀀트 투자》 저자

최초의 퀀트이면서 카지노와 월스트리트를 제패한 에드워드 소프의 이야기는 투자에 관심 있는 사람이라면 누구에게나 흥미롭다. 수많은 사람들이 그에 대해 다루었지만 그가 직접 말하는 투자 철학과 비하인드 스토리는 그 어떤 투자 서적보다도 가치가 있다. 이 책을 통해 과학, 수학, 도박, 헤지펀드, 그리고 금융을 모두 아우르는 그의 천재적인 통찰력을 느껴보길 바란다.

— 권용진, 《인공지능 투자가 퀀트》 저자

감수후기

에드워드 소프는 계량적quantitative 접근 방식인 '퀀트투자의 창시자' 또는 '헤지펀드의 창시자'로 알려져 있는 투자자이다. 그렇다면 소프 이전에는 퀀트투자가 없었을까? 스티븐 그라이너는《벤저민 그레이엄의 정량분석Ben Graham was a Quant》에서 (알고 보면) "그레이엄도 퀀트였다"고 주장하고 있다. 즉 다양한 내재가치 지표를 계량화하여 투자에 적용하였으니 그렇게 볼 수도 있다. 그렇게 따지면 버핏을 비롯한 '그레이엄-도드 마을'의 가치투자자들도 친척쯤으로 봐줄 수 있겠다. 하지만 구체적인 투자방법에 있어서는 퀀트투자와 가치투자는 전혀 다르다.

가치투자란 주가는 내재가치와 동행한다는 확신을 가지고, 내재가치에 비해 저평가된 종목에 투자하는 방식이다. 그러므로 개별기업이 어떤 방식으로 돈을 버는지 깊게 분석하고, 수익성이 튼튼한지 경제적 해자를 따져보고, 성장하는 수익을 공유하거나 일시적으로 발생된 저평가가 해소되기를 기대하면서 비교적 장기간 투자한다. 하지만 간혹 가치 우량주라고 투자하였는데, 오히려 내재가치가 악화되거나 저평가 상태가 해소될 기미가 전혀 없는 가치 함정에 빠질 우려도 있다.

그런데 퀀트투자는 가급적 많은 데이터를 활용하여 수많은 백테스트를 통해 약간의 우위라도 찾아내려고 한다. 그래서 어렵사리 확보된 조그만 우위를 안전하게 다듬어서 이를 극대화하여 승률을 높이는 전략이다. 그런데 유효한 계량지표가 달라질 수 있기 때문에 어떤 지표가 가장 잘 맞는지 끊임없이 백테스트하고 새로운 지표로 교체해가며 포트폴리오를 리밸런싱하는 전략인 것이다. 특정 계량지표에 대한 집착이나 미련이 별로 없는 편이라서, 퀀트투자는 비교적 단기간 투자하게 된다. 하지만 어떤 계량지표도 안전하게 우위를 유지하지 못하는 혼란스러운 시장도 있다. 그런 경우에는 길게는 몇 년 동안이나 퀀트투자가 애를 먹기도 한다.

결과적으로 가치투자가 우량 종목을 찾듯이, 퀀트투자는 좋은 계량지표를 찾기 위해 분주하다. 그럼에도 불구하고 퀀트투자는 가치투자와 매우 공통된 면이 존재한다. 학계의 지배적 이론인 '효율적 시장가설'을 지지하지 않는다는 것이다. 효율적 시장가설은 어떤 투자 정보를 얻더라도 주식시장에 비해 초과수익을 얻을 수 없다는 이론이다. 그런데 퀀트투자는 계량지표를 잘 조합하면 초과수익을 확보할 수 있다는 것이고, 가치투자는 우량 기업을 저평가된 상태에서 매수하면 초과수익을 확보할 수 있다는 것이다. 그러므로 초과수익이 가능하다는 면에서 효율적 시장가설이라는 공동의 적을 둔 같은 편이라는 것이다.

재미난 점은 최근 들어 퀀트투자에서 다루는 주요 계량지표로 가치투자자가 중시하는 가치지표를 채택함으로써 양대 진영 간에 전략적 연대가 발생하고 있다는 것이다. 계량지표를 잘 다루어야 하고, 행동경제학에서 지적하는 것처럼 인간 판단의 많은 오류를 극복하기 위해 시스템화하는 경향이 두드러지면서 인공지능을 활용하는 로보어드바이저로 진화하는 데 퀀트투자가 가장 앞장서고 있다는 점도 주목할 만하다.

"카지노를 절대로 이길 수 없다"라는 통념에 반기를 들고, 틈새를 파헤쳐 조그만 우위를 찾아낸 소프의 집념이 오늘날 퀀트투자라는 거대한 물줄기를 이루어냈다. 게다가 투자 분야에서 '섀넌의 도깨비' 또는 '균형복원 포트폴리오'로 유명한 클로드 섀넌, 또 '켈리 기준'이라는 베팅 법칙을 정립한 존 켈리 등 당대 천재 과학자들과 소프의 만남은 소설의 일종인 '투자 스토리'에 대한 집착을 극복하고 투자를 수학적, 과학적으로 체계화하는 계기를 마련했다.

워런 버핏을 비롯한 많은 분이 위인전 또는 자서전을 읽어보라고 권하고 있는 데는 다 이유가 있다. 퀀트투자에 관한 많은 책이 존재하고, 또 소프에 관한 많은 책이 존재한다. 하지만 그 어떤 책도 소프가 직접 쓴 이 책이 주는 울림을 대신할 수 없다. 소프의 발자취를 따라가면서, 퀀트투자가 어떻게 시작되고 발전되었는지 알아가는 재미도 쏠쏠하다. 또 투자업계에서 활동하든 노후를 대비하는 개인투자자든 앞으로 어떤 방향으로 투자에 임해야 하는지에 관한 통찰을 얻을 수 있다. 과거의 수많은 깨달음과 치열한 노력으로 소중한 오늘이 존재할 수 있었기에, 소프에게 존경과 감사를 드린다. 본인이 이공계 두뇌를 가졌다면, 또는 컴퓨터로 데이터를 다루는데 자신이 있다면 주저 없이 위대한 거인 에드워드 소프의 어깨 위에 올라서길 바란다.

신진오
밸류리더스 회장

배우기를
좋아하다

낡고 지저분한 옥외 나무계단 끝 층계참에 부모님과 함께 서있던 장면이 어린시절 나의 첫 기억이다. 1934년 12월로 전형적인 시카고의 우울한 겨울날이었다. 나는 생후 28개월이었고 한 벌뿐인 겨울용 바지와 모자가 달린 겉옷을 입었는데도 추운 날씨였다. 잎이 모두 떨어진 까만 나무들이 눈 덮인 땅에 솟아있었다. 집에서 여자가 나오더니 부모님께 말했다. "안되겠네요. 아이가 있는 집에는 세를 주지 않아요." 부모님은 고개를 떨구고 돌아섰다. 내가 뭔가 잘못했나? 왜 내가 문제이지? 대공황의 한가운데에 있던 이 날의 기억은 늘 나를 따라다닌다.

다음으로 떠오르는 기억은 두 살 반 되던 해, 부모님이 나를 가족 주치의인 데일리 박사에게 데려간 것이다. 부모님은 내가 아직 말을 한마디도 하지 않았다고 걱정스럽게 설명했다.[1] 무엇이 잘못된 것일까? 의사는 미소를 지으며 내게 책상에 놓인 공을 가리켜 보라고 했다. 시키는 대로 하자 다음에는 연필을 집어보라고 했다. 몇 가지 지시를 더 내리고 나는 수행했다. 의사는 "걱정 마세요. 때가 되면 말을 할 겁니다."라고 진단했다. 부모님은 마음 놓여하면서도 어찌해야 할지 갈피를 잡지 못한 채 병원을 나섰다.

이때부터 내 말문을 틔우기 위한 대대적인 작전이 펼쳐졌다. 세 번째 생일 즈음에 어머니는 샬롯 아줌마, 에스텔 아줌마와 함께 당시 시카고에서 유명했던 몽고메리워드 백화점에 나를 데려갔다. 승강기 부근 긴 의자에 앉아있을 때 여자 두 명과 남자 한 명이 승강기에서 내렸다. 샬롯 아줌마는 내게 말을 시키려고 "저 사람들은 어디 가는 걸까?"라고 물었다. 나는 분명한 발음으로 또박또박 대답했다. "남자는 뭘 사러 가고 여자들은 화장실에 쉬하러 가요." 내가 '쉬'라는 단어를 말할 때 샬롯 아줌마와 에스텔 아줌마의 얼굴이 빨개지는 것을 보았지만 이유는 알지 못했다. 난처함이라는 통상적 정서를 알기에는 너무 어렸기 때문이다. 한마디도 하지 않던 나는 수다쟁이가 되었고 이 갑작스러운 변화가 일으킨 돌풍에 나 역시 당황했다.

그때부터 나는 대체로 완벽한 문장을 말했다.[2] 부모님과 부모님 친구들은 재미있어하며 질문을 잔뜩 했고 나는 종종 놀라운 대답을 했다. 아버지는 내가 무엇을 배우면 좋을지 알아보기 시작했다.

내 아버지의 이름은 오클리 글렌 소프이다. 1898년 아이오와에서 삼남매 중 둘째로 태어난 아버지에게는 각각 두 살 터울인 형과 여동생이 있었다. 아버지가 여섯 살 때 가족이 뿔뿔이 흩어졌다. 할아버지는 아버지와 큰아버지를 데리고 워싱턴에 정착했다. 할머니와 고모는 아이오와에 남았다. 할머니는 1915년에 독감으로 세상을 떠났다. 1918~1919년 스페인 독감[3]이 유행하기 3년 전으로 아버지는 열여덟 살이었다. 아버지는 제1차 세계대전에 참전해 미국 원정군American Expeditionary Force의 일원으로 프랑스로 떠났다. 아버지는 참호에서 보병들과 함께 싸우며 이등병에서 병장까지 올랐고 샤토티에리 전투, 벨로우드 전투, 마른 전투 등에서 용맹하게 싸운 공로로 동성훈장과 은성훈장, 두 개의 퍼플하트 훈장4을 받았다. 어느 후덥지근한 오후, 아직 어린아이였던 나는 아버지 무릎에 앉아 파편상으로 생긴 아버지 가슴의 흉터와 일부가 잘려나간 손가락들을 가만히 들여다보았다.

전쟁이 끝나고 군에서 제대한 아버지는 오클라호마 농업기계 대학에 등록했다. 돈이 부족해 1년 반을 다니다가 학교를 그만둬야 했지만 교육에 대한 아버지의 열망과 존중은 사그라지지 않았고 내게 고스란히 주입되었다. 아버지는 내가 많은 것을 성취하기를 바랐지만 표현하지는 않았다. 나는 아버지의 마음을 알았기에 서로 더욱 가까워지기를 바라며 아버지의 교육열에 기꺼이 응했다.

말문이 트이자마자 아버지는 내게 숫자를 가르쳤다. 1부터 100까지 가뿐히 셀 수 있게 되자 1,000까지 배웠다. 다음으로 어떤 숫자든 1을 추가하면 바로 다음 숫자가 된다는 것을 배웠다. 숫자의 명칭만 알면 무한히 셀 수 있다는 뜻이었다. 마침내 백만까지 세는 법을 배웠다. 어른들이 백만을 굉장히 큰 숫자라고 생각하는 것 같아서 어느 날 아침에는 백만까지 직접 세어보기로 했다. 결국에는 백만까지 다 셀 수 있을 것 같았지만 시간이 얼마나 걸릴 줄은 몰랐다. 먼저, 대도시 전화번호부만큼 두꺼운 시어스 상품 카달로그를 집어들었는데 셀 것이 제일 많아 보여서다. 카달로그에는 흰색 원 안에 검정색 글자로 A, B, C 등이 표시된 상품 사진들이 가득했다. 나는 첫 장에서 시작해 책장을 일일이 넘기고 상품을 하나하나 짚어가며 원 안에 든 문자의 개수를 모두 세어 나갔다. 몇 시간 뒤 32,576까지 세다가 잠이 들었다. 어머니 말로는 내가 잠에서 깬 뒤 "32,577…"부터 다시 세었다고 한다.

그즈음 나는 스스로 확인하지 않고서는 어떤 말도 듣지 않았다. 이런 성향에는 대가가 따랐다. 세 살 때 어머니가 손을 델 수 있으니 뜨거운 난로를 만지면 안 된다고 했을 때도 나는 열기가 전해질 만큼 난로 가까이에 손가락을 가져갔고 급기야 손이 난로에 닿았다. 화상을 입은 후에야 다시는 이런 짓을 하지 않았다.

한번은 약간만 힘을 줘도 달걀이 깨지니 조심하라는 말을 들었다. '약간'이 어느 정도인지 궁금했던 나는 달걀을 쥐고 달걀이 깨질 때까지 서서히 힘을 주었다. 그런 다음에는 정확히 어느 정도까지 달걀이 버틸 수 있는지 알고 싶어 깨지기 직전까지의 힘으로 달걀 쥐는 법을 연습했다. 나는 애초에 나를 둘러싼 세계가 작동하는 방식을 경험과 탐구를 통해 배우기를 좋아했다.

숫자를 세는 법을 가르친 뒤 아버지가 택한 과제는 읽기였다. 우리는 기초부터 시작했다. "스팟. 스팟이 달린다. 제인." 처음 이틀 정도는 갈피를 잡을 수 없어 어리둥절했지만 곧 글자들이 모여 우리가 말하는 단어가 된다는 사실을 알았다. 나는 몇 주 만에 쉬운 기초서를 끝내고 조금씩 어휘를 늘려갔다. 재미있었다. 어디에서든 활자가 눈에 들어왔다. 나는 발음하는 법을 알면 그 단어를 알아볼 수 있고 의미도 알 수 있다는 것을 깨달았다. 자연스럽게 발음 공부가 시작되었다. 단어를 소리 내는 법을 배웠고 큰 소리로 말할 수 있게 되었다. 다음 과정은 역으로 단어를 듣고 철자를 말하는 방식으로 진행되었다. 다섯 살 무렵 열 살 수준의 읽기를 하면서 나는 손에 잡히는 대로 무엇이든 읽었다.

우리 가족의 역학관계가 달라진 것은 남동생이 태어나면서부터이다. 대공황이 한창일 때 운 좋게 일자리를 구한 아버지는 우리를 부양하기 위해 초과근무를 했다. 어머니는 하루 종일 아기에게 붙들려 있었고 남동생이 6개월 때 폐렴에 걸려 죽을 뻔하자 아기에게 더욱 집중했다. 결과적으로 나는 혼자 있는 시간이 점점 늘었고 아버지가 준 책에서 현실과 상상 속의 무한한 세계를 탐험하며 시간을 보냈다.

그 후 2~3년 동안 나는 《걸리버 여행기》, 《보물섬》, 《아프리카에 간 스탠리와 리빙스턴》 등을 읽었다. 스탠리가 8개월간의 힘겹고 위험한 추적 끝에, (중앙아프리카에 간 유일한 유럽인으로 알려진) 리빙스턴을 마침내 발견하고 "리빙스턴 박사님…?" 하고 말을 건네는 장면에서 나는 절제된 표현에 전율했다. 빅토리아폭포와 잠베지강의 장관에 대해 아버지와 이야기를 나누었을 때 아버지는 두 곳이 나이아가라폭포를 훨씬 앞선다고 단언했다. (정확한 지적이었다.)

특히 좋아한 책은 릴리퍼트의 소인, 브롭딩낵의 거인, 인간의 언어를 쓰는 말, 자기장의 힘으로 하늘을 나는 신비로운 섬 라퓨타가 등장하는 《걸리버 여행기》였다. 나는 이 책이 내 마음에 빚어내는 생생한 그림과 환상적인 관념들이 좋았다. 그것은 있을 법한 불가사의한 것들을 상상해내는 데 자극이 되었다. 반면 스위프트의 역사적 암시와 사회 풍자는 아버지의 설명에도 불구하고 대부분 기억에 남지 않았다.

토머스 맬로리Thomas Malory의 《아서 왕과 원탁의 기사들》에서는 영웅, 악당, 모험담, 정의, 인과응보를 배웠다. 나는 비범한 능력과 지략으로 위업을 이룬 영웅들을 동경했다. 여기서 영감을 받은 덕분인지 내 삶은 마주보는 거울처럼 이들을 비추었다. 영웅들이 힘으로 적들을 물리쳤듯, 내성적이고 생각이 많았던 나는 머리로 지적 장애물을 극복했다. 책은 정정당당한 경쟁, 누구나에게 공평한 경쟁의 장, 그리고 내가 받고자 하는 대로 다른 사람을 대해야 한다는 내 일생의 가치를 세우는 데 도움이 되었다.

단어와 모험은 대부분 내 머릿속에만 있었다. 피곤에 지친 아버지가 일을 마치고 돌아온 후나 주말에 가끔씩 내 이야기를 들어준 것 말고는 대화할 사람이 없었기 때문이다. 그래서 단어를 독특하게 발음하는 일도 있었다. 예를 들면, 나는 몇 년 동안 'misled'의 발음이 '마이즐레드'라고 생각했다. 그 뒤로도 오랫동안 이 단어를 활자로 볼 때면 머릿속으로 발음을 수정하느라 잠시 머뭇거리곤 했다.

책을 읽거나 생각 중일 때면 나는 완전히 집중해서 주변을 전혀 의식하지 못했다. 어머니의 부름에도 대답이 없자 어머니는 내가 일부러 무시한다고 생각해 소리를 지르며 붉어진 얼굴을 바짝 들이밀었다. 어머니가 시야에 들어오고 나서야 나는 현실로 돌아와 대답을 했다. 어머니는 아들이 고집 세고 버릇이 없는 것인지, 아니면 정말로 몰랐던 것인지 알 수 없어 난감해했다.

우리 집은 가난했지만 책을 귀하게 여긴 부모님은 어떻게 해서든 내게 가끔씩 책을 사주었다. 아버지는 늘 어려운 책을 골랐다. 덕분에 나는 다섯 살부터 일곱 살이 될 때까지 어른들이 읽을 법한 책을 들고 다녔고 모르는 사람들은 내가 책의 내용을 정말로 아는

지 궁금해했다. 개중에는 갑작스럽게 곤란한 시험을 치르는 사람도 있었다.

발단은 우리 집에서 약 70킬로 떨어진 일리노이주 크레타의 한 농장에 사는 케스터 가족과 친해진 것이었다. 케스터 가족은 내가 다섯 살이던 1937년부터 매년 여름마다 2주 동안 우리를 초대했다. 나는 해마다 이 특별한 여행을 무엇보다 고대했다. 시카고 외곽의 도시 출신 소년에게는 천천히 굽어 흐르는 샛강 표면을 재빨리 지나가는 '물거미'를 관찰하는 것이나 높이 자란 옥수수 밭에서 숨바꼭질을 하고, 나비를 잡아 판 위에 늘어놓고, 들판을 가로지르며 미루나무와 참나무 사이를 거니는 것들이 즐겁기만 했다. 케스터 형제들 중 큰형인 마빈은 스물 몇 살쯤 되었고 체구가 건장했는데 나를 어깨에 태우고 돌아다녔다. 어머니는 케스터 가족의 여자들, 그러니까 마빈의 예쁜 여동생 에드나 매, 마빈의 어머니, 메이 숙모와 함께 엄청난 양의 과일과 채소를 저장하는 작업을 했다. 집에 돌아와서는 농장에서 가져온 옥수수, 복숭아, 살구를 저장해 고무로 봉인한 유리병들을 지하실 선반장에 올려두었다. 아버지가 만든 선반에는 과일젤리, 잼, 그리고 파라핀을 여러 겹 덧입혀 입구를 밀봉한 유리잔에 담긴 저장식품이 줄지어 놓여있었다. 다음 해까지도 충분히 먹을 만큼 풍요로운 보고였다.

아버지는 케스터 아저씨와 마빈의 농장 일을 도왔는데 나도 이따금 따라나섰다. 크레타에서 두 번째 여름을 보내던 어느 화창한 날 오전, 아버지는 마을 상점에 물건을 가지러 가면서 나를 데려갔다. 막 여섯 살이 된 나는 큰 키에 마른 몸, 부스스한 갈색 곱슬머리, 살짝 그을린 피부를 하고 있었다. 바지는 너무 짧아 발목이 드러났고 테니스화의 신발끈은 닳아있었다. 손에는 찰스 디킨스의 《영국사 산책A Child's History of England》을 들고 있었다.

그때 아버지와 이야기를 나누던 남자가 내가 들고 있는 10학년용이라고 쓰인 책을 가져가더니 책장을 휘릭 넘기면서 아버지에게 "어린애는 이 책 못 읽어요."라고 말했다. 아버지는 자랑스럽게 대답했다. "벌써 다 읽은 걸요. 한번 물어보시죠."

남자는 씩 웃으며 말했다. "좋아, 꼬마야, 영국 왕과 여왕을 순서대로 외우고 퇴임연도를 맞춰봐라." 아버지는 난처한 표정을 지었지만 내게는 서랍을 뒤져 물건을 찾으라는 일상적인 요구나 마찬가지였다.

나는 머릿속을 뒤져 정보를 찾아 나열했다. "알프레드 대왕 871~901년, 대 에드워드 901~925년" 등등. "빅토리아 여왕 1837년. 퇴임연도는 책에 없어요." 50여 명의 통치자들을 모두 외웠을 때 남자의 얼굴에서 히죽거리던 웃음은 사라진 지 오래였다. 그는 잠자코 책을 돌려주었다. 아버지의 눈이 반짝거렸다.

아버지는 우울하고 고독했다. 감정을 표현하는 법이 없고 자식들을 잘 안아주지도 않았지만 나는 아버지를 사랑했다. 나는 낯선 남자가 아버지의 코를 납작하게 할 작정으로 나를 이용했고 내가 그것을 막았음을 깨달았다. 그때 아버지가 얼마나 좋아했는지 떠올릴 때마다 내 안에서는 조금도 약해지지 않은 울림이 일어난다.

정보를 저장하는 남다른 능력은 아홉 살이나 열 살 때까지도 두드러졌다. 그때부터는 저장한 정보들이 기억 속으로 희미해졌다. 관심 있는 분야는 예외적으로 굉장히 잘 기억했지만 그 밖의 부문에 대해서는 그다지 뛰어나지 않았다. 시카고 집의 전화번호

(Lackawanna 1123)와 주소(노스 오리올 3627, 7600 W/3600 N), 그리고 지금도 내 책장에 있는 초록색 표지의 오래된 랜드 맥널리 판《아틀라스 앤 가제티어》(1930)[5]에 소개된 시카고 인구 일곱 자리 숫자(3,376,438)와 같은 당시 정보들이 여전히 기억난다.

세 살부터 다섯 살 때는 훨씬 더 큰 수까지 더하기, 빼기, 곱하기, 나누기 하는 법을 배웠다. 미국식[6]으로 100만, 10억, 조 단위부터 100만의 10제곱까지 세는 법도 배웠다. 재빨리 암산으로 숫자를 더할 수도 있었다. 대여섯 살 때 언젠가 어머니를 따라 동네 식료품점에 갔다. 주인아저씨는 금액을 일일이 소리 내어 확인하며 계산기에 입력한 뒤 합계를 불러주었다. 나는 그게 아니라며 내가 계산한 숫자를 말했다. 아저씨는 너그럽게 웃으며 계산을 다시 했고 내가 옳았다는 것이 밝혀졌다. 아저씨가 보상으로 아이스크림을 준 덕분에 나는 기분이 좋았다. 그다음부터 나는 상황이 되면 식료품점에 들러 주인아저씨가 낸 합계를 검토했다. 가끔씩 둘의 답이 다를 경우에는 대부분 내가 옳았고 그럴 때마다 아이스크림이 생겼다.

아버지는 내게 숫자의 제곱근을 계산하는 법을 가르쳤다. 나는 연필과 종이를 이용해 제곱근을 계산하는 법은 물론 암산으로 답을 구하는 법도 배웠다. 그런 다음 세제곱근 계산법을 배웠다.

글쓰기와 책이 아직 등장하기 전, 인간의 지식은 이야기꾼들에 의해 세대를 거쳐 기억되고 전해졌지만 그 필요성이 사라지면서 기억 능력은 쇠퇴했다. 마찬가지로 컴퓨터와 계산기가 보편화된 지금, 암산 능력도 대체로 소실되었다. 그러나 초보적인 연산만 할 줄 안다면 일상적으로 편안하게 암산하는 법도 배울 수 있다.

빠르게 대략적인 계산을 하는 능력은 우리가 끊임없이 마주하는 양적 진술을 평가할 때 특히 가치를 발휘한다. 예를 들어, 아침 출근길에 듣는 경제뉴스에서 다음과 같은 보도가 나온다. "과열된 경기를 진정시키기 위해 금리가 추가로 인상될 수 있다는 우려가 제기되면서 다우존스지수는 9포인트 하락한 11,075를 기록했습니다." 개장 1시간 후 기준으로 전일 종가 대비 일반적인 변동폭(표준편차 1)[7]을 암산으로 구하면 약 0.6퍼센트, 즉 66포인트로 추산된다. 보도 내용처럼 66포인트의 7분의 1 미만에 해당하는 '최소' 9포인트 변동폭을 기록할 확률은 약 90퍼센트나 된다. 즉, 보도와 달리 시장의 반응은 오히려 조용한 것이었고, 뉴스가 투자자들의 공포심을 자극했다고 해석할 만한 현상도 나타나지 않았다.[8] 걱정할 이유는 없었다. 나는 이처럼 간단한 계산만으로도 과장된 선전과 실제를 구분할 수 있었다.

　어느 유명한 뮤추얼펀드 매니저는 워런 버핏Warren Buffett이 버크셔 해서웨이Berkshire Hathaway를 인수한 이후 세후 기준으로 연복리 수익률 23~24퍼센트를 기록했다며 이렇게 말했다. "앞으로 10년 안에 이런 수익률은 나오지 않을 겁니다. 워런 버핏은 전 세계를 가졌어요." 1달러를 24퍼센트 복리로 굴렸을 때 10년 후 얼마가 될지 빠르게 암산하면[9] 8달러가 약간 넘는다. (계산기를 이용해 구하면 8.59달러이다.) 당시 버크셔의 시가총액은 약 1,000억 달러였으므로 이 성장률을 적용하면 10년 후 시가총액은 약 8,590억 달러가 될 것이다. 내가 추정한 '전 세계 시장'의 시가총액 400조 달러에 훨씬 못 미치는 금액이다. 전 세계의 시장가치라는 개념을 생각하면 캘리포니아대학교 어바인(이하 UC어바인) 캠퍼스 물리학과 사무실 출입문에 있는 푯말이 떠오른다. "지구 사람들이여, 나는 신이다. 30일 안에 지구를 떠나거라. 지구를 사겠다는 이가 나타났다."

다섯 살이 되자마자 나는 시카고 북서쪽에 있는 디버초등학교 부속 유치원에 다니기 시작했다. 유치원에 가서는 시키는 것마다 너무 쉬워서 어리둥절했다. 하루는 선생님이 빈 종이를 주며 앞서 나누어준 그림 속 말의 윤곽을 따라 그리라고 말했다. 나는 그림 위에 작은 점들을 찍고 자를 이용해 점과 점 사이의 거리를 쟀다. 그런 다음 다시 자를 이용해 똑같은 간격으로 점을 찍고 눈으로는 적절한 각도를 추정하면서 빈 종이에 점들을 재현했다. 가능한 매끄럽게 곡선을 그리며 부드럽게 점과 점을 연결했다. 그 결과 원본에 가까운 정밀한 복사본을 얻었다.

이것은 아버지가 예전에 알려준 방법이었다. 아버지는 이 방법을 이용해 대상을 확대하거나 축소해 그릴 수 있다는 것도 가르쳐주었다. 예를 들어, 두 배 확대해 그리려면 새로운 점을 찍을 때 각도는 동일하게 유지하되 점 사이 간격을 원본의 두 배로 늘이면 된다. 세 배 확대하려면 간격을 세 배로 늘인다. 나는 아이들을 불러 모아 내 그림과 방법을 보여주었고 아이들도 따라 했다. 선생님은 맨손으로 그린 자유로운 그림을 기대했지만 우리 모두 내 방법으로 그린 복사본을 제출했고 선생님은 마음에 들어하지 않았다.

며칠 후 선생님이 교실을 몇 분 비워야 하는 일이 생겼다. 선생님은 우리끼리 잘 놀고 있으라며 속이 빈 30센티 길이의 (아이들에게는) 거대한 나무 블록을 주었다. 나는 만리장성을 만들면 재미있겠다고 생각해서 아이들을 모아 순식간에 블록을 조립해 커다란 계단을 쌓았다. 불행히도 내 프로젝트는 교실 뒷문을 완전히 막았고 선생님은 교실로 돌아올 때 하필 그 문을 열었다.

마지막 결정타는 며칠 후에 나왔다. 나는 다섯 살 어린이용 의자에 앉았는데 등받이 역할을 하는 버팀대 두 개 가운데 하나가 망가진 것을 보았다. 버팀대는 좌석 가까이에서 쪼개져 뾰족하게 튀어나왔고 나머지 버팀대 하나가 등받이 전체를 위태롭게 받치고 있었다. 위험한 상황이 분명해서 무엇이든 해야 했다. 나는 작은 톱을 찾아 좌석 높이에 맞추어 버팀대 두 개를 다 잘라냈다. 이 일로 나는 교장실에 불려갔고 부모님을 소환한 심각한 회의가 열렸다.

면담이 끝나자마자 교장선생님은 내게 1학년으로 진급할 것을 추천했다. 새 학급에 올라간 지 며칠 만에 그곳 수업도 너무 쉽다는 것을 알았다. 어떻게 할 것인지 논의하기 위한 학부모—교사 회의가 다시 열렸다. 교장선생님은 2학년 진급을 제안했다. 그러나 나는 겨우 유치원에 들어갈 나이였고 1학년 동급생들보다 평균 한 살 반이 어렸다. 부모님은 또다시 한 학년을 진급할 경우 내가 사회적, 정서적, 신체적으로 굉장히 불리할 것이라고 걱정했다. 대학 진학 전까지 12년의 학교생활을 돌아보면 나는 늘 키가 작은 편에 속했고 반에서 가장 나이가 어렸다. 나는 부모님이 옳았다고 생각한다.

우리 가족은 아버지가 벌어오는 대공황 시기의 임금으로 겨우 생활하고 있었기 때문에 수준 높은 사립학교는 고려 대상이 아니었다. 다행히 아버지는 해리스 신탁저축은행의 경비로 취직할 수 있었다. 제1차 세계대전 때 받은 훈장이 도움이 되었을 것이다.

대공황은 일상의 모든 측면에 침투했다. 아버지가 벌어오는 주급 25달러로 살았던 우리 가족은 음식을 낭비하는 일이 없었고 옷은 헤질 때까지 입었다. 나는 아버지가 글쓰기 대회에서 받은 스미스 코로나 타자기와 제1차 세계대전 때 사용한 군용 쌍안경 같은 물건들을 소중히 여겼다. 이 두 가지는 그 후 30년 동안 내 애장품이 되었다. 이후 인생에서 만난 사람들은 대부분 대공황 시대에서 살아남은 이들이었을 텐데, 그들은 강박적으로, 때로는 비합리적일 만큼 절약에 집착하고 물건을 비축하려는, 경제적으로 비효율적인 경향을 보인다.

돈은 부족했고 동전 한 푼도 귀했다. 나는 공공사업(1935년 대통령령으로 만든 취로사업청에서 실업자에게 일자리를 제공하기 위해 추진한 사업으로 루즈벨트 대통령의 뉴딜New Deal 프로그램 가운데 가장 큰 비중을 차지했다.) 에 참여해 일을 하느라 거리에서 땀 흘리는 노동자들을 보고 그들에게 주스를 팔기로 했다. 5센트를 빌려 쿨에이드Kool-Aid 주스 분말 한 통을 사서 주스 6잔을 만들어 한 잔에 1페니씩 받았다. 팔아보니 몇 센트를 벌려면 많은 일을 해야 한다는 것을 알게 되었다. 그러나 그해 겨울, 나는 집 앞 보도에 쌓인 눈을 치우는 대가로 아버지에게서 5센트를 받으면서 대박을 터뜨렸다. 나는 이웃들에게 같은 거래를 제안했다. 하루 종일 눈을 치우느라 진을 빼고 땀에 흠뻑 젖어 집에 돌아온 날에는 몇 달러나 되는 큰돈을 벌었다. 아버지가 벌어오는 일당의 거의 절반 수준이었다. 그러자 곧 많은 아이들이 나를 따라 이 일에 뛰어들었고 대박은 끝이 났다. 경쟁이 어떻게 이익을 끌어내릴 수 있는지 일찌감치 교훈을 얻은 셈이다.

여덟 살이던 해 크리스마스에 아버지는 내게 체스를 선물했다. 체스판은 아버지 친구가 만들었는데 밝은 색과 어두운 색의 정사각형 나무 조각을 두꺼운 펠트에 접착제로 붙여 판을 반으로 접거나 돌돌 말 수 있었다. 말은 내가 늘 좋아했던 고전적인 스톤튼Staunton 식을 따른 것으로 진한 흑색 말이 소나무색을 띤 백색 말을 상대했다. 내가 아버지에게 기본적인 게임 방법을 배우자, 뒷골목 건너 이웃인 '스미티'라고 불리던 스미틀이 재미로 나를 상대해주기로 했다. 나는 종종 그 집 당구대를 이용했는데 그 무렵 얻은 특권이었다. 스미티는 체스에서 첫 두 경기는 쉽게 이겼지만 그다음부터는 쉽지 않았다. 몇 경기 뒤부터는 내가 이겼다. 스미티는 한 번도 다시 이기지 못했고 일방적 완패를 당하면서 갑자기 나와 체스를 두지 않으려고 했다. 그날 밤 아버지는 내게 이제 당구를 치러 가도 스미티가 반기지 않을 것이라고 말했다.

"어째서죠?" 내가 물었다.

"네가 당구대로 펠트를 찢을까 봐 걱정이 된다는구나."

"말도 안돼요. 벌써 한참을 거기서 놀았고 스미티도 내가 얼마나 조심스러운지 아는 걸요."

"나도 안다. 하지만 스미티는 네가 오는 걸 원하지 않아."

나는 그의 처분에 실망했고 분개했다. 내가 읽은 책 속의 세계에서는 능력, 근면, 지략에 보상이 주어졌다. 스미티는 내 체스 실력을 보고 기뻐했어야 한다. 자기가 더 잘하고 싶었다면 내게 벌을 주는 것이 아니라 직접 연습하고 공부했어야 한다.

체스판 위의 작은 전쟁이 끝나자 미국의 참전이 이어졌다. 다음 크리스마스가 돌아오기 전, 미국은 걷잡을 수 없이 격렬해진 제2차 세계대전에 뛰어들었다.

1941년, 전쟁이 일어나기 전 마지막 봄에 나는 홍역을 앓았다. 그 당시 홍역 환자가 밝은 빛을 쐬면 시력을 잃을 수 있다는 믿음이 널리 퍼져있어서 나는 차양을 친 방에 갇혀 지냈다. 눈에 부담을 주지 않도록 책은 모두 치웠다. 읽을 것이 없어 지루했던 나는 어쩌다 남겨진 지도책을 발견했다. 그 후 2주 동안 나는 지도를 공부했다. 각 국가들에 대한 설명을 읽고 지리학, 그리고 앞으로 평생 쓰일 지도 보는 법을 혼자서 익혔다. 그런 다음 지도책을 활용해 전 세계의 전투를 공부했다. 나는 연합국의 적인 추축국들의 군사전략에 흥미를 느꼈다. 그들은 어떤 식으로 병력을 배치했을까? 이유는? 어떤 의도였을까? 나는 라디오 방송과 신문 보도를 참고해 무시무시한 속도로 끝없이 확장되는 추축군의 진출 영역을 지도에 일일이 표시했다. 그러다 연합군이 해당 지역을 되찾으면 지우개로 지우는 작업을 전쟁 기간 내내 해나갔다.

　그해 여름, 우리가 미국의 참전 여부를 궁금해하고 있을 때 에드워드 외삼촌이 찾아왔다. 상선의 기관장이었던 외삼촌은 큰 키에 그을린 피부, 제복 차림의 고전적인 미남형이었다. 콧수염과 약간의 스페인 억양 때문에 외양이나 성격이 라틴계 클라크 케이블 같았다. 부모님과 선생님은 내가 머릿속에서만 너무 많은 시간을 보낸다며 (유감스럽게도 여전히 그렇다.) 손을 쓰는 일을 배우는 편이 건강에 좋겠다고 생각했다. 나는 처음에는 저항했지만 에드 외삼촌의 도움으로 모형 비행기의 세계에 입문했고 우리는 몇 주 동안 미국 공군기를 제작하며 멋진 시간을 보냈다.

　상자에 담긴 조립용 세트에는 가느다란 발사목 막대 여러 개와 커다란 종이, 외곽선을 따라 조심스럽게 분리해야 하는 비행기 부품들이 들어있었다. 우리는 판지에 테이프로 커다란 배치도를 고정하고 그 위에 발사목 조각을 올려 핀으로 고정한 다음 접착제로 붙였다. 날개, 동체 상단과 하단, 측면, 꼬리 부분을 각각 완성한 다음 조립해 뼈대를 만들고 접착제를 발라 화장지로 감쌌다. 접착제가 마르며 아세톤 냄새가 잔뜩 퍼지던 것이 기억난다. 고무줄 동력을 이용한 내 첫 프로펠러 추진 비행기는 잘 날지 못했다. 부품을 단단히 고정하려고 접착제를 많이 바른 탓에 너무 무거웠기 때문이다. 접착제를 좀 더 영리하게 이용하는 법을 배운 뒤에는 비행기를 만족스럽게 날릴 수 있었다. 모형 비행기를 만들고 도구를 이용하는 기술을 익힌 것은 앞으로 몇 년 동안 빠져 지낼 과학 실험을 위한 소중한 예행연습이 되었다. 또한 비행기에 대해 알게 된 덕분에 제2차 세계대전 당시 공중전을 자세히 파악할 수 있었다. 나는 에드 삼촌이 떠나는 것이 못내 아쉬웠고 전쟁이 일어날 경우 삼촌에게 닥칠 일이 걱정되었다.

진주만 공습이 있기 전 1941년 여름, 부모님은 첫 차로 신형 포드 세단을 800달러에 구입했다. 우리는 시카고에서 출발해 '미국의 마더로드mother road'라고 불리는 66번 국도를 달려 캘리포니아에 있는 부모님의 친구 집에 방문했다. 필리핀에서 온 그들은 그림 같은 라구나 비치의 예술인 마을에 정착했다. 나와 남동생은 그분들이 매년 조금씩 보내주는 설탕 절임 오렌지를 간절히 기다리곤 했는데 이제 실제로 오렌지나무 숲을 보게 된 것이다.

그 사이, 유럽과 아시아를 전소시킨 세계대전이 미국을 강타했다. 1941년 12월 7일 일요일 아침 느지막이 우리 가족은 라디오를 들으며 크리스마스 트리를 꾸미고 있었다. 그때, 음악이 중단되고 비장한 목소리가 들렸다. "프로그램을 중단하고 특별 발표를 하겠습니다. 일본이 진주만을 폭격했습니다." 온몸에 전율이 흘렀다. 순식간에 세상이 달라졌고 그것은 우리 모두에게 중요한 변화를 예고했다.

"곧 대통령의 연설이 있겠습니다. 계속 청취 바랍니다."

다음 날 아침(캘리포니아 시간), 프랭클린 델러노 루즈벨트Franklin Delano Roosevelt 대통령은 대국민 연설에서 의회에 선전포고 비준을 요청했다. "영원히 치욕으로 남을 이 날"이라는 단호한 표현에 나를 포함해 연설을 듣고 있던 수백만 명의 사람들이 전율했다. 다음 날은 휴교였다. 나는 아이들이 평소와 다름없이 웃으며 노는 것을 보고 깜짝 놀랐다. 모두들 앞으로 닥칠 일을 전혀 알지 못하는 것 같았다. 이번 전쟁을 계속해서 눈여겨본 나만이 말없이 심각한 얼굴로 멀찌감치 떨어져 서있었다.

당장 필리핀에 있는 어머니의 가족이 걱정되었다. 외할아버지는 독일을 떠나 필리핀으로 가서 록펠러 가문의 회계사로 일했다. 외할아버지는 그곳에서 외할머니를 만났다. 일본이 진주만 공습 10시간 만에 필리핀을 침략하면서 두 분과 어머니의 여섯 형제자매, 그들의 자녀들까지 마닐라에 갇혔다. 이후 우리는 그들에게서 아무 소식도 듣지 못했다. 3남 5녀의 장녀로 영어와 스페인어에 능통했던 어머니는 유쾌하고 외향적인 사람이었다. 게다가 수십 년 뒤 발견한 어머니의 40세 때 사진이 증명하듯 어머니는 상당한 미인이었다. 사진 속에서 어두운 머리색을 한 어머니는 158센티의 키, 54킬로의 영화배우 같은 몸매를 뽐내며 검정색 원피스 수영복을 입고 태평양을 배경으로 서있었다. 외조부모님은 에드 삼촌을 제외한 자녀들, 그리고 자녀들이 이룬 가족들과 함께 수도 마닐라에 살았다. 태평양에서 전쟁이 끝날 무렵 필리핀이 해방되고 3년이 지나서야 우리는 비로소 외가 가족들의 운명을 알게 되었다. 아홉 살이던 나는 바탄 전투Battle of Bataan와, 바탄 죽음의 행진Bataan Death March, 그리고 마닐라 만 입구를 보호하는 요새 섬 코레히도를 눈으로 꼼꼼하게 파헤쳤다.

미국이 조직한 필리핀 경찰대의 일원으로 코레히도에 주둔했던 아버지는 살아 움직이는 안내서와 다름 없었다. 아버지는 병력이 지치고 무기, 탄약, 음식이 모두 바닥나기 전까지 코레히도는 함락되지 않을 것이라고 정확히 예언했다. 코레히도는 20세기의 알라모였다.[10] 돈을 벌어 독립하기 위해 오클라호마 농업기계대학을 그만둔 아버지는 퍼시픽 노스웨스트로 돌아가 벌목 일을 하다가 세계산업노동자동맹에 참여했다. 조합에 대한 박해가 심해지자 아버지는 이를 피해 마닐라로 갔고 군대에 복무한 경험 덕분에 그곳에서 경찰대에 참여할 수 있었다. 아버지는 그곳에 있는 동안 어머니를 만나 결혼했다. 운 좋게도 부모님은 1931년에 시카고로 왔다. 그 덕분에 나와 남동생은 미국에서 태어났고 전쟁 중에도 가족 모두 안전하게 지낼 수 있었다. 우리와 달리 외가 친척 상당수는 일본군의 포로수용소에서 전쟁을 치렀다는 사실은 나중에서야 알았다.

전쟁은 모두의 삶을 철저히 바꾸어놓았다. 대공황으로 12년 동안 실업이 만연한 가운데 실업률은 25퍼센트로 고점을 찍었으나 이 문제는 제2차 세계대전이라는 정부의 대대적인 일자리 정책으로 단번에 해결되었다. 수백만 명의 젊은이들이 전쟁터로 나갔다. 집에서 나와 공장으로 쏟아져 들어간 어머니, 아내, 누이, 딸들은 비행기와 탱크, 선박을 만들었다. '민주주의 진영의 군수공장'에서는 독일 유보트가 연합군의 배를 침몰시키는 속도보다 더 빠르게 배를 건조하고, 추축군들이 예상할 수 없을 정도로 전례 없는 규모의 비행기로 하늘을 채웠다. 우리 군대와 연합군을 지원하기 위해 휘발유, 고기,

버터, 설탕, 고무 등 많은 물자가 배급제로 전환되어 공급되었다. 밤에는 정전이 되었다. 공습감시원들이 마을을 순찰했고 이따금 사이렌이 울려 위험을 경고했다. 정유시설 등 핵심 시설이 있는 곳에는 적군 전투기의 공격을 저지하기 위해 비행선 모양의 대공풍선을 띄웠다.

전에 다녀온 캘리포니아 여행 덕분에 우리 가족은 미국 참전 뒤 캘리포니아로 떠나는 결정을 어렵지 않게 내렸다. 전쟁 관련 산업이 확대되면서 부모님은 그곳에서 일자리를 찾으려고 했다. 라구나 비치에서 부모님의 친구들과 몇 주를 보내는 동안 나는 예술가들의 그림을 보고 바위 사이의 작은 웅덩이를 관찰하고 해변에 늘어선 오두막 앞마당에 쌓인 (지금은 멸종 위기종인) 전복 껍데기 더미에 경탄하며 해안가에서 시간을 보냈다.

부모님은 곧 팔로스 버디스 반도에 있는 작은 마을인 로미타에 집을 샀다. 어머니는 더글러스 에어크래프트에서 리벳공으로 일하며 (오후 4시부터 자정까지) 야간 교대근무를 했다. 부지런하고 솜씨가 좋았던 어머니에게 동료들은 '리벳공 조시'라는 별명을 붙여주었다. 제2차 세계대전 당시 유명했던 포스터 속 주인공인 빨간 반다나를 머리에 두른 여걸의 이름[11]을 딴 별명이었다. 아버지는 인근 산페드로의 토드 조선소에서 야간 근무를 했다. 일을 하지 않는 시간에는 잠을 자야 했던 부모님은 우리를 보거나 서로를 만날 시간이 거의 없었다. 부모님이 일을 나가면 나와 남동생은 알아서 아침에 시리얼과 우유를 차려 먹었다. 나는 점심 도시락으로 땅콩버터와 포도젤리를 넣은 샌드위치를 준비했다.

나는 오렌지 스트리트에 있는 학교에 6학년으로 등록했다. 동급생들보다 한 살 반 어렸고 이미 첫 학기가 지났기 때문에 다음 해에 6학년을 다시 다녀야 하는 상황이었다. 새 학교의 수준은 시카고 학교보다 최소 두 개 학년 뒤처져있었다. 몇 년 동안 지루하게 지낼 생각을 하니 끔찍했던 나는 이의를 제기했다. 부모님이 교장 선생님을 만난 뒤 어느 날 방과 후 오후, 나는 감독하에 시험을 치르게 되었다. 시험의 목적을 알지 못하고 놀고 싶은 생각만 가득했던 나는 130개 문항 대부분을 풀고 마지막 남은 20개 정오 문항은 모두 '정'에 표시해 일찍 시험을 마치고 나왔다. 나중에 이 시험이 내가 6학년을 다시 다니지 않아도 되는지 알아보기 위한 것이었다는 사실을 알고 무척이나 속상했다. 그러나 채점이 끝나자 더 이상 문제가 되지 않았다. 학업 수준이 적절한지 알기 위해서는 성취도 검사가 적절했지만 어찌된 일인지 내가 치른 시험은 지능검사인 캘리포니아 정신 성숙도 검사California Test of Mental Maturity, CTMM였다. 그리고 나는 6학년을 마치면 7학년으로 바로 진급해도 좋다는 판정을 받았다. 몇 년 뒤 그 이유를 알게 되었다. 내가 받은 점수는 검사기관에서도 유례가 없는 최고점이었으며 내가 진학하게 될 중학교에서도 통계적으로 100년에 한 번 나올까 말까한 점수였던 것이다.

학업 성취도는 뒤떨어졌지만 캘리포니아 학교의 동급생들은 시카고 아이들보다 덩치가 컸고 운동도 훨씬 잘했다. 동급생들보다 덩치가 작고 마른 데다 머리가 좋은 아이였던 나로서는 곤란할 수도 있는 상황이었다. 그러나 운이 좋게도 나는 아이들의 '우두머리'와 죽이 맞았고 그의 숙제를 도왔다. 우리 반에서 운동을 제일 잘했을 뿐 아니라 가장 덩치가 크고 힘이 센 아이였다. 그 친구의 보호 아래 나는 안전하게 6학년을 마쳤다. 수십 년 뒤, 영화 〈성숙의 조건My Bodyguard〉(1980)을 보고 특별히 반가웠던 이유가 여기에 있다.

1943년 가을, 나는 인근의 나본중고등학교에서 7학년을 시작했다. 향후 6년 동안 나는 두뇌보다 근육이 중요한 학교에서 극도의 부적응자가 되어 어려움을 감당하게 되었다. 다행히 재능 있고 헌신적인 영어교사 잭 채슨 선생님이 내 검사 결과에 관심을 가졌다. 선생님은 멘토이자 부모 대신이었다. 스물일곱 살이었던 잭 선생님은 구불거리는 갈색 머리와 그리스 신 같은 고전적인 외모를 하고 있었다. 그는 늘 따뜻한 미소를 지었고 누구를 만나든 상대방의 자존감을 높여주는 방식으로 이야기했다. 캘리포니아대학교 로스앤젤레스UCLA 캠퍼스에서 영어와 심리학을 전공한 그는 학생들이 성공하는 것뿐만 아니라 과거 세대의 업적을 존중하면서 사회적 선을 위해 일하기를 바라는 이상주의적인 신참 교사였다. 그는 나의 첫 위대한 선생님이었고 우리는 평생 친구로 남았다.

여윳돈이 없었던 부모님은 내가 언젠가 대학에 진학할 수 있도록 돈을 모으기를 바랐다. 그래서 1943년 가을 열한 살 때 신문배달 일을 구했다. 나는 매일 새벽 2시 30분에서 3시 사이에 일어나 길게 늘어선 상점 뒷골목 약 3킬로미터 거리를 중고 자전거로 달렸다. 내게 이 일을 소개한 같은 반 친구와 나는 다른 몇몇 사람들과 함께 신문을 묶었던 끈을 쌓아놓은 더미에 몸을 던지고 이야기를 나누었다. 〈로스앤젤레스 이그재미너Los Angeles Examiner〉를 실은 트럭이 마지막으로 들어오고 100부씩 정리한 신문 묶음 12개를 차례로 바닥에 던져놓으면 우리는 각자 한 묶음씩 집어 들고 던지기 편하도록 신문을 한 부씩 접어 자전거 뒷바퀴 쪽 선반에 실은 캔버스 천 가방 안에 넣었다.

전시 등화관제로 불이 꺼진 거리에는 이따금 지나가는 이른 아침 운전자들의 전조등을 제외하고는 완전한 어둠뿐이었다. 바다에서 멀지 않은 팔로스 버디스 반도 기지에는 겨울철이면 해수면 위 구름 기단이 달과 별을 가려 암흑을 더욱 짙게 하고 자연의 작은 소리마저 잠잠하게 하는 밤이 많았다. 자전거를 타고 신문을 던지며 외로운 유령처럼 거리를 떠돌면 비둘기들이 나지막이 구구거리는 소리만이 들려왔다. 이후로도 이른 아침 어둠 속에서 들리는 비둘기들의 온화한 울음소리를 들으면 어린 시절 신문배달을 하던 때의 추억이 떠오른다.

매일 다섯 시간 정도밖에 잠을 못 자다 보니 항상 피곤했다. 어느 날 아침, 나는 담당 구역의 거의 마지막 구간에서 9미터 높이 언덕을 자전거로 달려 내려오다 깜박 졸았다. 어느 집 앞마당 잔디밭에 큰 대자로 뻗어 아파하며 눈을 떠보니 신문은 사방에 흩어지고 자전거는 접혀있었다. 사방 10센티 각목으로 만든 우편함 기둥은 내가 부딪힌 충격으로 부러져 잔디 위에 삐딱하게 누워있었다. 나는 신문을 줍고 자전거를 간신히 펴서 탈 수 있게 만들었다. 멍 투성이로 통증을 견디며 맡은 구간을 끝내고 학교로 향했다.

우리 집 뒤뜰 너머 400미터 밖에는 로미타 활주로가 있었다. 원래는 작은 지역 공항이었던 곳이 군사기지로 쓰이면서 록히드 사의 P-38 라이트닝 쌍발 엔진 전투폭격기가 착륙을 위해 우리 집 나무 꼭대기 위로 쌩하고 귓전을 울리며 지나가는 일은 일상이 되었다. 나는 만일의 사태(신문을 잘못 던져 지붕이나 물웅덩이에 떨어지는 경우)에 대비해 여분의 신문 2~3부를 챙겨 두었기 때문에 자전거를 타고 기지로 가서 1부당 몇 센트에 남은 신문을 팔았다. 오래지 않아 나는 부대 안에 있는 식당에 초대받아 병사들과 함께 아침을 먹었다. 병사들이 내가 판 신문을 읽는 동안 나는 햄, 계란, 토스트, 팬케이크를 마른 몸 안에 가득 채워넣었다. 그러나 기지에서 신문을 파는 행운은 오래 가지 못했다. 몇 주 뒤 아침, 기지 사령관이 나를 사무실로 불러 사려 깊은 말투로 전시 보안 문제 때문에 더 이상 기지에 들어올 수 없다고 전하며 안타까워했다. 따뜻하고 만족스러운 아침식사, 군인들과 나눈 동지애, 그리고 여분의 수입이 사라졌다.

후에 토런스 공항이 된 이 기지는 루이스 잠페리니Louis Zamperini가 일본군 포로로 붙잡혀있는 동안 그를 기려 '잠페리니 필드'로 명명되었다. 그가 자란 곳은 내가 살던 지역에서 불과 몇 킬로미터 거리에 있었다. 토런스고등학교 출신의 유명한 육상선수이자 로라 힐랜브랜드Laura Hillenbrand의 베스트셀러 《언브로큰Unbroken》의 주인공인 루이스 잠페리니는 우리 가족이 로미타에 정착하기 겨우 두세 달 전 B-24 폭격기의 폭격수로 전쟁에 참가했다.

우리는 각 구역마다 100여 곳에 신문을 배달하며 월 25달러를 받았다(2016년 가치로 환산하려면 14를 곱한다). 열한 살 아이에게는 굉장한 금액이었다. 그러나 실제 집으로 가져가는 금액은 대개 그보다 적었다. 우리가 직접 고객들에게서 요금을 받아야 했고 부족한 금액은 급료에서 차감되었기 때문이다. 구독료는 월 1.25~1.5달러였는데 요금을 내지 않고 이사를 가거나 돈을 못 내겠다며 버티는 사람, 신문이 누락되었다며 일부만 지불하는 사람들 때문에 우리 급료는 상당히 줄어들었다. 우리는 방과 후 오후와 이른 저녁에 수금에 나섰는데 사람들이 집에 없거나 돈이 없다고 해서 몇 번이나 다시 방문하는 일이 종종 있었다. 나는 급료 대부분을 어머니에게 맡겼고 어머니가 내 이름으로 우체국에서 저축우표[12]를 구입했다. 우표집의 가치가 18.75달러가 되면 몇 년 뒤 만기에 도달하는 전쟁채권으로 교환했다. 채권이 늘어가면서 대학 진학도 가능해보이기 시작했다. 그러나 내 구역 관리자는 배달원의 급료를 차츰 줄이고 자기 몫을 늘려갔다.

배달원 계약을 할 때는 일을 잘하면 급료를 모두 지급하는 것은 물론이고 적게나마 올려줄 수도 있다고 들었다. 그런데 상사는 교묘한 방식으로 우리 급료의 일부를 가져갔다. 부당한 일이었지만 아이들끼리 무엇을 할 수 있단 말인가? 아서왕의 '원탁의 기사들'이 이곳에 있었다면 그저 참기만 했을까? 그렇지 않을 것이었다. 우리는 행동에 나섰다.

친구들과 나는 〈이그재미너〉를 상대로 파업에 들어갔다. 검은 머리가 듬성듬성 나고 옷은 구겨진 채 늘 땀을 흘리던 쉰쯤 되는 뚱뚱한 상사는 자신의 오래된 검은색 캐딜락으로 10개 구역에 신문을 배달해야 했다. 몇 개월 뒤 차는 망가졌고 신문은 배달되지 않았으며 그는 교체되었다. 한편, 나는 이미 〈로스앤젤레스 데일리뉴스Los Angeles Daily News〉와 계약했다. 〈이그재미너〉와 달리 〈데일리뉴스〉는 오후에 배달하는 신문이어서 나는 몇 년 동안 계속된 수면 부족을 만회하기 시작했다. 1945년 8월 1일 화요일, 아름다운 여름 오후에 신문을 배달하고 있을 때 갑자기 사람들이 격렬히 환호하며 집 밖으로 뛰쳐나왔다. 제2차 세계대전이 끝난 것이다. 내 열세 번째 생일에 받은 유일한 축하였다.

과학은
나의 놀이터

1940년대 당시, 나본 졸업생들이 대학을 진학하리라 기대하는 사람은 없었다. 이런 배경은 학교에서 필수 과목을 선정하는 데에도 영향을 미쳤다. 순수한 학문적 열망과는 상관없이 나는 7학년과 8학년 때 목공, 금속가공, 제도, 타자, 인쇄, 전기기술 등 실용과목을 수강해야 했다.

나는 라디오와 전자기기에 관심이 있었다. 2~3년 전 최초의 라디오 수신기인 간단한 광석 라디오를 하나 얻은 것이 관심에 불을 지핀 계기가 되었다. 라디오는 검은색을 띤 반짝이는 방연석으로 만든 정류기[1]를 사용했다. 정류기는 광석의 정확한 지점에 접촉시켜 사용하는 가느다란 전선(고양이수염cat's whisker), 구리선으로 만든 코일, 이어폰, 안테나 선, 그리고 다양한 방송국에 주파수를 맞출 수 있는 가변 콘덴서로 구성되었다. 그리고 마법처럼 이어폰을 통해 목소리가 들렸다.

바퀴, 도르래, 추, 기어 등 기계의 세계는 나의 일상이 되었다.

나는 그것들이 작동하는 것을 보고 만지고 관찰할 수 있었다. 하지만 이 신세계는 공간을 통과해 흐르는 보이지 않는 파장의 일부였다. 이 세계가 실제로 존재한다는 사실은 실험을 통해 밝혀야 하고, 그런 다음 이 세계가 작동하는 법을 논리적으로 이해해야 한다.

필수과목 중에 흥미를 끈 것은 당연히 전기 실습이었다. 우리는 수업 시간에 각자 소형 구동용 전동기를 만들었다. 카버 선생님은 통통한 체격에 친근한 성격으로 모두가 좋아했는데 다른 선생님들은 그를 '버니'라고 불렀다. 나는 잭 채슨 선생님이 카버 선생님에게 개인적으로 이야기를 전한 게 아닌가 생각했다. 어찌된 일인지 커버 선생님은 내가 전자 부문에 관심이 있다는 사실을 알고 아마추어 무선 세계에 관한 이야기를 해주었기 때문이다. 선생님은 이미 상당히 많은 사람들이 무선 송신기와 수신기를 직접 제작하거나 구입해 하루 종일 전 세계 사람들과 음성이나 모스 부호로 교신한다고 했다. 사실상 최초의 인터넷이었다. 전구보다 적은 전력을 소모해 세계 사람들과 이야기를 나누는 것이 가능하다는 말에 나는 카버 선생님께 그 세계에 참여하는 방법을 물었다. 선생님은 시험을 통과하기만 하면 된다고 했다. 당시로서는 꽤 어려운 시험이었다.

당시 시험은 무선이론에 관한 지식을 묻는 필기시험으로 시작했다. 다음은 모스 부호였다. 모스 부호는 시험이 완화된 이후 대부분의 사람들에게 가장 큰 장애물이 되었다. 카버 선생은 지겨울 정도로 연습해야 숙달할 수 있다고 조언했다. 시험에서는 모스 부호를 받아 적고 실수 없이 분당 13개 단어를 전건[2]을 이용해 송신해야 했다. 여기서 1개 단어는 글자 수 5개를 뜻하므로 분당 65자, 즉 초당 1자 이상의 빠르기가 요구되었다. 나는 생각을 좀 해보고 당시로는 거액인 15달러를 주고 중고 테이프 기계를 구입했다. 거의 3주치 신문배달 급료에 해당하는 금액이었다. 작은 구두상자처럼 생긴 검정색 기계 상단의 잠금장치를 열면 두 개의 축이 드러났고 옅은 노란색 종이테이프가 릴에 감겨있었다. 테이프에는 '점(·)'을 표시할 작은 구멍과 '선(−)'을 표시할 긴 구멍이 여러 개 뚫려있었다. 그 점들을 보고 문자를 대신하는 부호를 읽는 방식으로 테이프를 '읽는' 것이다. 오픈 릴 방식의 고성능(하이파이) 음악 테이프와 나중에 개발된 카세트 방식 기계처럼 기계의 한쪽 축에서 다른 축으로 테이프가 감겼다. 전원은 단순히 기계를 크랭크로 감아 공급했다. 복잡한 기술이 필요하지 않은 간단하고 효과적인 방식이었다. 구멍이 용수철 접점을 지나가면 그 소요 시간만큼 회로가 닫혔다. 기다란 구멍은 선을 표시했고 짧은 구멍은 점을 표시했다. 상자는 피아노의 C음(도)과 같은 특정 음조를 생성하는 간단한 장치인 '오디오 발진기'에 연결되었다. 테이프가 돌아가면서 상자 속 접점이 발진기를 켜고 끄기를 반복하면 점과 선이 표시되어 전송되었다.

이 기계가 보조 교구로서 굉장했던 점은 분당 1단어부터 25단어까지 속도를 마음대로 조절할 수 있다는 점이었다. 내 계획은 느린 속도로 테이프를 모두 읽은 다음 속도를 조금 높이기를 반복해 모스 부호에 숙달하는 것이었다. 카버 선생님은 동기를 부여하고 기준을 제시하기 위해 제2차 세계대전 당시 군인들의 훈련 진도를 그린 도표를 우리 학급에 보여주었다. 군인들은 우리보다 최소 두세 살 많았고 전시 상황이라는 압박 아래 빠른 속도로 배웠다. 앞선 수업의 경우 군인들의 진도는 따라잡기 어려운 기준이었다. 우리 학급도 마찬가지였지만 내 계획은 효과가 있었다. 나는 테이프의 속도 대비 소요 시간을 보여주는 도표를 그렸다. 내 방식으로 연습한 결과, 내 학습 속도는 군 훈련생들보다 네 배 더 빨랐다.

나는 안전마진을 확보하기 위해 속도를 분당 21단어까지 끌어올려 연습했다. 아마추어 단체인 미국무선연맹에서는 이론시험 준비를 위한 안내서를 제공했다. 준비가 됐다고 생각한 나는 어느 여름 토요일 아침에 열린 시험에 응시했고 32킬로미터 거리에 있는 로스앤젤레스 연방정부 건물로 버스를 타고 갔다. 열두 살이었던 나는 오래된 플란넬 셔츠와 낡은 청바지를 입고 잔뜩 긴장한 채 50명쯤 되는 어른들이 있는 방으로 들어갔다. 페인트만 칠한 빈 벽으로 둘러싸인 방에서 우리는 나무로 만든 긴 테이블과 딱딱한 의자에 앉았다. 엄중한 감독과 감시하에서 도서관처럼 침묵이 흐르는 가운데 2시간 동안 시험을 치렀다. 침묵을 깨는 것은 시험 중간에 모스부호를 입력하는 소리가 유일했다. 버스를 타고 돌아오는 길에 점심 도시락을 먹으며 시험에 통과했을 것이라고 짐작은 했지만 채점이 얼마나 엄격할지 알 수 없어 확신하지는 못했다

다음 몇 주 동안 나는 기대에 차서 우편함을 확인했다. 전쟁이 끝나고 며칠 후, 정부 공식 봉투에 담긴 결과지가 도착했다. 나는 아마추어 무선사가 되어 호출부호 W6VVM를 부여받았다. 당시 열한 살 몇 개월이었던 나는 '햄HAM'이라고 불리는 아마추어 무선사 중에서도 가장 어린 축에 속했다. 미국에는 20만 명쯤 되는 아마추어 무선사들이 있었고 세계적으로도 그만큼의 숫자가 있었다. 이 망을 통해 지구 어딘가에 있는 사람들에게 말을 걸 수 있다는 사실에 나는 설레였다.

미군은 필리핀에 있는 일본의 포로수용소에서 살아남은 어머니

의 가족들을 풀어주었다. 외할머니, 막내 외삼촌, 두 이모와 그들의 가족들은 필리핀을 떠나 우리 집에 머물렀다. 그들은 노나 이모와 이모부가 자녀들이 보는 앞에서 일본군에게 참수당했고 외할아버지는 해방되기 불과 1주일 전에 수용소에서 전립선암으로 고통스럽게 돌아가셨다는 소식을 전했다. 전쟁이 일어나기 전에 의과대학 예과 학생이었던 샘 외삼촌은 외할아버지가 약물과 외과적 처치를 모두 거부하는 바람에 돌아가시기 전까지 위로 말고는 해드릴 수 있는 게 없었다고 말했다.

모두를 집에 머물게 하기 위해 아버지는 야간 교대근무 사이에 다락을 만들어 침실 두 개와 계단을 추가했다. 침실 하나는 나와 남동생 제임스(지미)가 같이 썼고 나머지는 샘 외삼촌이 사용했다. 우리 4인 가족에 열 명이 한꺼번에 추가되면서 집은 초만원이 됐고 가족들을 부양하는 부담이 커진 것 외에도 어려운 문제가 있었다. 이모가 이모부, 그리고 세 살 아들과 함께 일본의 포로였을 때 결핵에 걸린 것이다. 나머지 가족들이 결핵에 걸리지 않도록 이모의 가족은 별도의 식기를 사용했다. 자칫 실수하면 다른 가족들도 혹독한 대가를 치러야 하는 상황이었다. 물론 같은 공기를 마신 우리는 기침과 재채기를 통해 감염될 위험이 있었다. 수십 년이 지나 처음 방사선 촬영을 했을 때 내 폐에 작은 병변이 나타났지만 안정된 상태였다. 의사는 예전에 결핵에 노출되었을 때 발생한 것으로 보인다고 했다.

다른 이모에게는 남편과 아이들 셋이 있었다. 이모부는 아내와 아이들에게 무조건 자기 말에 따르기를 요구하면서, 늘 순종적이었던 아내를 학대한 지독한 파시스트였다. 이모의 큰아들은 반사회적 인격장애가 있는 것처럼 보였다. 일본인들에게 당한 일에 더해 그 아버지의 성향이 그렇게 만든 것 같았다. 그는 내 남동생에게 나를 죽이고 싶다는 말도 했는데, 그때나 지금이나 나는 그 이유를 전혀 알지 못한다. 그('프랭크'라고 부르겠다.)는 나보다 나이가 많고 덩치도 컸지만 그와 맞붙는다고 해도 나는 도망칠 생각이 없었다. 싸움에 대비해 나는 분무기에 가정용 고농축 암모니아를 담아 지니고 다녔다. 내가 보유한 수많은 화학 무기 가운데 가장 무해한 것이었다. 이모 가족이 이사를 나간 뒤로는 다시 만나지 못했지만 다른 친척들이 프랭크가 한국전쟁에 참전했다고 전해주었다. 사람을 죽이는 일이 좋아서 재입대했다는 것이다. 몇 년 뒤 또 다른 사촌이 그를 보았을 때는 일곱 살짜리 아들이 함께 있었는데 어린아이가 군대식으로 명령하듯 말하는 것을 보고 깜짝 놀랐다고 했다. 프랭크는 2012년에 사망했다. 그의 부고에는 유명한 현역 무도인이자 사범이었다는 언급이 있었다.

제2차 세계대전이 친척들에게 어떤 일을 저질렀는지, 그리고 제1차 세계대전과 대공황이 아버지의 미래를 어떻게 제약했는지 목격한 나는 나 자신과 미래의 내 아이들을 위해 더 나은 일을 하기로 결정했다.

친척들이 겪은 끔찍한 일에도 불구하고 그때나 그 이후에나 일본계 미국인들을 비난하고 차별하겠다는 생각은 한 번도 떠올린 적이 없었다. 그들이 고립된 특수 수용소에 억류되고, 정부가 그들의 땅과 집을 몰수해 매각하고, 그들의 아이들이 학급에서 사라진 후에야 비로소 미국 정부가 그들을 어떻게 다루었는지 알게 되었다. 잭 채슨 선생님은 내 친한 친구인 딕 클레어와 짐 하트, 그리고 나를 포함한 학생들과 교수진에게 이 문제의 부당함을 일깨워주었다. 잭 선생님은 전쟁이 끝나고 수용소에 수감됐던 학생들 중 일부가 학교로 돌아왔을 때의 이야기를 들려주었다. 지능지수가 71로 하위 3퍼센트에 해당하던 학생이 있었다. 심리학 학위가 있는 잭 선생님은 이 학생이 대단히 영리하다는 것을 알 수 있었다. 영어를 제대로 이해하지 못해서 지능지수가 낮게 나왔을 뿐이라는 것이었다. 잭 선생님은 점심시간을 이용해 이 학생을 개인지도해도 되는지 학교 측에 물었고 좋다는 답을 들었다. 한 학기가 끝나고 다시 측정한 이 학생의 지능지수는 140이었다. 상위 1퍼센트의 뛰어난 수재에 해당하고 멘사 가입 기준을 훨씬 넘어서는 수준이었다.

나는 신문배달로 번 돈으로 무선통신 장비를 만드는 전자부품을 사고 우편을 이용하거나 동네 약국에 가서 화학약품을 구입했다. 또 렌즈를 사서 마분지통을 이용해 저렴한 망원경을 제작하기도 했다. 과학에 대한 나의 흥미는 빠르게 발달했다.

1946년 11월, 10학년 때 나는 에드먼드 사이언티픽에서 잉여 군용물자로 만든 기상관측용 풍선을 광고하는 것을 보았다. 모형 비행기를 만들기 시작한 이래로 나는 개인용 비행기에 대한 환상을 품었고 그 꿈을 실현할 수 있는 방법을 늘 생각했다. 내 구상 중 하나는 최대한 작고 단순하면서도 나를 실어 나를 수 있는 비행기를 만드는 것이었다. 소형 비행선이나 1인용 헬리콥터, 또는 그것을 변형한 비행체를 만드는 것도 생각했다. 나의 계획은 축척모형을 제작해 적은 비용으로 현실적인 문제를 해결하면서 실현 가능성을 입증하는 것이었다. 모두 내 재정 능력을 넘어서는 일이었지만 풍선을 이용해 나는 것만은 예외였다. 나는 계획을 성공시키는 데 필요한 각 단계를 구체적으로 시각화했다.

하늘로 떠오르는 내 모습을 상상하면서 나는 직경이 240센티미터인 풍선 10개를 총 29달러 95센트에 주문했다. 현재 가치로 360달러에 해당하는 금액이다. 나는 혼자 화학을 공부하면서 수소로 채운 직경 240센티미터의 풍선 1개가 6.35킬로그램을 들어 올릴 수 있다는 사실을 알았다. 내 체중이 43킬로그램이었으므로 안정장치와 바닥짐ballast3까지 고려하면 총 51킬로그램을 들어 올릴 수 있는 풍선 8개가 필요했다. 저렴한 비용으로 필요한 만큼의 수소를 구하는 방법을 몰랐던 나는 우리 집의 오븐을 생각해냈다. 오븐의 연료는 천연가스이고, 천연가스의 주성분인 메탄의 인상력lifting power은 수소의 절반에 조금 못 미친다. 실험이 성공하기만 한다면 언제든 더 많은 풍선을 살 수 있을 것이었다. 나는 약 5미터 길이의 풍선을 몸에 묶고 천천히 올라가 우리 집을 지나 마을을 둘러본 다음 남부캘리포니아 사방 몇 킬로미터 밖을 내려다보는 내 모습을 상상했다. 나는 바닥짐으로 쓸 모래주머니들을 나르기로 했다. 더 높이 올라가려면 아래 있는 사람들에게 피해가 없을 만큼 조금씩 모래를 쏟아버려 무게를 줄이면 된다. 고도를 낮추거나 착륙하고 싶을 때를 위해 각 풍선마다 가스 배출을 제어할 수 있는 밸브 시스템을 설계했다.

영원히 기다리는 것처럼 지루하게 느껴졌지만, 실제로는 겨우 2~3주였던 기다림 끝에 풍선이 도착했고 나는 작업에 착수했다. 어느 조용한 토요일, 나는 가족들이 없는 틈을 타 오븐의 가스관을 풍선에 연결하고 직경 120센티미터가 될 때까지 가스를 주입해 풍선을 부풀렸다. 주방 문을 통해 밖으로 내보낼 수 있는 최대 크기였다. 예상대로 풍선의 인상력은 약 0.45킬로그램이었다. 나는 공터로 나가 풍선을 튼튼한 연줄에 묶어 약 460미터 높이까지 띄웠다. 모든 것에 예상대로 진행되었다. 근처의 지역 공항을 출발한 작은 비행기가 내 풍선을 쌩 하고 지나는 것을 보니 좋았다. 45분쯤 지나 비행기가 되돌아오면서 내 풍선 가까이 날더니 갑자기 풍선이 터졌다. 이유는 모르지만 비행기가 풍선을 격추해 터뜨린 것 같았다.

이 사건이 나를 주저하게 했다. 직경 240센티의 풍선 한 묶음에 매달린 내가 저항할 수 없는 과녁이 되어 동네 아이들이 쏜 공기총(BB총)에 맞는 장면을 상상해보았다. 너무 위험했다. 하지만 처음 본 풍선 광고는 멋지게 성공한 것이 틀림없었다. 몇 년 동안 수없이 보아왔고 54년이 지난 뒤에도 기상관측용 풍선이라는 거의 변함없는 문구가 적힌 펼침막을 걸고 여전히 광고 중이기 때문이다. 내 실험이 있은 지 약 40년 뒤, '론체어 래리Lawnchair Larry'가 헬륨가스를 채운 직경 120센티 풍선 여러 개를 의자에 매달아 수천 미터 높이까지 올라갔다.[4]

나는 실망해서 그 풍선들로 할 수 있는 다른 일은 무엇이 있을지 궁리했다. 어느 날 아버지가 잉여 군용 구명보트에서 전쟁 때 쓰던 낙하산 조명탄 몇 개를 집에 가져오셨는데 그때 첫 번째 아이디어가 떠올랐다. 금속통에 든 조명탄을 특수 총으로 하늘 높이 쏘아 올리면 조명탄은 낙하산에 매달려 서서히 내려오면서 불꽃으로 넓은 영역을 비추었다. 어느 날 밤, 나는 이 조명탄에 직접 제작한 느리게 타는 도화선[5]을 연결해 커다란 풍선에 매달고 집 근처 조용한 교차로로 나갔다. 도화선에 불을 붙이고 가스로 채운 풍선을 수백 미터 길이의 끈에 묶어 높이 띄웠다. 끈은 전화선용 전신주에 느슨하게 매어 풍선이 떠오르면 올가미가 전신주를 타고 올라가 손이 닿지 않는 전신주 꼭대기 부근에서 묶이도록 했다. 그런 다음 한두 블록 떨어진 곳에서 기다렸다. 몇 분이 지나자 눈부신 빛이 하늘을 밝혔다. 사람들이 모여들었고 경찰차들이 전신주 근처로 집합했다. 몇 분 뒤 하늘의 불빛은 사라졌다. 경찰차는 떠났고 사람들도 흩어 졌고 모든 것이 이전으로 돌아왔다. 천천히 타는 두 번째 도화선이 끈을 잘라 풍선을 분리시키면서 증거는 저 하늘 높이 떠올라 알 수 없는 곳으로 사라졌다.

나는 장난과 실험을 통해 과학을 공부했다. 이론을 이해한 뒤 에는 실험을 통해 확인했는데 그중에는 내가 발명한 재미있는 실험 도 많았다. 나는 선생님의 지도나 학교 교과과정에 얽매이지 않고 스스로 문제를 해결하는 방법을 배웠다. 순수한 사고가 과학적 논 리 및 예측 가능성과 결합됐을 때 갖는 힘은 내게 큰 즐거움이었다. 나는 아이디어를 시각화하고 실현하는 것을 즐겼다.

동생과 같이 쓰던 2층 침실에 나는 2미터 파장을 쓰는 아마추 어 무선국을 설치했다. 침대가 놓이지 않은 공간에는 회전식 지향 성 빔 안테나를 완비했다. 차고 뒤에 붙은 좁은 세탁실 끝에 실험실 도 만들었다. 이곳에서 많은 화학실험이 이루어졌는데 그 가운데는 실패한 것도 있었다. 예를 들면, 수소가스가 공기 중에서 옅은 푸른 색 불꽃을 내며 탄다는 것을 읽고 직접 확인해보기로 했다. 나는 가 스를 발생시키기 위해 유리 플라스크 속 아연금속에 염산을 부은 다 음 플라스크를 고무마개로 밀봉하고 튜브를 꽂아 가스가 방출되 도록 했다. 나는 수소가 충분히 생성되어서 튜브 끝으로 나오는 수 소에 불을 붙이기도 전에 장치에서 공기가 전부 '밀려 나가길' 바랐다. 그렇지 않으면 폭발할 수도 있다. 안전 고글과 보호복을 착용하고 수소에 불을 붙이려는 찰나 남동생이 불쑥 들어왔다. 성냥을 긋는 손을 멈출 수 없었던 나는 "엎드려!" 하고 소리쳤고 동생이 급히 몸을 숙이는 순간 장치는 폭발했다. 이때 이후 나는 바닥에 '출입금지'를 뜻하는 하얀 선을 그려 내 구역임을 표시했다. 가로 150센티, 세로 300센티 크기의 내 구역에는 직접 제작한 선반 여러 개를 나란히 배치했고 화학약품과 유리 기구들로 선반을 채웠다. 연기와 폭발이 잦아지면서 출입금지선은 저절로 지켜졌다.

내가 열광한 대상은 많았다. 열세 살 때는 폭발물을 진지하게 연구했다. 실험은 그보다 2~3년 앞서, 오래된 펑크 앤 웨그널Funk and Wagnalls 백과사전에서 화약 제조법을 발견하면서 시작되었다. 화약의 구성 성분은 질산칼륨(질산염), 목탄, 황(사료에 첨가하면 강아지의 털을 윤기 나게 한다는 이야기를 들었다.)이었다. 작업 도중 한 덩어리에 우연히 불이 붙어 왼손 전체에 화상을 입었는데 검회색으로 변한 피부가 벗겨져 나갔다. 아버지는 내 손을 차가운 찻물에 담그고 일주일 내내 찻물에 적신 붕대를 감도록 했다. 액체 치료는 효과가 있었다. 붕대를 제거하고 허물이 떨어진 뒤 드러난 피부가 완전히 회복된 걸 보고 몹시 기뻤다.

내 손으로 만든 잘 갖춰진 화학 실험실에서 대량으로 제조한 화약은 수제 로켓을 발사하거나 집 앞 도로에서 모형 로켓 추진 자동차를 출발시키는 데 이용되었다. 로켓 자동차는 발사목으로 만든 차체에 모형 공작 전문점에서 구입한 경량바퀴를 달고 탄산음료 제조나 공기총 발사에 사용하는 이산화탄소 카트리지로 만든 '모터'를 장착해 만들었다. 카트리지는 잉여 전쟁물자로, 아버지가 조선소에서 버려진 것을 모아 집으로 가져온 것이었다. 이산화탄소는 자동차 추진력을 내는 데만 쓰이지 않았다. 카트리지 끝부분의 마감을 뚫자 순식간에 가스가 새어 나왔다. 팽창한 가스가 냉각되면서 백색의 차가운 고체 이산화탄소가 모였다. 이렇게 비워낸 카트리지에 직접 만든 화약을 채우고 도화선을 심어 슈퍼 모터를 만들고 이것을 작은 모형자동차 뒷부분 홈에 밀어 넣었다. 때로는 모터가 폭발하면서 파편이 흩어져서 나는 안전고글을 착용하고 동네 친구들과 함께 멀찍이 물러서있었다. 제대로 작동했을 때 자동차는 놀라운 속도로 달려 나갔다. 순식간에 눈앞에서 사라진 자동차는 1~2초 뒤 한두 블록 떨어진 곳에서 발견되었다. 모터에 폭발하는 성질이 있다는 것을 알게 된 후로는 아예 폭발하도록 설계된 더욱 큰 모터를 제작해 실험했다. 짧은 길이의 강철 배관 파이프로 만든 이 폭탄으로 나는 아직 개발되지 않은 근처 팔로스 버디스 반도의 절벽 단면에 있는 큰 구멍들을 날려버렸다.

다음 도전 과제는 면화약이라고 불리는 니트로셀룰로스였다. 니트로셀룰로스는 무연화약의 기초가 되는 원료이다. 이번에도 백과사전에서 제조법을 찾았다. 차가운 농축황산과 차가운 농축질산을 1대 2의 비율로 천천히 섞는다. 언제든 혼합물이 따뜻해지면 일단 식힌 다음 계속한다. 이렇게 섞은 혼합물에 일반 탈지면을 넣고 혼합물이 따뜻해지면 다시 차갑게 식힌다. 그런 다음 "손대지 마시오!"라는 표식을 붙여 냉장고에 두었다. 가족들은 그런 표식이 진지한 작업을 뜻한다는 것을 이미 알고 있어서 걱정은 없었다. 24시간 뒤 탈지면을 꺼내 헹군 다음 건조시켰다. 아세톤에 일부를 용해해보고 더 이상 평범한 탈지면이 아님을 확인했다. 나는 냉장고 '공장'에서 더 많은 면화약을 제조했고 일련의 실험을 시작했다. 면화약은 쉽게 폭발하지 않고 대개 기폭장치를 필요로 한다. 따로 기폭장치가 없어서 보도에 작은 면화약 뭉치를 올려놓고 대형 망치로 내려쳤다. 바닥을 내리치자 단단히 쥔 망치가 쿵 소리를 내며 튀어 올라 등 뒤로 넘어왔다. 보도에는 손바닥 크기의 제법 큰 구멍이 보였다. 보도에 구멍을 몇 개 더 뚫고 난 뒤 나는 면화약을 로켓과 파이프 폭탄에 사용했다. 이렇게 만든 면화약은 일반 가루화약보다 더 확실히 폭발했고 효과도 더 좋았다.

마침내 '큰 것', 니트로글리세린을 시험할 준비가 되었다고 느꼈다. 제조법과 절차[6]는 면화약과 동일했는데 한 가지 작은 차이가 있다면 탈지면을 일반 글리세린으로 대체한 것이었다. 그 결과 무색에 가까운 희뿌연 액체가 수면에 형성됐다. 과거 많은 사람들을 죽게 만든 강력하고 위험한 물질이었다. 나는 그것을 표면에서 조심스럽게 건져냈다.

어느 조용한 토요일, 나는 옷을 잔뜩 껴입고 안면보호구를 착용한 뒤 유리관 끝부분에 니트로글리세린을 적셨다. 한 방울도 안 되는 확실히 안전한 양을 묻힌 다음 가스 불꽃으로 가열하자 유리관이 순식간에 쩍! 하고 갈라졌다. 지금까지 만든 반응이 느린 다른 어떤 폭발물보다 폭발에 이르는 시간이 짧고 성능도 강력했다. 작은 유리 조각들이 손과 팔에 박혔고 여기저기서 피가 배어 나왔다. 나는 며칠 동안 작은 조각들을 찾아 바늘로 뽑아내야 했다. 다음에는 약간의 니트로글리세린을 보도 위에 올려놓고 쇠망치로 때려 구멍을 내보려고 했지만 니트로글리세린은 불안정한 물질로 위험성이 커서 걱정이 되었다. 나는 남은 니트로글리세린을 모두 폐기했다.

열네 살 아이가 그처럼 강력하고 위험한 화학물질을 어디서 구했을까? 동네 약국이었다. 약사는 내게 화학물질들을 비싼 가격에 은밀히 팔았다. 부모님은 늦게까지 일했고 집에 돌아오면 난민 친지 10명에게 필요한 일들을 처리하고 집안일을 돌보거나 지쳐 곯아떨어지기 일쑤였다. 나와 남동생은 스스로 알아서 해야 했다. 나는 실험에 관한 어떤 정보도 자진해서 말하지 않았다. 부모님이 내 꿍꿍이를 전부 파악했다면 당장 중단시켰을 것이다.

11학년이 되어 화학 수업을 들을 때쯤에는 나는 이미 2~3년의 실험 경력이 있었다. 이론 수업도 재미있어서 나는 고등학교 화학 교과서를 처음부터 끝까지 읽었다. 밤에는 책 내용을 머릿속으로 복습하며 잠들었는데 이 습관은 그때나 그 후에나 배운 것을 이해하고 오래도록 기억하는 데 상당히 효과적이다. 스텀프 선생님의 나이는 50대로 안경을 썼고 키가 작았다. 선생님은 담당 과목에 애정이 있었고 우리가 제대로 배우길 바랐다. 또한 남부캘리포니아 미국화학회에서 매년 봄 주최하는 고교 화학 경시대회에서 수상자 15명 안에 드는 우수한 학생을 배출하기를 늘 열망했다. 시험은 3시간 동안 치르는데 보통 남부캘리포니아 전역에서 화학 성적이 상위권인 고등학생 200여 명이 응시한다. 그러나 학업 수준이 낮은 노동자 계층이 주를 이루는 우리 학교는 설립한 지 20여 년이 지난 그해 표준학업성취도 평가에서 로스앤젤레스의 32개 학교 가운데 31위에 머물렀다. 선생님은 꿈을 실현하기를 아예 포기했다.

스텀프 선생님은 수업에 들어온 30여 명의 학생들 중 모든 질문에 나서서 답하는 짙은 색 곱슬머리를 한 깡마른 어린 학생을 보았다. 이 아이에 대해서는 일찌감치 다른 선생님들로부터 들은 바가 있었다. 똑똑한 선생님은 수업이 즐겁다고 했고 둔한 선생님은 아이때문에 위축된다고 했다. 물론, 화학에 대해 조금 들은 것이 있어서 몇 주 동안은 쉬운 질문들에 답을 할 수 있었을지 모르지만, 처음에는 열정적이었다가도 빠르게 시들해지는 학생들을 스텀프 선생님은 이미 많이 보았다. 선생님은 첫 시험이 굉장히 어려울 것이라고 우리에게 경고했다. 채점한 시험지가 돌아왔고 학생들의 점수는 100점 만점에 0~33점 사이에 분포했다. 나는 99점을 받았다. 이제야 비로소 선생님의 주의를 끌었다.

나는 화학 경시대회에 관한 이야기를 꺼냈다. 스텀프 선생님은 과거 20년치 시험지를 모두 보관하고 있었는데 나는 경시대회를 준비하면서 그 자료를 빌리고 싶었다. 선생님은 시험지를 내주기를 꺼리며 내가 얼마나 불리한지 지적했다. 나는 11학년 때 시험을 치르려고 했지만 대부분 12학년까지 기다린다고 했다. 게다가 나는 한 학년을 월반했으니 열다섯 살짜리가 열일곱, 열여덟 살 학생들과 겨루는 것이었다. 준비 기간도 5개월밖에 남지 않았다. 게다가 우리 학교의 시설은 열악했고 함께 공부하거나 나를 더 높은 수준으로 끌어올려 줄 동료도 없었다. 우리 학교 출신 가운데 대담하게 시험에 응시한 학생은 극히 드물었고 아무도 입상권에 들지 못했다. "1년만 더 기다리면 어떻겠니?" 스텀프 선생님이 말했다.

그러나 내 결심은 단호했다. 입상자들은 캘리포니아대학교나 자신이 선택한 대학교에서 장학금을 받을 수 있었다. 학계에서 일하는 것은 내 꿈이 되었다. 내가 하는 모든 과학 실험을 즐겼고 그것이 인도하는 지식이 좋았다. 이런 놀이를 계속할 수 있는 직업을 갖는다면 정말 행복할 것 같았다. 그런 삶을 누리는 방법은 실험실이 있고, 내가 즐기는 실험과 프로젝트가 진행되고, 나와 비슷한 사람들과 일할 기회가 있는 학계에 들어서는 것이었다. 그러나 나는 석사와 박사학위를 받기 위해 필요한 공부를 할 학비를 감당할 수 없었다. 길은 이것밖에 없었다. 스텀프 선생님은 영어과 잭 채이슨 선생님과 이야기를 나눈 뒤 격년으로 10회의 시험지를 빌려주기로 했다. 나는 그것을 보고 시험 범위와 난이도, 출제 경향의 변화를 파악해야 했다. 나머지 10회 분량의 시험지는 내 준비 상황을 점검하기 위해 공개하지 않고 남겨두었다.

고등학교 화학 교과서와 함께 나는 대학 교과서 두 권을 더 공부했다. 한 가지 책에서 개념이 불분명할 때는 다른 책을 보고 명확해지도록 보완했다. 그동안 해온 실험과 독서 덕분에 화학 과목은 어렵지 않았다. 나는 매일 밤 한 시간씩 이론을 공부했고 주기율표, 원잣값, 화학반응, 게이-뤼삭의 법칙, 샤를의 법칙, 아보가드로 수 등을 머릿속으로 복습하며 잠이 들었다. 실험도 계속했다. 장난도 마찬가지였다.

아닐린 레드라는 강력한 염료에 관한 글을 읽고 엄청난 장난이 시작되었다. 아닐린 레드 단 1그램으로 600만 배(6톤)의 물을 짙은 핏빛으로 바꿀 수 있었다. 나는 실험을 하기 위해 염료 20그램을 손에 넣었다.

앞서 언급했듯이 나는 우리 집 차고 뒤편 세탁실에 화학 실험실을 꾸몄다. 세탁실은 뒤뜰로 연결되었고 뒤뜰 가운데에는 사람의 콩팥 모양을 닮은, 가로 3미터, 세로 1.5미터, 깊이 0.3미터의 금붕어 연못이 있었다. 부피로 환산하면 1.5세제곱미터에 조금 못 미친다. 염료 1그램은 6세제곱미터 부피의 물을 진한 붉은색으로 바꾼

다. 따라서 극소량, 즉 염료 0.25그램만으로도 웅덩이 전체를 붉게 물들일 수 있을 것이다.

확실히 하려고 네 배 많은 1그램의 염료를 물에 풀어 세차게 저었더니 만족스러운 핏빛이 나왔다. 색이 너무 짙어 수면 위로 나온 식물의 윗부분 외에는 아무것도 보이지 않았다. 먹이를 먹기 위해 입을 내밀 때만 물고기가 있다는 것을 알 수 있었다.

실험실로 돌아오고 몇 분 후 어머니의 비명 소리가 들렸다. 어머니는 누군가, 아마도 내가 웅덩이에서 피를 흘리며 죽은 줄로 알았다. 어머니는 놀란 마음을 좀처럼 가라앉히지 못했다.

어머니 일은 유감이었지만 좋은 생각이 떠올랐다. 롱비치에서 약 13킬로미터 거리에 커다란 공공 수영장이 있었다. 오래전 개장한 놀이공원인 롱비치 파이크 안에 있는 롱비치 플런지 수영장이었다. 부모님이 군수공장에서 힘들게 일하느라 제2차 세계대전의 '전쟁고아'나 다름없던 나는 여러 번 버스를 타고 놀이공원에 가서 수영장에서 놀았다.

롱비치 플런지는 남부캘리포니아 최대 실내 온수 수영장으로 길이 37미터, 폭 18미터, 평균 깊이는 1.5미터였다. 부피로 환산하면 약 1,000세제곱미터이다. 남은 아닐린 레드 19그램으로는 수영장의 8분의 1밖에 물들일 수 없었다. 어쨌든 실행하기로 결심했다. 계획을 도울 친구로 실험 내내 함께 어울리기를 좋아했던 같은 반 친구를 택했다. 두꺼운 안경을 쓰고 곧게 뻗은 밝은 금발머리가 부스스 헝클어진 깡마르고 창백한 괴짜 같은 친구였다. 나는 기름종이로 만든 봉투에 염료를 전부 담고 촛농으로 봉한 다음 끈 두 개를 붙였다. 반대 방향으로 끈을 각각 당기면 봉투가 펼쳐져 염료를 투하하는 방식이었다.

어느 아름다운 여름 토요일 아침, 우리는 롱비치로 향하는 버스를 탔다. 수영장에 도착해 입장권을 구입하고 탈의실에서 수영복으로 갈아입은 뒤 수영장으로 향했다. 염료 봉투는 수영복 안에 숨겼다. 100명쯤 되는 사람들이 벌써 수영장 안과 주변에서 즐겁게 놀고 있었다.

봉투를 물에 담그고 각자 한쪽씩 끈을 잡았다. 우리는 수영장 양쪽 끝으로 걸어가 팽팽하게, 그러나 염료가 새지는 않을 정도로 끈을 당겼다. 순간 아무나 수영을 하다가 이 일을 대신해주면 좋겠다고 생각했다. 이내 도움의 손길이 나타났다. 누군가 자신도 모르게 줄을 건드린 것이다. 봉투가 열리고 염료가 투하되면서 사람의 손만 한 작은 빨간 구름[7]이 생겼다.

주변은 조용했다. 우리는 탈의실로 달려가 옷을 갈아입었다. '보조'는 어쩌다 자기 수영복에 번진 염료 자국을 보고 놀랐다. 범죄의 증거였다. 수영장과 데크가 내려다보이는 전망대로 달려가면서 나는 걱정하지 말라고 다그쳤다.

불투명한 빨간 구름은 이제 농구공만큼 커졌다. 수영장은 아직 조용했다. 그때 또 다른 누군가가 수영을 하며 물을 저어서 구름은 직경 90센티가 되었다. 불규칙한 형태의 짙은 핏빛 구름이 안이 보이지 않을 만큼 두껍게 드리웠다. 그때 첫 번째 비명이 들리고 놀라 울부짖는 소리와 비명이 연이어 터져 나왔다. 한 영웅이 구름 속으로 뛰어들었고 그 충격에 구름은 더욱 커졌다.

사람들은 허둥지둥 수영장을 빠져나갔다. 단 몇 분 만에 모두 사라졌다. 돌아올 때 무료로 입장할 수 있는 표를 받아서 나갔다.

우리는 소란에 정신이 팔린 나머지 물건을 회수하는 것을 잊었다. 수영장 직원이 붉은 구름 속을 수색하는 동안 구름은 점점 커져 반투명 상태가 되었다. 누군가 기름종이와 끈을 들고 어리둥절한 표정을 지었지만 별 의미 없는 쓰레기라고 여겼는지 그대로 버렸다.

그날 오후, 우리는 근처 놀이공원에서 즐거운 하루를 보낸 뒤 전망대에 올라가 수영장을 살펴보았다. 수영장의 절반이 딸기주스색이었다. 붉은색 물에서 수영을 하고 싶은 사람은 없을 테니 일부만 되돌아왔고 수영장은 평소보다 한산했다.

다음날 롱비치 신문에는 작은 기사가 실렸다. "미상의 개구쟁이들, 롱비치 수영장 붉게 물들여". 60년 뒤, 판사이자 둘째 사위인 리처드 굴은 한 퇴직 판사와 지역의 역사에 관해 이야기를 나누었다. '범인'과 리처드의 현재 관계를 짐작도 못한 퇴직 판사가 우연히 당시 읽은 사건 기사를 언급했다.

미국 화학회 시험을 10주 앞두고 지난 시험 문제를 풀어본 결과 1,000점 만점에 990점 이상을 받았다. 나는 스텀프 선생님에게 따로 남겨둔 10개 시험지도 마저 풀어보겠다고 말했다. 10개 중 처음 2개 시험에서 99퍼센트 이상 정답을 맞혀서 우리는 곧장 전년도 시험문제를 풀었고 역시 점수는 좋았다. 준비는 끝났다.

시험 당일에는 아버지가 엘카미노주니어칼리지까지 32킬로미터를 차로 데려다 주었다. 거기서 한 무리의 사람들을 따라 나는 단층 막사 같은 건물 사이를 지나 시험장으로 갔다. 올해부터 처음으로 계산자를 사용할 수 있게 되었다는 설명을 미리 들었지만 그런 것은 필요 없을 것 같았다. 나중에 생각해보니 여분의 시간에 대략적인 검산을 빨리 할 때 사용하면 될 것 같아 10센트짜리 장난감 계산자를 샀다. 사실 내가 마련할 수 있는 것은 그것뿐이었다.

시험을 보는 동안 모르는 문제가 없었다. 그때 마지막 문제지가 배포되었다. 주어진 시간 안에 손으로 할 수 있는 것보다 더 많은 계산 문제가 있었다. 내 싸구려 소형 계산자는 쓸모가 없었다. 주위에서 일제히 온전한 크기의 제대로 된 계산자를 꺼냈다. 이럴 수가! 계산자는 단순한 선택사항이 아니라 입상을 바란다면 필수품이었다. 정확한 계산식을 제시한다고 해서 점수가 더 주어지는 것도 아니었다. 오로지 수치로 제시한 정답, 즉 '계산자의 정확도'에 점수가 주어졌다. 원했던 장학금을 받을 만한 등수에 오르지 못할 것이라는 생각에 속이 울렁거렸다. 값비싼 동급 최고 수준의 계산자를 준비하지 못한 내게 화가 났다. 화학 시험을 계산자를 이용한 산수 시험으로 만든 것은 너무 불공평했다.

어쨌든 가능한 빠르게 수기로 계산을 시작했다. 결국 1,000개 문항 가운데 873문항에만 답을 했고 이것이 내가 기대할 수 있는 최대 점수였다. 최고 우승자의 점수가 보통 925~935점이었기 때문에 1등을 할 가능성은 전혀 없었다.

아버지가 데리러 왔을 때 나는 억지로 울음을 참으며 거의 말을 하지 못했다. 스텀프 선생님은 내가 시험에서 고전했으며 틀림없이 결과가 좋지 않다는 것을 수업 중에 눈치 챌 수 있었다. 우리는 시험에 관해 말을 꺼내지 않았다. 나는 그날의 일을 내가 순진했던 탓으로 돌리고 잊었다. 하지만 그길로 내가 살 수 있는 최고의 계산자를 구입했다. 시험이 있은 지 몇 주 뒤에 스텀프 선생님은 내게 따로 전화를 해 결과를 알려주었다. 나는 답을 쓴 873개 문항에서 869점을 받았다. 1등은 훨씬 앞선 930점이었지만 2등과 3등은 4등인 나와 단 몇 점 차이밖에 나지 않았다. 좋은 계산자가 있었다면 1등을 할 수도 있었다. 나는 1등을 기대했기 때문에 대학에 가는데 필요한 돈을 마련할 예비 계획도 세워두지 않았다. 내 능력에 대한 판단이 옳았음을 확인하고 만족했지만 허탈했다.

나와는 달리 스텀프 선생님은 결과에 마냥 기뻤다. 로스앤젤레스에서 학업성취도가 최저 수준인 고등학교에서 화학을 가르치며 좌절을 경험한 지 20년 만에 드디어 대회 입상자가 나온 것이다. 점수가 부끄러웠던 나는 로스앤젤레스까지 갈 교통편이 없다는 이유를 들어 시상식 만찬에 참석하지 않겠다고 했지만 스텀프 선생님이 직접 데려다 주겠다고 했다. 만찬에서 수상자들은 순위에 따라 여러 전문학교와 대학교에서 제공하는 장학금 중 하나를 선택했다. 예상대로 1등은 캘리포니아공과대학교(이하 칼텍), 2등은 UC버클리를 골랐다. 내가 가고 싶었던 학교도 당시 과학 분야에서 캘리포니아 최고의 학교라고 생각한 이 두 곳뿐이었다. 내 차례가 왔다. 대안을 생각해두었다면 좋았겠지만 다른 학교에 대해서 아는 것이 없었던 나는 선택을 포기했다. 다른 수상자들은 비벌리 힐스, 패어팩스, 할리우드 고등학교 출신이었다. 매년 수상자를 배출한 엘리트 학교였다. 그날 저녁, 내 '이름 없는' 고등학교인 나본이 언급되고 그들이 놀랐을 때는 기분이 조금 나아졌다. 그러나 유감스럽게도 내년에 다시 시험에 응시할 수 없다는 사실을 알게 되었다.

이즈음 나는 지능검사에 관심이 생겼고 얼마나 높은 점수를 받을 수 있을지 궁금했다. 어느 토요일 아침, 나는 로미타에서 로스앤젤레스 공공도서관까지 32킬로미터를 버스를 타고 가서 관심 있는 주제에 관해 이것저것 찾고 알아보았다. (요즘 사람들이 구글이나 위키피디아를 이용하는 것과 비슷하다.) 나는 답안지가 있는 지능검사지를 여러 개 찾아냈다. 지능지수를 측정해보기 위해 9주에 걸쳐 토요일마다 하나씩 시험을 치르고 채점했다.

만족스러운 결과를 보니, 지금은 지능검사였다는 것을 알게 된 예전 시험 결과가 문득 궁금했다. 6학년 과정을 반복하지 않게 해준 시험 말이다. 학교가 정보를 공개하지 않아서 스스로 알아내기로 마음먹었다. 나는 집에 있는 L자 모양의 납작한 금속자로 학교의 잠긴 문은 무엇이든 열 수 있다는 사실을 알아냈다. 어느 늦은 밤, 자전거를 타고 학교에 가 덤불에 숨겨두고 잔뜩 긴장한 채 잠긴 출입문으로 다가갔다. 각이 진 납작한 도구를 문과 문설주 틈으로 밀어 넣고 잠금장치의 구부러진 혀 모양 뒤로 걸어 잡아당겼다. 빗장이 열리고 나는 이상하리만치 어둡고 썰렁한 학교 복도로 들어갔다. 건물은 으스스하게 삐그덕 소리를 냈고 나는 야간 경비원이 있지 않을까 걱정하면서 2층에 있는 상담교사 사무실로 살금살금 걸어갔다. 같은 기술로 나머지 잠금장치 여러 개를 열고 손전등을 비추어 우리 반의 지능검사 결과지를 찾아냈다. 수백 개 점수를 훑어보느라 몇 시간이 지났다. 우리 학교에서 가장 재능 있어 보여 관심을 끌던 어느 여학생의 지능지수가 148이었다는 사실을 포함해 대부분 내 추측이 맞았음을 확인하는 과정이었다.

나본고등학교 학생 800여 명의 지능지수는 7등급에서 12등급 사이에 분포했다. 등급이 올라갈수록 사회계층 구조는 더욱 분명히 드러났다. 학생들의 약 20퍼센트가 학급이나 학생 자치회를 주도했고, 스스로 좋아서 댄스파티와 졸업파티를 준비했다. 이런 중심 집단에는 더 운동을 잘하고, 더 예쁘고, 더 부유한 집 학생들 대부분이 포함되어있었다. 로미타와 하버시티 부근 도시에 사는 사람들은 대부분 노동자 계층이어서 '더 부유한' 사람들이란 소규모 자영업자들을 가리킨다. 이런 '중심인'들은 식당에서 함께 점심을 사 먹을 수 있는 경제적 여유가 있었다. 나처럼 도시락을 싸오는 '주변인'들은 아무 곳에서나 점심을 먹었다. 이런 '중심인'들은 열여섯 살이 되면 몰 수 있는 자동차가 집에 있어서 상당수는 이미 10학년 때 차를 운전했다. 나는 최고학년이 되어도 법적으로 운전할 수 있는 나이에 미치지 못하고 차를 가질 여유도 없을 것이었다. 데이트, 해변 파티, 운동 경기 관전을 위해서는 자동차에 대한 접근성이 필수였다.

나는 소수의 '주변인' 친구들과 체스 소모임을 시작했고 늘 도움을 주었던 채슨 선생님이 우리가 점심시간에 체스를 둘 수 있는 공간을 마련해주었다. 과학 소모임도 만들었는데 공부에 관심이 있는 몇몇 학생들의 마음을 끌었다. 나는 핸드볼을 하고 나무로 만든 판에 낡은 테니스공을 맞히거나 공 뺏기 놀이를 하며 점심시간을 보내기도 했다. 내게 공이 왔을 때 덩치가 훨씬 큰 아이들에게 쫓길 때도 나는 쉽게 잡히지 않았다. 자전거를 오래 타서 다리가 튼튼한 덕분이기도 했고 한편으로는 그 아이들이 나를 잡았을 때 내가 어떻게 변할지 모른다는 두려움 때문이기도 했다.

나는 만나는 모든 사람이 나와 동등하며, 그렇지 않다는 것을 상대가 행동으로 보여주지 않는 한 내가 바라는 것과 같은 존중을 받아 마땅하다고 생각했다. 반면 많은 '중심인'들은 그들과 그 패거리들이 다른 사람들에게 특별한 대우를 받아야 한다고 생각했다. 그들에게 부여된 우월한 자리에서 볼 때 '주변인'들은 배제하고 무시해 마땅한 대상이었다.

내가 '중심인'들과 충돌하기 시작한 것은 9학년 때 체육 과목에서 B를 받으면서부터였다. 나는 공부와는 무관한 이 과목의 성적이 대학에 지원할 때 반영된다는 이야기를 듣고 놀랐다. 좀 더 알아보니 미식축구나 육상 경기에 나가면 체육 과목에서 자동으로 A를 받는다고 했다. 이렇게 해서 A학점 한도가 소진되고 나와 같은 나머지 학생들은 B, C나 더 낮은 학점을 받는 것이었다. 나는 나이에 비해 빨랐지만 신체적으로 동급생보다 1년 반이나 어렸다. 육상은 무리였고 미식축구는 불가능했다. 어떻게 해야 하나?

잭 채슨 선생님의 강력한 권고에 따라 나는 체육 과목 필수 종목으로 테니스를 선택했다. 이것은 팀에 들어가기 위한 적격 시험을 치러야 한다는 뜻이었다. 테니스에 관해서는 전혀 모르는 역사 과목 선생님이 이른바 코치여서 단순히 우리를 관리하고 관찰하는 역할을 했다. 지도라고 할 것이 전혀 없어서 나는 경기를 통해 테니스를 배웠다. 그럭저럭 후보팀에 뽑혔고 11학년과 12학년 때는 대표팀으로 올라갔다.

물론 '중심인'에 속했던 학교의 미식축구 스타는 이런 나의 대담함을 못마땅해했던 무리들의 속마음을 이렇게 표현했다. "테니스는 계집애 같은 스포츠야." 나는 코트에서 나를 보여주려고 방과 후 그 영웅을 코트로 초청했다. 그는 생각보다 실력이 좋아서, 내가 던지는 공을 꾸준히 받아쳤다. 하지만 이리저리 뛰어다니게 만들었더니 20분이 지나자 기진맥진해서 결국 그만두었다.

이 일이 있은 직후 11학년 봄, 그리고 운이 나빴던 화학시험이 끝난 뒤 '중심인'들이 거슬렸던 나는 한 가지 계획을 세웠다. 마침 한창이던 1948년 대통령 선거(트루먼 대 듀이와 월리스의 대결)에서 영감을 얻었다. 나는 친구 딕 클레어와 짐 하트를 포함해 약 열두 명의 학생들을 모아 학생개선위원회를 조직했다. 학생 자치회의 역할을 형식적인 절차 이상으로 끌어올리고 학생들의 최대 이익을 위해 움직이며 '중심인'만이 아닌 모든 학생을 아우르는 활동을 조직하는 것이 목표였다. 우리의 계획은 모든 학생 자치기구 선거 후보자 명단에 이름을 올리는 것이었다. 한 일본인 학생의 가족이 소유한 양상추 농장에 방 하나짜리 건물이 있어서 우리는 저녁마다 그곳에 모여 준비하고 전략을 세웠다.

선거 전날 밤 우리는 "학생개선위원회에 투표하세요."라고 적힌 거대한 펼침막 두 개를 학교 위로 띄웠다. 내 기상관측용 풍선에 펼침막을 매달아 하늘 높이 올리고 공중에 화약을 쏘아 올리던 날 밤에 효과를 발휘했던 전신주용 올가미를 활용해 손이 닿지 않는 높은 나뭇가지에 펼침막이 차례로 걸리도록 했다. 밤새 바람이 불어 풍선이 약간 이동하면서 펼침막이 아래로 늘어졌지만 날이 밝았을 때도 분명히 문구를 읽을 수 있었다.

후보자의 연설을 듣기 위해 강당으로 줄지어 들어오는 학생들에게 우리의 공약을 설명하는 인쇄물과 우리 후보자들에게 기표한 투표지 견본을 나누어주었다. 25년 학교 역사에서 누구라도 기억할 만한 최초로 조직된 학생 정당이었다. 기습공격을 당한 '중심인'들에게는 반격할 시간이 없었다. 그들의 후보자 중 몇몇은 틀림없이 배후에 내가 있다고 생각해 나를 개인적으로 공격하는 데 연설 시간을 할애했다. '중심인'들이라는 사회적 파벌이 학생 자치기구 운영을 독차지 해왔다. 그들은 혜택을 누렸다. '변화'가 의미하는 것은 내가 급진적이고 현 상태를 위협하는 골칫거리라는 뜻이었다. 나는 학생 자치위원에 아슬아슬하게 낙선했지만, 개표 결과 우리가 15개 자리 가운데 13개를 휩쓸었다. 친구 딕 클레어는 총학생회장에 당선되었다.

46년 뒤 고등학교 동창회에 몇 시간 참석했을 때도 '중심인'들은 나이가 들고 조금 온순해졌을 뿐 옛날과 달라진 것이 없었다. 고등학교를 다닐 때가 그들 인생의 전성기였다. 대부분 서로 결혼해서 그 후로도 쭉 같은 지역에서 살고 있었다. 반면 내게 고등학교 시절은 인생의 위대한 모험을 위한 도약대였다.

나본에서 11학년을 마친 1948년 여름, 나는 해변에 앉아 60여 편의 위대한 소설을 처음부터 끝까지 읽었다. 대부분 미국 문학이었는데 토머스 울프, 존 스타인벡, 시어도어 드라이저, 존 더스 패서스, 업튼 싱클레어, 싱클레어 루이스, 어니스트 헤밍웨이, F. 스콧 피츠제럴드 같은 작가들의 작품이었다. 도스토예프스키, 스탕달 같은 외국 작가들도 있었다. 잭 채슨 선생님이 읽을 책의 목록을 주었고 개인 서재에서 책들을 빌려주었다. 나는 책을 읽다가 보디서핑을 하기도 했고, 내가 누구인지 그리고 어디로 가고 있는지 사색하기도 했다.

전쟁이 끝나고 3년이 지난 그해 여름은 내게 특별히 힘들었다. 부모님은 이혼소송 중이었다. 나는 지난 몇 년 동안 집안의 스트레스가 원인이 되었다고 생각했다. 전쟁 기간에 어머니와 아버지는 서로 교대시간을 달리해 일했는데 아마도 그때문에 (잠을 자든 어쨌든) 번갈아 집에 있느라 함께 보낸 시간이 부족했고 사이가 멀어졌다. 게다가 우리 집에 들이닥친 10명이나 되는 객식구가 3년 만에 이사를 나갈 때까지 부부간에 종종 갈등이 끓어오르곤 했다.

아버지는 로스앤젤레스로 이사했다. 12학년 때는 일요일 아침에만 아버지를 만났다. 아버지는 로스앤젤레스에서 차로 32킬로미터를 달려와 2층 내 방에서 보이는, 한두 블록 떨어진 곳에 차를 세웠다. 나는 집에서 나와 면허시험에 대비해 운전 연습을 하고 점심을 먹고 이야기를 나누기도 하며 아버지와 몇 시간을 보냈다. 그때는 몰랐지만 어머니는 내가 대학에 가면 집을 팔려고 준비하고 있었다. 이혼과 관련된 상황에 혼란스러웠지만 부모님 누구도 설명을 하지 않았다. 일이 분명해진 것은 몇 년이 지나서였다. 어머니는 진주만 공습이 있기 전 여름, 우리가 캘리포니아를 처음 방문했을 때 머물렀던 집 남자와 바람을 피우고 있었다. 그 관계가 그때 시작됐고 아버지가 결국 사실을 알게 되면서 이혼에 이르렀다는 사실을 나는 최근에야 남동생에게 듣고 알았다.

12학년이 되었고 대학에 갈 돈을 마련하는 문제가 여전히 남았다. 화학시험에서 기대했던 장학금은 받지 못했고 집에서 도움을 바랄 수도 없었다. 나는 물리교사협회가 남부캘리포니아 전체 고등학생을 대상으로 화학시험과 비슷한 물리시험을 치른다는 사실을 알게 되었다. 그렇지만 나는 아직 물리학을 집중적으로 공부하지 못했고 준비할 시간도 몇 달 남지 않았다. 물리 선생님은 수업시간에 학생들을 관리만 할 뿐 물리에 대해서는 아무것도 모르는 체육 코치였다. 나는 독학했다. 과거 시험 자료가 없어서 시험에 관해 파악할 수 있는 방법은 간단한 발표 자료가 유일했다. 그렇지만 수년 동안 전기, 기계, 자력 및 전자공학에 대한 실험을 해온 것이 이론 공부에 도움이 되었다. 내 방식대로 이 과목들을 공부하면서 물론 새로운 장난도 고안해냈다.

광학과 천문학 공부 차원에서 나는 (풍선을 구입했던) 에드먼드 사이언티픽에서 저렴한 렌즈 몇 개를 우편으로 주문해 굴절망원경을 만들었다. 망원경으로 별뿐만 아니라 10대 청소년들이 밤에 데이트를 하려고 종종 주차하는 약 1킬로미터 거리의 언덕 꼭대기까지도 내 방에서 한눈에 볼 수 있었다. 동시에 나는 오래된 12볼트 자동차 전조등을 구입해 강력한 소형 탐조등으로 활용했다.

아이디어는 즉시 실행되었다. 나는 망원경이 가리키는 곳을 밝힐 수 있도록 망원경에 전조등을 장착했다. 이 '연인 전망대'에 관찰 장비를 배치하고 해질녘까지 기다렸다. 한번은 자동차 여러 대가 한참 동안 주차 중이기에 접안렌즈를 들여다보며 전원을 올렸다. 짠! 자동차에 밝은 조명이 비추자 다양한 모습으로 얽혀있던 10대들은 허둥지둥 달아났다. 내 쪽을 알아보지 못하도록 한 번에 2초 동안만 조명을 컸다. 연인들이 몹시도 괴로웠겠다는 생각에 곧바로 그만두어서 이 장난은 두세 번에 그쳤다.

대망의 물리시험 날이 되었지만 화학시험 이후로 김이 빠졌던 것 같다. 나는 총 1,000점 중 860점에 해당하는 문제를 풀었다. 새로 장만한 슈퍼 계산자를 이용했다. 하지만 총 140점에 해당하는 두 문제는 공부하지 않은 내용이었다. 이번에도 4등을 할 운명일까? 어떻게 해야 하지? 남은 시간 동안 나는 차원해석[8]이라는 개념을 활용해 제대로 된 방법이기를 바라며 둘 중 한 문제를 푸는 공식을 도출했고 나머지 문제도 시도했다. 화학시험과 마찬가지로 상위 15명 득점자가 시상식 연회에 참석했다. 이번에도 최상위권 점수는 주로 로스앤젤레스 시립학교 중 학업 수준이 최고에 해당하는 학교에서 나왔다. 1등이 호명되자 일제히 웅성거렸다. 어디라고? 나 본고등학교? 어디 시골에 있는 직업학교 아니야? 화학시험 때와 같은 점수 분포가 재현되었지만 이번에는 내가 931점으로 1등을 차지했다. 2등과의 차이는 50~60점이었다. 내게는 으스대던 특권계급을 누르고 칼텍과 UC버클리 사이에서 고민하며 제일 먼저 장학금을 선택할 수 있는 자격이 주어졌다. 내게 최우선 순위였던 칼텍은 학비를 전액 제공했지만 연간 2,000달러나 되는 기숙사비와 기타 경비가 추가로 들었고 내게는 그만한 돈이 없었다. 칼텍이 위치한 패서디나는 물가가 비싼 지역이었고 내 예산 내에서 구할 수 있는 집은 학교 부근에 없다고 들었다. 한마디로 칼텍은 감당이 되지 않았다.

내가 받은 UC버클리 장학금은 당시 기준으로 UC버클리 사상 최대 규모인 연간 300달러였다. 연간 70달러인 수업료도 별도 지급되었는데, 제1차 세계대전 참전용사 자녀를 위한 장학금에서 나왔다. 버클리에는 캠퍼스 밖에 저렴한 비용으로 식사를 제공하는 하숙이 있었다. 학생주택협동조합은 더 저렴해서 주당 4시간 노동과 월 35달러에 숙식을 해결할 수 있었다. 나는 버클리를 선택하고 나서 적어도 버클리에는 여학생들이 많을 테고 내 사교생활도 꽃이 피리라고 기대하며 스스로 위로했다.

그보다 몇 해 전, 호지 아저씨는 내가 무선통신과 전자장치에 관심을 가진 것을 눈여겨보았다. 호지 아저씨는 전기엔지니어로 은퇴했는데 우리 집 뒷마당 울타리에 면한 아저씨의 널찍한 집에는 아열대 정원, 야자수, 스페인 양식 치장벽토와 타일, 정성들여 만든 금붕어 연못이 있었다. 두 갈래로 갈라져 수평으로 자란 거대한 나뭇가지에 내가 널빤지를 못으로 고정해 만든 7.5미터 높이 나무 위의 집에 올라가면 무리지어 선 대나무 사이로 신기한 탑이 보였다. 초록색 아스팔트 지붕재로 두른 홀쭉한 원뿔 모양의 건물은 한때 풍차를 떠받치고 있었다. 하루는 호지 아저씨가 나를 안으로 초대했다. 우리는 중앙의 좁은 나선형 계단을 따라 9미터 가까이 올라갔다. 각 층을 지날 때마다 무선통신 장치 부품들로 이루어진 새로운 보물섬이 펼쳐졌다. 현명하게도 호지 아저씨는 내게 딱 한 가지만 선물로 고르도록 했다. 나는 아름답게 세공된 공기 간극식 가변축전기를 선택했다. 당시 무선 송수신기의 필수 부품이었다. 고정된 금속판에 장착된 이 부품에는 다른 금속판을 가까이 당겨오거나 멀리 밀어내어 무선장치가 응답할 주파수를 바꾸는 역할을 하는 눈금판이 있었다. 이 부품을 내가 직접 만든 무선통신 장치에 적용하면 정확하고 간편하게 주파수를 맞출 수 있을 것이었다. 호지 아저씨는 몇 주 간격으로 또 다른 보물로 내 갈증을 채워주었다. 관련 장비가 늘고 무선통신에 대한 관심이 자라면서 나는 이 기술을 나중에 어떻게 멋지게 적용할 수 있을지 궁리하기 시작했다.

그중 하나는 생각으로 문을 여닫는 방법이었다. 두뇌가 전기적 활동을 일으키고 두피에서는 희미하지만 감지 가능한 전류가 생성된다는 정보를 활용하면 될 것 같았다. 나는 머리를 밀고 전선을 연결해 전류를 감지하는 방법을 생각했다. 생각에 변화를 주면 전류의 흐름을 바꿀 수 있을 것 같았다. 이 전류를 무선통신 송신기에 공급해 적절한 신호를 보내면 문 근처에 설치한 수신기가 신호를 받아 모터를 구동해 문을 여닫는 방식이었다. 모스 부호의 점과 선(최근에는 2진법의 0과 1)에 해당하는 방식으로 정보를 전달할 수 있다면 원칙적으로 아무리 복잡한 지시도 전송 가능하다. 이 장비를 실제로 만들지는 않았지만 무선으로 제어 가능한 착용형 전자기기에 관한 구상은 늘 떠나지 않았다.

　호지 아저씨는 내게 〈사이언스 뉴스레터Science News-Letter〉(현재 사이언스뉴스)라는 잡지 구독권을 사주고 매년 열리는 웨스팅하우스 과학영재발굴대회에 관해서도 알려주었다(훗날 인텔과 바이오제약사 리제네론이 이 대회를 후원했다). 선생님들을 포함해 우리 학교 어느 누구도 이 대회에 관해 들어본 사람이 없었다. 나는 1949년, 12학년 때 미국 전역에서 온 1만 6,000명 이상의 고등학생들과 함께 제8회 대회에 참가했다. 우리는 과학 필기시험을 치렀는데 〈사이언스 뉴스레터〉에서 얻은 지식이 훌륭한 시험 준비가 되었다.

　교사 추천서 외에 과학 에세이도 제출해야 했다. 참고할 자료가 전혀 없었던 나는 도서관에가서 베릴륨에 관한 학술적인 글을 쓰기 시작했다. 고역이었다. 나는 쓰기를 중단하고 내가 직접 알아낸 재미있는 몇 가지 일들을 생각했다. 그중 하나를 선택해 '몇 가지 독창적 계산법'이라는 주제로 에세이를 썼다. 첫째는 궤도의 형태를 케플러가 주장한 타원형이 아닌 원형이라고 가정해 행성 위치를 대략적으로 구하는 법이었다. 둘째는 유리 프리즘의 굴절률(프리즘 안의 빛의 상대 속도)을 구하는 방법이었다. 단순히 빛의 절반은 반사하고 절반은 아래로 통과시킬 때까지 프리즘을 탁자에 올려두면 되는데 미터자와 삼각법을 이용해 몇 가지를 간단히 측정하면 답을 구할 수 있었다.

　시험은 잘 치렀다고 생각했지만 교사 추천서와 에세이가 상당히 중요했고 두 부문의 평가 결과는 알 수 없었다. 아무런 소식 없이 몇 주가 지나면서 이번에도 진 게 틀림없으니 입상자가 발표되면 확인이나 해야겠다고 생각했다.

영재발굴 시험을 잊고 지내던 나는 어느 봄날 아침 현관 앞에 놓인 전보를 보고 깜짝 놀랐다. 내게 온 전보라는 것은 알지 못한 채 전보를 가지고 안으로 들어왔다. 우리 집은 전보를 받아본 적이 없어서 나는 비상사태일 것이라고 생각하며 전보를 열었다.

전보를 보낸 곳은 웨스팅하우스였다. "축하합니다. 40명의 최종 진출자에 포함되었습니다." 나는 놀라고 흥분했다. 몇 주 뒤 첫 기차여행을 했다. 캘리포니아의 다른 진출자 두 명과 함께 워싱턴 DC로 가서 다른 진출자들과 합류했다.[9] 5일간의 경비는 모두 주최 측이 부담했다. 진출자 40명은 노벨상 수상자인 물리학자 이지도어 아이작 라비Isidor Isaac Rabi를 만나고 직경 1.5미터인 입자가속기도 견학했다. 입자가속기가 있는 방에 들어갈 때는 자성물질 착용이 일절 금지되었다. 입자가속기의 강력한 힘에 의해 벗겨진 느슨한 시계, 단추, 벨트 버클이 치명적인 미사일이 되어 기기로 돌진할 우려가 있기 때문이었다.

일반에게 공개된 저녁 전시회에서 우리는 각자 자신의 연구 일부를 소개했다. 참가자 40명의 등수를 매겨 상금을 수여하는 데 중요한 역할을 하는 전시회였다. 나는 원격제어 회전안테나가 장착된 작은 무선국을 직접 제작해 전시했다. 불행히도 우리 부스에는 전력선이 없어서 애초에 계획한 현장 시연이 불가능해 생명이 없는 물건을 모아놓은 것에 불과하게 되었다. 최종 선정된 10명에게는 심사위원이 정한 순위에 따라 1,000달러에서 최대 1만 달러 상금이 주어졌고 나머지 30명은 각각 100달러를 받았다. 우리는 모두 상위 대학의 과학 관련 학과에서 입학 제안을 받았다. 무엇보다 백악관 집무실에서 해리 S. 트루먼Harry S. Truman 대통령을 만난 것이 최고였다. 악수를 나누던 대통령의 손을 기억한다. 단단하고 다부졌으며 마치 땀띠분을 살짝 뿌린 가죽의자 같았다.

고등학교 생활 내내 어느 누구도 자연과학에는 그다지 관심이 없어서 나는 혼자서 연구하고 실험하며 독학했다. 그러나 다른 관심거리를 나눈 친구들이 있었다. 나와 딕 클레어, 짐 하트는 8학년 때부터 특히 가깝게 지냈다. 우리는 학교 정치에 관해 이야기했고 냉전, 서유럽 재건, 인종차별 등 국가 및 세계적인 문제를 논의했다. 우리는 문학을 읽고 도덕성과 윤리에 관해 고찰했다. 짐은 시인이자 작가이며 재능 있는 만화가였다. 딕은 작가이자 철학자였다. 우리는 서로 굉장히 다른 삶을 살고 있지만 평생 연락하며 지냈다.

체스는 내가 즐기는 유일한 게임이었다. 당시 나는 카드나 도박에 관심이 없었고 경험도 없었다. 그때 간단히 생각해본 여러 물리학 관련 구상 가운데 하나가 룰렛휠 위를 도는 공과 궤도를 도는 행성 사이의 유사점이었다. 나는 행성의 위치를 정확히 예측할 수 있으므로 룰렛을 회전한 결과도 예측 가능하다고 생각했다. 나는 잭 채슨 선생님 부부가 라스베이거스 여행에서 돌아온 직후 선생님 집에서 저녁식사를 했다. 선생님이 카지노는 절대 이길 수 없다고 말했을 때, 룰렛에 관한 구상에 고무된 나는 10대 청소년답게 자만하며 언젠가 내가 해보이겠다고 성급하게 장담했다. 선생님은 "글쎄, 에디." 하며 못미더워했고 나는 생각한 것을 무심코 털어놓았다.

그러나 내 구상은 생명을 얻기를 기다리며 휴면에 들어갔다.

물리학과 수학

1949년 8월, 열일곱 살 때 나는 UC버클리로 떠났다. 어머니는 이혼하고 집을 판 뒤 이사를 갔고 열두 살 남동생은 군사 기숙학교에 들어갔다. 앞으로 몇 년 동안은 부모님 중 누구도 자주 만나지 못할 것이었다. 열여섯 살 때부터 부모님과 떨어져 지낸 아버지의 경험을 내가 되풀이하게 되었다. 당시 아버지는 군에 입대했고 나는 대학교로 떠났다. 아버지처럼 그때부터 나도 혼자 지냈다.

나는 학교에서 남쪽으로 몇 블록 떨어진 곳에 식사를 제공하는 하숙을 구했다. 내가 신문배달한 돈으로 사모은 전쟁채권을 어머니가 모두 현금화해 써버렸다는 사실을 학교로 출발하기 직전에 알았다. 예상하지 못한 어머니의 배신이 준 정서적 타격은 우리를 수년간 갈라놓았다. 대학에서 어떻게 살아가야 할지 막막했다. 나는 장학금, 아르바이트, 그리고 첫해 아버지가 매달 보내준 40달러로 살아남았다. 월 100달러가 안 되는 돈으로 책, 수업료, 식사, 숙소, 의복 등 모든 것을 해결해야 했다. 하숙집에서 식사를 제공하지 않는 일요일에는 교회 개방 행사에 가서 공짜로 제공되는 뜨거운 초콜릿과 도넛을 마음껏 먹었다.

학교는 제대군인원호법GI Bill1에 따라 돌아온 전역군인들로 넘쳐났다. 물리학, 화학 등 기초과학 과목은 수백 개 강의실이 필요할 만큼 많은 수업이 진행되었는데도 교수진의 수준은 최고였고 강의의 질도 좋았다. 내 전공인 화학은 1,500여 명이 수강했다. 학생들은 400여 명씩 4개 반으로 나뉘어 수업을 들었는데 우리 반은 한 유명한 교수님이 직접 집필한 교재를 이용해 강의했다. 교수님은 당시 개정판을 준비 중이어서 오자나 탈자를 처음 발견해 제보하는 학생에게는 건당 10센트를 주었다. 나는 실제로 돈을 주는지 알아보려고 우선 10개만 찾아 목록을 만들어 교수님에게 가져갔다. 나는 1달러를 받았다. 나는 한껏 고무되어 75개 오류를 발견해 다시 찾아갔다. 총 7.5달러였고 교수님은 기분이 좋아 보이지 않았다. 며칠 뒤 수백 개 오류를 발견해 다시 찾아가자 교수님은 단순한 오탈자가 아니라 오류를 찾아야 한다고 했다. 나는 반발했지만 교수님은 내가 발견한 것 거의 전부를 인정하지 않았다. 훗날 월스트리트에서도 자주 경험했지만, 사람들은 별 문제없이 넘어갈 수 있다는 이유로 계약 내용을 자신에게 유리하게 일방적으로 변경하고 이를 소급 적용한다. 이것은 내가 아는 정정당당한 시합에 부합하지 않는 행위였다. 나는 더 이상 교정할 거리를 신고하지 않았다.

한 학기가 끝나갔고 나는 필기시험과 실험실습에서 100점 만점에 단 1점이 모자란 점수로 1등을 달리고 있었다. 고등학교 때 치른 운이 나빴던 화학시험 이후 나 자신을 입증하는 성적이었다. 학기 성적에는 매주 미지의 표본을 화학적으로 분석하는 실습 점수도 반영되었다. 일부 학생들이 몰래 표본을 바꿔치기하는 방법으로 다른 학생들을 방해하기도 한다는 말을 들어서 나는 표본 일부를 항상 따로 떼어놓았다. 혹시 그런 일이 벌어졌을 때 내 분석이 옳다는 것을 입증하기 위해서였다. 학기 평가에 반영되는 마지막 표본을 받았을 때 내 답이 틀렸다는 결과가 나왔다. 상황을 파악하고 내가 옳았음을 입증하기 위해 미리 떼어둔 표본 분석을 요청했다. 내 호소에 대한 판단은 실험 과목 조교들의 재량에 맡겨졌고 조교는 재실험을 거부했다. 여기서 점수를 잃어 나는 1등이 아닌 4등으로 학기를 마감했다. 격분한 나는 2학기에는 화학 과목을 수강하지 않았고 전공을 물리로 변경했다. 그로 인해 탄소화합물과 모든 생명체의 기초가 되는 유기화학 강의를 듣지 못했다. 유기화학은 생물학의 기본이다.

서둘러 내린 이 결정으로 학교와 전공과목이 달라졌고 내 인생의 모든 경로가 바뀌게 되었다. 지나고 보니 그것은 최고의 결정이었다. 나의 관심과 미래는 물리학과 수학에 있었기 때문이다. 수십년 뒤 인간의 수명을 건강하게 연장하는 방법에 관해 구상하면서 나는 필요에 의해 유기화학을 공부했다.

UCLA는 수학과 물리학 분야에서 버클리만큼 좋은 학교는 아니었지만 나는 연말에 UCLA로 전학했다. 버클리에서는 친한 친구가 없어 춥고 외로운 느낌이었지만 남부캘리포니아는 친숙한 곳이라는 것도 한 가지 이유였다. 부모님을 대신했던 잭 채슨 선생님, 고등학교 시절부터 제일 친한 친구였던 딕 클레어, 짐 하트가 있어 정서적으로 의지가 되고 소속감도 생겼다. 게다가 버클리에서의 생활은 끔찍했다. 2학기는 가장 저렴한 식사를 제공하는 학생생활협동

조합에서 지냈다. 내 기억으로 클로인 코트라는 건물이었는데 신입이었던 나는 입구가 여러 개에 5명이 공동 사용하는 제일 나쁜 방을 배정받았다. 밤낮으로 사람들이 드나들었다. 아무것도 할 수 없는 곳이었다. 잠을 잘 수도 없었다.

UC 장학금을 UCLA로 이전할 수 있었던 것이 결정적 이유였다. UCLA에서 나는 또 다른 독립학생생활 단체인 대학협동주택조합 숙소로 이사했다. 버클리 조합처럼 전국 생협 조직에 속해있었고 전 세계 학생들이 함께하는 유엔의 축소판이었다. 로빈홀과 랜드페어 하우스라는 두 개 건물을 소유한 이 지부는 대공황 당시 몇몇 학생들이 UCLA에 다니기 위해 재원을 모아 설립했다. 내가 왔을 때는 회원 수 150명 규모의 협회로 성장했다.

1950년 가을에 처음 만난 사람들 가운데 비비안 시니타가 있었다. 호리호리한 금발에 영문학을 전공하는 예쁜 학생이었다. 무엇보다 비비안은 굉장히 똑똑했다. 비비안 역시 2학년 때 로스앤젤레스 시립대학에서 UCLA로 전학했다. 우리는 모든 사람에게 종교적 신념, 민족, 정치적 배경에 관계없는 공정한 대우를 보장할 것을 지지하는 학생 모임에서 만났다. 둘 다 글쓰기를 좋아해서 모임의 신문을 제작하겠다고 자원했다.

학생들은 지역의 이발사들이 흑인의 머리를 잘라주지 않으려는 것에 충격을 받았다. 부당한 처사였다. UCLA의 한 수석교수는 고학년 대상의 남북전쟁에 관한 강의에서 남부의 노예 소유자가 불우한 흑인들을 위한 유일하고 행복한 복지국가였다고 주장했다. 비비안과 나는 교수의 논리를 터무니없는 역사 왜곡이라고 주장하며 반박하는 논리를 실은 인쇄물 수백 장을 배포했다. 분노한 교수는 자신을 변호하고 인쇄물 작성자를 익명의 겁쟁이라고 비난하는 데 강의 시간 전체를 할애했다. 우리는 작성자를 특정할 단서가 없고 따라서 퇴학을 각오할 일도 없다는 것을 알았다.

저녁에 신문을 만들면서 비비안과 나는 많은 이야기를 나누었고 굉장히 많은 공통점이 있다는 사실을 알았다. 우리는 각자 집에서 첫 대학 졸업자가 될 것이었다. 정의와 공정한 대결에 대한 생각도 같았다. 비비안의 부모님과 친척들은 유럽에서 수 세기 동안 박해를 받았던 헝가리 유대인 이민자 출신이었기 때문이다. 많은 친척들이 제2차 세계대전 중 강제 수용소에서 사망했고 그 후에는 미국 내 반유대주의에 직면했다. 한편 공정한 경쟁은 비비안에게 매우 개인적인 문제이기도 했다. 비비안은 삼남매 중 장녀인데 그녀가 태어난 지 1년 조금 지나 여동생이 태어났고 그로부터 2년 뒤 남동생이 태어났다. 비비안은 여동생이 조금이라도 더 많은 몫을 얻기 위해 막무가내로 억지를 쓴다고 생각했다. 어머니는 둘째 딸과 실랑이를 벌이고 싶지 않기도 하고 한편으로는 둘째 딸의 당돌함에 감탄해서 비비안에게 언니로서 늘 져주고 화해하라고 설득했다. 모든 사람에게 공평한 경쟁의 장이 주어져야 한다는 우리의 공통된 생각이자 비비안의 깊은 확신은 일부분 여기서 기인했다.

비비안은 연애에 대해 조심스럽고 까다로워서 곁에서 부추기던 어머니와 여동생은 그런 비비안이 마음에 들지 않았다. 어느 날 저녁, 신문을 만들려고 집으로 비비안을 데리러 갔을 때 두 사람은 한쪽으로 비비안을 데리고 가서 물었다. "저 학생은 뭐가 마음에 안 드는 거니?" 나는 비비안이 (정확히) 대답했다고 생각한다. "너무 어려요." 처음 만났을 때 나는 겨우 열여덟 살이었고 비비안은 스물한 살이었다. 게다가 비비안은 자신의 또래보다 훨씬 더 성숙해서 우리 중 누구도 서로를 이성으로 생각하지 않았다. 비비안은 문학을 전공했고 나는 물리학 전공이었는데 나는 일부러 비비안의 학과 수업을 선택과목으로 수강하기도 했다. 우리는 좋은 친구가 되었다. 몇 년이 지나 서로 다른 상대와 데이트를 했고 나는 점차 성숙해갔다.

똑똑하고 매력적인 여학생들은 어디에나 있었고 여자들은 모두 내게 마음을 열었다. 거의 1년 동안 수많은 여학생들을 만나본 나는 어느 밤 파티에서 맞은편에 있던 근사한 소녀에게 시선을 빼앗겼다. 패션모델처럼 늘씬하고 큰 키에 갈색 머리를 한 '알렉산드라'는 볼록한 광대뼈, 커다란 갈색 눈, 얼굴을 감싼 클레오파트라 같은 머리 모양이 아름다운 고전적인 미인이었다. 우리는 곧바로 서로에게 끌렸고 다음 2년 동안 독점적인 연애 관계를 꾸준히 유지했다. 무대예술을 전공한 그녀는 자신이 참여한 연극에서 대사 한 줄짜리 역할을 내게 맡겼다. 나는 무대에선 대부분의 시간을 로마 병사 복장을 하고 차렷 자세로 보내면서 연기는 내 길이 아니라고 생각했다.

학업은 3학년 때 거의 끝났다. 알렉산드라와 데이트를 하고 집에 돌아오면 거의 새벽 2시였고 생계를 위해 오랜 시간 일해야 했다. 나는 자주 피곤해했고 짜증을 냈다. 오전 8시 물리학 수업 때는 특히 그랬다.

수업을 맡은 물리학 교수는 자신의 아버지가 저명한 물리학자였던 것에 비해 스스로는 평범한 사람이었다. 늘 자신이 없고 수업 시간에 나오는 질문을 두려워해서 학생들과의 상호작용을 피하려고 등을 돌린 채 메모 뭉치를 칠판에 베껴 쓰는 것으로 강의를 대신

했다. 우리는 그 내용을 공책에 옮겨 적었다. 몇 년 동안 이렇게 해왔고 강의 내용도 거의 달라지지 않았다. 이런 일이 너무 바보 같았다. 복사본을 나누어주고 학생들이 미리 읽어오게 해서 수업 시간에 반짝이는 질문을 하도록 하면 좋을 텐데 왜 그러는 것일까? 물론 답변할 수 없는 질문을 받을까 봐 두려웠기 때문이다.

나는 지루한 나머지 UCLA의 학생 신문 〈데일리 브루인Daily Bruin〉을 수업 시간에 읽기 시작했다. 이것이 교수님의 자존감에 상처를 입혔다. 나중에야 이해하게 되었지만 이런 일은 뿌리 깊은 적개심을 가진 적을 만들어도 괜찮다고 생각하지 않는 한 인간관계에서 결코 해서는 안 될 일이었다. 몹시 언짢았던 그는 내가 완전히 몰입해 신문을 읽는 것처럼 보일 때마다 주기적으로 필사를 멈추고 내게 돌발적으로 질문을 던졌다. 나는 정답을 말하고 다시 신문을 읽곤 했다.

어느 날 아침, 곪았던 문제가 터지고 말았다. 알렉산드라와 늦게까지 시간을 보낸 나는 수업 전까지 제출해야 하는 과제를 하느라 밤을 샜다. 간단하지만 양이 많은 과제였다. 나는 과제를 제출하기 위해 강의실 계단을 뛰어서 내려갔고 교수님께 과제를 제출하는 순간 여덟 번의 종소리 가운데 첫 번째 종이 울렸다. 그가 나를 보며 곤란하다는 듯 "어어."라고 말했다. 나는 과제를 테이블에 던지면서 외쳤다. "어어, 라구요?" 더 나아가 나는 학생들이 놀란 얼굴로 지켜보는 가운데 그의 수업 방식에 관한 생각까지 말했다. 나는 자리에 앉았고 모두 조용했으며 수업은 전과 같이 진행되었다. 돌이켜보면 그때의 나는 시시하고 꽉 막힌 평범한 사람들이 거슬렸다. 그들과 부딪힌 것이 어리석은 일이었음을 나중에서야 이해했다.

나는 가능하다면 그들을 피하고, 피할 수 없다면 능숙하게 대하는 수완을 배우고 싶었다.

일주일 뒤 학장이 나를 소환했다. 내 무례한 행동에 대해 퇴학을 포함한 다양한 조치를 고려하는 중이라고 말했다. 당시는 1951년으로 한국전쟁 중이었는데 퇴학을 당한다면 학업을 망칠 뿐만 아니라 학생 징병 유예 혜택이 주어지는 1S 신분도 잃게 될 것이었다. 그렇게 되면 차기 입영 대상인 1A 신분으로 전환된다. 그러면 거의 확실히 몇 주 안에 입대하게 될 것이었다. UCLA와 가까운 징병위원회의 징병 대상 대부분은 주로 1S 유예 결정을 받은 학생들이었다. 얼마 되지 않는 1A 학생들은 먼저 소집되어 이미 떠난 후였다. 이제 1S 학생들이 전쟁에 나설 차례였고 매주 점점 더 많은 학생들이 주변에서 사라졌다. 다행히 내가 속한 징집위원회는 아버지가 살던 로스앤젤레스의 한 지역을 담당했는데 그곳에는 1A 등록자가 많은 반면 학생들은 거의 없었다. 따라서 1S 신분인 나는 가장 마지막에 소집될 것이었다. UCLA에 다니는 한 1S 신분으로 학교에 계속 머무를 수 있다는 뜻이었다.

내 사건은 부학장에게 넘어갔다. 이 무렵 내 미숙함과 잘못된 행동이 가져올 모든 결과를 나는 분명히 인식했다. 나는 의외로 호의적이었던 부학장과의 면담에서 타협안을 찾았다. 우선 개인적으로 교수에게 사과를 하기로 했다. 그리고 그해 남은 학기 동안은 보호관찰을 받게 되었다. 이제부터는 진중하게 행동해야 했다. 또 어떤 학생 기구에도 출마할 수 없었다. 마지막 요건이 당황스러웠지만 학장이 정치적으로 독립적이고 거침없는 발언을 하는 학생들에 대해 우려하고 있었고, 매카시즘과 충성 맹세가 휩쓸던 시절이었던 만큼 학생 자치기구로 인해 학교가 곤란해질까 봐 그 가능성을 차단하려 했다는 사실을 알고 나니 이해할 수 있었다.

　교수님을 방에서 만나 용서를 구할 무렵에는 내가 얼마나 어리석고 무례했는지 깨달았고 내 행동이 부적절했으며 후회하고 있다고 교수님에게 진심으로 사과했다. 그러나 더욱 심각한 문제는 수업 방식에 관한 발언이었다. 나는 그의 자존심을 상하게 했다. 내가 발언을 철회했다고 생각하지 않는 한 그는 절대로 나를 용서하지 않을 것이었다. 스스로의 가치와 자아에 대한 존중을 생각하면 나는 개인적인 이해관계가 걸린 문제임에도 불구하고 비굴해지거나 거짓말을 하고 싶지 않았다. 다른 방법을 찾아야 했다. 나는 그의 교수법이 독특하며, 학생들이 늘 진가를 알아보지는 못하겠지만 교수님과 같은 역량이 있는 분을 만나기가 쉽지 않다는 것을 깨달았다고 해명했다. 사실이었지만 다양한 해석의 여지가 있는 표현이었다. 그는 내가 기대한 대로 해석했다. 내가 교수실을 나설 때 그는 활짝 웃고 있었고 내 학교생활은 무사했다. 나는 좀 더 예의 있고 조금은 더 성숙한 사람이 되고 싶었다.

　3학년 때 이 일을 겪으며 성적이 하락했고 4학년 때는 나아졌지만 나는 여전히 보호관찰 상태였다. 따라서 파이 베타 카파^{Phi Beta Kappa} 클럽2의 가입이 허락되었을 때 놀랐다. 내가 한 짓보다 더 나쁜 일이 일어나지 않은 것은 행운이었다. 그러나 사전에 그 행동을 할 때 어떤 일이 일어나기를 바라는지, 어떤 일이 일어날 것인지 스스로에게 물었다면 (그랬어야 했다.) 애초에 일어나지 않을 일이었다. 어느 쪽도 마음에 드는 답을 얻을 수 없었을 것이다. 이 두 가지 질문은 미래의 나에게 소중한 지침이 되었다.

알렉산드라의 부모님은 플라스틱 사업으로 성공한 중상류층 유대인이었다. 집으로 인사를 갔을 때 부모님은 품위 있고 정중하게 대해주었지만 딸의 상대가 무일푼에 장래성도 없고 유대교와 무관한 학생보다는 더 나은 사람이기를 바랐다. 4학년 때 졸업을 몇 달 앞두고 알렉산드라와 나는 눈물로 연애를 마감했다. 나는 아직 너무 어렸고 미성숙했으며 여자친구에게 안정이나 영원을 약속할 준비가 되어있지 않았다. 나는 너무 우울해서 졸업식에도 참석하지 않았다. 졸업의 기쁨을 함께 나눌 가까운 사람이 아무도 없었다. 알렉산드라의 지인이었던 비비안은 알렉산드라의 졸업파티에 갔다. 나는 초대받지 못했다. 졸업 후 친구들은 뿔뿔이 흩어졌다.

나는 학위를 취득한 것에 대한 보상으로 6주 동안 쉬면서 낡은 싸구려 세단을 타고 친구와 함께 맨해튼으로 달려갔다. 이동 중에 자동차에서 잠을 잤고 뉴욕에서 보낸 4주 동안은 아파트를 빌렸다. 우리는 주로 주유비와 식비만 지출하면서 큰돈을 들이지 않고 그럭저럭 지냈다.

국토 횡단 드라이브를 시작한 우리는 자정 무렵 라스베이거스에 도착했고 경찰의 방해 없이 차에서 잘 수 있는 곳이 어디일지 생각했다. 사람이 없는 넓은 공원을 발견하고 우리는 화장실 옆에 주차했다. 샤워를 해야 해서 옷을 벗고 화장실 호스 수도꼭지에서 물을 끌어서 자동차 전조등을 밝히고 몸을 닦았다. 그때 사람들의 목소리가 들렸다. 공원은 노숙자들로 가득했는데 대부분 가족들이었으며 아침에 알게 되었지만 도박으로 돈을 잃은 사람들이었다. 그나마 여름밤 공기가 훈훈했던 것이 그들에게는 다행이었다. 다음 날 우리는 출발에 앞서 대담하게도 라스베이거스의 한 카지노 풀장 근처에서 어슬렁거리다 여자 세 명을 만났다. 여자들은 우리에게 슬롯머신을 해보라며 5센트 동전 몇 개를 주었다. 아직 스물한 살이 되지 않아 법적으로 허용된 나이가 아니었던 나는 조금 불안해하며 슬롯머신을 당겼고 곧바로 작은 잭팟을 터뜨렸다. 벨이 울리며 불빛이 번쩍거렸고 몇 달러쯤 되는 5센트 동전이 기계의 쟁반에 쏟아졌다. 상금으로 우리 다섯 명이 먹고 마실 것들을 샀다.

라스베이거스를 본 것은 이때가 처음이었는데 내게는 상충되지만 선명한 이미지가 남았다. 일하지 않고 쉽게 얻을 수 있는 부를 약속하는 번쩍이고 화려한 거리는 그 꿈에 희생된 어둠 속 공원 노숙자들과 대비되었다. 그 기억은 잊히지 않았다. 라스베이거스는 쉽게 속는 사람들이 수학적으로는 질 것이 뻔한 도박에 이끌려 돈을 거는 화려한 놀이터였다. 승자들이 더 많은 '봉'을 끌어들이려는 홍보수단이 되어 축하를 받는 동안, 훨씬 더 많은 사람들이 지나치게 많은 금액을 걸거나 지나치게 자주 베팅하면서 가진 돈을 탕진하고 심지어 파산했다. 언젠가 내가 그들을 위해 전세를 역전시킬 것이라는 사실을 그때는 알지 못했다.

여행 친구 중 하나는 1년 전부터 운동을 같이한 역도선수들 중 한 명이었다. 어느 저녁에 학생조합 숙소 뒤 지하 보일러실을 지날 때 철커덩거리는 쇳소리를 들은 것이 인연의 시작이었다. 호기심에 나는 모험을 하듯 안으로 들어갔고 근육질의 학생 세 명이 역기를 들어 올리는 것을 보았다. 무엇 때문에 그러고 있는지 몰라도 굉장히 힘들어보인다고 말하자 그들은 내게 1년 동안 주 3회, 매회 1시간씩 자기들과 같이 운동하면 힘이 두 배 세진다는 데 밀크셰이크를 걸었다. 보디빌더 찰스 애틀러스Charles Atlas의 유명한 광고에 등장하는 44킬로그램의 약골은 아니었지만 나는 도전을 받아들였다. 뉴욕으로 출발하기 직전인 그해 말에는 처음보다 두 배 이상 무거운 중량물을 들 수 있었고 나는 기꺼이 밀크셰이크를 샀다. 신체 단련과 건강에 대한 평생의 관심은 이렇게 시작되었다.

여행을 마친 후 일과 공부로 돌아갔다. 대학원 과정 첫해인 1953년부터 1954년에는 컬럼비아대학교 대학원 물리학 전공 연구장학생에 선발되었다. 나는 뉴욕에서 지낼 돈을 마련하기만 하면 되었다. 하지만 그 돈이 없어서 결국 포기하고 UCLA에 머물러야 했다. 다음 해 어느 일요일 오후, 석사학위를 준비하던 나는 공부를 하다 조합 숙소 식당에서 차를 마시며 잠시 쉬고 있었다. 주변에는 다른 사람들도 있었다. 그때 라스베이거스에 다녀온 적이 있는 사람이 누구도 카지노를 이길 수는 없다며 그 이유를 설명했다. 주변에 모인 사람들의 공통된 의견이자 세상의 보편적 견해이기도 했다. 도박꾼들의 수세대에 걸친 고통스러운 경험도 그 의견을 뒷받침했다.

일명 곱지르기doubling-up라고 하는 마틴게일Martingale 전략[3]은 도박꾼들이 이기기 위해 고안한 많은 전략 가운데 하나이다. 룰렛[4]에서 '빨강/검정'을 선택하는 이븐머니even money 게임[5]에 흔히 적용된다. 표준 미국식 룰렛휠[6]은 총 38칸인데 18칸은 빨간색, 18칸은 검정색, 2칸은 초록색으로 이루어져있다.[7] 이븐머니 게임에서 38회 휠을 돌릴 때 빨간색이나 검정색에 베팅해 이길 확률은 평균 18회이고 질 확률은 20회이므로 2회 순손실이다. 이 단점을 극복하기 위해, 빨간색에 1달러를 건다고 가정하고 마틴게일 전략을 시작해보자. 게임에서 질 때마다 다음 회전에서 금액을 두 배 올려 다시 빨간색에 베팅한다. 언젠가는 공이 빨간색 숫자에 떨어질 것이다. 이때 앞선 연이은 손실이 복구되고 추가로 1달러 이익이 발생한다. 그런 다음 1달러를 걸고 다시 시작해, 전체 과정을 반복해 이길 때마다 추가로 1달러 순이익을 얻는다. 중요한 것은 곱지르기를 여러 번 하면 필요한 베팅금액이 상당히 커져서 가진 돈이 바닥나거나 카지노가 더 이상 베팅을 허용하지 않을 수도 있다는 점이다.

도박 게임에서는 가능한 일련의 결과가 무한대로 나오기 때문에 시행착오를 통해 특정 전략이 효과가 있는지 여부를 가리는 것은 불가능했다. 한 번에 하나씩 각각의 전략을 수학적으로 분석하는 것도 불가능했다. 시험해야 할 새로운 전략이 늘 나오기 때문이다. 모든 시스템은 틀림없이 실패한다는 것을 단일정리[8]로 입증한 것은 수학의 성과 가운데 하나이다. 지극히 일반적인 경우를 가정했을 때, 어떤 방식으로 베팅의 크기에 변화를 주든 카지노의 우위를 극복할 수 없었다.

고등학교 시절 룰렛을 물리학적으로 예측하는 방법을 구상했던 것을 떠올리며 나는 차를 마시다 말고 식당에 있는 사람들과 논쟁을 벌였다. 불가능을 입증하는 모든 수학적 접근에도 불구하고 나는 룰렛 게임에서 카지노를 이길 수 있다고 주장했다. 나는 고등학교 이후 6년이나 더 공부한 물리학 지식을 동원해, 룰렛 공은 트랙을 돌다가 마찰로 인해 서서히 속도가 느려지고 결국 중력에 의해 나선형을 그리며 내부휠 중심부를 향해 내려간다고 설명했다. 이 과정에서 방정식을 이용해 공의 위치를 예측할 수 있다. 떨어지는 공은 외부휠과 반대 방향으로 도는 내부휠을 가로지른다. 그렇지만 또 다른 방정식으로 내부휠의 위치를 특정할 수 있다. 내 방정식의 예측력을 저해하는 것은 예상 밖의 무작위적인 변칙이었다. 수학과 물리학에서는 이것을 소음noise이라고 일컫는다. 이러한 소음은 예상을 완전히 빗나가게 할 수 있다는 것이 일반적인 통념이다. 내 생각은 달랐고 그래서 직접 알아보기로 했다.

다행히 나는 지난 수백 년을 통틀어 가장 위대한 수학자 중 한 명으로 손꼽히는 앙리 푸앵카레Henri Poincaré가 룰렛을 물리적으로 예측하는 것이 불가능하다는 것을 이미 '입증'했다는 사실을 모르고 있었다. 공이 최종적으로 멈추는 장소를 예측할 때 개입하는 무작위성의 정도가 제한적이고 타당한 수준이라고 가정할 수 있다면 그의 증명은 타당할 것이다.

그즈음 나는 물리학 박사과정의 수업학기를 마치고 필기시험을 통과했다. 마지막 장애물인 원자핵의 껍질 구조에 관한 논문(독창적 연구논문)도 스티븐 모슈코프스키 교수의 지도를 받으며 절반쯤 써두었다. 이제 남은 일은 논문을 끝내고 최종 구술시험을 통과하는 것이다. 그러나 복잡한 양자역학 계산을 완성하려면 수학을 더 공부해야 했다. 당시 UCLA 물리학과에서는 수학 과목 이수를 거의 요구하지 않았고 나는 수학에 대한 배경지식이 크게 부족했다. 양자역학에는 특히 고급수학이 필요하고 내 연구를 마치려면 수학 박사학위를 받을 수 있을 만큼 많이 공부해야 한다는 사실을 알았다. 이제 시작하더라도 물리학과 비슷하게, 어쩌면 그보다 빨리 수학 박사학위를 받을 수 있을 것 같았다. 당시 UCLA의 물리학 박사과정을 마치려면 대개 10년 이상 걸렸던 만큼 그 시간을 이용할 수 있는 솔깃한 선택이었다.

대학원 물리학 공부에 몰입하느라 어느새 친구들 대부분은 물론 비비안과도 연락이 끊긴 상태였다. 그때 비비안이 "연락 좀 하고 지내."라고 쓴 성탄절 카드를 보내왔다. 나는 비비안에게 전화를 걸어 몇 주 뒤 우리는 할리우드의 작은 예술극장에서 장 르누아르의 영화 〈강The River〉을 보며 첫 데이트를 했다. 극찬을 받은 영화였지만 따분했고 도무지 끝나지 않을 것 같았다. 극장을 나서며 우리는 각자 그날의 데이트가 재앙으로 끝날지 모른다고 생각했다. 그러나 그 후 간단히 식사를 하고 이야기를 나누면서 우리는 오랜 동지애와 더불어 새로운 무언가를 발견했다. 우리는 지금까지 다른 사람들을 충분히 만나보았고 그만큼 서로 얼마나 잘 맞는지 알 수 있었다. 비비안이 좋아한 제인 오스틴의 책에서 그랬듯 우리는 마침내 함께하기를 원한다는 사실을 깨달았다. 결혼을 하라는 가족들의 압박에도 불구하고 비비안이 아직 혼자였던 것은 내게 행운이었다. 이상형이 아니면 안 된다고 생각했기 때문이다.

우리는 공통점이 많았다. 둘 다 열렬한 독서가였고 연극, 영화, 음악을 즐겼다. 둘 다 아이를 몹시 원했고 양육 원칙에도 의견이 일치했다. 아이들이 배우고 싶어 하는 것은 모두 가르치고 전문가와 권위자들이 제시한 일반적 통념을 무작정 받아들이기보다는 아이들 스스로 생각하는 법을 가르치고 자신의 소명을 직접 선택하도록 격려하기로 했다. 둘 다 다소 내성적인 성향이었고 내가 좀 더 그런 편이어서 우리는 학구적인 삶과 그에 수반하는 학식 있고 똑똑한 사람들과의 만남, 강의, 연구, 그리고 여행을 고대했다. 돈이 풍족하지는 않아도 충분히 넉넉한 삶이 될 것이었다. 우리에게는 어떻게 시간을 보낼 것인지가 중요했고 그 시간을 함께 보낼 사람들, 가족, 친구, 그리고 동료들이 중요했다.

우리는 많은 관심사를 공유했지만 더욱 분명해지는 차이점도 있었다. 비비안은 수학이나 과학보다는 문학, 사람, 심리학, 예술, 연극에 관심이 많았다. 그러나 비비안은 훌륭한 과학자들처럼 명확하고 논리적인 사고방식을 적용해 사람과 사회를 이해했다. 자연계를 합리적이고 과학적으로 해석하는 내게 비비안은 인간 세계에 대한 통찰력을 넓히도록 도움을 주었다. 내가 사물을 알려주었다면 비비안은 내게 사람에 관해 가르쳐주었다.

비비안의 부모님 알과 아델 시니타는 1920년대에 뉴욕에서 만났다. 유대인 이민자로서 가진 것 없고 많이 배우지도 못한 채 시작했지만 새 나라에서 열심히 일했고 사업도 성공해 이제는 편안한 중산층의 삶을 누리고 있었다. 부모님은 또한 10여 명이나 되는 양쪽 형제자매를 비롯해 조카, 그리고 조부모님이 미국으로 건너와 성공할 때까지 수십 년 동안 도움을 주기도 했다. 친척들 중 최초로 대학 졸업장을 받은 비비안은 이제 최초로 유대교인이 아닌 사람과 결혼을 해 다시 한 번 새로운 길을 열게 되었다. 다행히 부모님 두 분 모두 나를 좋아했다.

알과 아델은 나를 따뜻이 맞아주고 받아주었지만 일이 매듭지어진 것은 어느 날 밤 부모님 집에서 저녁식사를 할 때였다. 아델은 요리를 잘했다. 사워크림을 넣은 보르시치 수프, 치킨 파프리카, 양배추말이, 사워크림을 듬뿍 넣은 감자 라끼[9] 등등을 잔뜩 내왔다. 푸른 정맥이 보이고 이상한 단맛이 나는 말고기가 최고의 전식이고 복숭아 통조림이 후식이었던 학생조합 숙소에서 몇 년을 지낸 나는 늘 배가 고팠다. 아델은 누구에게나 늘 그렇든 좀 더 먹어보라고 거듭 권했고 나는 예의를 차려야 한다는 생각과 요리의 천국의 유혹 사이에서 싸우다 대부분 그러겠다고 답했다. 저녁식사가 끝났다고 생각했을 때 아델은 커다란 접시에 담긴 생전 처음 보는 치즈 블린츠라는 음식을 내왔다. 나는 아델이 준 두 조각을 다 먹고 가만히 앉아있었다. 아니나 다를까, 두 조각을 더 권했다. 다시, 또다시 권했다. 그렇게 스무 조각을 먹고 식구들 몫으로 남겨둔 것마저 거의 먹어치우고 나서야 나는 마침내 멈추었다.

나는 6월에 물리학 석사학위를 받자마자 비비안에게 청혼했다. 비비안은 좋다고 대답했고 부모님도 학교에서 버는 돈으로 영원히 가난하게 살아갈지도 모를 사위를 기꺼이 받아들여주었다. 하지만 유대교식 결혼식을 하지 않으면 친척들이 크게 화를 낼 것이었다. 결혼식에는 동의했지만 여전히 문제가 있었다. 어느 랍비에게 주례를 부탁할 것인가? 결국 한 사람을 찾았다. 윌리엄 크레이머라는 젊은 개혁주의자 랍비였다. 5년 전에는 미국 상원 소속 목사이기도 했다. 나중에 1960년에는 흑인 연예인 새미 데이비스 주니어와 스웨덴 출신 여배우 메이 브릿의 결혼식 주례를 서기도 했다. 두 사람의 결혼을 두고 정치적으로 극단적인 대립이 일어나자 존 F. 케네디는 선거가 끝날 때까지 기다려달라고 (성공은 못했지만) 요청할 정도였다. 두 사람의 결혼은 미국 보수주의자들을 격분하게 했다.

데이비스는 그보다 몇 해 전 자동차 사고로 한쪽 눈을 잃었다. 그는 또한 유대교로 개종했다. 어느 날 함께 골프를 치던 배우 잭 베니가 그에게 물었다. "핸디캡[10]이 어떻게 되십니까?" 데이비스의 대답은 유명하다. "제 핸디캡이요? 저는 애꾸눈을 한 흑인 유대인이랍니다."

30년 뒤 랍비 크레이머는 내 두 딸의 결혼식 주례도 맡아주었는데 두 번 중 첫 결혼식에서 이렇게 말했다. "다시 불러주셔서 고맙지만 34년 뒤는 기다리지 마십시오."

고교 시절 좋아했던 선생님을 초대했는데, 그분이 "옛날부터 랜즈맨landsman이랑 결혼할 줄 알았다니까!"라고 몇 번이나 크게 외치기 전까지만 해도 피로연은 순조로웠다. (여기서 '랜즈맨'은 유대인들이 사용하는 이디시어로 동료 유대인, 특히 같은 지역 출신 유대인을 가리킨다.) 다행히 나이가 많은 친척들이 귀가 들리지 않는 척해 준 덕분에 곧바로 수습되었다.

운 좋게도 처가 식구들은 내가 결혼생활에 가져온 물건들을 보지 못했다. 낡은 옷들은 걸쇠가 부러진 여행 가방 하나에 전부 들어갔다. 항상 한꺼번에 세탁한 탓에 옷들은 하나같이 설거지통 구정물 같은 회색이었고 간간이 보라색, 베이지색, 노란색도 보였다. 2~3년 전 룸메이트와 나는 40달러를 주고 해리스 트위드 재킷을 함께 구입해서 교대로 입고 데이트를 나갔다. 그가 자기 몫인 재킷의 절반을 내 결혼선물로 주었다. 수십 상자 분량의 책과 나무판자에 콘크리트 블록으로 구획을 나누어 만든 책장도 있었다. 당시 학생들 사이에서는 이런 책장이 일반적이다.

1956년 1월 결혼식을 한 뒤 나는 수학 과목을 수강하기 시작했다. 배경지식으로 필요한 고급수학을 생략하고 곧장 대학원 과정으로 뛰어들어 그대로 가라앉든 헤엄을 치든 최대한 노력해 격차를 따라잡겠다는 생각이었다. 대담한 도박이었지만 비비안은 지지해주었다. 여름이 되었다. 비비안이 일을 해 가계를 부양했지만 추가 수입이 절실했고 내가 3개월을 전일제로 일해서야 벌어들일 수 있었다. 공학을 전공한 학생조합 친구 톰 스콧이 현금출납기 회사인 내셔널 캐시 레지스터National Cash Register, NCR[11]에서 사람을 구하고 있다고 알려주었다. 나는 지원서를 작성하고 면접을 통과해 주급 95달러짜리 일을 얻었다! (2016년 기준으로는 8을 곱하면 된다.) 직원들에게 내가 선택한 교재로 고급 현대 대수학을 가르치는 일이었다. 나는 수학 교육 분야에서 유명한 버크호프Birkhoff와 맥클레인MacLane의 《현대대수학 개관A Survey of Modern Algebra》을 택했다. 나는 매일 교재를 공부하고 다음 날 그 내용을 강의했다.

비비안과 나는 톰 스콧의 NCR 여자 동료 집에서 열린 파티에 초대받았다. 그곳에서 벽감에 앉아 봉고드럼을 연주하고 있던 그녀의 남자친구 리처드 파인만Richard Feynman을 소개받았다. 그는 38세로 캘리포니아 공과대학 교수였으며 당시 이미 세계 최고의 물리학자로 꼽혔다. 파인만은 나중에 노벨상을 수상했고 우주비행사 7인이 사망한 비극적인 챌린저호 참사를 얼음물 한 잔과 고무링 한 개를 이용해 공개적으로 설명하여 전국적인 주목을 받았다.[12]

라스베이거스 룰렛과 관련된 파인만의 일화를 들은 적이 있다. 한 남자가 빨간색과 검정색에 5달러를 계속해서 거는 것을 본 파인만은 카지노와 싸우면 질 수밖에 없으니 자신이 기꺼이 게임 상대가 되어 카지노 역할을 하겠다고 말했다. 두 사람은 룰렛휠을 이곳저곳 옮겨 다니며 게임을 했다. 남자는 판이 회전하기 전에 파인만과 반대로 빨간색이나 검정색에 베팅을 했다. 남자가 지면 파인만에게 돈을 지불하고, 이기면 반대로 파인만에게서 돈을 받는 식이었다. 공교롭게도 남자는 불리한 입장에서도 운 좋게 80달러를 벌었고 파인만은 거기서 멈추었다. 자신이 카지노 역할을 하는 만큼 결국 이익을 올리고 끝나겠지만 더 이상의 손실을 감수할 수 없었기 때문이다. 이때 파인만은 판돈bankroll이 80달러에 불과한 카지노와 같았다. 운 좋은 고객을 만나면 한 방에 날릴 수도 있는 금액이다. 이것이 실제라면 자신이 감당하려는 위험수준에는 더 많은 판돈이 필요하다는 사실을 세계 최고 수준의 물리학자도 몰랐던 셈이다. 위험과 수익 사이의 교환관계를 알고 정확히 다루는 것은 모든 도박사와 투자자들이 직면한 근본적이면서도 이해가 부족한 과제이다.

룰렛을 물리학으로 예측하는 것이 가능한지 아닌지를 아는 누군가가 있다면 바로 리처드 파인만일 것이다. 나는 그에게 물었다. "룰렛 게임을 이기는 방법이 있습니까?" 그런 방법은 없다는 그의 대답에 나는 안심했고 고무되었다. 내가 가능하다고 믿는 그 일을 아직 아무도 해내지 못했다는 뜻이었기 때문이다. 이것이 동기 부여가 되어 나는 일련의 실험을 시작했다.

결혼한 지 얼마 되지 않은 어느 날 저녁, 비비안의 부모님이 저녁식사를 하기 위해 들렀다. 나는 나가보지 못했는데, 부모님은 곧 침실에서 나를 찾아냈다. 방에는 나무로 만든 V자 모양의 우스꽝스러운 구유도 있었다. 나는 구유의 한쪽 끝을 들어 비스듬히 기울인 다음 높은 쪽 끝의 표시된 부분에 구슬을 놓아 구유를 타고 내려가게 했다. 그런 다음 구슬이 바닥을 가로질러 굴러가다 멈춘 곳을 일일이 표시했다. 나는 룰렛을 예측하는 실험을 하고 있다고 설명했다. 이런 괴상한 장치가 룰렛과 무슨 상관이 있을까? 룰렛휠에서 공이 도는 궤도를 '펼쳐' 일직선으로 놓는다고 상상해보자. 그것을 기준점을 중심으로 회전시키면 '구유' 모양이 된다. 이제 한쪽 끝을 들어 올리고 미리 측정한 높이에서 구슬을 놓는다. 구슬이 떨어지는 정도는 '미는 힘'에 따라 달라지고 그 힘은 손이 아닌 중력에서 나온다. 룰렛공이 궤도를 돌면서 속도를 잃듯 침실 바닥을 굴러가는 구슬도 마찰로 인해 점점 속도가 느려진다. 나는 구슬이 멈추는 위치를 얼마나 근접하게 예측할 수 있을지 알고 싶었다. 조잡한 이 실험의 결과는 내게는 고무적이었지만 처가 식구들에게는 별로 그렇지 못했다. 부모님은 딸이 '우리 의사 사위'나 '우리 변호사 사위'와 결혼하기를 바랐다. "이게 다 뭔가?" 부모님이 나지막이 말했다.

1년쯤 지났을 때 내게 과외수업을 받던 나이 많은 부잣집 학생하나가 내 관심사를 알고 2분의 1 크기로 축소한 룰렛휠 모형을 구해주었다. 나는 비비안의 도움을 받아 공이 궤도를 도는 모습을 영상으로 촬영했고 0.01초 단위로 눈금이 매겨진 기계식 스톱워치를 필름에 함께 담아 각 프레임마다 정확한 시간을 할당했다. 예측은 잘 맞지 않았는데 실험에 이용한 휠과 공에는 흠집이 많았다. 카지노 휠에는 이런 흠집이 없을 것이고 그렇다면 내가 이길 수도 있겠다고 생각했다. 룰렛 실험에 온통 정신을 빼앗긴 나는 논문을 마치지도 못하고 전일제 일도 구하지 않았지만 비비안은 너그럽게 이해해주었다. 내게 이 실험은 어릴 때 하던 과학놀이 같았다. 사람들이 책을 읽고 영화를 보며 마음의 안정을 찾듯 내게는 실험이 그런 역할을 했다. 큰돈을 벌 수 있다는 기대 때문은 물론 아니었다. 나는 남들이 불가능하다고 생각하는 무언가를 해낼 수 있다는 가능성, 조금 가볍게 표현하면 '해내는 재미' 그 자체에 이끌렸다.

룰렛 실험은 여가시간을 이용해 이어가는 한편, 나는 수학 박사학위 논문을 쓰는 데 집중했다. 운 좋게도 저명한 수학자이자 재능 있는 교사였던 앵거스 테일러Angus Taylor 교수를 지도교수로 선택할 수 있었다. 그는 수학계에서 《서우드 앤 테일러Sherwood and Taylor》로 통하는 미적분학에 관한 책을 공동 집필했는데 1942년 출판된 이후 수학 교재로 널리 이용되었다. 나는 고급 미적분을 수강하면서 학생으로 그를 처음 알게 되었고 나중에는 학생들의 시험지를 채점하는 일을 맡았다. 스코틀랜드 출신으로 반짝이는 눈빛을 지닌 테일러 교수는 솔직하고 담백한 태도로 사람들을 대했다. 그의 강의야말로 이론과 예시, 문제 제기가 명확하게 균형을 이룬 좋은 강의의 모범이라고 할 만했다.

강의 조교 장학금을 신청할 시기가 되어 나는 교수님들에게 추천서 세 통을 부탁했다. 며칠 뒤 세부사항을 확인할 것이 있어 학과 직원에게 나에 관한 서류철을 빌렸는데 뜻하지 않게 그 안에 추천서가 들어있었다. 두 통의 추천서는 터무니없는 칭찬으로 가득했지만 테일러 교수님의 글은 침착했다. 내가 한 일이 완전히 만족스러운 단계가 되기까지는 얼마간 시간이 필요했다고 언급하면서 내 머리가 비상하지만 전적으로 정확하지는 않다고 덧붙였다. 추천서를 읽고 나니, 비비안에게도 말했지만 조교직을 얻지 못하는 건 아닐까 걱정이 되었다.

결과를 확인하기 위한 면담에서 학과장은 추천서 두 건 모두 훌륭했고 내 자격 요건도 충분했지만 테일러 교수의 세 번째 추천서를 보니 내게 조교 장학금을 주는 것에 대한 의문이 사라졌다고 했다. 속이 메스꺼웠다. 학과장은 테일러 교수가 그처럼 긍정적인 편지를 쓴 것은 극히 드문 일이라고 했다. 나는 아버지를 떠올렸다. 아버지는 좋은 분이었지만 칭찬에는 인색해서 시험에서 99점을 받으면 "왜 100점을 못 받았니?"라고 묻곤 했다. 테일러 교수의 지도 하에 예상보다 일찍 논문을 마쳤지만 1958년 봄은 다른 곳의 박사

후 연구원에 지원하기에는 너무 늦은 시기였다.

자리가 나기까지 1년 동안 나는 수학과 강사 자리를 얻었다. 그해 비비안과 내가 크리스마스 휴가를 라스베이거스에서 보내기로 하면서 모든 일이 시작되었다. 실제 카지노에서 룰렛휠을 연구하려는 목적도 일부 있었다. 직접 게임을 하지 않고 확인할 수 있는 만큼 최대한 자세히 살펴보며 라스베이거스의 여러 룰렛휠을 둘러본 결과 휠은 잘 관리되어있고 표면은 대체로 고른 상태였으며 눈에 띄는 흠집도 없었다. 카지노 휠을 보고 나니 룰렛을 예측할 수 있다는 확신이 어느 때보다 강하게 들었다. 필요한 것은 실물 크기의 휠과 좋은 실험장비 몇 가지가 전부였다.

chapter 04

라스베이거스

비비안과 나는 크리스마스 휴일 중 며칠을 라스베이거스에서
보내기로 했다. 스물여섯의 수학박사로서 아무 생각 없이 돈을 쓰
기에 UCLA에서 얻는 수입이 너무 적었지만, 라스베이거스는 도박
꾼들을 끌어들이기 위해 저렴한 휴가지로 변모했기 때문이었다. 50
년이 지나 펀드매니저가 된 지금도 그렇듯 당시 내가 생각한 부자
가 되는 가장 확실한 방법은 도박을 하거나 내가 우위를 지닌 분야
에 투자하는 것이었다. 그러나 카지노를 이기는 방법을 찾은 사람
이 아무도 없었던 만큼 라스베이거스에서 도박을 하는 것은 내 우
선순위에 없었다.

1958년 라스베이거스를 다시 방문했을 때만 해도 지금처럼 어
지럽게 얽혀 하루 종일 꽉 막힌 다차선 도로며 고층 호텔들이 길게
늘어선 번쩍이는 거리는 상상하지 못했다. 전설의 카지노였던 샌
즈, 듄스, 리비에라는 이제 사라졌고, 폭력배와 현금 사기가 지배하
던 사업은 수십억 달러 가치의 상장기업으로 대체되었다. 그때는

반듯하게 뻗은 한산한 고속도로 양쪽에 사막 잡초인 회전초 뭉치가 바람에 나뒹구는 길고 긴 사막을 사이에 두고 단층 카지노 호텔 단지들이 여기저기 흩어져 있었다.

휴가를 떠나기 직전, 동료 교수인 로버트 소르겐프레이가 새로운 블랙잭 전략에 관한 이야기를 해주었다. 그는 카지노에서 하우스의 우위가 가장 작은 게임이 블랙잭이라고 주장했다. 그다음으로 바카라는 하우스의 우위가 1.06퍼센트에 불과하고 크랩스의 경우 1.41퍼센트에 불과한 베팅도 있다. 블랙잭에서 하우스의 우위가 새롭게 제시된 0.62퍼센트라면 하우스와 도박사의 우위가 서로 대등한 것이나 마찬가지여서 나는 재미 삼아 몇 달러를 걸어보기로 했다. 그의 전략은 수학자 네 사람이 군복무 중 고안해낸 전략으로 플레이어가 직면할 수 있는 수백 가지 상황을 다루었다. 나는 이 전략의 특징을 손바닥 크기의 종이에 요약해 적었다. 내게 카지노는 오래전 모험 삼아 슬롯머신에 동전 몇 개를 집어넣은 경험이 전부였다.

우리는 호텔 방에 짐을 풀고 카지노로 향했다. 술을 마시고 담배를 피우는 사람들과 슬롯머신을 요리조리 피해 블랙잭 테이블을 찾아냈다. 2열로 놓인 테이블 사이에는 복도 역할을 하는 '핏pit'이 있었다. 핏에는 여분의 칩과 예비용 카드가 놓여있고, 속임수에 당하기만 하는 사람들을 알코올로 해탈하게 할 칵테일 웨이트리스들과 이들 모두를 면밀히 감시하는 중간 관리자인 핏보스pitboss가 있었다. 아직 이른 오후였지만 게임을 시작한 몇몇 테이블은 분주했다. 나는 간신히 자리를 잡고 내 판돈 전부(1달러 은화 10개)를 녹색 펠트가 깔린 탁자 위에 놓았다. 확률상 내가 약간 불리했으므로 이기는 것을 기대하지는 않았다. 나는 룰렛을 예측하는 장치를 만들려고 계획 중이었지만 이전에 도박을 해본 적이 없어서 카지노를 경험할 필요가 있었다. 나는 카지노와 카지노의 역사, 운영 방식에 관해 사실상 아는 것이 없었다. 조리법을 대충 본 적은 있지만 주방에는 들어가 본 적이 없는 사람이나 마찬가지였다.

내가 하려던 블랙잭 게임은 '투웬티원(21)'이라고도 일컫는데 세르반테스의 1601년 소설을 참고한 스페인 게임 투웬티원과 기본적으로 동일했다. 18세기 중반, 유럽에 도박 열풍이 일었을 때 프랑스에서는 뱅테텅vingt-et-un이라는 이름으로 알려진 게임이다. 21세기에 미국 게임 시설에 이 게임이 도입되면서 일부에서는 특정 카드 조합에 보너스를 제공했다. 플레이어가 받은 처음 두 장의 카드가 스페이드 에이스(A)와 블랙잭 카드1 중 하나일 경우 베팅한 금액의 열 배를 지급하는 방식이었다. 보너스 제도는 곧 사라졌지만 이것이 그대로 게임의 명칭이 되었다. 어떤 카드든 두 장의 합이 21(그림에 관계없이 에이스 1장과 10점짜리 카드 1장의 조합)이 되면 그 조합을 블랙잭이라고 부르게 되었다.

자신의 앞에 있는 '스폿spot'에 베팅액(칩)을 올려놓으면 게임이 시작된다. 딜러는 모든 참가자에게 카드를 두 장씩 나누어주고 딜러 자신도 두 장을 갖는다. 딜러가 가진 카드의 첫 장은 모두가 볼 수 있도록 뒤집고 그 아래 두 번째 카드는 그림이 아래로 향하도록 페이스다운facedown으로 놓는다. 딜러는 자신의 왼쪽에 있는 사람을 시작으로 각 참가자에게 패('핸드hand')를 어떻게 운영할지 차례로 묻는다.

플레이어와 딜러 모두 카드의 총합이 21점을 넘기지 않으면서 최대한 21점에 가까워질 때까지 카드를 추가로 받을 수 있다(드로 draw). 21점을 초과하면 패배(버스트bust)한다. 에이스는 플레이어의 선택에 따라 1점 또는 11점으로 계산한다. 숫자 10, 잭(J), 퀸(Q), 킹 (K)은 모두 10점이다. 2부터 9까지의 카드는 액면 숫자대로 점수를 계산한다. 일반적으로 딜러는 자신의 카드가 총 17점 이상이 될 때까지 드로를 해야 하고, 17점 이상이 되면 더 이상 카드를 추가하지 않고 멈춘다(스탠드stand). 플레이어는 언제라도 스탠드를 선택할 수 있다. 먼저 버스트할 위험 부담이 플레이어에게 있다는 점[2]에서 이 게임은 딜러에게 유리하다. 딜러의 카드가 나중에 21점을 초과하여 실제로는 동점이 되더라도 마찬가지이다. 둘 다 버스트할 경우 플레이어가 패배하기 때문에 딜러의 전략[3]을 그대로 따르는 플레이어는 딜러 대비 약 6퍼센트 불리하다.[4]

반면 딜러는 정해진 규칙을 따라야하지만 플레이어는 그렇지 않다. 따라서 플레이어에게는 딜러보다 많은 선택지가 주어지고, 자신의 카드를 다양한 방식으로 활용할 수 있는 유연성은 게임의 결과에 놀라운 영향을 미친다. 드로할지 스탠드할지 결정하기 전에 '스플릿split'을 선택할 수 있다. 예를 들어 (9, 9)처럼 같은 숫자 카드 2장(페어pair)을 받았다면 한 쌍을 두 개 핸드로 분할해 처음 베팅한 금액과 동일하게 추가로 베팅하고, 가장 오른쪽에 있는 것부터 시작해 두 개 핸드를 동시에 운영하는 것을 말한다. 모든 페어카드를 분할해야 하는 것은 아니다. 8점짜리 페어카드를 스플릿하면 보통 결과가 좋지만 10점짜리 카드는 그렇지 않다. 그 대안으로 플레이어는 첫 카드 두 장을 뒤집고(페이스업faceup) 처음 베팅액만큼 추가로 베팅한 뒤(즉 베팅액을 두 배로 올린 뒤) 정확히 한 장의 카드만 더 받는다. 이것을 '더블다운double down'이라고 한다. 딜러와 달리 플레이어는 총 21점 이하일 때 드로나 스탠드를 자유롭게 선택할 수 있다.

내가 자리에 앉았을 때 테이블의 플레이어들은 계속해서 크게 지고 있었다. 손에 감춘 전략을 적은 작은 카드가 걱정이 되었다. 쫓겨날까? 이런 카드는 금지되어있을까? 그러나 진짜 문제는 비웃음이었다. 딜러는 전략 카드를 참고하며 버티는 나를 상대로 잘난 체하며 여러 가지 핸드 운영법을 제안해 '도움'을 주었다. 덕분에 그가 막 상경한 시골뜨기를 상대하고 있다는 사실을 지켜보는 사람들 모두가 알았다. 비정통적인 내 방식을 두고 키득거리던 구경꾼들은 궁금해하며 지켜보았다. 딜러가 첫 두 장을 받은 후 뒤집어 보여주는 카드(업카드upcard)가 강력한 에이스일 때 과연 하찮은 8점 카드 한 쌍을 스플릿해서 두 배나 많은 돈을 위태롭게 하는 선택을 할 것인가? 딜러의 약한 업카드 4를 상대로 총 12점에서 애처롭게 스탠드를 선언할 만큼 어리석을까? 당연히 내 1달러 은화 열 개는 곧 딜러가 싹쓸이할 것이었다. 그렇지 않겠는가?

나는 서두르지 않고 신중하게 게임을 한 덕분에 간신히 칩을 유지할 수 있었다. 그런데 이상한 일이 벌어졌다. 나는 에이스와 2를 받았고 에이스는 1이나 11로 계산할 수 있으므로 내 카드의 합은 3 또는 13이었다. 그다음 2와 3을 차례로 받았다. 즉 내게는 에이스, 2, 2, 3이 있어서 총점은 8 또는 18이 되었다. 딜러의 업카드는 9였고 감추어진 카드가 10이라면 합이 19가 되겠지만 내 핸드의 18도 꽤 좋은 점수였다. 이처럼 좋은 핸드를 망칠지도 모르는 상황에서 바보가 아닌 이상 카드를 또 드로할 이유는 없었다. 그러나 전략 카드에 적힌 대로라면 카드 1장을 추가로 받아야 했고 나는 그렇게 했다. 재미있어하던 구경꾼들은 내가 6을 받는 것을 보고 적잖이 흡족해했고 몇몇은 혀를 끌끌 찼다. 내 핸드의 에이스를 1로 계산해서 이제 14점이 되었다. "그것 참 고소하다!" 한 구경꾼이 말했다. 6번째 카드로 나는 에이스를 받았다. 총 15점이 되었다. "버스트되어도 싸지." 어깨너머 들여다보던 훈수꾼이 중얼거렸다. 일곱 번째 카드를 받았다. 6이었다! 나는 에이스(1), 2, 2, 3, 6, 에이스(1), 그리고 마지막으로 6을 받아 총 21점을 만들었다. 흔하지 않은 경우였다.

짧은 충격이 가신 후, 내가 25달러를 보너스로 받게 되었다는 말이 군중 속에서 들렸다. 딜러는 아니라고 했다. 보너스는 리노에 있는 일부 카지노에서만 지급한다는 것이었다. 카지노에 그런 규칙이 있는지조차 알지 못했던 나는 7장의 카드로 21점을 만들 것을 예견하고 일부러 18점을 포기한 것이라는 인상을 주면 재미있겠다고 생각했다. 어쩌면 내게 보너스를 지급할지도 모르는 일이었다. 물론 그런 일은 없었다. 그러나 잘난 체하며 재미있어하던 일부 구경꾼들의 태도는 정중해졌고 나에게 존경심을 넘어 경외심까지 보였다.

15분 후 나는 판돈 10달러 가운데 8.5달러를 잃고 그만두었다. 그러나 이제 조금 다른 의미로 블랙잭에 중독되어 비비안을 당황하게 했다. 나는 그날 무지와 미신이 팽배하던 블랙잭 테이블의 분위기에서 실력이 좋은 플레이어들도 게임의 기본 수학을 이해하지 못한다는 확신을 얻었다. 나는 이기는 방법을 찾기로 작정하고 집으로 돌아왔다.

도박의 역사와 게임의 수학적 분석에 투입된 수세기에 걸친 노력을 미리 알았다면 블랙잭과 씨름하는 일도 없었을 것이다. 화려한 라스베이거스 중심지와 미국 대부분의 주에 복권과 카지노를 불러들인 도박 열풍을 지켜본 사람들은 해마다 수많은 사람들이 수백억 달러를 날리는 것을 목격했다. 수학자들 역시 대부분의 게임에서 어떤 베팅 시스템도 카지노의 우위를 약화시킬 수 없음을 입증했다. 도박꾼들은 누대에 걸쳐 불가능을 추구해왔다. 장기적으로는 패배가 불가피하다는 사실은 그들을 혼란스럽게 했다. 그들의 게임 시간이 상대적으로 짧았던 덕분에 운 좋게 승자가 된 사람들도 있었기 때문이다.

이 사실은 우위를 계산할 수 있고 앞선 베팅의 결과나 다른 참가자들의 판돈이 보상에 영향을 미치지 않는 모든 게임에 해당된다. 예측 장치의 도움을 받지 않는다는 가정하에 동전 던지기, 크랩스, 키노, 룰렛 및 머니휠이 그렇다. 경마와 주식시장은 다른데, 이길 확률을 계산할 수 없고 다른 참가자들의 베팅이 나의 성과에 영향을 미치기 때문이다.

카지노가 결국 이긴다는 믿음을 뒷받침하는 통념이 있다. 블랙잭에서 카지노가 지면 카지노는 규칙을 바꾸거나 게임을 없앨 것이라는 주장이다. 그런 일은 일어나지 않았다. 나는 이미 실험을 통해 룰렛을 예측할 수 있다고 자신했고 따라서 블랙잭에 관한 이런 주장을 흔쾌히 받아들일 수 없었다. 나는 플레이어가 체계적으로 카지노를 이기는 것이 가능한지 여부를 직접 확인해보기로 했다.

chapter 05

블랙잭
정복하기

나를 블랙잭으로 이끈 것은 돈이 아니었다. 비비안과 나는 좀 더 여유가 생겼지만 학교에 있는 동안 언제나처럼 저비용으로 생활할 계획이었다. 나의 흥미를 끈 것은 그저 방에 앉아 생각하는 것만으로도 이기는 방법을 찾을 수 있겠다는 가능성이었다. 전혀 알지 못했던 도박의 세계를 탐구하려는 호기심도 있었다.

라스베이거스에서 돌아온 나는 UCLA 도서관에서 수학과 통계 연구에 관한 논문이 있는 구획으로 향했다. 내가 카지노에서 활용했던 전략에 관한 논문이 실린 책을 꺼내 그 자리에서 읽기 시작했다. 이기는 기법은 없다는 말은 들었지만 그 이유는 알 수 없었다. 수학자로서 내가 아는 것은 확률이론이 400년도 더 전에 운에 좌우되는 게임에 관한 책에서 출발했다는 사실이었다. 이기는 기법을 찾으려는 시도는 이후 수세기에 걸쳐 이론의 발전을 자극했고 결국 카지노의 도박게임을 이기는 기법은 대부분 불가능하다는 사실이 입증되었다. 그러나 무엇이든 직접 확인하는 나의 습관은 이번에도 유용했다.

눈으로 방정식을 순식간에 읽어 내려가면서 문득 내가 게임을 이길 수 있었던 이유와 그것을 입증할 방법이 떠올랐다. 먼저, 블랙잭 게임에서 내가 이용한 전략은 기본적으로 '모든 카드는 동일한 확률로 나온다'는 것이다. 이로 인해 블랙잭에서 카지노의 우위는 단 0.62퍼센트로 낮아지고 따라서 블랙잭은 고객이 이길 확률이 가장 높은 카지노 게임이다. 그러나 게임이 진행되면서, 나는 실제로 확률을 좌우하는 것은 남아있는 카드이고 게임 도중 때로는 카지노에게, 때로는 고객에게 유리하게 확률이 달라진다는 사실을 깨달았다. 이미 나온 카드를 기억한다면 플레이어는 그에 따라 베팅을 다르게 할 수 있다. 고급수학[1]에서 배운 것을 이용해 머릿속으로 그려본 결과 플레이어가 자주, 상당한 우위를 갖는 것이 분명했다. 또한 플레이어가 테이블에서 실제로 게임을 하면서 이미 나온 카드의 정보를 간추려 이용하는 방법도 새롭게 알게 되었다.

먼저, 이미 나온 카드가 어떤 것인지 알고 있을 때 활용할 최고의 전략을 찾기로 했다. 그렇게 하면 확률이 내게 유리할 때 더 크게 베팅하고 불리할 때는 베팅액을 줄일 수 있을 것이다. 베팅액이 적은 게임에서는 카지노가 좀 더 많이 이기겠지만 커다란 판돈이 걸린 게임에서는 대부분 내가 이길 것이다. 그리고 내가 유리한 상황에서 충분히 베팅을 하면 결국 앞서나가고 그 상태를 유지할 것이다.

나는 다음 단계를 알아내기 위해 UCLA 도서관을 나와 집으로 향했다. 집에 오자마자 블랙잭에 관한 논문을 쓴 네 명의 저자 가운데 로저 볼드윈Roger Baldwin에게 편지를 썼다. 계산에 관한 세부사항을 묻고 게임 분석을 확장해보고 싶다고 적었다. 몇 주 뒤 그는 너그럽게도 실제 계산 내역을 보내주었다. 상자 두 개 분량의 실험 설명서에는 저자들이 군복무 중에 탁상용 계산기로 수행한 수천 페이지에 달하는 계산식이 가득했다. 1959년 봄, 나는 UCLA 수학과에서 학생들을 가르치는 일과 연구를 병행하면서 자세한 내용을 완전히 익혔고 이기는 기법에 필요한 엄청난 양의 계산 속도를 높이느라 분투했고 흥분은 고조되었다.

볼드윈 전략은 이미 사용된 카드에 대한 정보가 전혀 없을 때 게임을 하기에 최선의 방법이었다. 당시 네바다에서는 한 벌(52장)의 카드(싱글덱single deck)로 하는 게임만 있었기 때문에 그들의 분석도 싱글덱에 해당하는 것이었다. 또한 볼드윈 팀은, 당시 최고 도박 전문가들의 조언이 쓸데없이 카지노 측에 2퍼센트의 우위를 추가로 부여하는 형편없는 것이었음을 보여주었다.

블랙잭을 위한 전략표라면 딜러의 업카드가 1부터 10일 때 각 카드별로 발생할 수 있는 55개의 카드 조합[2]에 플레이어가 대응하는 법을 각각 제시하여야 한다. 즉 550가지 다른 상황에서 카드를 운영하는 최선의 방법을 찾으려면 플레이어는 주어질 수 있는 모든 후속 카드와 그에 따른 결과를 계산해야 한다. 각 핸드마다 수천, 심지어 수백만 가지 가능성이 발생한다. 550가지 상황마다 이 작업을 수행하면 카드 한 벌 전체에 대한 계산은 방대해진다. 페어카드가 주어졌다면 전략표는 카드를 분리(스플릿)할지 여부를 알려주어야 한다. 스플릿을 하지 않는다면 다음으로 결정할 것은 베팅액을 2배로 늘리고 핸드의 첫 카드 2장에 추가로 정확히 1장만 더 받는 더블다운 여부이다. 최종적으로는 카드를 더 받을지, 멈출지(스탠드) 여부를 판단해야 한다. 나는 이기는 전략을 찾으면 볼드윈 전략 때와 마찬가지로 무수한 결정 사항을 압축해 그림으로 만들어 작은 종이에 옮길 계획이었다. 이렇게 하면 일정한 유형을 시각화할 수 있어 550개 상황마다 대응하는 법을 기억해내기가 훨씬 쉬울 것이었다.

카드 한 벌 전체를 대상으로 한 볼드윈 팀의 계산은 근사치였다. 탁상용 계산기로는 평생이 걸려도 정확한 계산이 불가능했기 때문이다. 1959년에 내가 하려던 작업은 더욱 방대했다. 게임이 진행되고 일부 카드가 공개된 상태에서 앞으로 나올 수백만 가지 가능성 하나하나에 대한 전략을 추론해내야 했기 때문이다.[3] 내가 직면한 문제를 예로 들면 이렇다. 당시는 딜러가 카드 한 1장을 버리고 딜링을 시작하는 것이 관행이었다. 딜러는 맨 위에 놓인 카드를 한 장을 뽑아 그림이 위로 향하도록(페이스업faceup) 바닥에 내려놓는다(버닝burning). 그 카드를 다시 사용하지 않는다는 뜻이다. 이로써 51장의 카드만 게임에 사용된다. 버린 카드가 10장(A, 2...9, 10) 가운데 하나이므로 분석할 사례도 10가지가 있었다. '버닝' 카드는 대부분 공개된다. 그 정보를 활용하면 어떻게 될까? 10장의 카드 각각에 볼드윈의 분석을 적용하면 550개 상황에 대한 전략표를 만들 수 있다. 그 결과 한 벌의 카드 전체, 그리고 1장이 누락된 10장의 카드 각각에 대한 전략표가 가능해 총 11개 전략표를 갖게 된다.

버닝카드가 2장인 경우에는 단 50장의 카드만 게임에 사용된다. 우선 점수가 다른 2장의 카드 조합 45개[(A, 2), (A, 3)…(A, 10) / (2, 3), (2, 4)…(2,10) 등]와 같은 점수의 카드 조합 10개[(A, A), (2, 2)…(10, 10)]를 더하면 총 55개 조합이 가능하다. 버닝카드가 2장이므로 똑같은 계산을 55회 더해야 하고 55개 전략표가 추가로 필요하다. 볼드윈 방식에 따라 각각의 전략표를 탁상용 계산기로 계산하면 12년이 소요될 것이었다. 이런 식으로 일부가 누락된 카드 한 벌에 대한 전략표를 계속해서 만들 수 있다. 52장으로 이루어진 카드 한 벌에서 이처럼 일부가 누락되고 일부만 게임에 사용되는 경우의 수는 3,300만 개다. 3,300만 개의 전략표를 만들면 아마도 거대한[4] 도서관이 될 것이다.

사람의 손으로 계산을 하는 데만 4억만 년이 걸리고 그 결과 만들어진 전략표는 철도차량 한 량을 가득 채우거나 롤로덱스[5] 색인카드로 8킬로미터를 늘어놓을 수 있는 분량이 될 것이다. 나는 문제를 단순화해보려고 했다. 부분적으로 사용된 한 벌의 카드에 적용할 전략과 플레이어의 우위를 결정하는 것은 남은 카드의 수량이 아니라 남은 카드의 비중일 것이라는 생각이었다.

내 생각은 옳았다. 예를 들어, 남은 카드가 40장일 때 10점 카드 12장의 효과는 남은 카드가 30장일 때 10점 카드 9장, 20장일 때 10점 카드 6장의 효과와 같다. 남아 있는 10점 카드의 비율이 30퍼센트로 모두 같기 때문이다. 카드카운팅card counting[6]에서 중요한 것은 남은 카드의 숫자가 아니라 비율이다.

나는 먼저 각 카드의 비율을 달리할 때 플레이어의 전략과 우위가 어떻게 바뀌는지 살펴보았다. 나는 에이스 4장을 모두 제거한 뒤 계산해 결과를 확인하고 다음으로 2점 카드만 4장, 3점 카드만 4장, 그다음에는 4점 카드만 4장을 제거하는 과정을 반복할 계획이었다.

나는 1959년 봄학기에 이 작업을 시작했다. 당시 나는 1958년 6월 박사학위를 받은 뒤 UCLA에서 강의를 하고 있었다. 논문을 지도한 앵거스 테일러 교수나 내가 예상했던 것보다 학위를 더 빨리 받았기에 가능한 일이었다. 나는 1년 동안 꼼짝없이 매여 지내야 한다는 생각에 박사후 과정에 지원하지 않았다. 테일러 교수는 UCLA에서 임시로 강의할 수 있게 주선해주었고 다음 해에 일을 구할 때도 도움을 주었다. 가장 마음에 들었던 것은 매사추세츠공과대학교MIT 무어 교수의 제안과 뉴욕 스키넥터디에 있는 제너럴 일렉트릭GE의 일자리였다. GE로 간다면 물리학 지식을 활용해 우주 프로젝트에서 궤도를 계산하게 될 것이었다. 잠시 솔깃했지만 그 일이 나를 어느 곳으로 이끌든 자유롭게 나의 관심 분야를 추구하지는 못할 것 같았다. 나는 대학에서 교수로 일한다면 내가 추구하는 삶이 가능하리라고 기대하며 MIT에서 첫발을 내딛기로 했다.

우리는 1959년 6월에 MIT로 이사했다. 나는 경찰이 주최하는 경매에서 검은색 중고 폰티액 세단을 800달러에 구입하고 유홀U-Haul에서 대여한 2륜 트레일러를 연결해 전국을 가로질렀다. 2개월 뒤 우리의 첫아이가 나올 예정이어서 비비안은 로스앤젤레스 부모님 집에 머물렀고 그동안 나는 매사추세츠주 케임브리지에 가서 아파트를 마련하고 학교에서 주는 여름 보조금으로 수학 연구를 했다. 보조금 조건에 따라 8월 중순까지는 MIT에서 의무적으로 일해야 하는데 며칠 후면 아기가 태어날 예정이어서, 제시간에 돌아갈 수 있을지 염려가 되었다. 비비안과 나는 그해 여름 거의 매일 전화로 이야기를 나누었다. 다행히 비비안의 검진 결과는 늘 아주 좋았다.

UCLA에 방문교수로 온 일본 수학자 두 명이 뉴욕까지 차를 얻어 타고 싶어 했다. 나는 운전을 교대로 하기로 하고 기꺼이 그들을 태워주었다. 운전을 교대하고 깊이 잠들었던 나는 새벽 1시경 오하이오의 한적한 고속도로 어딘가에서 깜짝 놀라 눈을 떴다. 제동장치에서 끼익 소리가 나며 차가 출렁였기 때문이다. 갈색과 흰색 무늬가 섞인 얼룩소가 느긋하게 길을 건너고 있었고 우리는 거우 30센티 앞에서 간신히 멈추었다. 제동장치는 트레일러가 아닌 차에만 있었지만 짐을 실은 트레일러 때문에 질량이 두 배로 늘어 제동거리도 두 배가 되었다. 제동거리가 길어지는 문제를 출발 전 진지하게 설명했지만 소용이 없었던 것이 분명했다. 나머지 구간은 피로와 싸우며 내가 운전대를 잡았다.

일단 케임브리지에 도착하니 생각할 것이 많았다. 보스턴 지역은 처음이었고 아는 사람도 없었다. 정규 직원 및 교수진 대부분은 여름 동안 자리를 비웠지만 학과에서는 케임브리지의 오래된 3층 주택 1층에 멋진 숙소를 임대해두었다. 집을 보지도 않고 구했던 나는 그 크기에 놀랐고 남편과 사별하고 다섯 아들 중 넷째, 다섯째와 함께 살던 주인아주머니가 베푼 뜻밖의 환대에 흐뭇했다.

낮에 수학을 연구하고 저녁을 먹은 후에는 텅 빈 건물들을 지나 계산기가 있는 방으로 갔다. 일단 방에 들어서면 저녁 8시부터 동이 트기 직전까지 매일같이 먼로 계산기를 두드렸다. 먼로 계산기는 커다란 타자기처럼 생긴 시끄러운 괴물 전자기계로 덧셈, 뺄셈, 곱셈, 나눗셈이 가능했는데 오늘날의 가장 단순하고 저렴한 포켓용 디지털 기기에 비할 수 있다. 에어컨이 없어서 셔츠를 벗은 상태였고 손가락은 딸각거리는 자판 위를 날아다녔다. 윙윙거리고 덜거덕거리는 계산기와 함께 케임브리지의 습한 여름밤들이 지나갔다.

어느 날 새벽 3시쯤 건물을 나와서 보니 늘 주차하던 장소에 내 차가 보이지 않았다. 경찰에 신고를 하려고 건물 안으로 돌아오는 데 밤새 그곳에 있었던 한 친절한 대학원생이 오히려 경찰 때문일지도 모른다고 알려주었다. 경찰서에 전화를 걸어보고 내 차가 견인되었다는 사실을 알았다. 내가 합법적으로 주차했다고 지적하자 근무 중이던 경찰관은 매일 밤 같은 자리에 주차되어있어서 버려진 차인 줄 알았다고 설명했다. 나는 서둘러 시내 야간법원에 가서 판사에게 소리치며 항의했고 판사는 한 마디만 더하면 그 자리에서 벌금 100달러를 부과하겠다고 협박했다. 친절한 학생은 나를 그곳까지 차로 데려다주었다. 그는 경찰이 견인소와 계약했는데, 실랑이를 벌이는 동안 견인소 보관료가 빠르게 올라갈 것이라고 설명해주었다. 나는 보스턴에서 이렇게 신고식을 치렀다. 이튿날 아침 견인업체에 약 100달러를 지불하고 차를 빼냈다. 일주일치 급여에 해당하는 금액이었다. 새로운 집이 될 보스턴은 다행히 과학, 교육, 문화, 예술이 풍부한 아름다운 도시였다.

몇 주가 흘렀고 계산 결과도 쌓였다. 간편하고 효율적인 방법으로 속도를 높였지만 진전이 거의 없었다. 손으로 계산하면 수백 년, 수천 년이 걸릴 일이었다. 그즈음 나는 MIT에 IBM 704 컴퓨터가 있고 교수진으로서 나도 그 컴퓨터를 사용할 수 있다는 사실을 알게 되었다. 나는 책을 보고 컴퓨터언어인 포트란FORTRAN으로 컴퓨터를 프로그래밍하는 법을 혼자서 익혔다.

1959년 8월, 나는 첫아이가 태어나기 4일 전에 로스앤젤레스로 날아갔다. 우리는 아이가 딸이라는 것을 미리 들어 알고 있었다. 몇 주 동안 이름을 짓느라 고심했고 괜찮은 이름을 여러 개 찾아냈지만 최고로 끌리는 이름은 없었다. 우리는 영어에 재능이 있어서 UCLA에서 언어를 전공하고 성공적으로 법조계로 진출한 비비안의 남자형제 레이에게 도움을 요청했다. 그는 라언Raun이라는 이름을 생각해냈다. 새벽이라는 뜻의 던dawn, 아기사슴이라는 뜻의 펀fawn 과도 운이 맞는 희망찬 이미지의 이름이었다. 처음 듣는 이름이었지만 마음에 쏙 들었고 이름 찾기는 끝이 났다.

한 달 뒤 나는 비비안과 아기를 데리고 돌아와 MIT에서 강의와 연구를 시작했다. 당시 MIT 수학과는 지금과 마찬가지로 세계 최고 수준이었고 젊은 교수진에게 거는 기대가 컸다. 나는 매 학기마다 두 과목의 수업을 맡았다. 즉, 주당 강의로 6시간, 강의 준비로 12~15시간, 그 외 연구실에서 학생들을 만나 도움을 주는 시간이 필요하고, 여기에 더해 과제를 주고 시험문제를 출제하며 채점할 시간도 필요하다는 뜻이다. 우리는 독자 연구를 수행하고 학술저널에 논문을 출판해야 했다. 논문이 수락되려면 심사위원으로 알려진 익명의 전문가들의 검토를 거쳐야 했다. 거절은 흔한 일이었다. 학계에서 성공하려는 사람들이라면 '퍼블리시 오어 페리시publish or perish', 즉 '논문을 출판하지 못하면 죽는다'는 말이 진리로 통할 정도였다. 그럼에도 불구하고 나는 한 번에 하나의 모듈(서브루틴)을 대상으로 컴퓨터 코드를 시험하고 수정해 나가면서 내가 임의로 택한 '하위연구'인 IBM 704 컴퓨터용 블랙잭 프로그램 개발에 매달렸다.

704는 초기 메인프레임mainframe(대형 컴퓨터) 모델 가운데 하나로 IBM이 개발했으며 갈수록 성능이 강력해지는 컴퓨터 시리즈 중 하나였다. 당시 사용자들은 1달러 크기의 천공카드를 이용해 지시사항을 입력했다. 카드에는 80개 열이 있었는데 각 열마다 10개의 직사각형 표식이 있었다. 나는 카드를 한 번에 하나씩 천공기에 넣고 타자를 칠 때처럼 타이핑을 했다. 천공기의 키를 누를 때마다 기계는 수직 형태의 선에 구멍을 뚫고 다음 열로 이동했다. 구멍의 모양은 입력한 키의 문자, 숫자, 기호를 나타냈다.

나는 천공카드들을 고무줄로 묶어 컴퓨터 센터의 보관함에 넣어두었다. IBM 704는 보관함에 모인 카드를 읽고 지시를 수행했다. MIT는 컴퓨터를 뉴잉글랜드 30개 대학(암허스트, 보스턴 칼리지, 브랜다이스 등)과 공유했기 때문에 결과를 얻기까지는 여러 날이 걸렸다.

낯설고 새로운 프로그래밍 언어에 숙달되면서 연구에도 속도가 붙었다. 나는 컴퓨터 프로그램을 작성하는 문제를 여러 개의 서브루틴으로 구분하고 일일이 시험하고 수정했으며 교차 검증했다. 하나씩 차례로 끝내는 동안 몇 주, 몇 달이 지났다. 1960년 초, 마침내 각 서브루틴을 취합한 완전한 프로그램이 나왔다. 사용된 카드를 추적하지 않은 채 최대한 완벽하게 게임을 진행했을 때 프로그램을 이용해 산출한 첫 번째 결과에서 카지노는 0.21퍼센트 우위였다.[7] 사실상 대등한 우위였다. 그렇다면 카드카운팅을 할 경우 플레이어는 별다른 어려움 없이 우위를 확보할 수 있을 것이었다. 그러나 IBM 704로도 시간 안에 필요한 모든 계산을 수행할 수 없었기에 일부는 근삿값을 이용했다. 손쉬운 방법으로 계산한 결과는 약간 비관적이었다. 실제 게임에서 플레이어의 우위는 컴퓨터가 제시하는 결과보다 훨씬 더 높을 것이라는 뜻이었다.

컴퓨터의 성능이 더욱 강력해지면서 근삿값도 단계적으로 제거되었다. 20년 뒤인 1980년경에는 나중에 《딜러를 이겨라》에서 소개하게 될 블랙잭 규칙[8]을 이용해 카드 한 벌로 게임을 해서 최종적으로 플레이어가 0.13퍼센트 우위를 갖는 결과를 얻을 정도였다. 내 전략을 이용하면 플레이어는 카드 추적을 하지 않고서도 줄곧 카지노 대비 약간 우위를 보였다. 한편 내 분석법의 진정한 강점은 카드가 완전한 한 벌일 때는 물론이고 어떤 조합일 때도 게임을 분석할 수 있다는 것이었다. 나는 게임이 진행되고 카드가 사용되면서 전체 게임에 미치는 영향을 분석할 수 있었다.

나는 컴퓨터에 미지의 세계로 뛰어들 것을 지시했다. 즉, 에이스 4장이 모두 빠졌을 때를 분석하는 것이었다. 그 결과를 이미 가지고 있던 완전한 카드 한 벌을 대상으로 분석한 결과와 비교했다. 에이스 카드가 게임에 미치는 영향을 알아볼 목적이었다. 며칠 뒤 나는 기대를 품고 회수함에서 두꺼운 카드 뭉치를 집어들었다. (문득 카드로 카드 게임을 분석한다는 생각이 들었다.) 손으로 하면 천 년이 걸릴 계산을 IBM 704는 불과 10분 만에 해냈다. 나는 흥분해서 결과를 살펴보았다. 결과에 따라 내가 옳았음이 입증되거나 기대가 무너질 것이었다. 에이스 카드가 모두 제거되었을 때 플레이어는 2.72퍼센트 불리했다. 카드 한 벌이 온전히 있을 때 카지노가 0.21퍼센트 우위를 가진 것과 비교하면 2.51퍼센트 포인트 더 불리해졌다. 카지노 측에 크게 유리한 결과였지만 실제로는 좋은 소식이었다.

이 결과는 UCLA 도서관에서 게임에서 이기는 것이 가능하다는 '깨달음의 순간', 내 믿음이 옳았음을 입증하는 것이었다. 그때 나는 게임이 진행되고 카드가 사용되면서 카지노와 플레이어 사이의 우위가 크게 변할 것이라고 믿었다. 수학적으로 계산한 결과 역시, 한 벌의 카드에서 특정 카드를 제거하여 특정 방향으로 확률이 달라지면, 동일한 카드를 동일한 숫자만큼 추가해서 확률을 같은 크기만큼 반대 방향으로 이동시킬 수 있음을 보여주었다. 그렇다면 남은 에이스의 숫자가 적을 때보다 많을 때가 플레이어에게는 훨씬 유리할 것이었다. 예를 들어, 아직 사용되지 않은 26장(한 벌의 절반) 안에 에이스 카드 4장 전부가 남아있어서[9] 에이스의 비율이 2배가 되었다면 처음 0.21퍼센트 불리했던 플레이어의 확률은 2.51퍼센트 우위로 전환되어 순기준으로 2.30퍼센트 우위를 나타내야 했다.

나는 2~3일마다 컴퓨터 센터에 들러 계산 결과를 회수했다. 각각 사람이 직접 했다면 천 년은 걸릴 계산이었다. 나는 동일한 카드 4장을 카드 한 벌에서 제거할 때의 영향을 알고 있었다.[10] 플레이어에게는 에이스 4장을 제거할 때 가장 불리했고 그다음이 10점 카드 4장을 제거하는 것이었는데 이 경우 하우스 측의 우위는 처음보다 1.94퍼센트 늘었다. 그러나 '작은' 카드, 즉 2, 3, 4, 5, 6을 제거하면 플레이어에게 상당한 도움이 되었다. 5점 카드 4장을 제거하는 경우가 가장 유리해서, 카지노의 0.21퍼센트 우위는 플레이어의 3.29 퍼센트 우위로 전환되었다.

나는 카드 추적 결과를 근거로 다양한 이기는 전략을 설계할 수 있었다. MIT의 IBM 704를 이용한 기본 분석 결과에서 5 카운트 시스템과 10 카운트 시스템 대부분을 만들었고 내가 '궁극의 전략'이라고 일컫는 전략을 위한 아이디어를 얻을 수 있었다. 궁극의 전략이란 게임에 미치는 영향에 비례하여 모든 카드에 값을 부여하는 것이다. 즉 에이스는 −9, 2는 +5, 10은 −7…식으로 값을 매긴다. 그러나 이 값을 잊지 않고 머릿속으로 계속 추적하기란 대부분의 사람들에게 너무 어려운 일이었다. 좀 더 간단한 카운팅 시스템은 꽤 잘 작동했다. 사용의 편의성과 수익성 사이에서 찾은 최선의 절충안은 작은 숫자 카드(2, 3, 4, 5, 6)는 +1로, 중간 숫자 카드(7, 8, 9)는

0, 큰 숫자 카드(10, J, Q, K, A)는 −1로 셈하는 것이었다. 컴퓨터를 돌려 얻은 결과에는 오늘날 사용되는 블랙잭 카드카운팅 기법의 세부 사항이 거의 모두 들어있었다.

결과는 직관적으로 이치에 맞았다. 예를 들어, 카드의 총합이 16점이라면 딜러는 공격해야 한다. 높은 점수의 카드를 뽑아 21점이 넘으면 지고 낮은 점수의 카드를 뽑으면 살아남는다. 5점 카드를 뽑아 21점을 만들면 가장 좋다. 따라서 남은 카드 중 낮은 점수 카드는 많고 높은 점수카드는 적은 것이 딜러에게 유리하다. 반면 남은 카드 중 에이스와 10점 카드의 비중이 높으면 합해서 21, 즉 블랙잭을 만드는 2장의 카드도 더 많을 것이다. 플레이어와 딜러가 블랙잭에서 이길 확률은 각각 4.5퍼센트로 같지만 플레이어는 자신의 베팅 금액보다 1.5배 더 많은 금액을 지급받고 딜러는 오로지 플레이어가 베팅한 금액만 받으므로 순 기준으로는 플레이어가 더 유리하다.

5점 카드 4장을 계속 추적하면 매우 간단한 이기는 시스템을 얻을 수 있다. 5점 카드가 아직 남아있을 때 적게 베팅하고, 모두 사용되었을 때 크게 베팅한다고 가정하자. 5점 카드 4장이 모두 사용되었을 확률은 남은 카드가 적을수록 더 커진다. 남은 카드가 26장일 때는 모두 사용되었을 확률이 5퍼센트이고 13장일 때는 30퍼센트이다. 앞서 5점 카드 4장을 제거했을 때 플레이어가 3.29퍼센트 우위를 보인다는 결과를 얻었으므로 이 경우 다른 때보다 크게 베팅한다면 최종적으로 이길 수 있다.

10점 카드는 5점 카드보다 영향력은 덜하지만 수량이 4배나 많은 만큼[11] 실제 게임에서 10점 카드 비율의 변화를 활용해 더욱 강력한 이기는 전략을 구축할 수 있었다. 남은 카드 중 '10점 카드의 비율'이 크게 변동할수록 플레이어에게는 더 많고 좋은 베팅 기회가 주어졌다.

1960년 여름 우리 가족은 보스턴에서 캘리포니아로 자동차를 타고 갔다. 나는 10점 카드 전략을 실험하려고 마땅찮아 하는 비비안을 설득해 라스베이거스에 잠시 들렀다. 우리는 프리몬트 거리의 어느 카지노에 자리를 잡고 블랙잭을 했다. 내게는 판돈 200달러 (2016년 화폐 가치로 약 1,600달러)[12]와 새로운 전략을 적은 손바닥 크기의 카드가 있었다. 나는 괜한 주의를 끌지 않도록 카드를 사용할 일이 아에 없기를 바랐다. 내 전략 카드는 완전히 새로운 것이었다. 딜러의 업카드 하나하나에 대한 대응 방법뿐만 아니라 10점 카드의 비율이 달라질 때 플레이어의 의사 결정이 어떻게 달라져야 하는지도 제시되었다. 구체적으로 완전한 한 벌의 카드에는 10점짜리 카드가 16장, 그 외 카드가 36장 있으므로 나는 "36, 16"으로 카운팅을 시작했다. 10점 카드 대비 그 외 카드의 비율은 36 나누기 16, 즉 2.25였다.

비비안도 게임 동료가 되어 핸드당 25센트를 베팅하면서 내 곁에 앉았다. 게임이 진행되면서 나는 몇 장의 10점 카드와 10점 외 카드가 사용되었는지 추적했고 사용된 카드의 합계를 차감해 남은 카드의 수를 구했다. 베팅을 하거나 내 핸드를 어떻게 플레이할지 결정을 내려야 할 때마다 나는 현재 합계를 이용해 비율을 다시 계산했다. 비율이 2.25 미만이면 아직 10점 카드가 많이 남아있다는 뜻이고 비율이 2.0일 때 플레이어는 약 1퍼센트 우위를 지닌다. 비율이 2.0 이하이면 플레이어의 우위가 1퍼센트 이상이라는 뜻이고 나는 내가 가진 우위의 크기에 따라 2~10달러 사이의 금액을 베팅했다. 그 밖의 경우에는 1달러를 베팅했다.

내가 32달러를 잃는 동안 비비안은 초조하게 지켜보았다. 그때 딜러가 공격적으로 말했다. "돈이 부족할 테니 좀 더 찾아오는 게 좋을 겁니다." 이상한 낌새를 느낀 비비안이 말했다. "여기서 나가요." 게임은 졌지만 나는 만족했다. 전략 카드를 보지 않고서도 카지노 측의 게임 속도에 맞추어 10 카운트 시스템으로 게임할 수 있다는 것을 확인했기 때문이다. 32달러의 손실은 예측 가능한 결과 범위 안에 있었으므로 내 결론을 의심할 일은 아니었다. 그날 더 이상 배울 것이 없었던 나는 조금 더 가난해졌지만 조금 더 현명해졌 길 바라며 그곳을 떠났다.

MIT 수학과 친구들은 내가 알아낸 사실을 듣고 놀라움을 금하지 못했다. 다른 누군가가 나와 똑같은 내용을 발견하거나 훔쳐서 자신의 것으로 만들기 전에 서둘러 발표해서 우선권을 확보해야 한다는 친구들도 있었다. 나는 이미 한 번 데인 적이 있었기 때문에 곧바로 납득했다. UCLA에 있을 당시, 박사논문을 지도했던 앵거스 테일러 교수가 내 수학 연구 내용 중 일부를 캘리포니아의 한 저명한 수학자에게 보내 의견을 듣는 것이 어떻겠냐고 제안한 적이 있다. 그렇게 했지만 교수에게서는 아무런 대답이 없었다. 11개월 뒤 테일러 교수와 나는 남부캘리포니아에서 열린 미국수학협회에서 그 '위대한' 교수의 발표를 들었다. 발표 주제는 내가 발견한 내용을 구체화한 것이었고 그의 독자 연구의 일부로 소개되었으며 저명한 수학 저널에 그의 이름으로 출판될 예정이었다. 우리는 망연자실했다. 훗날 캘리포니아대학교 전체를 책임지는 학술 부회장이 되었을 만큼 윤리의식이 높고 경험이 많은 수학자였던 테일러 교수에게 조언을 기대했지만 그도 어떻게 해야 할지 몰랐다. 결국 우리는 속수무책이었다.

과학에도 발견에 적절한 시기가 있어서 2명 이상의 연구자들이 거의 동시에 독립적으로 연구를 진행하는 경우는 흔히 있다. 뉴턴과 라이프니치의 미적분학, 다윈과 월리스의 진화론 연구는 유명한 사례이다. 5년 전이었다면 블랙잭 연구는 완수하기가 훨씬 어려웠을 것이다. 마찬가지로 5년 뒤에는 컴퓨터의 성능과 가용성이 향상되면서 연구도 분명 더욱 쉬워질 것이었다.

발표를 신속하게 해야 하는 이유는 또 있었다. 일단 해결이 가능한 문제라는 사실이 밝혀지면 그때부터는 더욱 쉽게 문제가 해결된다는 잘 알려진 현상 때문이다. 입소문이 퍼지고 있다는 단순한 사실만으로도 누군가 곧 내 연구를 재현할 것임을 뜻했다. 학부 시절 읽었던 한 공상과학 소설에서도 이런 현상을 묘사하고 있었다. 케임브리지대학의 한 교수가 역대 최고 수준의 물리학 전공 대학원생들을 지도하고 있었다. 교수는 학생 20명을 5명씩 4개 조로 나누어 가장 어려운 과제를 냈다. 교수가 답을 가지고 있다고 생각한 학생들은 집요하게 매달려 모든 질문에 답을 찾아냈다. 마침내 교수는 러시아에서 중력을 무력화하는 방법을 발견했으며 그 방법을 찾아내는 것이 과제라고 하여 학생들을 당황하게 했다. 일주일 뒤 4개 조 가운데 2개 조가 해결책을 제시했다.

내 블랙잭 연구에 같은 일이 벌어지는 것을 막기 위해 나는 미국국립과학원 회보에 연구 결과를 발표하기로 했다. 논문 출판까지 소요되는 기간이 2~3개월로 가장 짧은데다 상당히 권위 있는 저널이었기 때문이었다. 그러자면 미국국립과학원 회원들이 내 연구를 승인하고 전달해야 했으므로 나는 MIT 구성원 중 미국국립과학원의 유일한 수학 전공 회원인 클로드 섀넌Claude Shannon을 찾아갔다. 그는 현대 전산, 정보통신 및 폭넓은 분야에 핵심이 되는 정보이론의 창시자로 유명했다.

섀넌은 내키지 않아 했지만 학과의 비서가 정오에 짧게 만날 시간을 잡아주었다.[13] 비서는 섀넌이 몇 분만 시간을 낼 수 있고 더는 기대하지 말라면서 그는 자신이 흥미를 갖지 않는 주제나 사람들에게는 시간을 쓰지 않는다고 미리 주의를 주었다. 약간의 경외심과 함께 운이 좋았다고 생각하면서 그의 사무실에 도착해서 섀넌을 만났다. 중간 정도의 키와 체구에 약간 여윈 그는 이목구비가 날카롭고 기민한 모습이었다. 나는 블랙잭 연구에 관해 간단히 설명하고 내가 제출하려는 논문을 보여주었다.

게임을 분석한 방법을 이해하고 혹시 모를 오류를 찾아내기 위해 섀넌은 내게 질문을 했다. 내게 주어진 몇 분은 1시간 반 동안의 활기찬 대화로 바뀌었고 우리는 그 사이 MIT 구내식당에서 점심을 먹기도 했다. 대화를 마무리하면서 그는 내가 이 주제에 관해 중요한 이론적 돌파구를 만든 것 같다면서 앞으로 연구가 더 필요한 부분은 좀 더 구체적이고 정교한 방식으로 접근해야 할 것이라고 지적했다. 그는 논문 제목을 '블랙잭을 이기는 전략'이 아닌 좀 더 진지하고 학계에서 쉽게 용인할 수 있는 '21을 위한 유리한 전략'으로 변경할 것을 권했다. 저널의 지면은 빠듯하고 회원마다 1년에 제출할 수 있는 페이지 수가 제한되어있어서 나는 내용을 압축하라는 섀넌의 제안을 마지못해 받아들였다. 내가 섀넌에게 즉시 수정본을 보내면 섀넌이 과학원에 논문을 전달하기로 합의했다.

사무실로 돌아오는 길에 섀넌이 물었다. "도박과 관련해 진행 중인 다른 연구가 있습니까?" 나는 잠시 주저하다가 또 다른 중요한 계획을 유출하기로 결심했다. 바로 룰렛 예측이 가능한 이유를 설명하고 룰렛을 예측하는 소형 컴퓨터를 만들겠다는 계획이었다. 진척 상황을 대강 설명하자 수많은 아이디어가 오고 갔다. 게임을 이기기 위한 연구를 함께하기로 계획하고 신이 난 우리는 몇 시간 뒤 케임브리지의 하늘이 어스름하게 바뀔 즈음에서야 헤어졌다.

한편, 나는 내가 연구한 블랙잭 기법을 워싱턴 DC에서 열리는 미국수학협회 연례 회의에서 발표할 계획이었다. 나는 기술적이고 난해한 내용이 가득한 발표 자료를 요약해 소책자에 실릴 초록을 제출했다. 제목은 "행운의 공식: 블랙잭 게임Fortune's Formula: The Blackjack Game"이었다.[14]

내 초록을 받은 심사위원회에서는 만장일치에 가깝게 '거절' 의견이 나왔다. 심사위원 가운데 UCLA에서 알고 지낸 정수론 학자 존 셀프리지John Selfridge로부터 나중에 들어 알게 된 사실이었다. 그는 알려지지 않은 가장 큰 소수를 발견한 것으로 얼마 동안 세계 기록을 보유했다. (소수는 오직 자기 자신과 1로만 나눌 수 있는 1보다 큰 양의 정수이다. 2, 3, 5, 7, 11, 13 등이 소수에 해당한다.) 다행히 셀프리지는 내가 정식 수학자이며 내가 진실이라고 주장한 것은 진실일 가능성이 높았다고 다른 심사위원들을 설득했다.

위원회는 어째서 나의 발표를 거절하려고 했을까? 유명한 난제를 자신이 풀어냈다는 주장, 이미 해결되었는 데도 그 사실을 모를 정도로 수학에 무지한 사람들의 주장, 그리고 아주 초보적인 오류가 내포되어 있는 어설픈 주장들을 심사위원들이 수시로 접하기 때

142

문이다. 그들이 주장하는 소위 해법이라는 것은 대개 오래전에 해결이 불가능하다고 판명된 문제에 대한 것이었다. 예를 들면 나침반과 직선자만 이용해 다각형을 동일한 각도의 삼각형으로 분할하는 '삼각분할' 문제에 관한 해법 같은 것이다. 반면 평면기하학을 공부하는 학생들은 각도를 간단히 양분하는 방법을 배운다. 일정한 각도로 2분할하는 것에서 3분할로 조건을 살짝 바꾸자 간단했던 문제는 해결이 불가능한 문제로 바뀌었다.

도박도 마찬가지였다. 수학자들 대부분은 일반 도박 게임에서 이기는 기법 같은 것은 있을 수 없음을 입증했다. 카지노가 질 수도 있다면 카지노는 게임의 규칙을 바꾸거나 문을 닫을 것이 분명했다. 위원회의 의견이 내 논문 초록을 거절하는 방향으로 기우는 것도 당연했다. 역설적이게도 그들이 회의적인 태도를 보였던 이유, 즉 수학자들이 분명히 입증한 '이기는 시스템은 불가능하다'는 명제는 오히려 내게 그런 시스템이 가능하다는 것을 보여주겠다는 가장 강력한 동기가 되었다.

회의 참석차 출발하기 이틀 전 저녁에 〈보스턴 글로브〉의 딕 스튜어트로부터 갑작스럽게 전화가 걸려왔다. 〈보스턴 글로브〉는 사진사도 보냈다. 나는 전화로 내 기법의 기본 개념을 설명했다. 이튿날 아침 신문 1면에 내 사진이 스튜어트의 기사와 함께 실렸다. 몇 시간 만에 전국 곳곳의 수많은 신문에 기사와 더 많은 사진이 공개되었다. 내가 공항으로 출발할 즈음 비비안은 쇄도하는 수백 건의 메시지를 기록하느라 녹초가 되었고 얼마 후 우리 딸 라언은 전화벨이 울릴 때마다 울음을 터뜨렸다.

chapter 06

어린 양들의
날

나는 워싱턴 DC로 날아왔다. 짙은 회색빛 겨울 하늘에는 곧 폭풍으로 발전할 첫 눈보라가 흩날리고 있었다. 최근 존 F. 케네디 대통령이 취임한 이후 도시는 여전히 사람들로 가득했다.

미국수학협회 회의는 윌러드 호텔에서 열렸다. 기대했던 학계 전문가 40~50명 대신 활기 넘치는 일반 청중들 수백 명으로 회의장은 만원사례를 이루었다. 선글라스를 낀 사람, 새끼손가락에 낀 현란하고 커다란 반지와 시가를 뽐내는 사람, 카메라와 메모장을 든 기자들이 수학자들 사이에 여기저기 섞여있었다. 나는 수학협회 회의 방식대로 사무적인 강연을 준비했다. 먼저 5점 카드를 카운팅해서 이기는 방법을 설명했다. 그리고 10점 카드를 카운팅하는 편이 훨씬 좋다고 언급하며 내 방법론으로 찾아낸 더 많은 카운팅 시스템이 추가로 있다는 사실을 넌지시 내비쳤다. 내 간결하고 기술적인 강연만으로는 청중을 단념시키지 못했다. 나는 전적으로 부족한 수량이었지만 발표문 사본 50부를 앞에 놓인 탁자에 올려놓으며 발표를 마무리했다. 한 무리의 사람들이 마치 날고기를 두고 경쟁하는 육식동물처럼 사본을 향해 달려들었다.

회의 운영을 맡은 임원들은 밀려드는 요청에 따라 내 강연 이후 기자회견을 준비했다. 주요 방송국에서 텔레비전으로 회견을 중계했고 여러 라디오 프로그램과 인터뷰도 했다. 과학자들과 기술 분야에 있는 사람들은 대부분 내가 설명한 이기는 전략을 이해하고 믿었지만 카지노와 일부 언론은 그렇지 않았다. 〈워싱턴 포스트〉는 다음과 같은 냉소적인 논평을 실었다. "우리 도시에 도박에서 이기는 시스템을 갖고 있다고 주장하는 한 수학자가 있다. 마치 '1달러를 보내주시면 확실한 잡초 제거 비법을 알려드립니다!'라는 광고를 떠올리게 한다. 돌아오는 것은 '뿌리를 단단히 쥐고 힘껏 뽑으세요!'라는 메모일 것이다." 한 카지노 대변인은 그 시스템을 가졌다는 플레이어를 만나려고 카지노에서 공항으로 택시를 보냈다며 조롱하듯 발표했다. (나는 50년째 그 택시를 기다리는 중이다.) 자신의 하우스에서 적용하는 블랙잭 규칙에 대해 상세히 묻는 질문지를 내가 보냈다고 주장하는 사람도 있었다. 그는 내가 게임의 규칙조차 모를 만큼 무지했다고 말했다. 몇 년 전 계산을 시작할 때 실제로 네바다 지역 26개 카지노를 상대로 그와 같은 문의를 한 적이 있었다. 각 카지노마다 규칙이 어떻게 다른지, 특히 일반적 수준보다 훨씬 유리한 규칙을 적용하는 카지노가 있는지 파악하려는 목적이었다. 친절하게도 26개 중 13개 카지노가 무지한 학자에게 회신을 해주었다.

나는 발표를 후속 취재한 〈워싱턴 포스트〉의 톰 울프Tom Wolfe라는 젊은 기자와 인터뷰를 했다. 그는 "수학 전문가, 블랙잭 게임에서 실제로 도박장을 이길 수 있다고 주장하다"라는 제목으로 기

사를 썼다.[1] 그는 회의적이기보다는 궁금해했고 캐묻기보다는 동
조했다. 울프는 나중에 미국에서 가장 유명한 작가 중 한 사람이
되었다.

당시 워싱턴 공항은 60센티 높이로 쌓인 눈에 파묻혀있어서 나
는 보스턴행 기차를 탔다. 돌아가는 긴 시간 동안 나는 수학 이론
을 이용한 게임 연구가 내 삶을 어떻게 변화시킬 것인지 생각했다.
일반적으로 인생에는 우연과 선택이 뒤섞여있다. 우연은 우리가 인
생에서 받는 카드라고 생각할 수 있다. 그 카드를 어떻게 플레이할
것인가는 선택의 문제이다. 나는 블랙잭을 연구하기로 선택했다.
결과적으로 우연은 내게 예상하지 못했던 새로운 일련의 기회를 가
져다주었다.

9월 첫 만남 이후 클로드 섀넌과 나는 일주일에 약 20시간을 룰
렛 프로젝트에 쏟았다. 그 사이 나는 강의를 하고 순수수학을 연구
했으며 학과 행사에 참여하고 블랙잭 연구 내용을 정리했다. 그리
고 아버지가 되는 일에 적응해갔다. 섀넌의 집에서 룰렛 연구를 하
다가 저녁식사를 하던 중에, 그가 내게 인생에서 이 연구보다 중요
한 것이 있는지 물었다. 그때 내가 떠올린 것들은 그의 생각과도 상
당히 같았을 것이다. 사회적 인정, 박수갈채, 명예는 환영할 만하고
인생을 더욱 풍성하게 하겠지만 최종적으로 추구할 대상은 아니다.
지금도 그렇듯 나는 그때 알았다. 중요한 것은 무엇을 하는가, 어떤
방식으로 하는가, 어떤 시간을 보내고 누구와 그 시간을 보내는가
였다.

한편 미국 연합통신사에서 톰 울프의 기사를 다루자 수천 통의
편지와 전화가 MIT 수학과로 쏟아졌다. 비서들은 몇 주 내내 바빴

고 모두의 인내심을 시험하는 상황이었다. 나는 일부 편지에는 답을 하지 않는 것이 오히려 현명한 일이라고 판단했다. 예를 들면 자신이 스페인 출신 탐험가 폰세 데 레온Ponce de León의 환생이라고 주장하는 한 작가는 25장에 걸쳐 그 '증거'를 공들여 적어 보냈다. 나는 답장을 하지 않았다. 뒤이어 그는 장문의 편지에서 자신과 나, 폰세 데 레온이 서로 '연결'되어있다며 내가 그의 이야기에서 중요한 역할을 하고 있다고 주장했다. 그는 심지어 자신의 일에 개입하는 것이 나의 의무라고 했다.

경호를 맡겠다고 제안한 사람도 있었다. 카지노에서 이기려면 자신이 필요할 것이라고 장담했다. 대답이 없자 그는 자신의 군사 및 총기 기술을 적은 호전적인 편지를 보내왔다. 그는 "45구경 자동권총으로 20미터 밖에서도 미간에 총알을 박을 수 있다"고 장담하며 내 곁에 머물면서 배우게 해주면 그 대가로 무료로 일하겠다고 했다. 다음으로 마지막 편지가 왔다. 그는 안됐지만 그의 보호가 필요하다는 것을 깨달을 때는 이미 늦었을 것이라고 경고했다. 그는 나 역시 자신이 앞서 경호 서비스를 제의했던 "다른 사람들과 다를 바 없다"며 씁쓸해했다.

논문 사본과 '실행 방법'에 관한 상세한 지침을 요구하는 편지가 가장 많았다. 나는 정보의 자유라는 학문적 정신에 따라, MIT의 허가를 받아 강연과 논문 자료 수백 부를 제작해 발송했지만 나중에는 감당할 수 없게 되었고 결국 포기했다.

회의에서 강연을 하기 전에는 뒤이을 소란과 언론의 관심을 예상하지 못했다. 대신 내 연구를 본 학자들이 결과에 크게 놀라고 결국 그것이 옳았다는 데 동의하기를 기대했다. 그러나 학계의 방식대로 조용하고 느리게 일이 진전되는 대신 나를 물어뜯으려는 낯선 사람들이 나를 포위했다. 이런 종류의 '유명세'는 원하지 않았다.

내 시스템을 카지노에서 실험하는 데 수천 달러에서 10만 달러까지도 지원하겠다는 제안이 들어왔다. 내 학문적 이론이 카지노 테이블에서 실제로 효과가 있다는 것을 증명할지 여부에 관한 결정을 강요당하고 있었다. 나는 마침내 네바다에 가기로 결심했다. "그렇게 똑똑한데 왜 부자가 아니에요?"라며 학자들을 겨냥해 던지는 야유를 잠재우려는 목적도 일부 있었다. 개인적 자존심과 명예가 걸린 문제로서, 내 주장이 터무니없다는 카지노 측의 조롱을 일축하고 내 이론이 실제로 작동한다는 것을 독자들에게 입증할 책임이 있다고 생각했다. 결정적인 계기가 된 것은 카지노 측 대변인이 방송에 출연해 내 기법을 두고 한 말이었다. "어린 양을 도살장에 끌고 간다고 합시다. 양이 도살업자를 죽일 수도 있겠죠. 하지만 우리는 늘 도살업자 쪽에 베팅을 하지 않습니까?"

뉴욕 출신 갑부 두 명의 제안이 가장 그럴 듯했다. 나는 훗날 책에서 이들을 X와 Y라고 칭했다. 나는 X로부터 여러 차례 전화를 받고 낯선 사람이 제공한 판돈을 낯선 곳에서 위태롭게 할 수 있다는 위험 때문에 한참을 망설였지만 마침내 미스터 X를 만나기로 했다.

푸르스름한 회색 하늘을 배경으로 잎이 모두 떨어진 삭막한 나무들이 케임브리지 아파트를 둘러싼 2월의 쌀쌀한 오후였다. 거리를 따라 늘어선 다층 목조 주택의 패인 구멍과 현관에는 석탄가루가 스며있었고 새로 내린 눈 위로 그을음이 내려앉았다. 오후 4시쯤 되니 날은 서서히 어두워졌고 방문객들은 늘어졌다. 그때 짙푸른 색의 캐딜락 한 대가 멈춰 섰다. 차 안에는 젊은 금발 미녀가 두 사람 있었다. 한 사람은 앞 조수석 창을 통해 보였고 다른 한 사람은 운전석에서 내렸다. 저 사람들은 누구지? 미스터 X는 어디 있지? 조수석에 있던 금발 여성이 뒷좌석 문을 열자 검정색 긴 캐시미어 코트를 입고 짧은 흰머리를 한 남자가 나타났다. 그들은 우리 집 초인종을 눌렀다. 미스터 X가 틀림없었다. 그는 자신을 이매뉴얼 '매니' 키멜Emmanuel Manny Kimmel이라고 소개했다. 나이는 65세쯤 되었고 뉴저지 메이플우드 출신의 부유한 사업가로 도박에 정통하다고 했다. 밍크코트를 입은 두 미녀는 자신의 조카라고 소개했다. 나는 그 말을 액면 그대로 받아들였지만 비비안의 표정에서 달리 생각한다는 것을 읽을 수 있었다.

키멜은 나를 상대로 두어 시간 블랙잭 카드를 돌렸고 내 연구에 관해 질문을 쏟아냈다. 한쪽에서는 비비안이 18개월 된 딸을 데리고 대니의 '조카들'과 이야기를 나누었다. 좀 더 어린 조카가 순진하게 개인적인 이야기를 떠벌리자 다른 조카가 그녀의 입 가까이 머리를 기울여 "진정해."라고 속삭였다.

매니는 당장이라도 네바다로 떠날 기세였다. 우리는 4월에 MIT가 1주일간 봄방학에 들어가 내가 시간을 낼 수 있을 때 출발하기로 합의했다. 우리 집을 나서면서 그는 코트 주머니에서 헝클어진 진주 목걸이를 한 움큼 꺼내 그중 한 개를 비비안에게 건넸다.[2] 그 진주 목걸이는 대를 이어 전해져 50년이 더 지난 지금은 라언이 착용하고 있다.

비비안은 카지노 실험에 대해 걱정과 불안을 동시에 느꼈다. 수학적인 자세한 사항은 비비안을 비롯해 거의 대부분의 사람들이 이해하기 어려웠다. 그러나 비비안은 내가 일반적으로, 특히 수학과

과학에서는 입증할 수 없는 주장은 하지 않는다는 것을 알고 있었다. 지금까지는 계산과 추론이 전부였지만 공정한 싸움이라면 내가 이길 것이라고 비비안은 믿었다. 그러나 이것은 상징과 방정식의 세계가 아니라 현실 세계에서 벌어질 일이었다. 카지노는 공정하게 게임을 할 것인가, 아니면 속임수와 약물, 폭력으로 나를 무력하게 만들 것인가? 한눈에도 조카가 아닌 것이 확실했던 조카라는 여자들은 어떤가? 내가 들어서려는 세계는 돈과 여자를 쉽게 얻는 곳이었고 어떤 또 다른 위험이 있을지 알 수 없었다. 후원자들은 어떤가? 그들에게는 카지노의 기이한 사업으로부터 나를 보호할 능력이 있는가? 연극 초기에 발생할 것이 뻔한 일시적 손실을 그들은 버텨낼 수 있을까?

내 주장을 들은 뒤 미국 전체가 그것이 터무니없는 말로 가득하다고 응수했고 어쩌면 내가 생각을 굽혀 그들의 주장을 입증하게 될지도 모를 일이었다. 나는 내가 옳다는 것을 확신했다. 가족, 친구, 동료들을 실망시킬 일은 없었다. 비록 내가 도전한 골리앗은 매번 나를 이겼지만 나는 누구도 알지 못한 중요한 것을 알고 있었다. 골리앗은 근시안적이고 서툴고 둔하고 어리석었으며 우리는 그의 방식이 아닌 나의 방식으로 싸울 것이었다. 내가 결심하게 된 결정적 계기는 의구심과 내 안전을 바라는 복잡한 마음에도 불구하고 내가 해낼 수 있다고 생각한 비비안의 믿음이었다.

카지노 진출을 준비하면서 나는 매주 수업이 없는 수요일마다 보스턴에서 뉴욕으로 날아갔다. 목적지는 맨해튼에 있는 매니 키멜의 펜트하우스였다. 그가 카드를 딜링하고 나는 10 카운트를 했다. 여러 가지 카드카운팅 기법이 있었지만 그는 10 카운트에 집중했고 다른 아무것도 들으려 하지 않았다. 10 카운트를 위한 전략표는 이미 만들었지만 다른 것은 아직 없었기 때문에 내게는 오히려 적절했다. 10 카운트는 남은 카드 안에 에이스와 10점 카드의 비율이 높을 때 베팅 규모를 키웠다. 두세 시간 뒤 게임을 계속하고 있는 우리에게 집사가 점심을 가져왔다. 키멜은 매번 내게 교통비로 쓰라고 100~150달러를 주었고 특이하게도 살라미를 주었다. 돌아오는 비행기 안에서 살라미는 숨길 수 없는 냄새를 풍겼다.

키멜의 친구이자 우리 모험의 공동 후원자인 미스터 Y도 몇 번 참석했다. 조카가 와서 지켜볼 때도 있었다. 미스터 Y는 뉴욕 북부 출신 부유한 사업가 에디 핸드Eddie Hand였다. 나이는 40세 정도로 짙은 색 머리카락에 체격은 중간 정도였다. 그는 거친 불평과 유머를 묘하게 섞어가며 이야기를 했다. 몇 주 뒤 내 쪽 테이블에 칩이 쌓였고 매니는 더욱 열정적으로 게임을 했다. 여섯 차례 모임으로 실습을 마친 우리는 네바다로 모험을 떠날 준비를 갖추었다.

카지노에서 게임을 하려고 앉았을 때 우리가 선택할 수 있는 접근 방식에는 두 가지가 있었다. 그중 하나는 내가 과격하다고 부르는 방식으로 플레이어의 우위가 특정 숫자, 예를 들어 1퍼센트 이상이 될 때마다 테이블의 최대한도까지 베팅을 하는 것이었다. 일반적으로 가장 많은 돈을 딸 수 있지만 재산의 변동이 극심할 가능성이 있고 만일 큰 손실이 발생했을 때 잘 넘기려면 판돈의 규모도 커야 한다. 키멜과 핸드는 판돈으로 우선 10만 달러를 내놓고 필요하면 더 추가하겠다고 말했다. (《부록 A》의 물가 환산표에 따르면 2016년 기준 80만 달러에 해당한다.)

나로서는 이 전략이 마음에 들지 않았다. 도박의 세계에는 내가 모르는 것이 너무 많았기 때문이다. 어떤 식으로든 내게 속임수를 쓰거나 사기를 치지 않을까? 만일 5만 달러를 잃었다면 월급보다 많은 돈을 분 단위로 계속해서 베팅해야 하는 상황에서 나는 어떻게 반응할 것인가? 그만큼 잃었을 때 키멜과 핸드는 버틸 수 있을까? 그 시점에서 그만둔다면 우리 판돈이 실제로는 5만 달러에 불과했지만 미리 알지 못했고, 그래서 처음부터 좀 더 보수적으로 베팅했어야 한다는 뜻일 것이다. 게다가 내 목표는 후원자들에게 큰돈을 벌어주는 것이 아니라 내 시스템을 시험하는 것이었다. 나는 더 많은 이익을 내기 위해 더욱 큰 손실 위험을 감수하기보다는 거의 확실한 적당한 수준의 이익을 추구해 애초 목표를 달성하기로 했다. 나는 보수적으로 게임을 진행하기로 했다. 내 우위가 1퍼센트일 때 최저 베팅액의 2배를 베팅하고, 2퍼센트일 때 4배, 5퍼센트 이상이면 10배를 베팅하는 것으로 통일했다. 베팅 금액을 50달러에서 당시 일반적인 카지노 최대 베팅 금액이었던 500달러까지 다양하게 하려면 판돈의 크기는 1만 달러가 적절하다고 생각했다.

매니는 마지못해 동의했다. 우리는 MIT가 봄방학에 들어간 후 4월의 차가운 오후에 뉴욕의 공항에서 만났다. 1시간 정도 이야기를 나눈 뒤 비행기에 올라탔다. 한밤중에 비행기가 리노에 가까워지자 원래는 새까만 어둠 속에 있었겠지만 이제는 빛으로 번쩍이는 한 구역이 눈앞에 나타났다. 착륙하기 위해 공중을 선회하며 처음 본 도시의 모습은 불그스름한 형광 빛 거미가 도시 위에 긴 다리를 펼치고 있는 것 같았다. 나는 불안한 마음으로 다음 주에 일어날 일을 궁금해했다. 미지의 세계로 떠나는 나를 보며 나보다 더 불안했던 비비안은 매일 전화할 것을 당부했다. 비비안과 연결되어있고 비비안을 통해 내 익숙한 세계와 연결되어있음을 확인하면서 나는 안도했다. 당시 장거리 전화는 요금이 비쌌다. 돈을 아끼기 위해 나는 수신자 부담 전화를 걸어 모든 것이 괜찮을 때는 "에드워드( ) 소프"를 바꿔달라고 했다. 이름 중간의 ( ) 안에 들어갈 알파벳은 우리가 몇 천 달러를 땄는지 알려주기 위해 생각해낸 암호였다. 반면 알파벳을 에드워드보다 먼저 말하면 우리가 얼마를 잃었는지를 뜻했다. 간단했다. 알파벳 A는 1,000달러 미만을 뜻하고 B는 1,000~2,000달러, C는 2,000~3,000달러 등으로 숫자가 커져 Z는 2만 5,000~2만6,000달러를 뜻했다. 일단 전화를 받을 사람의 이름을 들은 뒤 비비안은 교환원에게 정중히 말했다. "소프 씨는 지금 안 계십니다."

몇 시간 눈을 붙인 뒤 우리는 호텔에서 아침을 먹었다. 눈이 건조하고 피곤해서 블랙커피를 여러 잔 마시고 에그 베네딕트와 오렌지 주스로 속을 채운 뒤 우리 세 사람은 테이블로 향했다. 마을 밖에 있는 첫 번째 카지노에서는 1~10달러 사이로 작게 베팅을 시작했다. 위험에 익숙해지면 베팅액을 늘려서 최종적으로 50~500달러를 베팅할 계획이었다. 여행 전, 나는 판돈으로 1만 달러면 충분하다고 주장했지만 매니는 10배 더 큰 베팅을 원했다. 즉, 10만 달러 판돈을 바탕으로 우리에게 1퍼센트 우위가 있을 때마다 500달러를 베팅하자는 것이었다. 나는 1~10달러를 베팅하면서 몸을 풀어야 한다고 주장했다. 내 속도에 맞추어 점차 베팅 규모를 늘려가야 한다고 매니에게 조심스럽게 설명했지만 그는 게임을 지켜보며 가만히 기다리지 못했다. 갈수록 흥분이 고조되면서 창백했던 매니의 얼굴은 새빨갛게 달아올라 덥수룩한 흰머리와 선명하게 대조되었다. 나중에 알았지만 그는 미국뿐만 아니라 공산당 집권 전 쿠바의 카지노에서도 일상적으로 수만 달러를 벌고, 또 잃었다고 했다.

게임 1시간 만에 몇 달러를 벌었지만 카지노가 성금요일을 맞아 3시간 동안 문을 닫았다. 우리는 리노로 돌아가서 굉장히 유리한 규칙을 적용하는 한 카지노를 택해 들어갔다. 딜러는 마지막 1장의 카드까지 딜링했고, 플레이어는 모든 핸드에서 더블다운[3]을 할 수 있었으며 모든 페어에 스플릿이 허용되었다. 딜러가 늘 보여주는 첫 번째 카드가 에이스(A) 카드인 경우 이곳을 비롯한 일부 카지노에서는 플레이어에게 '보험 들기'를 허락했다. 딜러의 두 번째 카드가 숫자 10 또는 페이스카드(K, Q, J)여서 합이 21이 되는 '내추럴natural'에 대비하기 위한 것이다. 플레이어는 원래 베팅액의 절반에 해당하는 금액을 추가로 베팅하는 방법으로 보험을 든다. 딜러의 카드가 내추럴(21)이면 보험 베팅액의 2배가 보험금으로 지급된다.[4]

호화로운 저녁식사를 마치고 휴식을 취한 뒤 나는 한 번에 15~20분 동안 게임을 하고 몇 분 동안 쉬기를 반복했다. 이번에도 평소처럼 손님이 가장 적은 테이블을 선택했다. 나는 천천히 게임을 진행하면서 이미 나온 카드를 응시한 채 가만히 생각을 정리했다. 카지노 측은 내가 수많은 잘못된 기법 가운데 하나를 사용하고 있다고 생각했다. 하나같이 하우스의 우위를 극복한다는 베팅 방식을 포함한 기법들이었다. 그런 기법이 무궁무진했지만 어느 것도 효과는 없었다. 카지노에서는 이런 기법을 이용하는 손님들을 흔히 볼 수 있다. 지기만 하는 손님은 늘 환영받는다. 어쨌든 나는 1~10달러 수준으로 베팅하면서 점점 돈을 잃다가 결국 100달러를 잃었다. 모두 8시간 동안 벌어진 일이다. 그 사이 매니는 정신없이 서두르다 싫증을 내고 또 흥분했다가 결국 자신의 비밀 무기인 나를 포기할 지경이 되었다.

시간은 새벽 3시였고, 지난 두세 시간 사이에 방에 있던 손님 대부분이 떠났다. 나는 테이블을 독차지했다. 새로운 딜러는 불친절했고 나는 피곤한데다 마음이 급해졌다. 뾰족한 몇 마디 말이 오고 간 뒤 그녀는 최대한 빨리 카드를 딜링했다. 나는 짜증이 나기도 하고 이만하면 충분히 경험을 했다고 생각해서 2~20달러 범위로 베팅액을 올렸다. 동시에 카드 구성이 유리하게 변했고 나는 마지막 몇 개 핸드를 이겼다. 나는 손실을 회복하고 오히려 약간 돈을 번 채로 게임을 마무리했다. 나는 기진맥진해서 잠자리에 들려고 자리를 떴다. 새벽 5시였지만 몇 시라도 의미는 없었다. 카지노는 일반적으로 시계가 없고 창문도 많지 않아서 도박꾼들은 낮이 밤으로 바뀌고 다시 낮이 되는 시간의 흐름을 알아차리지 못한다. 외부와 분리된 초현실적 세계인 이곳의 음울한 하루 주기에서 자신이 어디쯤 있는지 알려주는 가장 좋은 단서는 밀물처럼 들어왔다 썰물처럼 빠져나가는 사람들일 것이다.

나는 너무 피곤해서 정오쯤 일어나 비비안에게 수신자 부담으로 전화를 걸었다. 우리 암호에 따라 에드워드 A. 소프를 바꿔달라고 했다. '다 잘되고 있고 우리가 이겼지만 1,000달러 넘게 따지는 못했다.'라는 뜻이었다. 소프 씨는 안 계신다고 교환원에게 말하는 아내의 목소리에서 안도감이 묻어나 내 기분도 들떴다.

아침식사 후 매니와 나는 다시 마을 밖 카지노로 갔다. 10~100달러로 게임을 해서 몇 분 만에 200~300달러를 벌었다. 쉽게 흥분하는 내 후원자는 자기도 게임을 하겠다며 나더러 두 사람 몫의 카드카운팅을 하라고 했다. 2시간 뒤 우리는 650달러를 벌었고 하우스는 카드를 '셔플업shuffle-up', 즉 단 몇 차례만 딜링하고 카드 한 벌 전체를 다시 섞기 시작했다. 우리에게는 남은 카드가 줄어들수록 유리한 상황이 좀 더 자주 나타나기 때문에 일찌감치 카드를 다시 섞으면 수익률이 급격히 떨어질 수밖에 없었다. 우리는 장소를 옮기기로 결정했다.

나는 어떤 딜러의 속도에도 맞출 수 있을 만큼 빠르고 매끄럽게 게임을 운영했다. 베팅 금액을 늘리는 것도 좀 더 편안해졌다. 새로 찾은 게임장에서는 베팅액을 25~250달러 범위로 올렸고 1시간 뒤에는 50~500달러 사이에서 베팅했다. 계산 결과 이것이 우리가 1만 달러 판돈으로 안전하게 베팅할 수 있는 최대 범위였다. 정신적으로 편안한 수준 내에서 베팅하고, 준비를 마치기 전까지는 베팅액을 늘리지 않는 이 계획 덕분에 나는 평온한 상태에서 그동안 단련된 정확도를 유지하며 내 기법을 이용해 게임을 할 수 있었다. 블랙잭 테이블에서 얻은 이 교훈은 훗날 '판돈'이 커진 내 투자 인생에 매우 귀중한 교훈이었음이 입증되었다.

에디 핸드는 토요일 저녁, 우리 셋이 리노 시내의 유명한 해롤즈 클럽을 찾아갈 시간에 맞추어 도착했다.

클럽 소유주인 해롤드 스미스 시니어는 1930년대 고전하던 빙고 게임장을 미국에서 가장 유명한 카지노로 키웠다. 스미스는 미국 고속도로에 2,300개 광고를 걸고 융숭하게 대접한 현역 군인들을 통해 해외에 홍보를 했을 뿐만 아니라 여성 딜러, 24시간 운영 체제, 매일 게임을 하는 손님들을 위한 고객 서비스 등 혁신을 이루었다.[5] 이 전략은 엄청난 성공을 거두어 고액 도박꾼들도 그의 클럽을 찾았다. 20년 전 우리 가족이 시카고에서 캘리포니아까지 차를 타고 가던 길에 본 "리노의 해롤즈 클럽 아니면 꽝! HAROLD'S CLUB, RENO, OR BUST!"이라고 적힌 도로변 광고판들은 열 살 소년이었던 내게 강한 호기심을 불러 일으켰다. 이제 그곳에 내가 있다.

매니와 에디, 나는 해롤즈 클럽 1층으로 걸어 들어갔다. 해롤즈 클럽은 일반적인 게임 시설에 비해 밝고 넓었다. 나는 줄지어 선 슬롯머신을 지나, 25~250달러 선에서 몸을 풀기 위해 매니와 에디가 유심히 지켜보는 가운데 자리에 앉았다. 그때 내 후원자들이 작게 베팅하는 손님들이 잠깐씩 앉았다 가면 번거로울 테니 우리끼리 한도액이 500달러인 게임을 할 수 있을지 카지노 측에 물었다. 그러자 핏보스가 위층에 마련된 고액 베팅자들을 위한 은밀한 공간으로 우리를 초대했다. 그곳에는 개인 딜러가 있었고 3개 테이블 중 하나가 온전히 내게 배정되었다. 더없이 좋은 환경이었다. 그러나 15분쯤 지나 내가 겨우 500달러를 벌었을 때 클럽 사장인 해롤드 스미스 시니어가 아들 해롤드 스미스 주니어를 데리고 눈치 채지 못하게 옆문으로 들어와 우리 딜러 뒤로 다가갔다. 지금 생각하면 그들은 매니와 에디를 알고 있었고 두 사람의 고액 베팅 이력에 비추어볼 때 카지노에 큰 손실을 입힐 만한 어떤 꿍꿍이가 있지는 않은지 걱정했던 것 같다. 사교적 인사와 의례적인 정중한 대화가 오고 갔지만 그들의 뜻은 분명히 전달되었다. 내가 하려는 것이 무엇이든 그것을 막기 위해 필요하다면 몇 번이고 카드를 섞겠다는 것이었다.

사장은 딜러에게 한 벌의 카드 중 아직 남은 12~15장을 섞으라고 지시했다. 이번에도 내가 이겼다. 그들은 게임 중간에 카드를 섞었다. 나중에는 두 핸드 만에 섞기도 했다. 나는 힘겹게 80달러를 더 번 다음 그곳을 나왔다.

다음 카지노는 최대 베팅액이 300달러에 불과했지만 규칙이 훌륭했다. 플레이어는 보험을 들 수 있었고 어떤 페어도 스플릿을 할 수 있었으며 어떤 카드 조합에서도 더블다운이 가능했다. 그러나 카드가 나쁘게 나와서 계속해서 지다가 4시간 뒤에는 1,700달러를 잃고 낙담했다. 물론 하우스가 우위를 지니면서도 일시적으로 질 수 있는 것처럼 카드카운팅을 하는 사람도 질 수 있었고 몇 시간, 때로는 며칠 동안 내리 질 수도 있다는 사실은 알고 있었다. 나는 딱 한 번만 카드 한 벌이 유리하게 돌기를 기다리며 끈질기게 게임을 했다.

일이 벌어진 것은 몇 분 뒤 갑자기 5퍼센트 우위가 발생하면서 부터였다. 나는 최대한도인 300달러를 베팅했고 남은 칩 전부를 걸었다. 여기서 지면 그만두어야할지 아니면 칩을 더 사야할지 생각하면서 내 핸드를 집어 들었다. 2장 모두 8이었다. 카드를 분할(스플릿)해야만 했다. 어째서였을까? 16은 끔찍한 핸드이기 때문이다. 카드 1장을 추가로 받으면(드로) 21을 초과해 패배(버스트)할 가능성이 높았고 멈추면(스탠드) 딜러가 17이나 그 이상의 카드로 나를 이길 것이었다. 그러나 스플릿을 하면 두 개의 새로운 핸드를 각각 8로 시작한다. 8은 첫 카드로 좋지도 않고 나쁠 것도 없다. 나는 지갑에서 100달러 3장을 꺼내 두 번째 8 카드 위에 던졌다. 스플릿한 8 카드 2장 중 하나는 다음 카드로 3을 받았다. 더블다운은 옳은 선택이었다. 나는 이 핸드에 300달러를 추가로 베팅하고 카드 1장을 더 받았다. 총 900달러였다. 나로서는 사상 최고의 베팅액이 테이블에 놓여있었다.

딜러는 업카드로 6을 보여주었고 그 아래 10이 있어서 즉시 버스트되었다. 나는 2개 핸드에서 900달러를 벌어 손실을 800달러로 줄였다. 카드가 계속해서 유리하게 나와서 나는 더 크게 베팅했고 다음 카드 한 벌도 금세 좋아졌다. 나는 몇 분 만에 손실을 모두 복구하고 추가로 255달러를 땄다. 그러다 저녁이 되어 그만두었다.

'10 카운트' 기법은 적당히 무거운 손실과 눈부신 '행운'의 빛 한 줄기를 동시에 주었다. 이것이 유리한 베팅이 갖는 일련의 무작위적인 특징이라는 것은 나중에 알았다. 이와 같은 무작위성은 실제 도박과 투자의 세계에서도 일생 동안 몇 번이고 되풀이해서 접하게 될 것이었다.[6]

다음 날 오후, 우리 셋은 마을 밖 카지노를 방문했다. 나는 테이블에 앉기 전에 비비안에게 전화를 걸었다. 자리로 돌아왔을 때, 카지노 측에서 우리는 게임을 할 수 없다면서 대신 식사비를 계산해주겠다고 했다는 말을 친구들에게 들었다. 나는 플로어 매니저에게 어떻게 된 일인지 물었다. 그는 친절하고 정중한 태도로 답했다. 어제 내 게임을 지켜보았는데 베팅액에 비해 큰 금액을 꾸준히 따는 것을 보고 이상하게 생각했다는 것이다. 어떤 기법이 관여하고 있다는 것이 카지노 측의 결론이라고 했다.

나는 네바다 카지노가 이유 없이 손님의 입장을 막을 수 있다는 사실을 나중에 알게 되었다. 믿기지 않지만 카지노는 일반 대중에게 서비스를 제공하지 않는 개인 클럽으로 간주되기 때문에 원하면 누구라도 배제할 수 있다는 것이었다. 일부 게임 시설에서는 피부색이 그 기준이 되기도 했다.

다음 날 오후, 우리는 레이크 타호 남쪽 끝에 있는 네바다주 스

테이트라인으로 차를 몰았다. 도시는 캘리포니아주와의 경계에서 네바다 쪽에 있었다. 경계 건너편에 있는 캘리포니아는 모텔, 커피숍, 주거지로 이루어진 평범한 모습이었다. 그러나 도박이 합법적인 네바다에서는 관광객을 좀 더 쉽게 유인하기 위해 캘리포니아 쪽으로 최대한 가까운 위치에 카지노와 호텔들이 밀집해있었다.

사방이 휘황찬란하고 혼잡한 가운데 우리는 오후 6시쯤 불빛이 환하게 빛나는 커다란 도박장으로 들어섰다. 안에는 사람들이 빽빽이 들어차있었다. 나는 블랙잭 테이블에 겨우 자리를 잡을 수 있었다.

나는 테이블에 2,000달러 상당의 칩을 올려놓았다. 더는 가만히 보고 있을 수 없었던 매니가 내 옆에서 게임을 하겠다며 자신에게 게임 방법을 지시해주고 베팅 금액까지 조정해 달라고 고집을 부렸다. 내 전략을 알지 못하는 매니는 늘 하던 방식으로 게임을 할 것이고 따라서 우위를 갖지 못할 것이기 때문에 좋지 않은 생각이었다. 나 역시 무엇을 하는지 눈에 띄지 않게 하면서 테이블에서 그의 게임 운영 방식을 바로잡는다는 것은 불가능했다. 나는 내 게임을 하면서 매니에게 조용히 지시도 하고 카드카운팅도 하면서 각자 얼마를 베팅해야할지 결정했다. 쉽게 흥분하고 남의 말을 잘 듣지 않는 편이었던 매니는 좀처럼 내게 주의를 기울이지 못한 채 실책을 저질렀고 우리가 준비한 판돈 1만 달러에 비해 너무 큰 금액을 베팅했다. 나는 곧 1,300달러를 벌었다. 매니는 거침없이 베팅해 2,000달러를 벌었다. 그때 입가에 과한 웃음을 매단 핏보스가 우리를 저녁 식사와 쇼에 초대했다. 쇼는 건너뛰고 우리는 필레미뇽과 샴페인을 즐겼다. 그러나 앞으로 몇 시간 뒤 운명은 우리에게 계산서를 내밀었다. 청구 비용은? 1만 1,000달러 상당의 일실이익lost profit이었다.

저녁식사 후 우리는 최대 규모의 카지노 중 하나인 하비스 웨건 휠Harvey's Wagon Wheel이 있는 휘황찬란한 신축 고층건물을 거닐었다. 카지노는 새크라멘토에서 육류 도매업을 하던 하비 그로스먼과 그의 아내 르웰린이 1944년 캘리포니아와 마주한 네바다 쪽 주 경계 부근에 지은 단칸방 통나무집에서 발전한 것이었다. 웨건휠이라는 이름은 부부가 문 위에 못으로 박아 걸어둔 수레바퀴에서 유래했다. 지금은 그 자리에 남쪽 해안 최초의 고층 건물이자, 카지노가 유명하고 객실 197개를 갖춘 12층짜리 호텔이 들어서있다. 나는 출납 창구에서 2,000달러어치 칩을 사서 빈 테이블로 갔다. 얼마 지나지 않아 나는 테이블을 들락거리며 1달러씩 베팅해서 게임의 속도를 늦추고 카드를 감춰 카드카운팅을 어렵게 하는 사람들에게 시달렸다.

나는 50~500달러 사이에서 베팅하면서 또 다른 플레이어가 올 때마다 최소 베팅액을 1달러로 줄였다. 몇 분 후 핏보스가 내 의도를 알아차리고 개인 테이블을 원하는지 물었다. 나는 그렇게만 되면 다른 세상일 것 같다고 말했다. 그는 개인 테이블이 다른 손님들의 심리에 미치는 영향을 클럽에서 좋아하지 않는다고 설명했다. 그렇지만 최소 베팅액이 25달러인 게임을 준비하겠다고 엷은 미소를 지으며 말했고 그만하면 만족스러울지 물었다. 실제로 그럴 것이었다. 표식을 붙이자 다른 테이블은 모두 치워지고 내 것만 남았다. 작은 군중이 모여들었다. 모두 숨을 죽였다. 어쩌면 재정적으로 살이 오른 동료 어린 양의 도살이 임박했음을 감지했던 것인지도 모른다.

내가 몇 백 달러를 벌자 매니가 다시 뛰어들었다. 지난 번 이후 다시는 하지 않기로 합의했던 일이다. 매니는 이번에도 내 말을 듣지 않았다. 그렇지만 나는 최선을 다하려고 했다. 카운팅을 계속했고 또 한 번 우리 두 사람 모두의 게임을 지휘했다. 미묘한 방식으로 하려고 했지만 매니는 주의를 기울이지 않았다. 그러나 베팅 규모를 늘리거나 줄일 때는 나를 따라야 한다는 것은 알고 있었다. 이것이 게임을 잘하는 것보다 더 중요해서 매니는 여전히 우위를 점했다. 30분이 지나자 테이블 위에 돈을 두는 쟁반이 깨끗이 비었다. 우리가 블랙잭으로 카지노의 판돈을 쓸어온 것이다. 웃음기가 가신 핏보스의 얼굴에 불안이 감돌았다.

직원들은 당황하기 시작했다. 우리 딜러는 소란을 듣고 나타난 상관에게 도움을 청했다. "도와주세요. 저 좀 도와주세요." 핏보스는 우리가 거둔 승리에 초조해진 부하 직원들에게 해명을 해보려고 했다. 쟁반이 다시 채워지고 군중이 늘었다. 군중은 카지노라는 골리앗에 맞선 그들의 다윗을 응원하기 시작했다.

2시간 더 게임을 했고 이번에도 판돈을 휩쓸었다. 우리 앞에 높이 쌓인 칩은 1만 7,000달러가 넘는 이익을 포함하고 있었다. 나는 6,000달러를 벌었고 또 한 번 거침없이 과도하게 베팅을 한 매니는 판돈에 1만 1,000달러를 벌어 추가했다. 나는 저녁을 거하게 먹은 데다 내 것과 매니의 핸드를 함께 관리하는 수고를 했고 지난 며칠 동안 쌓인 피로 때문에 점점 지쳐갔다. 제대로 카운팅을 하기가 갈수록 어려웠고 매니 역시 힘들어했다. 나는 이제 그만하겠다고 우기면서 현금출납원에게 갔다. 주머니는 칩이 잔뜩 들어 불룩했다. 내 상금은 이목을 끌 수밖에 없었다. 걸어가는 동안 다정하게 미소를 짓고 내 앞을 가로지르고 주변을 어슬렁거리는 아름다운 숙녀들을 서너 명 마주치고 깜짝 놀랐다.

나는 칩을 현금으로 바꾸고 테이블로 천천히 돌아갔다. 매니는 지금 운이 좋다면서 게임을 끝내지 않으려고 했고 수천 달러를 다시 쏟아부었다. 나는 그 모습에 두려움을 느꼈다. 내게 블랙잭은 운이 아닌 수학 게임이었다. 운은 좋든 나쁘든 무작위적이고 예측할 수 없으며 단기에 그친다. 장기적으로는 중요하지 않은 요소이다. 매니의 생각은 달랐다. 내가 그를 억지로 일으키려고 하자 흥분한 그는 급기야 울음을 터뜨렸다. "나 … 여기서 … 못 나간다고!" 그를 구해내기까지 약 45분이 걸렸다. 그는 앞서 벌어들인 1만 1,000달러를 모두 잃었다. 그렇지만 나는 돈을 벌어 호텔로 돌아왔고 우리가 이번 여행에서 벌어들인 돈은 총 1만 3,000달러가 되었다. 나는 비비안에게 매일 전화를 걸어 우리가 매일같이 더 많은 돈을 벌고 있다고 전했다. 이제 가장 큰 금액을 말할 차례였다. 나는 연극적인 말투로 에드워드 M. 소프(1만 2,000~1만 3,000달러를 벌었다는 뜻)를 찾았다. 마음이 놓인 비비안은 들뜬 목소리로 내가 집에 없다고 말했다.

마지막 날에는 내가 첫 실습을 한 클럽으로 돌아왔다. 나는 테이블에 1,000달러에 해당하는 칩을 올렸고 이기기 시작했다. 소식이 퍼지고 몇 분 지나지 않아 현장에 사장이 나타났다. 크게 당황한 그는 딜러와 핏보스에게 지시를 내렸다. 내가 베팅 크기를 바꾸면 딜러는 다음 카드를 나눠주기 전에 카드 한 벌 전체를 다시 섞었다. 내가 받는 핸드 개수가 달라질 때마다 (이제 나는 한 번에 1~8개 핸드를 최고 딜러의 딜링 속도보다 더 빨리 다룰 수 있었다.) 카드가 다시 섞였다. 먼젓번 작은 규모로 실습했을 때 상대했던 딜러가 뒤에 서서 감탄하는 말투로 그날 저녁 이후 내 기술이 얼마나 늘었는지 같은 말을 하고 또 했다. 어쩌다 코를 긁자 딜러가 카드를 섞었다! 믿을 수 없었다. 나는 딜러에게 코를 긁을 때마다 카드를 섞을 참인지 물었다. 딜러는 그렇다고 했다. 시험 삼아 몇 번 더 긁어보았다. 사실이었다. 아무리 사소한 것이라도 평범하지 않은 행동을 하면 카드를 섞을 참이냐고 물었다. 딜러가 답했다. "네."

나는 이제 하우스와 대등한 수준에서 게임을 했다.[7] 모든 카드를 섞고 카드 한 벌 전체를 딜링하면서 내 우위가 무너졌기 때문이다. 내가 가진 것은 20달러 칩이 전부여서 나는 카지노에 50달러나 100달러짜리 칩을 요구했다. 사장이 나서더니 우리에게는 높은 칩을 팔지 않겠다고 했다. 그런 다음 사장은 완전히 신품인 카드 여러 벌을 가져오게 했다. 딜러는 먼저 그림이 아래로 향하도록(페이스다운) 조심스럽게 카드를 펼쳤다가 다시 뒤집었다. 나는 이유를 물었다. 카지노의 일반적인 관행이기는 해도 카드 뒷면을 2분 동안이나 자세히 검사하는 것은 드문 일이었다. 나는 안경을 쓰고 있었지만 딜러는 내가 유난히 시력이 좋아서 카드 뒷면의 미세한 흠을 구분한다고 했다. 그렇게 해서 다음에 나올 카드를 알아낸다는 주장이었다. 나는 비웃었지만 공황 상태에 빠진 사장은 5분 뒤 새로운 카드 4벌을 더 가져왔다.

카드를 교체해도 아무런 영향이 없자 카지노도 포기했다. 그들은 수군거리며 새로운 이론을 만들어냈다. 나는 이제 내 비결이 무엇이라고 생각하느냐고 물었다. 이미 사용된 카드를 모두 기억해서 남은 카드를 매번 정확히 알아낸다는 것이 딜러의 주장이었다.

카드 한 벌이 나누어질 때 그 순서를 외우는 것이 학습으로 가능하다는 것은 기억술mnemotechny[8]을 공부하는 학생들 사이에 잘 알려져 있다. 그러나 그렇게 암기한 정보는 블랙잭 게임을 할 수 있을 만큼 충분히 빠르게 사용할 수 없다. 나는 발끈해서 순식간에 나누어지는 카드 38장을 보고 각 카드마다 얼마나 남았는지 말할 수 있는 사람은 세상에 없다고 반박했다.

딜러는 자기 옆에 있는 핏보스가 할 수 있다고 했다. 나는 5달러를 내밀며 한번 보자고 했다. 두 사람 다 멋쩍게 바닥만 볼 뿐 대답하지 않았다. 50달러를 제안했다. 그들은 여전히 말이 없었고 무안한 얼굴이었다. 이 상황을 지켜보던 에디 핸드가 금액을 500달러로 올렸다. 대답이 없었다. 우리는 넌더리가 나서 그곳을 나왔다.

MIT의 봄방학이 끝나가면서 우리 여행도 마무리가 되었다. 30여 시간에 걸쳐 중간 규모부터 큰 규모에 이르기까지 게임을 하는 동안 판돈 1만 달러는 2만 1,000달러로 늘었다. 최초 자본금에서 (비용을 포함해) 1,300달러 이상 손실이 난 적은 한 번도 없었다. 우리 실험은 성공했고 내 기법은 이론적 예측 그대로 실제 테이블에서 작동했다. 만족스러웠다. 다시 블랙잭 여행을 하게 된다면 학교 일정 및 가정생활과 시간이 맞아야 할 것이었다. 나는 매니, 에디와의 다음 여행은 계획하지 않은 채 단순히 가능성만 열어두었다.

보스턴으로 돌아가는 비행기에서 나는 방송에서 본 카지노 대변인을 떠올렸다. 블랙잭에서 카지노를 이길 수 있다는 나를 비웃으며 그는 이렇게 말했다. "어린 양을 도살장에 끌고 간다고 합시다. 양이 도살업자를 죽일 수도 있겠죠. 하지만 우리는 늘 도살업자 쪽에 베팅을 하지 않습니까."

비로소 어린 양의 날이 왔다.

30여 년 후, 《게임의 달인Master of the Game》 출판을 준비하던 작가이자 탐사 전문 언론인 코니 브럭Connie Bruck과 전화로 면담을 하던 도중 매니 키멜의 배경에 관해 듣게 되었다. 책에서는 스티브 로스Steve Ross가 "장인의 장례 사업과 주차장 사업을 물려받아 세계 최고의 미디어 엔터테인먼트 회사 타임 워너로 키운 과정"을 자세히 다루었다. 주차장 관리 회사는 키니 서비스 코퍼레이션이었는데 숨겨진 동업자인 이매뉴얼 키멜이 1945년 설립한 것이었다. 키멜은 1920~1930년대 뉴저지 마피아의 우두머리이자 1935년 미국에서 두 번째로 막강한 조직폭력배로 알려진 에이브너 즈윌먼Abner Zwillman(별명 '론지')과 함께 부를 일군 것으로 알려져있다(마크 스튜어트의 저서 《갱스터 넘버 2Gangster #2》의 기록이다).

사실을 알고 나자 10만 달러 판돈으로 얼마가 될지 모를 심각한 손실이 발생할 위험을 감수하는 대신 1만 달러 판돈으로 거의 확실한 중간 크기의 이익을 선택했다는 사실이 다행스러웠다.[9] 한편으로는 지난날 이런 문제들을 대할 때 내가 얼마나 순진했고 아내 비비안이 얼마나 지혜로웠는지 되돌아보게 되었다.

매니의 친구 에디 핸드 역시 코니 브럭의 취재원이었다. 우리가 여행할 당시, '크라이슬러의 모든 승용차와 트럭'은 에디 핸드의 회사에서 운반했다. 그는 뉴욕 버팔로를 기반으로 팀스터 유니온(전미 트럭운전사 노조)과 갈등을 겪으며 싸움에 단련되었다. 몇 년 뒤 그는 라이더 인더스트리에 회사를 매각했다. 나는 에디 핸드가 라이더사의 신주인수권warrant을 받았다는 사실을 주식투자를 하면서 알게 되었다. 내가 확인한 날 기준으로 4,700만 달러 가치였다. 언젠가 그와 키멜, 내가 리노에서 라스베이거스로 날아가고 있을 때 그가 〈타임Time〉지의 '이정표'란을 읽다가 향수에 젖었다. 예전에 에디와 사귀었고 곧 다른 사람과 결혼을 앞둔 숙녀 두 사람을 언급한 짤막한 글이었다. 한 사람은 칠레의 구리 회사 상속녀였고 다른 한 사람은 레이스 속옷을 입고 경기에 나와 윔블던을 발칵 뒤집었으며 '매력적인 거시'라는 애칭으로 불렸던 테니스 선수 거시 모란Gussy Moran이었다.

브럭에 따르면 매니 키멜은 1982년 이비라는 젊은 미망인을 남기고 86세의 나이로 플로리다에서 사망했다. 이비는 오래전 보스턴의 음울한 겨울 오후, 매니와 함께 우리 집을 찾아온 '조카딸' 가운데 한 사람이었다. 나머지 한 명은 그녀의 여동생이었다.[10] 매니와 이비는 그녀가 보석가게에서 일할 때 만났다고 했다. 두 사람은 매니의 아내가 세상을 떠난 뒤 결혼했다. 2005년 히스토리 채널에서는 내 블랙잭 이야기에 관한 1시간 분량의 프로그램에서 비비안과 나의 이야기를 다루었다. 이비도 프로그램에 등장했다. 그녀는 1964년 내가 바카라에 관해 새롭게 알아낸 것들을 적어 매니에게 보낸 편지를 여전히 가지고 있었다. 에디 핸드와 마지막으로 이야기를 나누었을 때 그는 남부캘리포니아 몬테시토의 부유한 주거지에서 화려하게 살고 있었다. 그는 나중에 은퇴한 뒤 프랑스 남부로 떠났다.

한편 블랙잭에는 투자와 투자 세계의 작동 원리에 대해 내가 배울 것이 아직 많이 남아있었다.

누구나
할 수 있는
카드카운팅

MIT에 돌아온 나는 카지노에서 딴 100달러 지폐를 일주일에 한 번씩 구내식당에서 잔돈으로 바꾸면서 이목을 끌었다. 1961년 이후 미국 달러 가치 하락을 감안하면 현재 가치로 1,000달러 지폐를 내밀었던 셈이다.

한편 MIT와의 2년 임용계약 만기인 6월 30일까지 남은 기간은 3개월에 불과했다. W.T. '테드' 마틴 학과장은 1년 더 머물면 어떻겠냐고 권하며 섀넌 교수가 나를 높이 평가했다고 말했다. 그때나 아니면 나중에라도 영구직으로 이어질 수 있는 기회였다. 제안을 수락할지 결정하기는 쉽지 않았다. 제2차 세계대전 당시 정부 주도 프로젝트의 일환으로 공과대학에서 과학 분야의 핵심 동력으로 변모한 MIT는 세계 최고의 수학연구소가 되었다. 단순히 복도를 걸어 내려오는 동안에도 천재 과학자 노버트 비너Norbert Wiener 교수(인공두뇌학), 훗날 아벨 상을 수상한 이자도어 싱어Isadore Singer 같은 사람들과 가볍게 이야기를 주고받을 수 있는 환경이었다. 나도 참여한

MIT의 C.L.E 무어 인스트럭터[1] 프로그램은 훗날 노벨 경제학상을 수상한 존 내시John Nash, 필즈상을 수상한 폴 코언Paul Cohen과 같은 신규 박사들을 학교로 불러들이는 역할을 했다. 수학에는 노벨상이 없지만 그에 필적하는 것이 필즈상과 아벨상이다. 코언은 내가 오기 며칠 전 학교를 떠났다. 교수 연구실 문에서 그의 이름을 지우는 작업이 진행 중이었다.

나는 결국 머물지 않기로 결정했다.[2] 재능은 거물들에게 뒤지지 않았지만 경력을 기준으로 생각할 때 수학 분야에서의 이력이 더 많이 필요하다고 생각했다. 또 내 전문 분야에서 선배 교수나 동료들과 협력해 연구를 한 적도 없었는데 협업은 학과에서 성장하는 데 중요한 요소였다. 대신 나는 블랙잭을 연구하고 섀넌 교수와 함께 룰렛을 예측하는 컴퓨터를 구축하는 데 많은 시간을 보냈다. 그러나 섀넌 교수와의 연구는 학문 연구에 해당하지 않았다. 그 자체로는 수학이 아니었고 어떤 지지기반도 없었고 명칭도 없었다. 내 연구는 학자로서의 경력에 도움이 되지 못했다. 역설적이게도 30년 뒤 MIT는 착용형wearable 컴퓨터 개발에서 전 세계를 선도하는 역할을 하게 되었다. MIT 미디어연구소가 인터넷에 올린 연대표에는 최초의 착용형 컴퓨터를 만든 사람으로 섀넌과 나의 이름이 올라있다.[3]

뉴멕시코주립대학교는 유망한 젊은 교수진을 유치하기 위해 노력했고 우수한 신입 대학원생들에게는 보조금을 지급했다. 학교는 얼마 전 국립과학재단에서 우수 포스트-스푸트니크 센터로 인정받아 당시 금액으로 500만 달러, 현재 기준으로 4,000만 달러에 해당하는 연구비를 지원받았다. 앞으로 4년간 의무적으로 박사과정을 운영하는 것이 조건이었다. 학교는 내게 MIT와 워싱턴대학교가 제시한 연 6,600달러를 넘는 연 9,000달러 급여에 종신재직권이 있는 부교수 자리를 제안했다. 내가 선택한 대학원 과정의 과목으로 주 6시간의 강의 의무도 주어졌다. 강의를 하고 내 연구를 하며 박사논문을 지도하고 학생들과 협업하는 과정을 통해 배우면서 수학적 이력을 확대하기 위해 내가 원했던 기회였다.

동료들은 수학적으로 변방에 속하는 뉴멕시코대학을 택한 것이 경솔한 도박이라고 여겼지만 내게는 경력 측면에서 차선의 선택이었다. 무엇보다 뉴멕시코는 비비안과 라언이 지내기에 날씨도 더 좋았고 가족들이 있는 곳과도 더 가까웠다.

이런 결정을 내리는 동안 나는 블랙잭에 관한 책을 쓰기로 했다. 일부 친구들에게 카지노에서의 성공적인 시험 결과를 이야기한 뒤 이루어진 일이었다. 나머지는 소문을 전해 들은 MIT에서 진행했다. 학술 전문 출판사 블레이즈델(당시 랜덤하우스의 자회사)을 대표하는 예일 알트먼Yale Altman이 정식으로 만남을 요청하고 책을 제안했다. 나는 이미 작성 중이던 개요에서 10개 장의 제목을 보여주었고 그는 열광했다.

연구 제목은 "행운의 공식: 블랙잭에서 이기는 전략"이었다. 그런데 블레이즈델 대표의 격렬한 반대에도 불구하고 랜덤하우스가 이 프로젝트를 가져갔다. 랜덤하우스는 내 연구를 논문이 아닌 일반서로 출판해 직접 유통하기를 원했고 새로운 제목으로 《딜러를 이겨라》를 제안했다. 책은 1962년 11월에 나올 예정이어서 그전까지는 네바다 카지노에서 내 전략을 활용할 시간이 있었다. 일단 출판을 한 뒤에는 블랙잭을 하려고 카지노에 나타날 때마다 곤란을 겪을 것이었다.

다음 몇 달 동안 책을 썼다. 비비안과 나는 라언을 데리고 짐을 챙겨 로스앤젤레스에서 1961년 여름을 보냈다. 글을 쓰고, 수학 연구를 하고, 네바다에 가서 블랙잭 게임을 하고, 가을에 멕뉴시코주립대학으로 떠나기 위한 준비를 하면서 클로드 섀넌과 주당 20시간씩 룰렛를 연구하고 둘째 아이 캐런을 낳을 준비도 했다. 수많은 일이 한꺼번에 몰려들었다. 돌이켜보면 비비안과 내가 그 모든 것을 어떻게 해냈는지 모르겠다.

나는 8월에 '주니어'의 초정을 받아 블랙잭 게임을 하기 위해 로스앤젤레스에서 라스베이거스로 갔다. 당시 책을 쓰던 중이어서, 내 독자들이 이기는 것을 저지하기 위해 카지노가 구사할 수 있는 전술에는 무엇이 있는지 더 알고 싶었다. 주니어(소니라고 불렀다.)는 내가 MIT에 있는 동안 연락을 해온 하버드 법대생이었다. 그는 초기 일부 플레이어들[4]이 발견한 엔드플레이end play라는 기법을 활용해 21세 생일에 블랙잭을 시작했다. 엔드플레이는 기본적으로 카드 한 벌(52장, 싱글덱)로만 하는 게임에 활용하는 기법이었다. 결함이 많은 전략이어서 플레이어들은 대개 질 수밖에 없었지만 이따금 후반부로 갈수록 에이스와 10점 카드가 많이 남는 경우도 있었다. 재빠른 플레이어라면 상황이 유리해진 이때 베팅을 크게 해야 했지만 뒤이어 크게 잃더라도 견뎌낼 수 있는 커다란 판돈이 필요했다. 카지노 측에서도 크게 이길 수 있지만 크게 질 수도 있어서 이들을 좋아하지 않았다. 주니어는 여러 카지노에 입장이 금지되고 속임수에 당하고 카드가 다시 섞이는 일을 겪은 끝에 할리우드 분장사를 찾아가 중국인으로 변장했다. 머리를 검게 염색하고 면도기로 헤어라인을 조심스럽게 수정한 그는 라스베이거스의 블랙잭 테이블에 앉았다. 차이나타운에서 산 외투 속에 덩치가 크게 보이게 하는 장치를 입은 그는 다른 사람처럼 보였다. 그때 핏보스가 그를 가리키며 웃었다. "주니어 좀 봐. 중국인처럼 차려입었네!"

비비안은 빠른 속도로 카드를 딜링하고 내게 담배 연기를 불거나 복잡한 대화로 끌어들이면서 블랙잭 여행에 나서는 나의 훈련을 도왔다. 비비안이 그렇게 하는 동안 나는 카드를 계속해서 추적하면서 확률상 우위와 베팅 크기를 계산하고, 카드 숫자에 따라 다양하게 달라지는 전략을 활용해 게임을 했다. 한 번에 하나씩 처리하는 것이 중요했다. 한 가지를 편안하고 느긋하게 수행할 수 있게 된 다음에야 새로운 과제를 추가했다. 벅차다고 여겼던 일들도 마침내 편안해졌다.

주니어는 지금의 2만 달러에 해당하는 2,500달러의 '소박한' 판돈으로 나를 도왔다. 그는 라스베이거스까지 나를 따라와서 한쪽 눈은 속임수를 감시하고 다른 쪽 눈으로는 자신의 판돈을 지켰다. 내가 샌즈에서 게임을 하는 동안 주니어를 아는 핏보스가 자기 친구들에게 꼬마가 근처에 있다고 말했다. 카지노 측에서는 주니어가 나타날 때마다 내가 근처에서 게임을 하고 있다는 것을 알았다. 그러자 내 딜러들은 더 자주 카드를 다시 섞고 속임수를 쓰는 속도를 한층 높였다. 부정한 딜링이 너무 많아서 나중에 나를 대신해 딜링을 감시하고 경고를 해줄 전문가 없이 혼자서 게임을 할 생각을 하니 걱정스러웠다. 그럭저럭 돈을 따서 로스앤젤레스로 돌아왔다. 다음 달인 1961년 9월, 비비안과 라언, 나는 뉴멕시코 라스크루시스로 이사하고 뉴멕시코주립대학에서 일을 시작했다.

주니어는 카지노에서 속임수가 심각하고 그로 인해 승패가 뒤바뀔 수 있다고 말해주었지만 속임수가 어떤 방식으로 벌어지고 어떻게 눈치 챌 수 있는지는 알려주지 않았다. 내 책은 스스로 이길 수 있다고 생각하는 도박꾼 수천 명을 테이블로 이끌 수도 있었다. 부정직한 딜러가 그들을 파산시킨다면 대참사가 벌어질 것이었다. 나는 독자들이 미리 알아차리고 피할 수 있도록 부정행위가 벌어지는 방식을 파악해서 설명해야 했다. 그래서 나는 또다시 네바다를 찾았다.

1961년 1월 워싱턴 DC에서 강연을 한 이후 내게 연락을 해와 서신을 교환했던 러셀 T. 반하트 덕분에 기회가 생겼다. 그는 마술사이자 도박을 연구했다. 나는 MIT에 있는 동안 그를 알게 되었고 컬럼비아대학교 근처에 있는 그의 아파트에서 만나 도박과 마술에 관해 이야기를 나누었다. 그는 나를 위해 17세 천재 소년 퍼시 다이아코니스Persi Diaconis[5]를 초대했다. 퍼시는 1시간가량 날랜 손놀림으로 카드를 다루며 나를 놀라게 했다. 러셀이 퍼시의 장래에 관한 이야기를 꺼냈다. 러셀은 퍼시가 전문 마술사가 되는 것과 교수가 되어 수학 분야에서 학문적 경력을 추구하는 것에 대해 어떻게 생각하는지 내게 물었다. 나는 어떤 조언을 했을까?

나는 정신적인 삶이 얼마나 영예로운 일인지 이야기했다. 흥미 있는 문제를 원하는 만큼 얼마든지 오랫동안 생각할 수 있다. 지적 도전의식을 불러일으키는 동료 및 학생들과 교감할 수 있다. 자신이 선택한 어떤 주제에 관해서도 배울 수 있다. 재량에 따라 활용할 수 있는 많은 시간이 주어지고 여름에는 여행과 연구를 할 수 있다. 이런 우리의 대화에 영향을 받았든 아니든, 다이아코니스는 하버드

대학교 수학과 전임교수가 되었고 맥아더재단이 주는 '천재' 장학금을 받았다. 그는 카드 서플 이론을 연구했는데 카드가 몇 벌이든, 실용적인 목적을 위해서라면 7회 철저히 섞는 것만으로도[6] 충분히 무작위적인 추출을 기대할 수 있다는 그의 결론은 유명 언론을 통해 대대적으로 보도되었다.

주니어와의 여행 후 카지노의 부정에 대한 우려를 러셀에게 말하자 러셀은 내 블랙잭 습격에 자신과 친구 미키 맥두걸을 데려가라고 제안했다. 미키는 마술사이자 유명한 카드 탐정이니 완벽한 동행이었다. 그의 책《카드의 위험Danger in the Cards》[7]은 프라이빗 게임에서 사기를 알아내는 모험을 기술하고 있다. 그는 네바다 게임 관리위원회에서 몇 년 동안 특별 자문위원으로 일했다. 덕분에 위원회로부터 속임수를 이용하는 몇몇 소형 카지노의 이름을 얻어냈다. 러셀은 우리 비용을 제한 뒤 남은 이익을 나누는 조건으로 익명의 후원자에게서 1만 달러를 조달해 판돈을 해결했다.

우리는 1962년 1월 뉴멕시코주립대학의 연말 방학 때 라스베이거스에서 만났다. 러셀은 35세 독신으로 몹시 예민한 성격이었고 60대인 미키는 외향적인 성격에 재미를 추구했다.

카지노를 선정하고 블랙잭 테이블에서 좋아하는 자리를 찾았다. 미키의 신호가 있을 때까지는 적당히 베팅을 하는 것이 우리 계획이었다. 그런 다음 베팅 규모를 키우고 1시간가량 게임을 하다가 미키나 러셀의 경고가 있으면 곧 멈추는 것이었다. 1시간 게임을 한 뒤 다른 카지노로 이동하는 동안 잠시 휴식을 취했다. 카지노를 바꾸고 근무조가 달라질 때 돌아오는 방법으로 직원들이 우리를 관찰하는 시간을 제한했다. 혹시라도 주목받지 않도록 크게 이기기 전에 게임을 멈추었고 미처 파악하지 못한 속임수가 있을 경우 영향을 제한하기 위해 손실이 적당히 발생하면 게임을 멈추었다. 수학적인 관점에서, 게임을 중단하는 것은 문제가 되지 않았다. 이 게임은 내 인생에서 다시없을 단 하나의 긴 핸드이고, 이 게임을 여러 단위로 나누어 다양한 시간에 다양한 카지노에서 플레이하더라도 나의 우위, 내가 결국 획득할 금액에는 영향을 미치지 않을 것이기 때문이었다. 이것은 도박과 투자에 모두 적용되는 원칙이다.

미키와 러셀이 속임수가 작동한다는 신호를 보내면 나는 게임을 중단하고 함께 밖으로 나와 어떤 속임수가 있었는지 배웠다. 미키는 처음에는 천천히, 두 번째는 카지노와 같은 속도로 속임수를 시연했다. 내가 속임수를 알아차리거나 추측할 수 있게 되면 우리는 곧 같은 딜러에게 돌아가 적은 베팅액으로 게임을 재개해서 부정한 딜링을 더욱 잘 찾아낼 수 있었다.

우리는 어느 한곳에서 특히 능숙하게 이 기술을 펼쳤고 나는 그곳을 라스베이거스 호텔 카지노 가운데 가장 좋아하게 되었다. 우리는 이 여행에서 여러 차례 이겨 생애 15승 무패 기록을 얻게 되었다. 16회차 게임을 시작할 때 핏보스가 다가와 어떻게 되어가는지 물었다. 미키가 "오르락내리락 해요, 엘리베이터처럼."이라고 답했다. 20분 뒤 한 남자가 호텔 정문으로 서둘러 들어오더니 테이블로 뛰어들어 우리의 딜러를 교체했다. 나는 의심이 들어 최소한으로 베팅을 줄였고 두세 차례 핸드를 졌다. 미키가 일어서라는 신호를 보냈다. 방으로 돌아와서 미키는 내게 새로 바뀐 딜러가 이용한 '엿보기와 세컨드카드 딜링' 기술을 보여주었다. 사실상 감지가 불가능했다.

그것은 바로 다음 차례에 배분될 소위 톱카드^{top card}를 엿보는 흔한 기술이었다. 톱카드가 손님에게 유리하면 딜러는 좀 더 불리할 가능성이 있는 바로 다음 카드를 손님에게 나누어준다. 반면 딜러가 카드를 받을 차례에는 톱카드가 유리하면 그대로 받고 불리하면 바로 다음, 즉 세컨드카드를 받는다. 이것을 할 줄 아는 딜러는 손님을 이길 가능성이 매우 높다. 숙련된 사기꾼이나 마술사가 이 기술을 이용하면 아무리 미리 주의를 듣고 가까이에서 주시해도 알아볼 수 없다. 증명하기도 거의 불가능하다. 당시 라스베이거스에서는 속임수가 수그러들지 않아서 나는 게임을 하는 법을 배우는 것만큼이나 많은 시간을 들여 속임수가 행해지는 방법을 배웠다. 어디를 가든 속임수가 있었고 게임에서 배제되거나 딜러가 매 핸드마다 카드를 다시 섞는 지경에 이르렀다.

마지막 며칠은 타호와 리노 지역으로 날아갔다. 네바다 게임관리위원회에 있는 미키의 지인이 이야기를 듣고 싶다며 우리를 초대한 것이다. 우리는 세컨드 딜링, 데크 스택, 누락되거나 표시된 카드를 비롯해 우리가 경험한 다양한 속임수에 관해 2시간 동안 자세히 이야기했다.

우리는 수십 개 카지노를 거명하며 그들의 딜러와 방법에 관해 묘사했다. 물론 우리 고발 대상은 '절대로 확실한 것'에서 '정황을 감안할 때 상당히 의미심장한 것'까지 다양했다. 게임관리위원회의 임원이 추측이나 짐작이라도 말해보라고 거듭 유도했지만 우리는 어떤 진술이 사실이고 어떤 것이 추론인지 분명히 했다. 나는 부주의하고 과장된 주장을 하라고 조장하는 분위기에 불편해졌다. 나는 이것이 매사에 신중하고 정확성을 기하려는 내 학자적 습관에서 비롯된 자연스러운 조바심 때문이었는지, 아니면 실제로는 위원회가 무능하다는 것을 고발이라도 하는 듯한 우리 주장의 신뢰도를 떨어뜨릴 단서를 찾으려던 그 임원 때문이었는지 궁금했다.

카지노에 만연한 속임수에 관해 장시간에 걸친 설명을 들은 미키의 지인은 추가 자문을 원했고 내게 블랙잭을 좀 더 해달라고 제안했다. 무슨 이유에서인지 러셀은 나와 함께 가지 않았다. 속임수로부터 지켜줄 사람 없이 게임을 하기를 망설이는 내게 미키의 지인이 나를 보호할 위원회 요원 한 사람을 배정했다. 미키는 좋은 생각이라고 판단했다. 나는 딜러들이 위원회 사람들을 모두 알고 있어서 일단 그들이 나타나면 떠날 때까지는 속임수를 쓰지 않는다는 것을 미키에게 미리 들어 알고 있었다.

나는 리노 시내의 리버사이드 호텔에서 시작했다. (내가 게임을 한 호텔 부속 카지노는 몇 년 뒤 철거되었고 나는 조용히 환호했다.) 5~50달러 사이로 신중하게 베팅했다. 카지노는 한산했고 나는 빈 테이블 중앙에 혼자 앉아있었다. '보호자'는 나를 모르는 척하며 잠시 카지노를 돌아다니다 게임을 하려고 자리를 잡았다. 주근깨가 많고 목둘레가 깊이 파인 블라우스를 입은 젊은 여성이 우리 딜러였다. 딜러는 처음 몇 핸드에서 우리를 앞섰다. 다음 핸드에서 나는 (10, 6)을 받았고 딜러의 업카드는 9 또는 10이었다. 나는 '히트hit'8를 외쳤다. 그때 놀랍게도 내가 받을 카드의 가장자리가 톱카드와 아래 남은 카드 사이에 달라붙어 매달렸다. 딜러는 그대로 얼어붙었고 뺨부터 목, 가슴까지 빨갛게 달아올랐다. 테이블 왼쪽 끝에서 지켜보고 있던 핏보스가 톱카드와 세컨드카드 중 무엇을 받을지 선택하라고 했다. 문자 그대로였다! 나는 세컨드카드가 내 버스트를 의도한 페이스카드[9]라는 것을 알았다. 나는 게임조정위원회의 보호 요원이 설령 귀가 멀고 앞이 안 보여도 알아들을 수 있게 큰 소리로 분명히 말했다. "세컨드카드는 나를 버스트시킬 테니 톱카드를 받죠." 톱카드는 8이었고 어쨌든 그들은 나를 버스트시켰다. 나는 칩을 현금으로 바꾸어 그곳을 나왔다.

나는 따라 나온 보호 요원에게 물었다. "저런 세컨드카드를 본 적 있어요?" 그는 대답했다. "세컨드카드요? 무슨 세컨드카드요?" 요원이 앉아있던 자리와 딜러의 거리는 약 90센티에 불과했다. 그는 전부 보았으면서도 아무것도 못 본 척했다. 나는 그가 따라온 이유가 카지노에 나를 밀고하기 위해서였다는 사실을 깨달았다. 나는 화장실에 가는 척 그를 따돌리고 다른 카지노에서 게임을 했다. 게임은 잘 풀렸고 군중이 작게 모였지만 결국 내 딜러, 오로지 내 딜러만 교체되었다. 주위를 둘러보니 내게는 더 이상 필요 없는 보호 요원이 군중 속에 있었다. 나는 2시간 반이나 더 그와 숨바꼭질을 했다.

다음 날 아침, 집에 갈 시간이었다. 우리 셋은 간신히 리노를 빠져나왔다. 폭설 때문에 현지 공항이 폐쇄되었지만 가까운 공군 기지 활주로에서 출발하는 비행기가 아직 있었다. 우리는 그 비행기를 탔다. 나중에 알았지만 그것을 끝으로 11일 동안 비행기가 운항하지 않았다. 나는 유명한 '하늘의 용사' 에디(최초로 분당 1.6킬로미터보다 빠른 속도로 경주용 자동차를 운전해 '날쌘 에디'라고 불렀다.)가 입양한 두 아들 중 윌리엄 F. 리켄배커William F. Rickenbacker와 〈내셔널 리뷰 National Review〉지 직원들이 우리를 도왔다는 사실을 나중에 알았다.

이번 여행은 게임이 잘되고 심지어 부정한 딜링을 경고하기 위한 전문가를 동반하더라도 더 이상 드러내놓고 큰돈을 딸 수 없다는 사실을 내게 가르쳐주었다. 다음에 카지노에 갈 때는 변장을 하고 이목을 끌지 않도록 튀지 않아야 했다. 미키 맥두걸은 자신이 위원회를 위해 일한 5년 동안 본 것보다 더 많은 부정행위를 내 게임을 지켜본 8일 동안 네바다 카지노에서 보았다고 게임조정위원회에 증언했다.[10] 이 비판적 보고 이후, 위원회는 더 이상 그에게 자문을 요청하지 않았다. 러셀 반하트는 도박에 매료되어 도박을 주제로 책을 여러 권 썼다.

나는 라스베이거스의 무서운 이면을 깨닫기 시작했다. 그것은 수년에 걸쳐 진화해왔다. 1947년에는 플라밍고 카지노 운영에 불만을 품은 폭력조직이 동료인 벅시 시겔Bugsy Siegel을 남부캘리포니아에서 총으로 쏘아 죽였다. 1960년에는 한 유명한 조직폭력배를 강제로 내쫓은 엘 란초 베이거스 호텔이 2주 뒤 이유를 알 수 없는 화재로 잿더미가 되었다. 1960년대 초 내가 게임을 했을 때는 수천만 달러의 현금이 집계도 하기 전에 현금 계산실(카운트룸) 밖으로 옮겨졌다. 카지노는 이익을 감춰 세금을 피하고 전국적인 폭력조직의 자금원 역할을 했다.

내가 게임을 하고 얼마 지나지 않아 수많은 카드카운터가 나타나기 시작했다. 그들은 어떤 구실로든 교도소에 보내졌고 돈을 빼앗겼으며 내실에서 두드려 맞기도 했다. 쉬는 시간에 취객의 주머니를 터는 카지노 직원들도 있었다. 이때만큼 심각한 것은 아니었지만, 니콜라스 필레기Nicholas Pileggi가 그의 저서 《카지노Casino》(나중에 동명의 영화로도 제작되었다.)에서 묘사했듯 카지노는 1970년대까지도 여전히 형편없었다.

그때 이후 네바다는 벅시 시겔이 꿈꾸었던 폭력조직의 디즈니랜드에서 기업이 운영하는 주류 유흥업으로 극적인 탈바꿈을 했다. 라스베이거스의 과거는 이제 대중에게 개방된 '조직폭력배 박물관'에 모셔져있다. 네바다와 애틀랜틱시티처럼 역사가 긴 지역에서는 부정행위가 뜸하지만, 규모가 작고 규제가 느슨하며 외진 곳에 있는 미국과 해외 카지노에서는 여전히 손님들의 주의가 필요하다는 것이 블랙잭을 업으로 하는 전문가들의 공통된 의견이다.

《딜러를 이겨라》는 1962년 11월에 출판되었다. 책은 호의적인 평가 덕분에 빠르게 팔렸고 약간의 홍보 이후 갑자기 속도를 내며 높은 판매 실적을 꾸준히 기록했다. 독자들은 흥분했고 열광했다. 좀 더 널리 홍보할 수 있는 방법이 있다면 정말로 잘 팔릴 것 같았다.

뉴멕시코주립대 수학과 학과장 랄프 크라우치는 알고 지내던 〈라이프Life〉지 과학 부문 편집자에게 취재를 제의했다. 블랙잭을 이기는 수학 기법에는 과학적 흥미와 대중적 흥미라는 요소가 모두 있어서 그들은 기사를 쓰는 데 열정적으로 동의했다. 그러나 시의적으로 민감한 주제가 아닌 만큼 아무런 계획을 세우지 않았다. 그때 〈라이프〉의 자매지인 〈스포츠 일러스트레이티드Sports Illustrated〉의 데이비드 셔먼이 〈라이프〉보다 먼저 기사를 내도 좋다는 허락을 받아냈다.

시간이 흐르고, 네바다 카지노는 대책을 강화했다. 카지노 경영진은 위에서 테이블을 비추는 '하늘의 눈'이라는 일방향 거울을 통해 블랙잭 플레이어들을 지켜보았다. 손님들의 얼굴은 요주의 인물들을 모아둔 사진첩 안의 얼굴과 대조되었다. 정직한 카드카운터가 속임수를 쓰는 플레이어나 범죄자 취급을 받았다. 카지노는 요주의 인물을 발견하면 모든 직원에게 알렸다.

카지노의 대응책 가운데는 아직 절반도 사용하지 않은 카드 한 벌을 다시 섞는 것도 있었다. 이렇게 하면 카드카운터가 유리한 베팅을 할 수 있는 가능성이 제한되지만 카지노에서도 큰 비용을 치러야 했다. 게임의 속도가 늦어지는 만큼 일반 손님들에게 바가지를 씌우는 것도 더뎌지고 카지노의 이익도 줄어들기 때문이었다. 손님들을 처리한다는 측면에서 카지노를 도살장에 비유한다면, 카드를 섞는 데 더 많은 시간을 들인다는 것은 공장의 생산설비를 비효율적으로 가동한다는 뜻이다.

반면 카지노 입장에서는 속임수를 쓰면 더 빨리 돈을 벌고 정직하게 해서는 얻지 못할 이익도 챙길 수 있다. 어느 날 밤 10시쯤, 사람들로 붐비던 라스베이거스 거리의 호텔 카지노 대기실에서 목격한 일이다. 유명 음악가 루이 프리마가 가수이자 새로 아내가 된 지아 마이오네와 공연을 하고 있었고 근처의 블랙잭 테이블은 손님으로 가득 차서 많은 사람들이 차례를 기다리고 있었다. 블랙잭을 하러 온 나는 자리가 나기를 기대하며 테이블을 하나하나 둘러보았다. 모든 테이블의 손님들이 무서운 속도로 지고 있었다. 딜러들은 모두 노란색에 가까운 주황색 안경알을 끼운 안경을 착용하고 있었는데 그 안경을 통해 카드 뒷면의 표식을 읽을 수 있었다. 맨 위에 있는 카드가 손님에게 유리하면 딜러는 그 아래 있는 '세컨드카드'를 대신 나누어주었다. 손님들이 빠르게 나가떨어지면 다른 손님들이 즉시 빈자리를 메웠고 카지노의 이익은 급증했다. 그 결과, 다른 카지노에서 기다리다 지쳐 여기까지 온 많은 손님들은 가져온 돈을 이곳에 고스란히 두고 갔다.

의심스러운 카드카운터는 블랙잭을 하는 것이 아예 금지되기도 했다. 네바다에서 분명히 합법적인 일이었다. 역설적이게도, 카드카운터를 꿈꾸지만 역부족인 사람들과 함께 카드카운팅을 하지 않는 많은 무고한 사람들까지도 게임을 금지당했다. 이 문제를 해결하기 위해 나는 변장을 했다. 콘택트렌즈, 선글라스, 턱수염, 옷차림과 테이블에서의 행동까지 완전히 바꾸었다. 덕분에 게임을 할 시간을 추가로 벌 수 있었다. 한번은 변장을 한 채로 여행에서 돌아온 나를 아이들이 알아보지 못했다. 수염이 난 낯선 사람을 보고 겁을 먹은 아이들은 울음을 터뜨렸다. 당시 겨우 5살, 3살이었던 라언과 캐런은 이때를 아직 기억하고 있다. 겨우 1살이었던 제프는 아무렇지도 않았다.

나는 리노에서 변장을 시험해 보았다. 그곳에서 서로 아는 친구의 소개로 한 남녀를 만났다. 그들은 재미있는 내 게임을 보는 대신 눈을 떼지 않고 나를 지켜봐주기로 했다. 전에 만난 적이 없어서 그들은 내 생김새를 몰랐다. 저녁식사를 하며 나를 소개했을 때 그들이 본 사람은 무늬가 화려한 밝은 색 하와이안 셔츠를 입고 광각 선글라스에 청바지를 입은 수염이 난 남자였다. 우리는 대형 호텔 카지노 가운데 한 곳으로 갔다. 나는 조용한 2층에 위치한 베팅 상한액이 큰 테이블에 자리를 잡았다. 나는 카드카운팅을 하기에 가장 좋은 '3루'에 자리를 잡았다. 테이블의 손님들 쪽에서 좌측 끝에 있는 자리였다.

그곳에 앉으면 가장 마지막 순서인 만큼 더 많은 카드를 보고 나서 내 핸드를 플레이할 수 있다는 장점이 있었다. 나는 지폐 한 묶음을 휙 건네고 칩을 한 무더기 샀다. 그 돈을 보고 매력적인 젊은 여성인 내 딜러가 관심을 보였다. 가볍게 이야기를 나누고 있을 때 카지노 측에서 음료를 제공했다. 나는 내가 아니라 카지노의 긴장을 풀어주려고 음료를 받아 마셨다. 딜러는 내게 새벽 2시에 근무가 끝나는데 그다음에는 '무언가'를 할 수도 있다고 말했다. 그러는 동안에도 나는 꾸준히 이겨서 핏보스의 주의를 끌었다. 마침내 핏보스는 내가 카드카운터라고 판단했고 경영진이 나를 보러 왔다. 새벽 1시쯤 되자 그들은 더 이상 참지 못하고 내게 테이블에 있으면 안 된다고 말했다. 딜러는 깜짝 놀라며 실망했다. 다음 날 똑같은 변장을 하고 다른 카지노 여러 곳을 방문했지만 게임을 할 수 없었다. 그들이 소문을 낸 것이 분명했다.

그날 오후, 내 변장술을 엄밀히 시험해보기로 했다. 저녁식사 때 동료들을 만나기 전에 나는 턱수염을 면도하고 도수가 있는 선글라스를 콘택트렌즈로 바꾼 다음 다른 모양으로 머리를 빗었다. 스포츠 재킷을 입고 타이를 착용해 비즈니스 정장 차림으로 변신을 마쳤다. 나는 문을 두드렸다. 동료들은 문을 열었고 전혀 알아보지 못한 채 "네…?"라고 말했다. 그들이 놀란 모습을 보니 기분이 좋았다.

저녁식사 후, 나는 같은 카지노에 가서 전날 밤과 같은 자리를 잡았다. 같은 딜러 앞으로 가 주머니에서 칩을 몇 개 꺼내 앞에 있는 테이블에 올려놓았다. 어제 그녀가 보았던 현금 뭉치도 없었고 손가락에는 결혼반지가 있었다. 더 이상 관심의 대상이 아니었던 것이다. 나는 목소리로 나를 알아볼까 봐 말을 하지 않았다. 칵테일 웨이트리스가 한 잔 하겠느냐고 물었고 나는 쉰 목소리로 들릴 듯 말듯 "우유"라고 말했다. 나는 이번에도 이겼고 모든 것이 좋았다. 잠시 동안은 그랬다.

　그때 전처럼 핏보스가 보러 왔고 전날 밤과 똑같은 경영진들이 뒤를 따랐다. 그들은 내가 아니라 하필 내 옆에 앉아 속임수를 쓰는 손님에 주목했다. 베팅을 하고 첫 2장의 카드를 받은 다음 마음에 들면 그는 베팅액을 올릴 것이고 아니라면 베팅액 가운데 일부를 회수할 것이었다. 카지노 측에서 1시간이나 다그쳐도 속임수를 그만두지도 않고 떠나지도 않는 그를 억지로 내보냈다. 나는 방해받지 않고 게임을 했고 칩은 꾸준히 쌓였다. 다음 날에는 바로 전날 수염이 난 나의 입장을 금지했던 카지노에서 문제없이 게임을 했다.

　판돈이 커졌다 작아지기를 반복하면서, 카드카운팅과 냉정을 유지하는 것이 블랙잭을 이기는 데 전부가 아님이 분명해졌다. 녹색 펠트 테이블은 무대였고 나는 무대 위 배우였다. 게임을 계속하려면 카드카운터는 효율적으로 행동하고 위협적으로 보여서는 안된다. 그 방법은 영화에서 인물을 묘사하는 방식만큼이나 다양하다. 텍사스에서 온 술 취한 카우보이가 될 수도 있고, 한껏 들떠 다음 베팅을 하려고 안달하는 대만 부인이 될 수도 있다. 거리에서 이미 큰돈을 날린 인디애나폴리스 출신의 예민하고 소심한 회계사 캐스퍼 밀크토스트가 될 수도 있다. 베팅과 게임이 아니라 자기 자신에게 이목이 집중되는 것을 즐기는 화려한 미녀가 될 수도 있다.

　데이브 셔먼의 기획기사 "잘 가라! 블랙잭It's Bye! Bye! Blackjack"이 실린 〈스포츠 일러스트레이티드〉지 1964년 1월호와 《딜러를 이겨라》는 모든 곳에서 매진되었다. 두 달 뒤 〈라이프〉지는 9쪽 분량의 특집기사를 실었고 내 책은 〈뉴욕 타임즈〉 베스트셀러 목록에 올랐다.

유명세는 예상했던 결과와 예상하지 못한 결과로 이어졌다. 개인적으로는 내게 건 기대를 어느 정도 충족하고 말없이 자랑스러워하는 아버지의 모습을 보는 것이 즐거웠다. 게다가 1904년 조부모님이 이혼하면서 할머니를 따라가 아버지의 인생에서 사라졌던 고모가 〈라이프〉지 기사를 읽고 나를 통해 아버지에게 연락을 해왔다. 아버지는 고모와 다섯 명의 자녀, 여러 손주들이 함께 살고 있는 아이오와에 방문하기로 했다. 아버지가 6살, 고모가 4살이던 때 헤어진 이후 아버지는 어떻게든 동생을 다시 찾기를 평생 꿈꾸었다. 그러나 아버지는 다시는 고모를 만나지 못했다. 아버지는 여행 직전에 심장마비로 세상을 떠났다.[11]

기사가 나간 뒤 수천 명의 카드카운터와 미래의 카드카운터들이 라스베이거스로 향했다. 네바다리조트호텔협회는 비밀리에 비상 회의를 열었다. 29년이 지나, 오랫동안 카지노 임원으로 지낸 빅 비크리는 당시 회의를 이렇게 묘사했다.

"방법이 뭔지 도무지 알 수가 없어요. 수학적으로 천재이거나 사진기억photographic memory 능력을 가졌거나, 그것도 아니면 뭔가 있다고 봅니다."

데저트 인 카지노 사장 세실 시몬스가 샌즈 카지노 매니저 칼 코언과 전화로 나눈 이야기죠. 당시는 1960년대 중반으로 두 사람은 라스베이거스 카지노와 '21', 즉 블랙잭 게임에 대한 카지노의 접근 방식에 상당한 영향을 미칠 한 권의 책에 관해 논의하고 있었어요.

"블랙잭을 할 때마다 이기는 방법을 책을 써서 동네방네 알려주고 있다는 건 확실히 알겠어요. 제 말은, 세상 물정 모르고 책만 본 그 자식이 우리 일을 망치고 있다 이겁니다. … 블랙잭 사업을 그만둬야할 지경이라고요." 시몬스가 고함을 질렀죠.

소프의 책은 1960년대 카지노 사장들이 모일 때면 언제 어디서든 대화의 주제가 되었어요.

…해결책을 [찾기] 위해 회의를 소집했죠….

다들 … 데저트 인으로 모였어요. 동부 출신들이 왜 그렇게 은밀하게 모였는지는 아직도 모르겠어요. … 나는 이 회의가 수년 전 뉴욕에서 연방정부로부터 급습을 당한 애팔래치아 회의와는 완전히 다르다고 모두에게 주지시켰죠.

…모두 조지 래프트George Raft12의 영화 촬영장을 갓 빠져나온 배우들 같았어요. 다들 각자 해법을 떠들며 옆 사람과 웅성거렸죠.

별명이 '강철주먹'인 해리의 해결책은 굉장히 간단했어요. "다리를 좀 부러뜨리면…"

"아니야, 그건 안 돼." 회장은 고함을 지르다시피 했어요.

"이제 우리는 합법적인 사업을 하고 있습니다. 다들 합법적인 사업가처럼 생각합시다."

…마침내 많은 규칙을 변경해서 적용하기로 합의했어요. … 카드카운터들을 막기 위해서였죠.13

1964년 4월 1일 만우절, 협회는 논의 결과를 발표했다. 최초로 블랙잭 규칙을 변경한다는 것이었다. 페어 스플릿과 더블다운은 금지되었고 두세 차례 딜링 후에는 카드 1상자 전체를 다시 섞기로 했다.

뒤이어 미리 준비해둔 언론의 지원 사격이 있었다. 1964년 4월 3일자 〈라스베이거스 선Las Vegas Sun〉은 다음과 같은 사설을 실었다. "카지노가 자기 기법을 활용해 게임을 하는 사람들을 환영한다는 사실은 네바다에서 오랫동안 활동한 사람이라면 누구나 안다. 에드워드 O. 소프는 도박계의 현실을 모르는 것이 분명하다. 운이 좌우하는 모든 게임에서 하우스의 우위를 극복한 기법이 개발된 적은 결코 없다." 결정타도 있었다. "게임관리위원회의 에드워드 A. 올센의 표현을 빌면 '소프 박사는 수학은 좀 아는지 몰라도 도박에는 풋내기'이다. 같은 맥락에서, 해라스 클럽의 진 에반스도 '매번 카드를 다시 섞으면 오히려 손님에게 더 좋은 기회가 올 수 있다. 에이스와 페이스카드가 매번 딜링할 때마다 나올 수 있다는 뜻이기 때문이다.'라고 설명했다."

나는 규칙 변경이 오히려 사업에 악영향을 미치고 노련한 카드카운터들은 그래도 이길 것이라고 언론에 이야기했다. 보도에 따르면 빅 비크리는 이렇게 말했다. "카드카운팅을 하지 않는 일반 블랙잭 손님들의 저항이 너무 심해서 게임이 놀라운 속도로 인기를 잃기 시작했습니다. (몇 주 만에) 손님들에게 유리했던 기존 규칙으로 복귀하는 것 말고는 선택의 여지가 없었죠." 자기 편 사람들도 인정하지 않던 것을 카지노 사장들이 마침내 이해한 것이다. 몇 주 전만 해도 비웃던 신문들은 다음과 같은 제목의 기사를 냈다. "라스베이거스 카지노, 패배를 인정하다—손님들이 너무 영리해요", "오즈odds(확률)의 마법사들은 어떻게 라스베이거스를 이겼는가."

나는 머릿속의 수학적 구상을 바탕으로 이기는 기법을 구축했다. 카지노의 야수들은 나 같은 바보를 데려오려고 택시를 보내는 것이라며 나를 조롱했다. 그들이 정정당당하게 게임을 하고 스포츠 경기에서 내 머리를 비밀 무기로 쓰고 있다고 생각했던 나는 결국 카지노에 출입이 금지되고 속임수에 당했으며 게임관리위원회에 배신을 당하고 테이블에서 기피 인물이 되었다. 나는 거대한 야수가 허둥지둥하는 모습을 보고 흡족했고 억울한 누명을 벗었다는 생각에 감개무량했다. 나는 방 안에 앉아 순수수학을 이용해 주변 세계를 바꿀 수 있다는 사실이 마음에 들었다.

현장을 떠나는 대신 나는 《딜러를 이겨라》로 군대를 조직했다. 카지노와 플레이어의 위대한 블랙잭 전투는 카드카운팅을 발명한 이후 50년 넘게 맹렬하게 지속되는 중이다.

chapter 08

플레이어 대 카지노

내 책이 나온 뒤 블랙잭을 하려는 사람들이 네바다 카지노 테이블로 몰려들었다. 모두 책에 첨부한 손바닥 크기의 전략 카드를 가져왔고 카드카운팅을 하지 않더라도 충분히 카지노와 동등한 위치에서 즐길 만한 게임을 찾았다. 카드카운터도 있었고, 카드카운터가 되려는 사람들도 있었다. 좋은 사람도 많았고 전업으로 블랙잭을 하려는 이들도 있었지만 원래 기질은 물론이고 카드카운팅에 요구되는 노력과 끈기, 자제력과 엄격한 규율이 대부분의 사람들에게는 걸림돌로 작용했다.

그럼에도 불구하고 블랙잭을 이길 수 있다는 사실 때문에 플레이어가 급증했다. 덕분에 이후 20~30년 동안 블랙잭은 크랩스를 누르고 가장 인기 있는 테이블 게임이 되었다. 카지노는 곤란한 상황에 처했다. 소수 카드카운터가 카지노를 이기도록 놔두고, 대신 카드카운팅 능력이 없거나 하지 않는 대다수 손님들 덕분에 엄청나게 증가하는 수익을 누릴 것인지, 아니면 블랙잭 호황이 둔화되는 것을 감수하고라도 대책을 마련해서 카드카운터들을 제한할 것인지 결정해야 했다.

처음 규칙을 변경했던 카지노 측은 돌아오는 혜택보다 매출 감소가 더 크게 나타나자 원래 규칙으로 되돌아갔다. 그다음에는 '슈박스shoe box'라는 카드함을 도입해 4벌, 6벌, 심지어 8벌의 카드를 한꺼번에 넣어 딜링했다. 카드카운팅을 더욱 어렵게 만들려는 의도였다. 그러나 하이-로high-low[1] 기법을 개발해 이용하는 사람들에게는 특별히 더 어려울 것이 없었다. 카드가 몇 벌이든 핸드를 적절하게 운영하는 방법은 크게 다르지 않았고 아직 사용되지 않은 카드의 숫자를 반영해 하이-로 전략이 조정되기 때문이었다.

카지노에 가장 널리 퍼진 요주의 인물들의 사진첩은 1967년 베벌리와 로버트 그리핀이 세운 흥신소 그리핀 인베스티게이션이 제작한 것이었다. 온갖 범죄자, 사기꾼, 사회의 골칫거리들을 모아놓은 이 사진첩은 카드카운터가 다수 추가되면서 빠르게 확장되었다. 사진이 실린 사람들이 눈에 띄면 출입이 금지되었고 카지노끼리 신상명세를 공유했다. 그러나 딜러와 핏보스들은 누가 카드카운팅을 하는지 구분하지 못했다. 카드카운팅을 하지 않았으면서도 뜻밖에 의심을 산 손님들은 이유도 모른 채 게임이 금지되었다. 손님들은 내실에서 속임수에 당하고 게임에 졌다. 마침내 최고 실력을 자랑하는 카드카운터 2명이 그리핀 흥신소를 고소해 이겼다. 고소인 중 한 사람은 블랙잭 명예의 전당에 오른 제임스 그로스진이었고 그리핀은 2005년 파산 신청을 했다.

카드카운터들은 비공식 관계망을 형성하고 새로운 기술을 개발했으며 기존 기술을 개선했다. 《딜러를 이겨라》에는 팀team이라는 개념이 등장한다. 각각 판돈으로 1만 달러를 준비한 여러 플레이어가 개별적으로 게임을 해서 시간당 1퍼센트, 즉 100달러를 딴다고 가정하자. 5명의 플레이어가 1시간에 벌어들이는 금액을 모두 합하면 평균 500달러이다. 대신 모두의 판돈을 모아 총 5만 달러를 만들어 1명이 베팅을 하면 혼자서 자기 판돈 1만 달러로 안전하게 베팅할 수 있는 금액의 5배까지 베팅이 가능하다. 따라서 이 플레이어의 시간당 예상 상금은 100달러가 아니라 5만 달러의 1퍼센트인 500달러가 된다. 여기서 끝이 아니다. 남은 4명도 각자 5만 달러 판돈이 있는 것처럼 다른 테이블이나 카지노에서 게임을 할 수 있고, 이처럼 모든 구성원이 게임에 참여할 경우 시간당 총 2,500달러를 벌 수 있다. 반면 판돈을 공동으로 출자하지 않을 경우[2] 각자의 상금을 합산하면 시간당 총 500달러에 불과하다.

다음 단계는 분명했다. 자본가들은 플레이어를 모집해 훈련하고 판돈을 제공했으며 플레이어와 이익을 분배했다. 주목할 만한 팀으로 토미 힐랜드 팀과 MIT 팀이 있었다. MIT 팀에 관한 내용을 다룬 책《MIT 수학 천재들의 카지노 무너뜨리기Bringing Down the House》를 소재로 한 영화 〈21〉이 2008년에 개봉하면서 MIT 팀도 널리 알려졌다. 알 프란체스코가 블랙잭 팀의 탄생을 선도했고 그의 구상은 자신이 뽑은 플레이어들 중 하나였던 켄 우스턴Ken Uston(1935~1987)에 의해 널리 알려졌다. 우스턴의 저서 《백만 달러 블랙잭Million Dollar Blackjack》과 《빅 플레이어The Big Player》에서 영감을 받은 다른 팀들이 구성되었고 이들을 저지하려는 카지노 측의 노력도 강화되었다. 켄 우스턴은 블랙잭의 역사에서 특히 파란만장한 경험을 했다.[3] 그는 증권업계에서 일을 시작해 퍼시픽증권거래소 사상 최연소 수석 부사장이 되었다. 그러나 블랙잭에 매료된 그는 증권 업계를 떠나 전문 플레이어가 되었다.

카드카운터들은 카지노 측이 유리할 때는 최소한으로 베팅하고, 카드가 자신에게 유리할 때는 크게 베팅하기를 원한다. 이상적으로 말하면, 유리할 때 1,000달러를 베팅할 수 있을 만큼 판돈이 넉넉한 참가자가 불리할 때는 최소한의 금액, 즉 5달러만 베팅하는 것이다. 이처럼 200대 1이라는 커다란 차이는 카지노 측에 위험 신호이다. 그러나 가령 4대 1로 차이를 좁힌다면 유리할 때 1,000달러를 베팅하고 불리할 때 250달러를 베팅해야 한다. 이 경우 전체적인 이익이 줄어든다.

해결책으로 '빅 플레이어Big Player'를 이용하는 방법이 있었다. 팀을 이뤄 선수들을 여러 블랙잭 테이블에 배치하고 최소한도로 베팅을 하면서 카드를 추적한다. 카드가 유리해지면 빅 플레이어에게 신호를 보낸다. 그 사이 빅 플레이어는 여기저기 테이블을 옮겨 다니며 마구잡이로 큰돈을 거는 척한다. 베팅 전에는 테이블에 있지 않았으므로 그는 카운팅을 할 수 없었던 것이 된다. 위장에는 그럴 듯한 연기가 필요하다. 빅 플레이어는 씀씀이가 헤픈 고액 베팅자로 술에 취해 있고 대개 아름다운 여성을 동반한다.

그동안 블랙잭을 즐기는 사람들 사이에서는 되도록 다양한 카드카운팅 방법에 관한 탐구와 개발이 이루어지고 있었다.[4] 카드 한 벌에서 다양한 카드를 제거했을 때 영향을 보여주는 내 계산법의 뒤를 직접적으로 잇는 방법들이었다. 각 카드에는 제거 시 영향을 반영해 점수가 부여된다. 이 점수가 카드의 실제 효과에 부합할수록 해당 카운팅 기법은 플레이어의 현재 우위를 더욱 정확하게 산출한다.

이 기본 개념을 설명하기 위해 나는 '궁극의 전략'이라고 이름 붙인 기법을 소개했다. 각 카드가 확률odds에 미치는 영향에 비례하여 카드마다 정수로 만든 값을 부여하는 방식이다. 〈표 1〉의 숫자들은 1962년판 《딜러를 이겨라》에서 가져온 것이다. 표의 2열은 카드 1장을 제거할 때 플레이어의 우위가 어떻게 달라지는지 보여준다.[5] 3열은 2열의 값에 13을 곱한 다음 가장 가까운 정수로 반올림해서 얻은 숫자이다.[6] 이 숫자는 궁극의 전략을 위한 점수 값(포인트)으로, 완벽한 점수에 가깝다. 점수 값이 너무 다양해서 나는 사람이 아닌 컴퓨터에 의해 이 방식이 활용될 것으로 생각했다. 이것을 소개했던 이유는 단지 포인트카운트point count[7] 기법을 구축하는 기본 원리를 보여주기 위해서였다. 부여한 점수 값이 해당 카드의 실제 영향력에 근접할수록 더욱 강력한 기법이 될 것이다. 반면 하나의 카드카운팅 기법에 많은 점수 값이 사용될수록 그 값을 이용하기는 더욱 어려웠다.[8]

〈표 1〉 **카드 한 벌에서 1장을 제거했을 때 영향과 궁극의 전략**(포인트카운트 기법)

카드	2	3	4	5	6	7	8	9	10	A
우위의 변화	0.36	0.48	0.59	0.82	0.47	0.34	0.03	−0.23	−0.54	−0.68
점수값	5	6	8	11	6	4	0	−3	−7	−9

효과와 단순성 사이에서 찾을 수 있는 최상의 절충안은 아마도 1966년 《딜러를 이겨라》 개정판에 소개한 기법으로 '완전한 포인트카운트'라고도 일컫는 하이−로 카운팅 기법일 것이다. 지금도 여전히 최고 전문가들이 사용하는 기법으로 카드에 −1, 0, +1의 점수

값만 부여하는 가장 단순한 포인트카운트 기법이다. 계산은 0에서 출발한다. '작은 숫자'를 가진 2, 3, 4, 5, 6 카드가 사용될 때마다 누적 점수에 +1을 한다. 중간 숫자인 7, 8, 9 카드는 0으로 계산하므로 이 카드들이 나와도 전체 계산에는 영향을 미치지 않는다. 큰 숫자인 에이스(A)와 10점 카드(10, J, Q, K)는 −1로 계산하므로 총점에서 1만큼 차감된다.

하이–로 카운트를 사용하는 플레이어가 우선 A, 5, 6, 9, 2, 3이 사용된 것을 확인한다. 0에서부터 출발해 숫자를 차감하므로 −1 + 1 + 1 + 0 + 1 + 1을 거쳐 총합은 +3이 된다. 카드 한 벌을 이용하고, 합리적인 수준으로 호의적인 규칙이 적용되는 게임에서 총합이 이와 같으면 다음 차례 딜링은 플레이어에게 유리하다. 카드가 배분되면서 총합은 0을 기준으로 오르락내리락한다. 총합이 양수이면, 플레이어가 유리하고 음수이면 카지노에 유리하다. 남은 카드가 적을수록 카드 하나하나의 점수 값의 가치가 갖는 영향력은 더욱 커진다. 뛰어난 플레이어는 사용된 카드를 모아둔 쟁반에 카드가 얼마나 쌓였는지 보고 간단히 이를 판단할 수 있다.[9]

연속으로 점수 값의 총합을 계산하는 것은 얼마나 어려운 일일까?[10] 일반적인 실험으로, 카드 한 벌을 섞은 다음 1~3장을 빼내어 그림이 보이지 않도록 내려놓고 남은 카드를 이용해 카운팅을 한다. 플레이어가 결과 값을 말하면 빼낸 카드를 뒤집어 옳았는지 확인한다. 예를 들어, 카드 1장을 위와 같은 방법으로 빼낸 다음 남은 카드를 카운팅한 결과 값이 0이라고 가정하자. 52장 카드의 총합은 0이 되어야 하므로(이미 알아차렸겠지만 완전한 포인트카운트 기법에 따르면 한 벌의 카드, 즉 52장을 카운팅하면 +1이 20회, −1이 20회 나온다.)[11] 공개되지 않은 카드는 점수 값이 0인 카드, 즉 7, 8, 9 가운데 하나일 것이다. 이것은 놀라운 결과로 이어질 수 있다.

한번은 1950~1960년대 유명 코미디언이자 TV 스타인 헨리 모건과 함께 푸에르토리코에서 밤늦게 게임을 하고 있었다. 1시간 정도 내가 지고 있는 중이었다. 카드 2벌을 이용한 게임이 마무리될 즈음에 딜러의 업카드로 10이 나왔다. 카지노의 베팅 상한액이 핸드당 50달러였으므로 나는 테이블에 돈을 더 올려놓고 7개 자리에 모두 베팅을 해서 다른 손님들의 접근을 막았다. 나는 포인트카운트 기법을 변형해 점수를 계산했다. 즉, 카드 2, 3, 4, 5, 6, 7이 나오면 +1, 8이 나오면 0, 그리고 9, 10, A가 나오면 −1로 계산한 것이다. 딜링이 모두 끝났을 때 포인트카운트의 총합은 0이었다. 따라서 공개되지 않은 1장의 카드, 즉 딜러의 홀카드hole card12는 점수값이 0인 카드일 수밖에 없다. 즉, 딜러의 홀카드는 8이고, 딜러의 점수는 총 18점이 된다. 7개 핸드의 게임을 마저 끝낼 수 있도록 카드가 다시 섞였다. 나만 아는 17점이 여러 핸드에서 나왔다. 아무것도 하지 않으면 질 수밖에 없다고 생각해서 나는 히트를 외쳐 추가 카드를 받았다. 딜러의 홀카드를 모른다면 질 수밖에 없는 형편없는 선택이었다. 불행히도 모든 핸드가 21을 초과해 버스트되었다.

딜러는 가소롭다는 듯 웃으며 말했다. "그러니까 친구, 카운팅을 하신다는 거지! 그럼 내가 가진 카드가 뭔지도 틀림없이 알겠네." 다른 딜러들이 히죽거렸다. 나는 대답했다. "그 아래 8이 있죠." 딜러는 웃으며 다른 딜러들과 핏보스를 호출했다. 그는 이 미국인 전문가께서 말하기를 자기 홀카드가 8이라고 한다며 거만하게 이야기했다. 모욕적인 말들이 스페인어로 와자지껄하게 오갔다.

나는 피곤했고 당장이라도 쉬고 싶었다. 지난 1시간 동안 가끔씩 카운팅에 실수가 있었다. 내가 틀릴 수도 있었다(내가 틀렸다면 차라리 내게는 더 나았을 것이다). 그때 딜러가 홀카드를 뒤집었다. 8이었다. 다시 스페인어가 빗발쳤다.

카드카운팅은 얼마나 어려운 일일까? 연습을 많이 할수록 소요 시간은 줄었고, 20~25초 만에 카드 한 벌을 카운팅할 수 있다면 어떤 게임도 수월하게 따라갈 수 있었다. 그래서 나는 매번 게임을 하기 전에 스스로 이 기준을 만족하는지 간단한 점검을 거쳤다. 블랙잭 명예의 전당에 입성한 사람들 가운데에는 33초 만에 2벌의 카드를 카운팅해서 전문가들 사이에 깊은 인상을 남긴 사람도 있었다. 그러나 가장 놀라운 실력자는 라스베이거스 파리 호텔에서 열린 제3회 세계게임보호회의에 있었다. 저녁에 마련된 여러 즐길 거리 가운데 가장 흥미로웠던 것은 카드카운팅 대회였다. 카운팅 시간을 줄이는 데는 카드를 다루는 기술이 결정적이었다. 카지노 업계의 많은 사람들이 참가한 가운데 우승자는 내가 본 것 중 가장 빠른 카운팅 속도인 8.8초를 기록했다.

카지노는 카드카운터들을 막기 위해 기술적 장치를 도입했다. 카메라와 참관인들이 테이블 위에 있는 일방향 거울을 통해 손님들의 행동을 관찰했다. 현재는 안면 인식 소프트웨어를 도입해 자동화가 이루어졌다. 무선주파수식별RFID 칩으로 플레이어의 베팅을 추적하고, 기계는 카드를 추적하여 각 핸드마다 게임 운영을 점검해 카드카운터에게 반복적으로 나타나는 특징을 찾아낸다. 기계 셔플로 게임의 속도를 늦추지 않으면서 카드카운팅을 완벽히 방어할 수 있다는 것이 입증되었지만 카지노는 기계 공급 업체에 수수료를 지불해야 한다.

그동안 카드카운터들은 더 많은 이기는 기술을 개발했다. 그중 하나는 다음 사실에 바탕을 두었다. 플레이어는 한 번에 1장씩 2장의 카드를 받는다. 딜러는 보통 첫 카드는 페이스업, 두 번째 카드는 페이스다운으로 첫 카드(톱카드) 아래 숨겨 2장을 받는다. 딜러의 톱카드가 에이스나 10점 카드(K, Q, J, 10)일 때, 딜러는 숨겨진 두 번째 카드(홀카드)를 확인해 자신이 내추럴, 즉 블랙잭을 만들었는지 여부를 확인한다. 블랙잭이라면 카드를 공개하고 모든 베팅은 즉시 종료된다. 딜러의 블랙잭은 또 다른 블랙잭을 제외한 모든 플레이어의 핸드를 이긴다. 딜러들은 홀카드를 확인할 때 아래 숨은 카드를 보려고 2장의 카드 모서리를 살짝 꺾는 습관이 있다. 결국 톱카드인 에이스와 10점 카드가 약간 뒤틀리는 것이다. 딜러가 특별히 부주의하거나 새로운 카드로 충분히 자주 교체가 이루어지지 않았다면, 노련한 플레이어는 카드가 배분되기 전에 뒤틀림을 구분해서 에이스와 10점 카드의 위치를 알 수 있다. 이것은 대단히 유리한 상황이다.

부주의한 딜러의 홀카드를 알아내기 위한 '공범'들이 전략적으로 배치된다. 딜러가 블랙잭이 아니라면 그 핸드의 게임은 계속해서 진행되고, 딜러의 숨겨진 카드를 알려주는 첩자를 둔 플레이어는 큰 우위를 확보한다. 일부 카지노에서는 플레이어가 첩자를 이용하거나 뒤틀린 카드를 찾아내는 것을 막기 위해, 손님들이 주어진 핸드의 플레이를 모두 마칠 때까지 딜러가 두 번째 카드를 받지 않고 기다리도록 했다. 이렇게 하면 딜러는 두 번째 카드를 페이스업 상태로 받을 수 있다.

1970년대에 몇몇 사람들이 블랙잭 게임에 이용하기 위해 몸에 숨길 수 있는 컴퓨터를 개발했다. 카지노 업계는 1985년 네바다주 입법부로 하여금 플레이어가 확률 계산에 도움을 받을 수 있는 장치를 사용하는 것을 금지하는 법을 제정하도록 하여 대응했다. 그러나 기발한 플레이어들은 멈추지 않았다. 카드는 몇 벌을 섞든 상관없이 무작위성이 발휘될 만큼 철저히 섞이지 않을 수도 있다. 철저히 섞이지 않은 카드에서는 활용할 수 있는 예측 가능한 패턴이 나타날 수 있다.

내 생각은 1961년과 1962년에 생각한 '무작위적이지 않은 카드 섞기'에서 자연스럽게 진화했다. 나는 셔플 방식에 따라 많은 게임에서 확률이 크게 달라질 수 있다는 것을 알았다. 나는 양면 작전을 기획했다. 실제 카드 셔플에 근접한 수학적 모형을 구축하고 동시에 경험적 연구를 수행하는 것이었다.

간단한 접근법으로, 나는 싱글덱 블랙잭 게임에서 에이스를 찾는 방법을 생각해냈다. 먼저 한 벌의 카드를 섞어 앞면이 보이도록 펼쳐놓는다. 가령 스페이드 에이스를 추적한다면 그 바로 앞에 놓인 카드를 확인한다. 하트 킹이라고 가정하자. 카드 한 벌을 섞어 반으로 가르고 이 2장의 카드가 어떻게 되는지 추적해보자. 추적을 쉽게 하기 위해 스페이드 에이스와 바로 앞의 카드만 앞면이 보이도록 하고 나머지 카드는 뒤집어둔다. 카드를 반으로 가르고 1회 섞는다. 이제 1개 이상의 카드가 에이스와 바로 앞 카드, 즉 하트 킹 사이에 놓여 둘을 갈라놓을 것이다. 그렇지만 이 카드로 블랙잭을 하면 하트 킹이 나타날 때 가까운 뒤쪽에 스페이드 에이스가 있을 가능성이 높다는 것을 알 수 있다. 반을 가르고 섞기를 반복할수록 더 많은 카드가 두 카드 사이를 채울 것이다. 한 번 섞을 때마다 반을 가르기 때문에 순서가 뒤집히고 스페이드 에이스가 먼저 나타날 수도 있다. 이렇게 되면 예측은 불가능하다. 카드가 충분히 섞이지 않을수록 플레이어는 하트 킹의 뒤를 이어 스페이드 에이스가 나타날 확률이 평균 이상으로 높다고 충분히 예측할 수 있다. 4개 에이스 카드 모두에 이 방법을 적용하면 이것은 강력한 이점이 된다.[13]

에이스의 위치를 파악하는 것은 카드가 섞인 뒤 결국 어디로 가는지 추적한다는 개념으로 이어진다. 카지노는 보통 표준화된 방법으로 카드를 섞기 때문에 분석이 가능하다. 플레이어들은 대개 컴퓨터의 도움을 받아 에이스와 10점 카드가 많은 카드 집합이 전체 한 벌의 카드 중 어느 위치에 있는지 끝까지 추적할 수 있게 되었다. 이것의 이점은 상당할 수 있다. 이와 같은 셔플 추적자들은 흔히 첫 딜링이 시작될 때 이점을 발견하고 어떤 카드도 보지 않은 상태에서 크게 배팅했기 때문에 위장하기에도 효과적이었다. 남은 카드에 에이스와 10점 카드의 비중이 높다는 것을 알면 카운팅이 잘되지 않더라도 베팅액을 올렸다.

1997년 비비안과 나는 유타주 세인트조지에 가서 연례 마라톤 대회에 참가했다. 우리는 오가는 길에 라스베이거스를 거쳤다.《블랙잭 이론The Theory of Blackjack》으로 유명한 내 친구 피터 그리핀(그리핀 홍신소나 그 창업자와는 무관하다.)이 당시 보물섬 카지노 관리자 조 윌콕스에게 내가 그곳에 머무는 동안 비용을 대주는 '콤프comp'를 주선했다. 조는 동의했다. 내가 스티브 윈의 카지노에서 블랙잭을 하지 않는다는 조건이었다. 조는 너그러웠고 객실, 음식, 쇼는 훌륭했다. 그는 카지노가 셔플 추적자들에게 상당한 돈을 잃고 있으며,

이들을 효과적으로 방어할 수 있는 셔플 방법을 아무도 찾아내지 못했다고 했다. 나는 보물섬 카지노와 다른 카지노 두 곳의 딜러들을 관찰하고 무엇이 문제인지 확인한 다음 수학을 약간 이용해 추적을 방지하는 새로운 셔플법을 찾아냈다. 그리고 그것을 혼자만 알고 있었다.

플레이어와 카지노는 내실뿐만 아니라 법정에서도 다퉜다. 네바다에서는 카지노가 플레이어의 출입을 금지하는 것이 허용되었지만 뉴저지에서는 불가능했다. 그러나 두 곳 모두 게임시설들이 자체적으로 유리한 규칙을 만들고 마음대로 카드를 다시 섞어서 언제든 스스로를 보호할 수 있었다. 카드카운팅이 부정행위인지에 관해, 네바다 법령은 부정행위를 '(a) 게임의 결과 또는 (b) 지급금의 크기나 빈도를 결정하는 일련의 선택된 기준을 변조하는 행위'라고 명확히 규정하고 있었다. 무거운 주사위를 사용하는 것은 (a)항에 따라 부정행위이고, 블랙잭에서 자신의 카드를 본 다음 칩을 더하거나 빼는 것은 (b)항에 따라 부정행위가 될 것이다. 반면 머리를 이용해 게임을 잘하는 것은 분명히 허용된다.

카지노와 카드카운터 사이의 전쟁이 진화하면서 라스베이거스 자체도 달라졌다. 1964년 베스트셀러인 《녹색 펠트의 정글The Green Felt Jungle》에는 폭력조직이 지배했던 초기 라스베이거스의 모습이 묘사되어있다. 카지노를 관리하던 폭력조직은 1980년대의 기업 변신과 뒤이은 기업형 도박 재벌들의 부상 그리고 전 세계 게임 산업의 확장이 진행되면서 점차 설 자리를 잃었다. 최고의 플레이어들은 지금도 여전히 번창하고 있지만 갈수록 기회가 제한되고 새로 뛰어든 사람들이 성공하기는 훨씬 더 어려워졌다.

전문 플레이어들은 네바다에서 열리는 블랙잭 무도회Blackjack Ball라는 비공개 모임에서 해마다 각자의 이야기를 공유한다.[14] 전문 카드카운터 맥스 루빈이 주최하고 수백 마일 떨어진 남부캘리포니아에 위치한 버로나 카지노가 후원하는 이 파티에는 과거와 현재의 최고 선수들이 전 세계에서 모여든다. 블랙잭 명예의 전당 회원들은 명예 참석자이다. 그들의 사진은 버로나에 등록되어 무료로 숙박이 제공되지만 게임은 할 수 없다. 파티에 참석하는 전문 카드카운터는 버로나에서 블랙잭을 절대 하지 않겠다는 서약을 하므로 이 파티는 버로나에게도 이득이었다. 카지노가 할 수 있는 투자로서는 가장 수익성이 높은 투자 가운데 하나였다.

2013년에는 라언, 캐런, 제프를 파티에 데려갔다. 우리는 하버드 수학과를 졸업하고 '유리하게' 게임을 하기 위한 새로운 방법을 꾸준히 개발하고 활용해온 제임스 그로스진을 비롯한 익명의 전설적 인물들과 어울렸다. 젊은 기독교인들로 이루어진 카드카운팅 팀 '신성한 도박사들'과도 이야기를 나누었다. 그들은 ('사악한') 카지노에서 ('선한') 교회와 자신들에게로 돈을 옮겨오는 것이 로빈 후드와 같은 그들의 소명이라고 했다. 파티에 온 102명이나 되는 손님 가운데 거의 절반이 순 100만 달러 이상을 벌어들이는 전문 도박사였다. 나머지는 가족, 배우자, 연인들이었다. 최고 도박사 중 한 사람인 블레어 헐은 블랙잭 팀을 운영해 벌어들인 수익을 시카고 옵션 거래소에서 수억 달러로 불렸다. 빌 벤터는 블랙잭으로 딴 상금을 판돈으로 경마를 했고 10억 달러 규모의 세계적인 경마 베팅 회사를 설립했다. 여행가 B. J.라는 이름표를 가슴에 단 명랑한 대만인이 자신의 모험에 관해 중국어로 쓴 책이 가득 든 쇼핑백을 가지고 내 옆에 앉았다. 그는 6년 동안 64개국에서 게임을 하고 700만 달러에 가까운 순이익을 올렸다. 무엇보다 그가 카지노에서 돈을 수레로 운반하면서도 도둑을 맞지 않고 모스크바에서 1년 동안 살아남았다는 사실이 가장 놀라웠다.

다음 날에는 영화 〈21〉의 실제 주인공인 MIT 팀의 스타 존 장John Chang, 그리고 그의 전문가 친구와 함께 라스베이거스 거리에서 점심을 먹었다. 그런 다음 가까운 카지노에 들러 블랙잭 테이블 앞에서 우리 세 사람의 사진을 찍어달라고 부탁했지만 거절당했다. 우리는 규칙이 괜찮고 베팅액 한도가 최소 100달러~최대 1만 달러인 테이블에 1~2핸드 게임을 하기 위해 자리를 잡았다. 장과 친구는 100달러 지폐 뭉치를 급히 꺼내더니 각각 5,000달러를 빼서 칩을 구입했다. 그들이 말했다. "우리는 주머니가 은행이에요." 우리 딜러는 동유럽 출신의 나이가 많은 친절한 여인이었다. 자신의 테이블에 누가 앉았는지 짐작도 할 수 없었던 그녀는 존의 특이한 게임 방식을 초보자의 실수라고 생각했다. 딜러는 존에게 옳은 게임 방법을 조언했고 존은 도움에 정중하게 감사를 표하며 고쳐보겠다는 의지를 보였다. 20분 후 카지노는 수천 달러를 잃었고 직원은 우리 요청대로 입구 옆에서 사진을 찍어주었다.

평범한 플레이어도 여전히 이길 수 있을까? 내 대답은 '그렇다'이지만 단서가 붙는다. 블랙잭 게임의 경우 대다수가 이기기 어려울 정도로 규칙이 너무 많이 바뀌었다. 예를 들어 2장의 카드로 21, 즉 블랙잭을 만들었을 때 배당률이 3:2에서 6:5나 1:1로 변경된[15] 테이블에서는 절대로 게임을 해서는 안 된다. 지금은 게임을 평가하고[16] 좋은 게임을 소개하는 소식지와 서비스들이 많이 나와있다.

2008년 라스베이거스에서 열린 제3차 세계게임보호회의에서 기조연설을 했을 때 한 가지 질문을 받았다. 《딜러를 이겨라》를 썼을 때 그 책이 카지노 산업에 미칠 영향의 크기와 지속력을 예상했느냐는 질문이었다. 나는 1962년 당시에는 그 영향이 5년을 갈지, 아니면 50년을 갈지 몰랐다고 답했다. 그러나 이제는 그 영향이 지금까지도 이어진다는 것을 알고 있다.

룰렛을
예측하는
컴퓨터

현대식 룰렛은 1796년에 파리에서 처음 등장한 것으로 보인다. 19세기에 몬테카를로에 들어와 부자와 왕족들이 즐기는 판돈이 큰 게임이 된 룰렛은 많은 이야기와 노래에 등장했다. 커다란 판돈, 화려한 게임장, 극단적으로 운이 작용하고 불운이 더 잦지만 때때로 행운이 찾아오는 게임의 특성상, 현대식 룰렛은 카지노의 우위를 각종 기법을 이용해 극복하려는 사람들에게 좋은 표적이 되었다. 그들이 이용한 기법은 도박꾼들이 상세히 분석하기에는 너무 복잡했지만 희망을 불어넣는다는 그럴 듯한 특징이 있었다.

나는 취소cancellation 기법이라고도 일컫는 라부셰르Labouchére 기법이 마음에 들었다. 베팅액과 동일한 금액(1배수)을 지급받거나 잃는 '이븐머니even money' 게임에 적용된다. 이븐머니 게임 중 룰렛의 구슬이 빨간색과 검정색 중 어느 색 칸에 멈출지 맞히는 게임의 경우 어느 쪽에 걸어도 맞힐 확률은 38분의 18이다.[1] 라부셰르 기법은 예를 들어 3, 5, 7과 같은 일련의 숫자를 적는 것으로 시작한다. 이기기 위해 이 숫자들의 합인 15를 목표로 삼는다.[2] 첫 번째 베팅 규모는 일련의 숫자 가운데 첫 번째와 마지막 숫자, 즉 3과 7을 합한 10이다. 이 판을 이기면 해당 숫자 2개를 지우고 숫자열에는 5만 남게 되어 다음 베팅 규모도 5가 된다. 이 판을 이기면 목표를 달성한다.[3] 만일 첫 번째 판에서 졌다면 숫자열의 마지막에 3과 7을 합한 10을 추가해 3, 5, 7, 10을 만든다. 그런 다음 다시 첫 번째와 마지막 숫자, 즉 3과 10을 합한 13만큼 베팅한다. 매번 질 때마다 숫자 1개를 추가하고 이길 때마다 숫자 2개를 지우므로 3분의 1이 조금 넘는 확률로 이기기만 하면 목표에 충분히 다가갈 수 있다. 잘못될 여지가 있을까? 도박꾼들은 라부셰르를 비롯한 기법들을 시도할 때, 결코 이길 수 없는 상황이 닥치면 크게 당황했다.

그러나 모든 룰렛 숫자가 나올 확률이 동일하고, 숫자들이 나오는 순서도 무작위적인 경우 어떤 베팅 기법도 성공할 수 없다는 것이 수학적 확률 이론으로 입증되었다. 그럼에도 불구하고 19세기 말, 잠시나마 희망에 불을 지핀 사건이 있었다. 위대한 통계학자 칼 피어슨Karl Pearson(1857~1936)이 프랑스 일간지에 실리는 룰렛 숫자들에서 활용 가능한 일정한 유형을 발견한 것이다.[4] 그러나 사실이 알려지면서 수수께끼가 풀렸다. 신문에 실린 숫자는 실제로 룰렛휠이 돌아가는 것을 몇 시간 동안 지켜보며 기록한 것이 아니라 기자들이 매일 일과 끝에 단순히 꾸며 적은 숫자였던 것이다. 피어슨이 찾아낸 통계적인 유형은 기자들이 완벽히 무작위적으로 숫자를 지어내는 데 실패했음을 보여줄 뿐이었다.

베팅 기법이 효과가 없다면, 휠 자체에 결함이 있어서 장기적으로 특정 숫자들이 다른 숫자들에 비해 자주 나오는 것은 아닐까?

시카고대학 대학원생 알버트 힙스Albert Hibbs(1924~2003)와 로이 월포드Roy Walford(1924~2004)는 1947년 리노에서 숫자 9가 특별히 자주 나오는 것처럼 보이는 룰렛휠을 발견했다. 이들은 처음 200달러였던 베팅액을 1만 2,000달러로 올렸다. 다음 해에는 라스베이거스의 팰리스 클럽에서 같은 특징을 보이는 휠을 발견하고 3만 달러를 벌었다. 두 사람은 1년을 휴학하고 카리브해를 항해한 뒤 과학 분야에서 차별화된 경력을 쌓았다. 많은 연구로 공적을 쌓은 가운데 힙스는 캘리포니아공과대학(칼텍) 제트추진연구소의 우주과학 부문 책임자가 되었고, 월포드는 UCLA의 의학연구원이 되어 생쥐에게 칼로리를 제한했을 때 최대 수명을 2배 이상 연장할 수 있다는 사실을 보여주었다. 힙스는 나중에 이렇게 적었다. "나는 우주를 정복하기를 원했고, 룸메이트 로이 월포드는 죽음을 정복하겠다고 결심했다."

게임에서 이기는 방법은 없다고 말했을 때, 리처드 파인만은 '기울어진 휠'에 관해 분명히 알고 있었을 것이다. 힙스는 바로 1년 전, 파인만 아래에서 칼텍 물리학 박사학위를 받았기 때문이다. 어쨌든 지금은 장비 관리가 좀 더 잘 되고 있는 만큼 대형 카지노에서 기울어진 휠은 더 이상 찾아보기 어려운 것 같다.

이것이 1960년 9월 클로드 섀넌과 내가 룰렛을 이기는 컴퓨터를 제작하기로 했던 때의 상황이다. 중요한 사실은 카지노가 플레이어에게 아직 공이 돌고 있는 동안에도 몇 초간 베팅을 할 수 있도록 허용했다는 것이다.

당시는 MIT와 맺은 2년 임용계약의 마지막 해였기에 나는 9개월 안에 임무를 완료해야 했다. 우리는 클로드 섀넌의 3층 목조 집에서 일주일에 20시간을 보냈다. 그의 집은 1858년부터 쭉 케임브리지에서 몇 미터 떨어진 미스틱 호수 한쪽에 인접해 있었다. 지하실에는 10만 달러 상당의 전기 및 전자, 기계 장치가 가득해서 나와 같은 기계광에게는 천국이었다. 모터, 트랜지스터, 스위치, 도르래, 기어, 축전기, 변압기 등 기계 및 전기 부품이 수천 개 있었다. 어린 시절 전자, 물리학, 화학 장치를 만들고 실험하며 많은 시간을 보낸 나는 섀넌과의 작업이 만족스러웠다.

우리는 리노에 있는 한 회사로부터 규정에 맞게 제작된 재생 룰렛휠을 1,500달러에 구입했다. MIT 실험실에서는 섬광등을 빌리고 초침이 1초에 한 바퀴를 도는 큰 시계도 빌렸다. 시계는 어린 시절 영화 촬영을 실험할 때 스톱워치가 했던 역할을 맡을 것이었다. 눈금은 100분의 1초 단위로 나뉘었는데 우리는 그 사이를 더욱 촘촘하게 나누었다. 우리는 당구대가 있는 방에서 작업을 시작했다. 점판암으로 만든 오래되고 육중한 당구대는 휠을 올릴 수 있는 견고한 기초가 되었다.

우리 휠은 세심하게 제작된 전형적인 카지노 룰렛휠로서 우아한 디자인과 아름다움이 게임의 매력을 더했다. 휠에는 고정자stator라고 하는 커다란 고정 부품이 있고 고정자의 위쪽을 둘러싼 외부 휠의 궤도에서 작은 흰색 공을 출발시켜 게임을 시작한다. 공은 궤도를 따라 돌다가 서서히 속도를 잃고 결국 거꾸로 된 원뿔 모양의 경사를 따라 내부로 떨어져 회전자rotor와 결합된 내부휠을 가로지른다. 앞서 크루피에croupier[5]가 회전시킨 숫자 칸은 공과 반대 방향으로 돌아간다.

공의 움직임은 여러 단계마다 모두 다르고 그 복잡성 때문에 분석을 실행하기가 벅차 좌절하게 된다. 우리는 원래 계획대로 공과 회전자의 움직임을 단계별로 나누어 분석했다.

먼저 우리는 궤도를 따라 도는 공이 언제, 어느 곳에서 바깥쪽 궤도를 벗어나는지 예측했다. 이를 위해 공이 궤도를 한 바퀴 도는 데 걸리는 시간을 측정했다. 시간이 짧으면 공은 빠르게 움직이면서 상대적으로 긴 거리를 돌 것이다. 시간이 오래 걸리면 공은 느리게 움직이고 궤도에서 곧 떨어질 것이다.

공의 속도를 측정하기 위해 공이 외부휠의 기준점을 통과하는 순간 고감도 스위치를 눌렀다. 이것이 시계를 작동시켰다. 공이 같은 자리를 두 번째로 지날 때 다시 스위치를 눌러 시계를 멈추고 공이 한 바퀴 도는 데 걸린 시간을 확인했다.

스위치를 누르면 시계가 작동하거나 멈추는 것과 동시에 섬광등이 번쩍 터졌다. 짧은 빛의 파동이 마치 디스코텍에서 볼 수 있는 조명 같았다. 우리는 방의 조명을 낮추고, 스위치를 누를 때마다 번쩍이는 섬광등의 불빛으로 공이 '멈추는' 위치를 표시했다. 이것으로 공이 기준점보다 얼마나 앞에서, 혹은 뒤에서 멈추었는지 알 수 있었다. 이 실험은 스위치를 누르는 우리의 반응속도를 보여주었다. 우리는 이것을 이용해 앞서 시계로 기록한 공의 1회전 시간을 수정하여 좀 더 정확한 데이터를 만들었다. 스위치를 누르는 반응속도를 눈으로 확인하는 것은 물론 오류를 구체적인 수치로 표시해서 결과적으로 반응속도를 향상시킬 수 있었다. 연습을 통해 오류는 약 0.03초에서 약 0.01초로 개선되었다. 우리는 엄지발가락으로 신발 속에 감춘 스위치를 작동하는 훈련을 했고 나중에 카지노에서 장치를 모두 숨긴 채 게임을 할 때도 같은 수준의 정확도를 유지할 수 있었다.

우리는 공의 속도가 원형궤도에서 떨어질 만큼 충분히 느려지는 시기와 지점을 높은 수준의 정확도로 예측 가능하다는 사실을 알아냈다. 여기까지는 그런대로 괜찮았다. 다음 단계로 공이 외부 휠의 거꾸로 된 원뿔 모양의 안쪽을 나선형으로 돌아 내려가 내부 휠에 도달하기까지 걸리는 시간과 이동 거리를 파악해야 했다. 대부분의 휠에는 이 영역에 변류기deflector라고 하는 날개가 있어서(보통 여덟 개) 이곳에 공이 수차례 부딪힌다. 그 영향으로 공은 무작위로 움직인다. 이 변류기에 부딪혔는지, 만약 부딪혔다면 어떻게 부딪혔는지에 따라 공이 움직이는 경로는 짧아질 수도 있고 길어질 수도 있다. 이것은 예측에 불확실성을 야기했지만 우리가 불리해질 정도로 영향이 있는 것은 아니었다. 변류기는 또한 공과 회전자의 타이밍을 포착하는 편리한 기준점이 되었다. 마지막으로, 움직이는 내부휠을 가로질러 지난 공은 각각의 숫자 칸 사이에서 이리저리 튀어 올랐는데 이것 역시 예측에 또 다른 불확실성을 가하는 요인이었다.

총 예측오차error of prediction에는 다양한 영향이 합산되어 반영된다. 그 영향에는 우리가 측정한 타이밍의 오류, 내부휠 분배기(프렛 fret) 위에서 공이 튀는 현상, 외부휠 안쪽을 나선으로 내려가던 공이 금속 장애물에 부딪혀 굴절되는 것, 기울어진 휠 등이 포함된다. 총오차가 정규분포(가우스 곡선, 종형곡선)를 거의 근접하게 따른다고 가정할 때, 우리가 우위를 갖기 위해서는 실제 결과에 대한 예측오차의 표준편차(불확실성의 척도)가 16개 숫자 칸(0.42 회전) 미만이어야 했다. 우리는 10개 숫자 칸, 0.26 회전으로 더욱 정밀하게 추정했다.

그 결과 우리가 예측한 숫자에 베팅한 금액의 평균 44퍼센트에 달하는 엄청난 이익을 얻을 수 있었다. 예측한 숫자의 바로 앞 2개와 바로 뒤 2개 숫자까지 베팅 범위를 확대해 총 5개 숫자에 베팅을 할 경우 위험은 줄이면서 여전히 43퍼센트 이익을 얻었다.

룰렛에서 이기기 위해 물리학을 이용하면서 러시안 룰렛이라는 기이한 게임이 떠올랐다. 러시안 룰렛에서 이길 수는 없더라도 물리학 덕분에 살아남는 것은 가능할 듯하다. 러시안 룰렛이라는 명칭은 조지 서데즈^{Georges Surdez}의 1937년 글에서 유래한 것으로 보인다.

"러시안 룰렛에 대해 들어 보았는가?" (중략) 1917년경, 루마니아에 있던 러시아 군인들 가운데 일부 장교들이 갑자기 회전식 연발권총을 꺼내 실린더에 총탄 하나를 넣고 제자리로 돌려놓은 다음 머리에 대고 방아쇠를 당겼다.

리볼버 실린더의 회전은 룰렛휠의 회전자를 연상시킨다. 여섯 개의 약실 중 단 한 개에 총탄이 장전되어 있으므로 총탄이 발사될 확률은 6분의 1처럼 보인다. 그러나 실린더가 스스로 멈출 때까지 기다린다고 가정할 때, 적절히 윤활유를 바르고 제대로 관리한 권총이라면 실린더가 바닥과 수평을 이루도록 권총을 겨눴을 때 중력과 총탄의 무게가 약실 전체를 아래쪽으로 이끄는 경향이 있다. 매회 실린더를 다시 돌린다면 확률은 '그'(여자들은 현명해서 이런 게임을 하지 않기 때문에 '그녀'라고 하지 않았다!)에게 유리하게 바뀐다. 무게가 한쪽으로 치우친 실린더가 최종적으로 정지하는 위치에 중력이 미치는 영향은 총을 겨누는 방향에 따라 달라진다. 20년 넘게 지방검사보로 일한 둘째 딸에 따르면 현대 법의학자들도 이 사실을 알고 있다.

클로드 섀넌은 흥미로운 정보가 풍부하고 기발한 아이디어가 넘쳐서 함께 일하는 것이 즐거웠다. 비밀 유지의 필요성에 대하여 논의하던 중 그가 소문과 비밀의 확산에 관한 사회관계망 이론가들의 연구를 언급했다. 예를 들어 미국에서 무작위로 선택한 두 사람은 대개 3단계 이내에서 서로 아는 사람으로 연결된다는 '3단계 분리 이론three degrees of separation'이다. 이 이론을 시험하는 확실한 방법은 낯선 사람을 만나서 지인 가운데 유명한 사람이 있는지 물어보는 것이다. 그들이 아는 유명인은 당신이 아는 유명인과 아는 사이일 가능성이 높다. 즉, 1) 당신과 당신이 아는 유명인, 2) 당신이 아는 유명인과 상대방이 아는 유명인, 그리고 3) 상대방이 아는 유명인과 상대방으로 이어지는 관계가 형성된다. 유명인 두 사람이 '2단계 분리' 역할을 하는 것이다.

평생의 습관대로 나는 이 주장 역시 직접 시험해보았는데 종종 놀라운 결과를 얻었다. 한번은 맨해튼에서 뉴저지주 프린스턴까지 열차를 타고 가는데 옆자리에 앉은 유쾌하고 인자한 모습의 잘 차려입은 숙녀가 어딘지 불안해 보였다. 영어, 프랑스어, 스페인어 가운데 어느 것도 알아듣지 못하던 그녀는 내 초보적인 독일어에 답을 했다. 필라델피아에 가야 하는데 언제 내려야할지 몰라 곤란해하고 있었다. 도움을 주고 난 뒤, 그녀가 헝가리 경제 부처 공무원이며 회의 참석차 부다페스트에서 오는 길이라는 사실을 알았다. 나는 '단계 분리 이론' 게임을 해보기로 했다.

"혹시 부다페스트에 시니타라는 성을 가진 사람 중에 아는 사람이 있나요?" 내가 물었다.

"물론이죠. 유명한 집안인걸요." 그녀가 대답했다. "마이클로스 시니타라고, 엔지니어 겸 영화제작자이자 심리학자를 알아요."

"바로 제 아내의 친척입니다." 내가 말했다.

나와 옆자리 경제학자를 비비안과 부다페스트의 시니타, 두 사람이 연결한다. 2단계 분리. 지금까지 모르는 사람과 연결되는 데 3단계 이상이 필요한 적은 없었다.

이 개념은 존 궤어John Guare가 1990년에 쓴 동명의 희곡을 통해 '6단계 분리'라는 이름으로 대중문화에 들어왔다. 단계 분리 개념은 1969년부터 에르되시 수Erdös number라는 명칭으로 수학자들 사이에 이미 잘 알려져 있었다. 에르되시 수는 다작과 방랑으로 유명한 헝가리 수학자 에르되시 팔Erös Pál과 다른 수학자들과의 연결 관계를 '공동으로 저술한 논문'을 이용해 표시한 것이다. 에르되시와 논문을 공동저술한 수학자의 에르되시 수는 1이다. 에르되시 수가 1이 아니지만[6] 에르되시 수가 1인 수학자와 논문을 공동 저술했다면, 그의 에르되시 수는 2가 되는 식이다.

모르는 사람들끼리 몇 안 되는 단계로 연결되어 있다는 사실은 소문이 빠르고 넓게 확산되는 이유를 설명한다. 좋은 투자 아이디어가 있다면 비밀로 유지하는 것이 좋다. 1998년 〈뉴욕 타임스〉의 사이언스 타임스는 수학자들이 이 '유명인' 발상을 이용해 관계망이 "커다란 세상을 작게" 만들 수 있다는 사실을 발견했다고 전했다. 기사는 6단계 분리 개념을 1967년 사회학자의 공으로 돌렸다. 그렇지만 클로드 섀넌은 1960년에 이 모든 것을 알고 있었다.

그는 독창적인 도구를 만들기를 좋아했다. 동전을 던져 일정한 횟수만큼 돌게 한 다음 동전이 정지할 때 자신이 원하는 대로 앞면이나 뒷면이 나오도록 하는 도구도 있었다. 작업실('장난감 방')에서 주방으로 이어지는 선도 있었다. 그가 선을 당기자 주방에 설치된 손가락이 슬그머니 움직이더니 장난스럽게 그의 아내 베티를 호출했다.

클로드는 공 세 개를 저글링하는 법을 쉬는 시간 틈틈이 가르쳐주었다. 클로드는 외발자전거를 타면서 저글링을 했다. 나무 그루터기 두 개를 강철 케이블로 연결해 그 위를 걸으면서 내게 막대기를 들고 연습해보라고 권하기도 했다. 그는 저글링하기, 외발자전거 타기, 외줄 위에서 균형 잡기 가운데 어떤 조합으로든 두 가지를 동시에 할 수 있었고 세 가지를 동시에 해내는 것이 목표였다. 어느 날 설피[7]처럼 발에 신을 수 있게 만든 거대한 스티로폼 두 개가 눈에 띄었다. 클로드는 "물 위를 걷게 하는" 수상신발이라고 했다. 그의 집 앞에 있는 미스틱 호수를 염두에 둔 것이었다. 이웃들은 클로드가 꼿꼿이 선 채 호수 수면 위를 움직이는 것을 보고 깜짝 놀랐다. 나도 수상신발을 신고 걸어보려고 했지만 넘어지지 않고 버티기가 쉽지 않았다.

어린 시절부터 과학이 곧 놀이였던 우리는 서로 잘 맞았다. 호기심을 자유롭게 풀어놓고 즐겼던 것처럼 무언가를 고치고 만드는 것은 놀이의 일부였다.

미국식 룰렛의 휠에는 공이 떨어져 들어가는 38개의 숫자 칸이 있다. 1부터 36까지 번호를 매긴 36개의 숫자 칸 가운데 18개는 빨간색, 18개는 검은색으로 이루어진다. 나머지 2개는 초록색 숫자 칸으로 각각 0과 00이 표시되는데 내부휠의 양쪽 반대편에 위치해 36

개 숫자 칸을 18개씩 구분한다. 1개 번호에 베팅해 적중한 경우 배당률은 35 대 1이다. 베팅한 금액을 돌려받고 추가로 베팅액의 35배를 지급받는다는 뜻이다. 0이나 00이 없다면 게임을 플레이어와 카지노를 대등하게 만드는 지급금이다. 매 회전마다 1달러를 1개 번호에 베팅한다고 할 때, 룰렛휠이 36회 회전할 때마다 플레이어는 평균적으로 1회 이겨 35달러를 벌고 35회 져서 1달러씩 총 35달러를 잃어 순이익도 없고 순손실도 없는 구조이기 때문이다. 그러나 추가된 0과 00으로 인해, 예측력이 없는 플레이어는 룰렛휠이 38회 회전하는 동안 1회 이겨 35달러를 벌고 37회 져서 1달러씩 총 37달러를 잃는다. 38달러를 베팅할 때마다 순손실 2달러가 발생한다는 뜻이다. 따라서 1개 숫자에 베팅할 때 카지노의 우위는 38달러 나누기 2달러, 즉 5.26퍼센트가 된다. 유럽식 룰렛은 보통 좀 더 관대해서 추가 숫자 칸이 0뿐이다.

유리한 게임에서 베팅 규모를 정하는 것과 관련해 클로드가 존 켈리John Kelly의 1956년 논문[8]을 읽어보라고 제안했다. 켈리의 논문은 블랙잭과 룰렛 베팅은 물론 나중에 다른 유리한 게임들과 스포츠 경기에서 베팅을 하고 주식시장에 투자할 때도 내게 지침이 되었다.[9] 켈리의 전략은 룰렛에서 1개 숫자에 베팅하기보다는 기대이익을 약간 포기하더라도 (인접한) 여러 숫자로 나누어 베팅하는 것이 위험을 크게 감소시켜서 해볼 만한 가치가 있음을 보여주었다.

크루피에가 내부휠을 돌려 게임을 시작한다. 우리는 룰렛 컴퓨터로 회전자와 결합된 내부휠이 한 바퀴 도는 데 걸리는 시간을 측정하고 장비를 이용해 크루피에가 다시 내부휠을 돌리기 전까지 그 위치를 예측한다. 컴퓨터는 순차적으로 높아지는 8개 음을 전송한다. 음은 도, 레, 미…로 반복된다. (중간음) C, D, E…C (다음 옥타브)가 반복되는 피아노 음계를 떠올려보자. 우리는 회전수가 3~4차례 남았을 때를 측정 시점으로 정했다. 뒤로 갈수록 속도가 느려져 예측의 정확도가 높아지고 3회전이 남은 시점에 베팅을 해도 시간은 충분하기 때문이다. 공이 궤도를 돌다 룰렛휠의 기준점을 처음으로 지나는 순간 컴퓨터의 스위치를 누른다. 이때, 신호음의 순서가 바뀌면서 음이 재생되는 속도가 빨라진다. 공이 한 바퀴 회전한 뒤 다시 기준점을 지날 때 스위치를 누르면 공의 속도가 측정되고 신호음이 멈춘다. 마지막으로 들린 신호음은 베팅할 숫자의 범위를 알려준다. 측정을 맡은 사람이 공의 회전수를 잘못 판단했을 때는 신호음이 멈추지 않는다. 이때는 위장이 목적인 경우가 아니라면 베팅을 하지 않는다. 마지막 위치 입력과 동시에 예상 숫자가 전송된다. 전산 처리에는 시간이 전혀 소요되지 않는다.

　클로드와 함께 이 연구를 하던 도중 내 블랙잭 기법을 시험하기 위해 매니, 에디와 함께 네바다에 가게 되었다. 덕분에 카지노의 룰렛휠을 살펴보고 우리 실험실의 바퀴와 비슷하게 움직이는지 점검할 기회를 얻었다. 확인 결과 다수의 룰렛휠이 기울어져있었다. 우리는 룰렛휠이 기울어지면 예측력은 더 향상된다는 사실은 이미 알고 있었다. 공이 떨어질 가능성이 있는 궤도의 영역을 제한하는 효과가 있기 때문이다. 나는 대개 칩 지름의 절반에서 전체만큼 룰렛휠이 기울어졌다고 클로드에게 알렸다. 우리 실험에서는 룰렛휠을 받치는 다리들 중 세 개의 다리 밑에 카지노 칩 지름의 절반쯤 되는 두께의 동전을 끼워 넣었고 룰렛휠의 기울기가 이 정도(칩 지름의 절반 두께)일 때 우리 우위가 더욱 커진다는 사실을 발견했다.

다양하게 설계한 장치를 몇 개월에 걸쳐 실험한 끝에 최종 개발이 이루어졌다. 장비는 2개로 구성되었고 따라서 2개 조가 필요했다. 한 사람은 트랜지스터 12개가 들어있는 담뱃갑 크기의 컴퓨터를 착용했다. 컴퓨터를 착용한 사람은 신발 안에 스위치를 숨기고 엄지발가락을 이용해 스위치를 조작하는 방식으로 데이터를 입력한다. 컴퓨터의 예측은 장비를 통해 무선으로 전송되었다. 여기에 사용된 장비는 모형비행기를 원격조종하는 데 이용되는 값싸고 널리 보급된 장비를 변형하여 만들었다. 베팅을 맡은 다른 한 사람은 베팅할 숫자의 범위를 음악 소리로 알려주는 무선수신기를 착용한다. 두 공모자는 모르는 사이처럼 행동할 것이다.

베팅을 맡은 사람은 한쪽 외이도에 밀어 넣은 초소형 확성기에서 나오는 신호음을 듣는다. 확성기는 옷 속에 숨긴 무선수신기와 매우 가는 전선으로 연결된다. 우리는 전선이 눈에 띄지 않도록 투명한 고무풀로 몸에 붙이고 피부와 머리카락에 맞추어 색을 칠했다. 구리선은 직경이 머리카락 굵기에 불과해 쉽게 끊어졌다. 클로드는 구리선을 대체할 초박형 강선을 찾아야 한다고 했다. 1시간 동안 전화로 수소문한 끝에 우리에게 필요한 물건을 가지고 있다는 한 공급업체를 매사추세츠주 우스터에서 찾아냈다.

우리는 컴퓨터를 완성하기 위해 1961년 4월부터 5월까지 일에 열중했다. 다음 달에는 비비안과 함께 두 살밖에 안 된 라언을 데리고 MIT를 떠나 로스앤젤레스로 갔다가 가을에는 뉴멕시코주립대학으로 가야 했기 때문이다. 우리가 떠날 때까지도 아직 상당 부분이 끝나지 않은 상태였다. 나는 몇 주 만에 야간 비행편을 이용해 로스앤젤레스에서 보스턴까지 가서 어느 화창한 여름 아침 7시쯤 섀넌의 집 현관 앞에 섰다. 3주 동안 섀넌과 지내면서 프로젝트를 끝내기 위해 맹렬히 일했다. 마침내 세부 조정과 추가 시험을 마쳤고 우리는 준비를 끝냈다. 1961년 6월의 마지막 날, 착용형 컴퓨터는 가동을 시작할 준비를 갖추었다.

나는 로스앤젤레스로 돌아와 비비안에게 룰렛 컴퓨터가 준비되었고 클로드와 함께 그것을 시험해보고 싶다고 말했다. 비비안과 나는 8월에 라스베이거스에서 베티와 클로드를 만났다. 우리는 부근의 호텔 방에 짐과 장비를 풀고 적당한 룰렛휠을 찾으러 밖으로 나갔다. 우리 기계는 확인한 모든 룰렛휠을 이길 수 있어서 우리는 분위기가 마음에 드는 카지노 한 곳을 선택했다. 저녁식사 시간이 되었고 우리는 내일 할 일을 계획했다.

다음 날 아침 우리 몸은 전선을 이용해 장비와 연결되었다. 클로드는 컴퓨터와 무선송신기를 착용하고 신발에 숨긴 스위치를 엄지발가락으로 조작했다. 나는 무선수신기를 착용했다. 무선수신기는 목을 타고 오른쪽 외이도에 꽂은 스피커에 연결되었다. 카지노를 향해 출발할 만반의 준비를 갖추고 나자 클로드는 고개를 갸웃거리더니 장난꾸러기 요정 같은 미소를 지으며 물었다. "어떤 신호에 움직인다고요?"

클로드는 작업에 착수했을 때 자신이 착용한 컴퓨터에서 내 외이도로 전송하게 될 이상한 소리(음악 신호음)를 장난스럽게 언급한 것이었다. 지금 그때로 돌아가 장비와 전선으로 연결된 나를 떠올려보면 그 순간에 시간을 멈추고 어떤 신호에 움직이느냐는 클로드의 물음이 지닌 깊은 의미를 생각하게 된다.

당시 나는 인생에서 두 가지의 크게 다른 미래를 선택할 수 있는 기점에 있었다. 전문 도박사가 되어 전 세계를 돌며 해마다 수백만 달러를 벌어들일 수도 있었다. 블랙잭과 룰렛을 오가며 번 돈의 일부는 위장 삼아 크랩스나 바카라처럼 카지노에 약간의 우위가 있는 다른 게임에 베팅하는 데 쓸 수 있을 것이었다.

또 다른 선택지는 학업을 계속하는 것이었다. 어떤 길을 선택할지 결정하도록 한 것, 즉 '나를 움직인 신호'는 내 성격이었다. 그리스 철학자 헤라클레이토스의 말처럼 "성격은 운명이다." 나는 멈춘 시간을 풀고 룰렛 테이블로 향하던 그때의 우리를 지켜본다.

우리 네 사람은 카지노에 도착했다. 비비안과 베티 섀넌은 산책을 하며 이야기를 나누었고 클로드와 나는 그 두 사람, 그리고 서로를 모른 척한다. 내 카지노 경험이 부족해 모두 긴장했지만 다행히 겉으로 드러나지는 않았다. 클로드는 룰렛휠 옆에 서서 공과 회전자의 시간을 측정했다. 그러면서 실제로 무엇을 하고 있는지 카지노가 눈치 채지 못하도록 매번 공이 떨어질 때마다 숫자 칸의 숫자를 적었다. 결국 질 것이 뻔한 여느 참가자들과 마찬가지로 보일 터였다. 나는 클로드와 룰렛휠에서 어느 정도 거리를 두고 반대쪽 끝에 자리를 잡았다.

클로드는 크루피에가 내부휠을 밀어 돌리기를 기다린다. 내부휠의 초록색 숫자 0이 클로드가 공의 방향을 바꾸는 날개 가운데 하나로 선택한 외부휠의 기준점을 지나가는 순간 클로드는 신발 속에 숨긴 묶음 수은 스위치 하나를 엄지발가락으로 누른다. 소리 없이 딸각, 하고 스위치가 작동한다. 초록색 0이 다시 돌아온다. 딸각. 이때 경과한 시간이 1회전에 소요되는 시간이다. 두 번째로 스위치를 누른 이후 내 귓속에서는 8개 음이 들리기 시작한다. 도, 레,

미…, 내부휠이 한 번 돌 때마다 반복된다. 이제 컴퓨터는 내부휠의 속도뿐만 아니라 외부휠 대비 내부휠의 위치도 파악한다. 내부휠의 회전자는 보석으로 장식한 마찰이 극히 적은 베어링에 걸려있지만 서서히 속도가 느려진다. 이것도 컴퓨터에 반영해 보정해야 한다. 느려지는 속도를 보완하기 위해 크루피에는 한 번 더 내부휠을 밀어 돌리고 클로드는 이것을 기다렸다가 시간을 다시 측정해 컴퓨터에 반영한다.

나는 베팅할 준비가 되었다. 크루피에가 공을 출발시킨다. 공은 고정자와 연결된 외부휠의 맨 위에서 속도를 내며 궤도를 돌고 클로드는 공이 기준점을 몇 차례 통과하는 것을 지켜본다. 3회전 이상, 4회전 미만이 남았다고 판단할 때 다른 쪽 엄지발가락을 움직인다. 반복되는 음의 속도가 빨라진다. 마침내 공이 다음 회전을 마치면 클로드의 발가락은 다시 스위치를 누른다. 딸각! 순서대로 재생되던 음이 멈춘다. 마지막으로 들린 음은 베팅을 할 숫자의 범위를 가리킨다. 아직 시험일뿐이므로 나는 10센트 칩을 걸었다. 다음 베팅이 잇따라 성공하면서 컴퓨터는 몇 차례 회전 만에 몇십 센트에 불과하던 칩을 무더기로 쌓는 마법을 발휘했다. 나는 매번 내부휠의 회전자에 인접한 5개 숫자에 베팅했다. 유럽에서 흔한 방식으로 프랑스에서는 '이웃'한 수라고 부른다.

우리는 룰렛휠 위의 숫자를 다섯 개씩 여덟 묶음으로 나누었다. 총 40개 숫자가 있고 룰렛휠에는 38개 숫자만 있으므로 0과 00이 추가로 등장한다. 우리는 이것을 다섯 개 숫자의 '8분원'이라고 불렀다. 다섯 개 숫자 각각에 1달러를 건 일반 참가자들은 서른여덟 번 가운데 약 다섯 번 이길 것이다. 즉, 8분의 1이 조금 넘는 확률로 이기고 그 외에는 다섯 개 베팅에서 모두 질 것이다. 38달러를 걸고 2달러 손실이 발생하므로 5.3퍼센트 열세이다. 그러나 우리 컴퓨터를 사용하면 다섯 개 숫자에 베팅해 5분의 1의 확률로 이겨 우리가 44퍼센트 우위를 지닌다. 그러나 문제가 있었다. 한창 이기고 있던 중에 옆자리에 앉은 여성이 공포에 질린 얼굴로 나를 보고 있었다. 자리를 떠야 한다는 것은 알았지만 이유를 몰랐던 나는 화장실로 뛰어갔다. 거울을 보니 귀에서 스피커가 삐져나와 마치 한 마리의 외계 곤충 같은 모습이었다. 더 심각한 문제가 있었다. 10센트짜리 칩을 여러 차례 크게 불렀지만 이 여행에서 더 크게 돈을 걸 수 없었던 이유가 있었다. 귓속 스피커에 연결한 선이 문제였다. 강선으로 만들었지만 굵기가 너무 가늘어 쉽게 파손되면서 방으로 돌아가 선을 수리하고 교체하는 지난한 과정을 거치는 동안 오랜 공백이 발생했던 것이다.

컴퓨터는 성공적으로 작동했다. 더 굵은 선을 이용하고 머리를 길러서 목을 따라 올라오는 선과 귀를 감추면 문제를 해결할 수 있겠다고 생각했다. 내키지 않아 하는 아내들을 설득해 직접 선을 몸에 부착하게 하고 유행하는 긴 머리로 가리는 방법도 생각했다.

베팅을 하는 동안 지켜보던 어느 누구도 클로드와 내가 평범하지 않은 일을 하고 있음을 눈치 채지 못했고 우리 네 사람이 관련이 있다는 사실도 알아차리지 못했다. 그렇더라도 일단 알아내기만 하면 카지노는 우리를 간단히 저지할 수 있었다. 늘 하던 대로 공이 멈출 때까지 기다리는 대신 공이 돌기 전에 "더 이상 베팅은 못 합니다."라고 말하면 그만이었다. 우리는 그들이 상황을 파악하고 행동에 나서기 전에 우리의 연승에서 주의를 돌리도록 연극을 해야 했다. 블랙잭의 경험으로 볼 때 이것은 굉장한 노력을 필요로 하는 일이었다. 그러나 나, 비비안, 클로드, 베티 중 누구도 연극조로 하는 말과 행동, 위장, 눈속임을 미리 연습하려고 하지 않았다. 게다가 나는 블랙잭으로 워낙 알려져있어서 오랫동안 눈에 띄지 않기가 오히려 어려웠다. 또한 우리 중 어느 누구도 우리 시간의 상당한 부분을 그런 식으로 쓰고 싶지는 않았다. 우리는 약간의 양가감정을 느끼며 멈추었다. 그것은 좋은 결정이었다고 늘 생각한다.

MIT 미디어연구소는 나중에 우리 장치를 착용형 컴퓨터, 즉 신체에 착용하는 것이 제원 중 하나인 컴퓨터로 목록에 기록했다.[10] 1961년 말 나는 두 번째 착용형 컴퓨터를 제작했다. 운명의 수레바퀴, 즉 머니휠을 예측하는 위장기기였다. 룰렛 컴퓨터와 마찬가지였지만 발가락으로 조작하는 입력 스위치, 출력 스피커, 단접합 트랜지스터를 갖추었기 때문에 작동은 한 사람으로 충분했다.[11] 장치는 성냥갑 크기로 실제 카지노에서도 제대로 작동했지만 회전 후반부에 하는 나의 베팅과 그 화려한 결과를 감추기에는 게임 진행이 너무 단조로웠다. 휠이 회전하는 동안 내가 40:1에 베팅하면 크루피에는 휠을 한 번 더 회전시키기를 여러 차례 반복했다.

1966년 마침내 우리의 룰렛 시스템이 공식 발표되었다.[12] 그때쯤에는 우리가 그것을 이용하지 않을 것이 분명했기 때문이다. 세부사항은 나중에 공개했다.[13] 캘리포니아대학교 산타크루즈 캠퍼스UCSC의 한 수학자가 전화를 걸어와 나는 그에게 방법을 설명했다. UCSC 물리학자들의 모임인 '행복한 파이Eudaemonic Pie'는 그 후 10년 동안 더욱 발전된 기술을 바탕으로 직접 룰렛 컴퓨터를 만들었다. 그들도 우리처럼 44퍼센트 우위를 발견했고 역시 우리처럼 하드웨어 문제로 좌절했지만[14] 룰렛 컴퓨터를 이용해 상당한 돈을 벌었다고 알려졌다.

섀넌과 나는 착용형 블랙잭 컴퓨터를 만드는 일도 논의했다. 블랙잭 분석에 사용했던 프로그램을 이용해 카드카운팅과 완벽한 게임이 가능하고 최고의 인간 카드카운터보다 두 배 높은 승률을 달성할 수 있는 컴퓨터였다. 게임에서 컴퓨터가 인간을 이긴 초기, 아마도 최초 사례였을 것이다. 나중에 컴퓨터는 서양장기를 완벽하게 두고, 체스, 바둑, 그리고 제퍼디Jeopardy 퀴즈쇼에서 최고 선수들을 이기게 되었다. 시간이 지난 뒤 사람들은 착용형 블랙잭 컴퓨터를 제작해 판매했다. 당시 네바다 법, 그중에서도 부정행위에 관한 법령은 컴퓨터 사용을 금지하지 않았다. 그러나 블랙잭과 룰렛에서 위장 컴퓨터가 카지노의 수익을 점차 잠식하자 비상조치로 1985년 5월 30일 네바다 장치법이 통과되었다.[15] 이 법에 따라 결과를 예측하고 발생 가능성을 분석하며 게임 및 베팅 전략을 분석하거나 사용된 카드를 추적하는 장치를 사용하거나 소유하는 것이 금지되었다. 법을 어길 경우 벌금과 징역형을 부과했다. 법안이 너무 포괄적이어서 심지어 《딜러를 이겨라》 책마다 수록된 손바닥 크기의 전략 카드도 사용을 금지하는 것 같았다. 2009년 한 기업가가 카드카운팅을 하는 유명한 아이폰 앱을 거론하며 블랙잭 게임에 이용할 것을 추천하자 카지노 업계는 그것이 불법이라는 사실을 게임 중간에 이용자들에게 다시 한 번 주지시켰다.

클로드와 나는 몇 년 동안 종종 편지를 주고받았다. 처음에는 룰렛에 관한 이야기였지만 갈수록 우리가 그 일을 더 발전시키기를 원하지 않는다는 것이 분명해졌다. 내가 기억하는 마지막 편지는

1965년 말~1966년 초에 쓴 것으로 그의 칠판에 적힌 숫자 2^{11}을 보고 나누었던 주식시장에 관한 대화를 다시 언급했다. 2^{11}, 즉 2,048은 1달러가 2배씩 열한 번 불어났을 때 도달할 수 있는 숫자로 클로드가 생각하는 투자 목표였다. 나는 주식시장의 아주 작은 틈새에 투자하는 특별한 방법을 찾았으며 연평균 수익률 30퍼센트가 가능하다고 적었다. 시간이 주어진다면 2^{11}을 넘어설 수도 있었다. 그는 나의 오만에 대한 자신의 생각을 결코 말하지 않았다. 실제 수익률은 20퍼센트 정도였으니 오만하다면 오만한 선언이었다.

우리는 1968년 샌프란시스코 수학회의에서 마지막으로 만났다. 그가 내게 한 마지막 말이 가슴에 사무친다. "우리 둘 다 무덤에 들어가기 전에 다시 한 번 만나야죠."

2001년 클로드가 세상을 떠난 뒤 베티는 클로드의 논문과 기기들을 MIT 박물관에 기증했다. 룰렛 컴퓨터도 그중 하나였다. 2008년 봄 독일 파더보른에 있는 하인츠 닉스도르프 컴퓨터 박물관에서 대여해 전시한 룰렛 컴퓨터에는 8주 동안 3만 5,000명의 관람객이 몰렸다.

1961년 8월, 라스베이거스 룰렛휠을 향해 걸어갈 때 클로드는 우리 네 사람 말고는 아무도 본 적 없는 장치를 사용하고 있었다. 그것이 세계 최초의 착용형 컴퓨터였다. 내게 착용형 컴퓨터는 의도한 기능을 수행하기 위해 문자 그대로 사람이 착용하는 컴퓨터였을 뿐이다. 우리 장치가 개발에 미친 영향은 거의 없겠지만 지금은 내가 이용하는 애플와치를 비롯해 착용형 컴퓨터가 널리 보급되었다.

블랙잭과 룰렛을 거친 뒤 다시 궁금해졌다. 다른 카지노 게임도 이길 수 있을까?

다른 도박 게임에서 우위 확보하기

라스베이거스에서 룰렛 컴퓨터를 시험한 지 한 달이 지난 1961
년 9월, 비비안과 라언, 나는 뉴멕시코주 라스크루시스로 이사했다.
나는 뉴멕시코주립대학에서 수학과 교수로 일을 시작했다. 라스크
루시스는 해발 약 1.2킬로미터의 높은 사막 지대에 위치한 인구 3만
7,000명의 도시로 뉴멕시코주의 주요 수원인 리오그란데강 근처에
세워진 도시다. 광활한 사막에는 도시들이 넓은 간격으로 분포하고
있었다. 가장 가까운 인구 밀집 지역은 남쪽으로 약 72킬로미터 떨
어진 텍사스주 엘파소였다. 뉴멕시코주립대학은 앨버커키에 위치한
뉴멕시코대학교 다음으로 주에서 가장 중요한 캠퍼스였다. 당시 학
교는 농업전문대학에서 종합대학으로 변모하는 중이었다. 캠퍼스
의 동쪽에 있는 높은 언덕에는 농과대학을 뜻하는 'Aggies'의 머리
글자 A가 커다랗게 흰색으로 쓰여있었다. 덕분에 풋볼팀이 알파벳
의 첫 단어 A를 익히면 그때는 언덕 위 글자를 B로 교체해야 한다
는 사람들도 있었다.

뉴멕시코에서 지낸 4년은 잊지 못할 시간이었다. 둘째 딸 캐런이 그곳에서 태어났고 아들 제프가 가까운 엘파소에서 태어났다. 약 32킬로미터 거리에 있는 화이트샌즈 미사일 시험장과 국립기념물의 하얀 석고모래가 태양 광선을 효율적으로 반사해 여름의 열기를 식혀주었다.

나는 작은 천체망원경으로 뉴멕시코의 밤하늘을 즐기며 천문학에 대한 어린 시절의 관심을 이어갔다. 천문학적 면에서 가장 인상적이었던 경험은 동료이자 라스크루시스에 살았던 클라이드 톰보Clyde Tombaugh(1906~1997) 교수와 사적으로 점심식사를 함께했던 것이다. 톰보 교수는 1930년 애리조나주 플래그스태프의 로웰 천문대에서 명왕성(최근 왜소행성으로 강등되었다.)을 발견하여 세계적 명성을 쌓았다. 로스앨러모스에서 일하고 있던 제자 윌리엄 "빌" 월든의 주선으로 20세기 위대한 수학자 가운데 한 사람인 스타니스와프 울람Stanislaw Ulam(1909~1984)과 그곳에서 오후를 보내기도 했다. 원자폭탄을 개발하는 맨해튼 프로젝트에 참여했던 울람은 훗날 수소폭탄을 만드는 데 핵심적인 구상(울람-텔러 열핵무기 개념)을 제시했다.[1]

대학원생들을 가르치고 학교에서 수학 연구를 하면서도 지금까지 익힌 것을 이용해 다른 도박게임 역시 이길 수 있을지 궁금했다. 네바다로 떠난 블랙잭 여행 동안 주목한 카지노 게임 중 하나는 바카라였다. 이언 플레밍Ian Fleming의 소설 《카지노 로열Casino Royale》과 동명의 007 영화의 극적인 도입부에서 제임스 본드가 했던 게임이다. 유럽에서 오랫동안 즐겨온 이 게임은 베팅한도가 높고 때로는 무제한이어서 높은 인기를 얻었고 라스베이거스 일부 카지노에 약간 변형된 형태로 도입되었다. 블랙잭과 유사한 바카라는 자연스럽게 내 기법의 시험 대상이 되었다. 다행히 컴퓨터 과학자로서 수학을 적용하는 데 관심이 있었던 빌 월든이 기꺼이 참여해 주었다. 1962년 우리는 바카라 분석을 시작했다. 내 카드카운팅 기법이 어디까지 성공할 수 있는지 알아보는 것이 목표였다.

네바다 방식의 바카라는 여덟 벌, 총 416장의 카드를 딜링한다. 각 카드의 값은 마지막 하나를 제외하면 블랙잭과 같다. 즉, 에이스는 1점, 2~9는 각 숫자와 같은 값을 갖고, 10, J, Q, K는 10이 아닌 0으로 간주한다. 섞기를 마친 카드의 끝부분에 그림이 없는 '컷 카드cut card'[2]를 앞면이 위로 가게 삽입하면 게임이 시작된다. 416장의 카드는 '슈shoe'라고 하는 나무상자에 담긴다. 첫 번째 카드를 뒤집어 카드의 숫자를 확인한 다음 그 숫자만큼 카드를 버린다.[3] 이것을 '버닝burning'이라고 한다. 공개된 카드가 10, J, Q, K인 경우 총 10장의 카드를 버닝한다.

각 카지노 테이블에는 좌석이 12개 있었는데 다양한 고객과 바람잡이들(카지노에서 고용한 직원으로 고객을 끌어들이기 위해 게임을 하는 척하며 돈을 거는 사람들)이 자리를 차지하고 있었다. 테이블의 레이아웃에는 뱅커와 플레이어라는 두 개의 큰 베팅 구역이 표시되어있다.

참가자들이 돈을 걸면 크루피에는 2장의 카드를 앞면이 아래를 향한 상태로 레이아웃의 뱅커와 플레이어라고 표시된 구역에 각각 1장씩 놓는다. 그런 다음 크루피에는 카드를 뒤집어 공개한다. 카드는 전체 값의 마지막 자리 숫자만 센다. 예를 들어, 9+9=18은 총 8로 계산한다. 첫 패로 받은 카드 2장의 숫자 합이 8이나 9인 경우 내추럴 8 또는 내추럴 9라고 하며 더 이상 카드를 딜링하지 않고 모든 베팅을 마무리한다. 플레이어나 뱅커 구역 어느 곳에서도 내추럴이 나오지 않으면 플레이어 구역부터 시작해 규칙에 따라[4] 크루 피에에게서 카드 1장을 더 받거나 카드를 받지 않고 멈춘다(스탠드). 점수가 높은 패가 이기고 동점일 경우 베팅한 돈을 돌려받는다.

게임의 유사성 때문에 우리는 블랙잭과 같은 방식으로 바카라 분석에 접근했다. 먼저 네바다식 바카라에서 뱅커와 플레이어 측 베팅에 대해[5] 하우스가 지닌 우위가 정확히 얼마인지 계산해보았다. 뱅커 측에 베팅을 한 경우 하우스의 우위는 전체적으로 1.058퍼센트, 동점인 경우를 제외하면 1.169퍼센트였다. 플레이어 측에 베팅을 한 경우는 각각 1.235퍼센트, 1.365퍼센트였다. 여기서 참가자는 이미 사용된 카드를 추적하지 않는다고 가정한다. 이처럼 카지노의 우위는 뱅커 구역과 플레이어 구역에서 베팅할 때 각각 다르다. 그 이유는 세 번째 카드를 배분하는(드로잉drawing) 규칙이 다르고 참가 자가 뱅커 측에 베팅해 이기면 상금의 5퍼센트를 카지노에 수수료 로 지불해야 하기 때문이다.

카드를 추적하는 경우는 어떨까?

빌 월든과 나는 우리가 '카드카운팅의 기본 정리'라고 이름을 붙인 정리를 증명했다.[6] 수학적으로 말하면 더 많은 카드가 공개될 수록 카드카운팅의 이점이 확대된다는 개념이었다. 이는 마지막으 로 갈수록 상황이 더 좋아진다는 뜻이다. 우리는 이런 효과조차 바 카라에서는 미미하고 드물다는 것을 발견했다.

바카라에서 기회가 충분하지 않은 이유는 전체 카드에서 1장을 제거할 때의 영향이 블랙잭의 약 9분의 1에 불과하며, 따라서 하우 스의 우위에 미치는 영향도 그에 상응해 작아지기 때문이다.[7] 또한 참가자가 극복해야 할 하우스의 우위는 1퍼센트 이상으로 더 확대된다.

뱅커 측과 플레이어 측에 하는 주 베팅 외에도 바카라 레이아웃에서는 네 개의 부 베팅이 가능하다. 뱅커 측 내추럴 9, 플레이어 측 내추럴 9, 뱅커 측 내추럴 8, 플레이어 측 내추럴 8이다. 뱅커 측에 놓인 첫 두 장의 카드의 숫자 합이 9인 경우를 뱅커 측 내추럴 9라고 하며 9:1의 배당률로 상금을 지급한다. 1달러를 걸어 이기면 1달러에 더해 9달러 상금을 지급한다는 뜻이다. 나머지 세 개의 베팅도 배당률은 동일하다.

카드카운팅을 하지 않는 사람에게 이런 베팅은 끔찍한 것이었다. 뱅커 측과 플레이어 측 각각 두 개 베팅에서 하우스의 우위가 내추럴 9는 5.10퍼센트, 내추럴 8은 5.47퍼센트에 달했기 때문이다. 그러나 우리는 카드카운터가 뱅커와 플레이어 측에 대한 주 베팅에서는 하우스를 이길 수 없더라도 부 베팅에서는 이길 수 있다는 사실을 알아냈다. 내가 추론을 통해 예측한 것을 월든과 함께 계산으로 확인했다. 카드가 사용될수록 부 베팅의 우위는 크게 달라졌다. 슈에서 약 3분의 1 정도의 카드가 사용되었을 때 기회가 생겼고 사용된 카드가 많아질수록 상황은 더 좋아졌다.

우리는 남은 카드 가운데 9의 비중이 특히 높을 때 내추럴 9 베팅은 플레이어 측에 하는 것이 유리하다는 사실을 활용해 현실적인 카드카운팅 기법을 고안했다. 남은 카드에 8의 비중이 높은 경우 플레이어 측 내추럴 8 베팅이 유리했다.

카지노에서 시험해보기 위해 나는 수학과 학과장 랄프 크라우치Raph Crouch를 섭외했다. 우리는 여덟 벌의 카드를 카운팅하는 법을 연습했다. 이를 위해서는 공개되지 않은 카드의 합계와 그 가운데

8과 9 카드의 합계를 내야 했다. 카드카운팅은 블랙잭보다 어려웠다. 카드 8벌에는 32장의 9와 32장의 8을 포함해 총 416장의 카드가 있었고 우리는 남은 카드 전체와 남은 9, 남은 8 카드를 모두 추적해야 했기 때문이다.

랄프는 내가 만난 여느 수학과 학과장과는 달랐다. 중간 키에 발그레한 얼굴을 한 그는 쾌활한 성격에 수다스럽고 극단적으로 외향적인 사람이었다. 그런 점에서 그는 내성적인 성격의 전형적인 수학자들과 구분되었다. "어떤 수학자가 내성적인지 외향적인지 어떻게 알 수 있을까? 정답은 그 사람에게 말을 걸었을 때 자기 신발을 보면 내성적인 사람이고 당신의 신발을 보면 외향적인 사람"이라는 유명한 농담이 있을 정도이다. 파티에서 늘 빠질 수 없는 역할을 했던 랄프는 학과 모임을 열고 커다란 그릇에 7리터가 넘는 바카디 럼과 얼린 오렌지 주스, 파인애플 주스, 레모네이드를 섞어 만든 '라스크루시스 펀치'를 준비해 흥을 돋웠다. 비비안과 나는 이런 파티를 최대한 피했고 참석해야할 경우에는 예의상 짧게 얼굴만 비추었다. 몇 년 후 라스크루시스 펀치의 조리법과 (럼이 대부분인) 배합 비율을 우연히 본 딸들은 펀치를 마시고 다들 두 발로 멀쩡히 서있었던 것이 신기할 정도라고 했다.

나는 성공적인 카드카운터가 되기 위한 요건은 무엇이냐는 질문을 종종 받는다. 나는 학문적인 이해로는 충분하지 않다는 것을 알았다. 빠르게 판단하고 충분히 훈련해야 하며 기질적으로 카드카운팅에 적합해야 한다. 즉, 머릿속에서 빠르게 현재로 돌아와 카드와 사람들, 주변 환경에 집중하는 능력이 있어야 한다. 스스로 카지노가 익히 아는 전형적인 손님처럼 보이도록 '연기'를 하거나 가면을 쓸 수 있다면 더욱 좋다.

나는 랄프와 그의 골프 친구이자 학교에서 재무회계를 담당하는 케이 하픈이라면 내가 생각한 바카라 팀에 완벽하겠다고 생각했다. 케이는 자제력이 있고 침착하며 쉽게 동요하지 않는다. 연습을 통해 두 사람 모두 카운팅에 능숙해지는 법을 익혔다. 여행에는 아내들도 함께했다. 블랙잭 여행에 거의 동행하지 않았던 비비안은 내 안전을 직접 확인할 수 있어 마음을 놓았다. 게임을 하지 않을 때 우리 여섯 명은 도시를 돌아다니며 즐기기로 했다.

우리는 1963년 봄방학을 맞아 라스베이거스로 향했다. 바카라 게임을 시작하는 저녁 9시보다 조금 앞서 듄스에 도착했고 서로 모르는 사람처럼 행동했다. 우묵하게 들어간 바카라 구역은 벨벳 밧줄을 경계로 카지노의 다른 구역과 구분되었다. 눈길을 끄는 높은 테이블에는 말발굽처럼 생긴 양쪽 끝부분에 의자가 각각 여섯 개씩 놓여있었다. 우리가 앉았을 때는 이미 몇몇 여성 바람잡이들이 자리를 잡은 상태였다. 블랙잭으로 얻은 유명세에도 불구하고 카지노 사람들은 나를 알아보지 못했다. 적어도 처음에는 그랬다.

게임이 시작되고 벨벳 밧줄 바깥쪽으로 구경꾼들이 모여들었다. 베팅 한도는 주 베팅이 5,000~2,000달러, 부 베팅이 500~100달러였다. 2016년 가치로 환산하려면 여기에 10배를 곱하면 된다.

그때 누군가 "저기 이 책을 쓴 사람이 있어."라고 소리 쳤다. 바카라 감독관의 눈이 휘둥그레지더니 근처 전화기로 달려갔다. 아내들 중 한 사람이 위층에서 전화를 엿들었다. 남자의 걱정은 안도와 즐거움으로 바뀌었다. 블랙잭을 이기는 것과 바카라는 다르다. 우리 첩자의 귀에 "하하, 놀게 놔둬!"라는 말이 들렸다. 그래서 우리는 제대로 놀았다.

첫째 날 밤은 즐거웠다. 새로 섞은 416장의 카드로는 모든 베팅이 하우스에 유리했기 때문에 나는 뱅커 측에 최소 베팅액인 5달러를 걸고 8과 9, 그리고 남은 카드의 수를 추적하며 유리한 상황이 나타나기를 기다렸다. 크게 베팅할 때의 금액은 카지노가 우리를 저지하지 않을 만큼 적은 금액이어야 하므로 시간당 100달러를 버는 수준으로 정했다.

한 슈를 끝내는 데 약 45분이 걸렸다. 나는 두 판의 게임을 한 뒤 랄프와 케이가 다음 판을 하는 동안 휴식을 취했다. 두 사람은 임무를 나누어 케이가 카운팅을 하고 내추럴 9에 베팅하는 동안 랄프는 내추럴 8 베팅을 관찰했다. 각자 남은 카드는 제외하고 두 개 카드의 수만 추적하면 되었기 때문에 좀 더 쉬웠다. 한 슈를 마치고 두 사람이 쉬는 동안 나는 두 판을 더 했다. 이런 방식이 반복되었다. 평소처럼 게임은 새벽 3시에 끝났고 우리는 계획했던 수준인 500~600달러를 벌었다.

다음 날 밤 게임을 시작하려고 앉았을 때 분위기는 달라져있었다. 카지노 직원은 내게 거리를 두며 쌀쌀맞게 대했다. 바람잡이들의 행동도 이상했다. 전날 밤에는 다른 손님 한두 사람과 여섯 명쯤 되는 여자 바람잡이들이 열두 개 의자에 흩어져 앉아 게임을 시작했다. 그렇게 사람들로 붐비는 것처럼 꾸미자 다른 손님들이 이끌려와 게임에 참여했다. 모든 자리가 채워지면 바람잡이 한 사람이 일어서서 단 한 자리만 비운다. 고객을 유인하는 최대 효과를 노리는 것이다. '한 자리밖에 남지 않았어. 자리가 났을 때 어서 가서 앉아야 해.' 새로운 손님이 자리를 잡으면 또 다른 바람잡이가 자리를 비운다. 바람잡이가 들어오고 나가며 정확히 한 자리만 비워두는 이 춤은 저녁 내내 계속되었다. 그러나 이날, 우리의 두 번째 밤에는 내 양옆에 앉은 바람잡이들이 자리를 지키고 뚫어져라 나를 감시했다. 나는 기관지가 간질간질하더니 귀에 거슬리는 기침이 자꾸만 나왔다. 모른 척 지켜보던 아내들은 나를 담당한 바람잡이들이 자신들의 건강이 걱정되었는지 의자에서 엉덩이를 들썩거리다 자리를 지키라는 지시를 받고 어쩔 수 없이 앉아있는 모습을 보며 재미있어했다.

우리가 연승을 거두는 동안 다른 참가자들도 각자 자신만의 드라마를 쓰고 있었다. 비비안은 탈색한 금발 머리를 하고 새빨간 손톱을 길게 기른 아시아 여성에 주목했다. 진한 화장을 하고 보석으로 치장한 그녀는 매 핸드마다 2,000달러 한도까지 돈을 걸고 잃기를 반복했다. 그녀는 슈퍼마켓 가맹점을 보유하고 있었는데 두세 시간 만에 점포 한 개를 잃었다. 바카라는 대형 도박사들이 선호하는 게임이다. 1995년까지 네바다의 바카라 테이블 수는 블랙잭의 50분의 1에 불과했지만 바카라의 카지노 이익 기여도는 블랙잭과 마찬가지로 거의 절반에 달했다.[8] 바카라 테이블의 수익성은 블랙잭의 25배 수준이었다.

둘째 날 밤의 게임은 새벽 3시에 끝났다. 상금을 계산한 뒤 랄프와 케이는 한 잔 하러 술집으로 갔다. 핏보스와 카지노 소속 남자들 두세 명이 투덜대며 바카라 슈와 조금 전 사용한 8벌의 카드를 한 장 한 장 살펴보고 있었다. 접힌 자국, 주름, 표식을 비롯해 우리가 어떻게 이겼는지 알려줄 단서를 찾고 있었던 것이다.

셋째 날 밤이 시작되자 피트에 있는 직원 모두 나를 향해 분명한 적대감을 드러냈다. 내 움직임 하나하나를 대놓고 관찰했다. 그들을 헷갈리게 하기 위해 나는 귀 뒤에 엄지손가락을 갖다 대곤 했다. 육안으로는 볼 수 없고 특수 안경을 써야 보이는 바셀린 같은 물질을 발라 부정한 표식을 하는 것처럼 보이려는 동작이었다. 카지노 측은 첫 이틀 동안 계속해서 음료를 제공했는데 나는 크림과 설탕을 넣은 커피로 대신했다. 그날 밤은 그야말로 전쟁이었고 카지노는 아무것도 제공하지 않았다. 이번에도 우리가 이겼다.

넷째 날 밤 게임을 하려 앉았을 때 분위기는 다시 크게 달라졌다. 핏보스와 부하들은 미소를 지으며 여유를 보였다. 나를 보고 오히려 반가워하는 것 같았다. 그러더니 "좋아하시는 방식대로 크림과 설탕을 넣은 커피입니다."라며 자진해서 커피를 제공했다. 나는 만족스럽게 앞서가며 첫 번째 슈에 한창 몰입해 있었지만 커피를 마시고 나자 갑자기 아무 생각도 할 수 없었다. 더 이상 카운팅을 할 수도 없었다. 이때까지만 해도 나는 소음, 담배 연기, 대화, 빠른 진행 속도의 압박, 승패의 흥분, 그리고 술이 게임에 미치는 영향을 충분히 잘 관리해왔다. 나는 깜짝 놀랐다. 무언가 예상하지 못한 일이 벌어졌다. 나는 칩을 챙겨 자리에서 일어섰고 랄프와 케이가 다음 슈를 대신했다.

아내들이 보니 내 동공이 크게 확장되어 있었다. 간호사 출신인 벨라미아 하픈은 마약 복용자들이 병원에 입원했을 때 종종 이런 모습을 보았다고 했다. 나는 그대로 쓰러져 잠을 자고 싶었지만 비비안, 이조벨 크라우치, 벨라미아가 시키는 대로 블랙커피를 잔뜩 마시고 몇 시간을 걷고 나자 약의 효과가 사라지기 시작했다. 랄프와 케이는 넷째 날 저녁 내내 게임을 했다. 이번에도 우리가 이겼다.

우리끼리 상당한 토론을 거친 후 나는 자리에 앉아 다섯째 날 밤의 게임을 시작했다. 더 이상 미소를 짓지 않는 남자 직원들이 이번에도 크림과 설탕이 든 커피를 제공했다. 내가 말했다. "괜찮아요. 그냥 물 한 잔만 주세요." 우리 팀 사람들이 나지막한 신음을 내뱉었다. 의심스러울 만큼 오랜 시간이 지난 뒤에야 물이 나왔고 나는 물에 무언가 탔다고 생각했다. 무엇인지 알아보려고 나는 혀로 물 한 방울을 조심스럽게 찍어 맛보았다. 웩! 베이킹소다 한 상자를 유리잔에 통째로 쏟아부은 맛이었다. 나는 그 한 방울에 그대로 나가떨어졌다. 한 모금을 삼켰다면 어떤 일이 벌어졌을지 궁금했다.

머리가 멍해지고 동공이 확장되었다. 나는 정신을 차리기 위해 블랙커피를 마시고 걸어보려는 시도를 반복했다. 그 사이 랄프와 케이는 영원히 떠나달라는 요청을 받았다. 동료들도 마찬가지였다.

샌즈 카지노에서 부 베팅으로 바카라를 한 게임 더 했다. 하루 휴식을 취한 뒤 나는 우리 판돈을 들고 샌즈에 가서 테이블에 자리를 잡았다. 듄스에서 샌즈에 연락을 취하면 게임이 거절될 수 있다고 생각해서 목표 상금을 시간당 100달러에서 1,000달러로 올렸다. 두 시간 반 뒤 나는 2,500달러를 벌었다. 그러자 샌즈의 공동 소유주이자 관리자인 칼 코언이 내 테이블로 찾아왔다. 칼은 이전에 프랭크 시나트라가 카지노에서 소란을 일으켰을 때 그를 저지한 적이 있었다. 시나트라가 고집을 부리자 코언은 그가 다시는 카지노에 오지 못하도록 했다. 시나트라가 샌즈에 작게나마 지분을 갖고 있었는데도 취한 조치였다. 그런 그가 내게 더 이상 자기 카지노에서 게임을 하지 말라고 말하고 있었다. 이유를 묻자 그는 이렇게 답했다. "이유는 없어요. 그냥 손님이 여기서 게임을 하지 않았으면 좋겠습니다." 그의 옆에는 이제껏 내가 본 사람 중 가장 덩치가 큰 경비원이 있었다. 논쟁을 벌이는 것은 무의미했다. 나는 자리를 떴다.

6일 동안 우리는 실제 게임을 통해 우리 기법을 입증했다. 우리는 이론적인 수학적 계산을 검증하고 도박과 투자에 켈리 시스템을 적용하는 또 다른 방법을 시연했다. 그러나 우리 여행의 끝에는 불안이 기다리고 있었다.

우리 여섯 명은 다음 날 아침 라스베이거스를 떠나 라스크루시스로 출발했다. 내가 운전대를 잡고 북부애리조나의 산악도로를 달려 내려가고 있었다. 시속 105킬로미터 속도로 달리던 중 갑자기 가속장치 페달이 작동하지 않았다. 가파른 내리막길과 활짝 열린 스로틀[9]이 브레이크에 무리를 주었다. 시속 130킬로미터까지 속도가 올라갔고 도로가 급히 꺾이는 곳에서는 통제가 불가능했다.

생각할 시간도 없이 내 발은 최대한 힘껏 브레이크를 눌렀다. 동시에 속도를 늦추는 데 도움이 되도록 저속기어로 바꾸어 엔진브레이크를 비상으로 작동했고 시동을 꺼서 연료를 차단했다. 마침내 도로 분기점에 간신히 차를 세웠다. 차에 대해 잘 아는 '착한 사마리아인'이 자기 차를 세우고 우리를 도와주었다. 그는 가속장치가 망가진 이유를 찾기 위해 후드를 열었고 나사산이 있는 긴 막대기에서 부품 하나가 풀린 것을 발견했다. 이런 것은 처음 보았다며 어리둥절해했다. 그는 부품을 고정해주었고 우리는 무사하다는 사실에 안도하며 정신을 바짝 차리고 계속해서 길을 달렸다.

우리는 이론과 같이 실제 테이블에서도 우리 기법이 작동한다는 것을 입증했다. 그 결과 듀스와 샌즈 모두 내추럴 8과 내추럴 9

베팅을 없앴다.

나는 뉴멕시코주에 있는 동안 책의 인세 수입과 도박으로 번 상금을 주식에 투자했다. 그러나 운이 없었을 뿐만 아니라 시장에 무지했다. 결과는 형편없었다. 잘하고 싶었다. 투자는 새로운 유형의 불확실성을 제시했지만 확률 이론의 도움을 받는다면 괜찮은 선택이 가능해 보였다.

네바다 전체를 합한 것보다 더 큰 일종의 카지노가 있다는 사실을 알게 된 그 순간 모든 것이 결정되었다. 운이 좌우하는 게임을 이긴 나의 기법들을 활용해 지구상에서 가장 거대한 도박장에서도 우위를 확보할 수 있을까? 호기심이 생겼고 확인해보고 싶었다. 나는 금융시장에 관해 혼자 공부하기 시작했다. 나는 도박 게임으로 얻은 지식이라는 평범하지 않은 전등으로 앞에 놓인 길을 비추며 혼자서 금융시장을 공부하기 시작했다.

월스트리트, 지상 최대 카지노

도박은 단순한 형태의 투자다. 도박과 투자의 상당한 유사성은 내게 일부 도박 게임을 이길 수 있는 것처럼 투자에서도 시장 평균을 넘어서는 성과가 가능하다는 것을 시사했다. 둘 다 수학과 통계, 컴퓨터를 이용해 분석이 가능하다. 둘 다 위험과 수익 사이에서 적절한 균형을 취하는 자금 관리가 필요하다. 개별적으로는 유리한 베팅이라고 하더라도 과도한 베팅은 파멸로 이어질 수 있다.[1] 대형 헤지펀드 롱텀캐피탈매니지먼트(이하 LTCM)를 운영하던 노벨상 수상자들은 이러한 과오를 저질렀고 1998년 LTCM이 붕괴되면서 미국 금융 시스템도 거의 초토화되었다. 안전하게 게임을 하며 지나치게 적게 베팅하는 것 역시 돈을 버리는 것과 마찬가지이다. 투자에 성공하는 데 필요한 심리적 기질도 도박과 유사하다. 위대한 투자자는 대개 도박과 투자에 모두 능숙하다.

나는 지적 도전과 시장을 탐구하는 즐거움에 빠져 주식시장을 공부하며 1964년 여름을 보냈다. 당시 나는 비벌리 힐스에 있던 대형 서점 마틴데일에서 살다시피 했다. 그레이엄과 도드의《증권분석》과 같은 주식시장에 관한 고전, 에드워즈와 매기의 기술적 분석에 관한 연구서, 기본적 분석에서 기술적 분석, 이론서에서 실용서, 쉬운 것부터 난해한 것에 이르기까지 많은 책과 정기 간행물들을 읽었다. 내가 읽은 것 가운데 상당 부분은 쓸모가 없었지만 거대한 양의 바닷물에서 영양이 풍부한 작은 크릴새우를 걸러내는 수염고래처럼 나는 지식의 토대를 마련해 그곳을 나왔다. 나는 카지노 게임이 그랬듯 주식시장에 관해 너무나 많은 사람들이 거의 아무것도 알지 못한다는 사실에 놀라고 고무되었다. 블랙잭과 마찬가지로 첫 투자는 손실을 기록했고 그것이 수업료가 되었다.

몇 년 전 투자에 관해 아무것도 모를 때 헐값에 거래된다는 한 기업에 관해 들었다. 포드 자동차에 배터리를 납품하던 일렉트릭 오토라이트라는 회사였다. 신문에 실린 기사는 기술 혁신, 대형 신규 계약, 매출 증가 등을 이유로 미래 성장 가능성이 굉장하다고 언급했다. (40년 뒤에도 배터리 제조업체에 대한 전망은 똑같았다.)

블랙잭 게임과 책으로 얼마간의 자본을 벌게 된 나는 투자를 통해 그것을 키우고 그동안 가정생활, 그리고 학자로서의 경력에 집중하기로 했다. 나는 일렉트릭 오토라이트 100주를 주당 40달러에 사서 그 뒤 2년 동안 주가가 20달러로 하락해 4,000달러 투자금이 반 토막 나는 것을 지켜보고만 있었다. 언제 팔아야할지 몰랐다. 나는 손실이 없도록 주가가 원래 매수가를 회복할 때까지 기다리기로 결심했다. 지고 있으면서 본전을 회복할 때까지 게임을 계속하겠다고 우기는 도박꾼들과 정확히 같았다. 4년이 걸렸지만 어쨌든 투자 원금 4,000달러를 회복하고 빠져나왔다. 50년 뒤 기술주에 투자한 수많은 사람들도 같은 경험을 했다. 2000년 3월 10일 고점 근처에서 기술주를 매수한 투자자들은 15년을 기다려서[2] 원금을 회복했다.

몇 년 뒤 함께 점심을 먹고 집으로 운전해 돌아오는 길에 일렉트릭 오토라이트 매수와 관련해 이야기를 나누다 비비안에게 물었다. "뭘 잘못했던 걸까요?"

비비안은 내 마음을 읽은 듯 대답했다. "먼저, 잘 알지 못하는 것을 샀죠. 다트를 던져서 종목을 선택한 것이나 다를 바 없었어요. 판매 수수료율이 낮은 '로-로드low-load'(당시에는 판매 수수료가 없는 '노-로드no-load' 펀드는 아직 없었다.)[3] 뮤추얼펀드를 샀다면 같은 기대수익률에 예상위험은 낮출 수 있었을 거예요." 나는 일렉트릭 오토라이트가 헐값이라는 이야기를 그것이 우수한 투자 대상이라는 말과 같은 뜻이라고 생각했다. 잘못된 생각이었다. 내가 깨달은 것처럼 종목 선정과 관련된 대부분의 이야기와 조언, 추천은 전적으로 쓸모가 없다.

두 번째로 비비안은 내 탈출 계획, 즉 원금을 회복할 때까지 기다리겠다는 생각이 잘못되었다고 지적했다. 나는 그 누구도 아닌 오로지 내게만 특별한 역사적 의미가 있는 가격, 즉 나의 매수가격에만 주목했다. 대부분의 투자자들을 끈질기게 괴롭히는 심리적 오류를 십수 년 전부터 분석하기 시작한 행동재무학 이론가들은 이런 현상을 (시장이 아닌 자신에게 의미가 있는 가격에 스스로 얽매이는) 앵커링anchoring(닻 내리기)이라고 일컫는다. 내게는 예측능력이 전혀 없었으므로 어떤 출구전략도 마찬가지였을 것이다. 매수를 결정하는 방식이 잘못되었던 것처럼 두 번째 실수 역시 매도 문제를 생각하는 내 방식에 있었다. 나는 경제의 펀더멘털에 주목해 현금 보유나 대체 투자를 생각하기보다는 관련 없는 기준, 즉 내 매수가격을 기준으로 매도 시점을 결정하려고 했다.

투자에서 앵커링은 감지하기 어렵지만 만연한 일탈이다. 예를 들어 이웃이었던 데이비스 씨(가명)는 1980년 중반에 200만 달러 수준에 매수했던 집이 고급주택 가격이 고점에 달한 1988~1989년에 350만 달러까지 치솟는 것을 보았다. 그는 곧 집을 팔기로 결정하고 350만 달러에 자신을 앵커링했다. 머릿속에 350만 달러가 기준 가격으로 고정된 것이다. 그 후 10년 동안 집의 시가는 220만 달러 수준으로 하락했지만 그는 여전히, 이제는 터무니없는 가격이 되어버린 기준가격을 고수했다. 마침내 2000년 주식시장의 부활과 닷컴 열풍에 힘입어 고가주택 가격이 상승하면서 325만 달러에 집이 팔렸다. 앵커링이라는 사고의 오류가 아니었다면 그는 최종 매도 가격보다 훨씬 많은 수익을 올릴 수 있었다.

데이비스 씨와 나는 이따금 함께 조깅을 하면서 그가 좋아하는 주제인 돈과 투자에 관해 이야기를 나누었다. 그는 내 추천에 따라, 탁월한 투자 성과를 기대할 수 있는 유한책임 투자조합limited partnership, 즉 '헤지펀드'에 투자한다는 어느 유한책임 투자조합에 투자자로 참여했다. 그가 요구한 것은 세후 연 10퍼센트 수익률과 주거용 부동산이나 주식시장보다 훨씬 높은 안정성이었다.[4] 나는 1988~1989년 고점을 막 지났을 때 시세에 맞춰 집을 팔 것을 그에게 조언했었다. 그랬다면 330만 달러를 받았을 것이고 그의 계획대로 100만 달러짜리 주택으로 이사했다면 비용과 세금을 제하고 160만 달러를 투자금으로 활용할 수 있었을 것이다. 내 추천에 따

나는 투자 입문 과정에서 미스터 마켓[6]에게 지불할 수업료가 좀 더 남아있었다. 미스터 마켓은 기초자산이 되는 기업의 실제 가치 대비 과도한 주가 등락을 설명하기 위해 벤저민 그레이엄이 고안한 유명한 우화적 존재이다.

미스터 마켓이 조증을 보이는 날 시장가격은 상승한다. 그런가 하면 어떤 날은 우울증에 빠지고 주식은 그레이엄이 '내재가치 intrinsic value'라고 일컫는 수준을 크게 밑도는 가격에 거래되기도 한다. 1960년대 초, 은 수요가 공급을 초과하면서 나는 가격 급등을 기대했다. 흔히 통용되는 동전을 녹여 추출한 은의 가치는 동전의 액면가보다 높아서 비용을 제하고도 충분한 수익이 날 것으로 기대되었다. 미키 맥두걸, 러셀 반하트와의 블랙잭 여행을 지원했던 빌 리켄배커는 이런 일이 일어나기를 기대하며 1달러 은화를 사 모아 금고에 보관했다.

은의 추가적인 가격 상승은 동전을 녹여 추출한 은이 시장에 공급되면서 다소 둔화될 것이었다. 게다가 인도의 방대한 보석에서도 50억 온스 가량의 은을 추출할 수 있었다. 새로운 공급분을 수요가 모두 흡수하고 나면 가격은 더욱 뛸 것이었다. 실제로 은 가격이 온스당 1.29달러를 넘어서자 은 함량이 90퍼센트인 미국 동전은 법적 화폐라기보다는 금속으로서 더 가치를 지녔다. 동전이 순환되는 과정에서 은화만 따로 빼내 은을 추출하는 일이 벌어졌다. 미국 정부가 이것을 금지하자 따로 모은 동전이 약 30킬로그램 단위로 밀매업자들을 통해 거래되었다.

나는 경제적 관점에서 분석한 수요와 공급 관계가 옳다고 믿고 은을 사기 위해 스위스 은행에 계좌를 열었다. 현지 프로모터들이 이 과정을 돕고 부추기며 수수료를 받았다. 그들은 33⅓ 퍼센트 담보를 추천했다. 1달러 상당의 은을 살 때마다 33⅓ 센트를 계좌에 입금하면 된다는 것이었다. 나머지 금액은 프로모터의 주선으로 친절한 스위스 은행에서 대출을 받을 수 있었다. 물론 현금으로 살 수 있는 양보다 세 배나 많은 양의 은을 대출을 받아 구입하면서 프로모터도 세 배 많은 수수료를 받았고 은행은 내게서 대출 이자와 월 보관료를 받아 좋았다.

예상대로 은 가격이 올랐고 프로모터들은 대출을 좀 더 받아 이익금에 더해 은을 더 사 모으라고 추천했다. 은 가격이 온스당 2.4달러가 되었을 때 내 계좌의 은 보유 규모는 처음보다 크게 늘었고 나는 매수 건마다 커다란 이익을 얻었다. 그러나 은 가격이 상승세일 때 이익을 재투자했기 때문에 온스당 2.4달러 가운데 1.6달러는 은행 대출금이었다. 집값의 3분의 1만 지불하고 집을 산 것이나 마찬가지였다. 이것이 가격을 더욱 끌어내리면서 나보다 더 큰 규모로 돈을 빌린 사람들이 계좌에 보유한 은의 가치는 대출금 이하로 하락했고 은행은 은을 강제로 매각했다. 그 결과 가격은 더욱 하락했고 남은 차입자들이 보유한 은도 강제로 매각되면서 가격은 1.60달러 아래로 급락했다. 투자금을 모두 날리기에 충분한 가격이었다. 그 뒤 가격은 다시 상승했다. 나는 경제적 분석은 옳았더라도 지나친 레버리지leverage(차입투자) 활용에 따른 위험을 적절히 평가하지 못했다는 것을 깨달았다. 몇 천 달러를 들여 배운 적절한 위험 관리의 교훈은 그 후 50년이 넘도록 내 인생에서 중요한 주제가 되었다. 2008년, 전 세계의 거의 모든 금융 기관은 이 교훈을 이해하지 못했고 레버리지를 과도하게 확대했다.

은 투자 손실을 통해 영업사원과 프로모터가 고객과 이해관계를 달리할 때 고객은 더 주의를 기울여야 한다는 사실도 배웠다. 이것이 경제학에서 유명한 '대리인 문제agency problem'이다. 대리인이나 관리자의 이익이 주인principal의 이익과 일치하지 않을 때 문제가 발생한다. 제 잇속만 차리는 CEO나 이사회가 장악한 회사의 주주들이 극도로 익숙하게 직면하는 문제이기도 하다.

미스터 마켓에게 이 모든 교훈을 얻은 뒤, 시장에서 모든 우위는 제한적이고 작고 일시적이며, 더 똑똑하거나 정보가 가장 빠른 투자자들에게 금세 우위를 내어주게 된다는 학자들의 주장이 옳다고 믿고 싶어졌다. 일반적인 견해를 그대로 받아들일 것인지 다시 도전이 주어졌고 나는 다시 한 번 직접 확인하기로 결심했다.

1965년 6월, 나는 경제, 금융, 시장에 관한 두 번째 여름 독학을 시작했다. 주문한 보통주 신주인수권에 관한 얇은 안내책자가 막 우편으로 도착했다. 나는 야외 접이식 의자에 앉아 이 증권이 어떻게 작동하는지 알아보았다. 내용은 뜻밖이었다.

소책자의 설명에 따르면 보통주 신주인수권은 기업이 발행하는 증권으로 명시된 만기일이나 만기일 이전까지 '행사가격exercise price'이라고 일컫는 특정 가격에 해당 주식을 살 권리를 소유주에게 부여한다. 예를 들어 1964년 스페리랜드 신주인수권 1주에는 1967년 9월 15일까지 보통주 1주를 28달러에 인수할 권리가 부여되었다. 마지막 날의 주가가 행사가격보다 높다면 소유주는 신주인수권 1주와 28달러로 주식 1주를 살 수 있다. 주가에서 28달러를 초과하는 금액이 신주인수권의 가치에 해당한다는 뜻이다. 그러나 주가가 28달러 미만이라면 직접 주식을 사는 편이 더 저렴하고 이 경우 신주인수권은 아무런 가치가 없다.

신주인수권은 복권과 비슷하다. 주식 가격이 아무리 낮더라도 주가가 올라 행사가격을 넘어서 신주인수권이 행사될 가능성이 있는 한 만기 전까지는 항상 얼마간 가치를 지니기 때문이다. 만기일이 멀고 주가가 높을수록 신주인수권의 가치는 더욱 높아진다. 기초자산이 되는 기업의 재무제표나 사업의 복잡성과는 무관하게 주식과 신주인수권의 상관관계는 단순하다. 나는 이것을 생각하며 신주인수권 가격을 주가와 관련짓는 규칙을 대략적으로 구상했다. 두 증권의 가격이 함께 움직이는 경향은 내재가치와 시장가치 사이에 괴리가 발생한 신주인수권을 활용하는 동시에 가격괴리[7] 위험을 줄일 수 있는 '헤지hedge'라는 중요한 아이디어를 떠올리게 했다.

헤지 포지션을 구축하기 위해서는, 신주인수권 및 신주인수권을 이용해 인수할 수 있는 보통주처럼 가격이 함께 움직이는 경향이 있으며 실제 가치 대비 가격괴리가 발생한 두 종류의 증권이 필요하다. 상대적으로 저평가된 증권을 매수하고 상대적으로 고평가된 증권을 공매도한다. 포지션의 비중을 잘 설정하면 가격이 급변동하더라도 양쪽에서 발생하는 이익과 손실이 대체로 상쇄, 즉 헤지될 것이다. 상대적 가격괴리가 예상대로 해소될 경우 양쪽 포지션을 정리하고 이익을 실현한다.

신주인수권과 보통주를 헤지하겠다는 생각을 한 지 며칠 후 우리는 짐을 꾸려 뉴멕시코주립대학에서 남부캘리포니아로 갔다. 나는 UC어바인 캠퍼스 수학과 창립 교수진의 일원이 되었다. 라스크루시스에서 보낸 4년 동안 나는 수학에 관해 훨씬 많은 것을 배웠고 재능 있는 학생들의 박사학위 논문을 지도했으며 수학 저널에 전문가 연속 기고의 일환으로 연구 결과를 발표했다. 그러나 우리는 아이들이 할머니, 할아버지와 친척들을 볼 수 있는 남부캘리포니아에 살고 싶었고 오랜 친구들 곁에 있기를 선택했다. UC어바인에서 다양한 분야의 교수진과 학생들 간의 협업을 의도적으로 강조하기 시작했다는 사실도 마음에 들었다.

1965년 9월 UC어바인에서 새로 교직을 맡은 첫날, 정보 및 컴퓨터과학 학부장 줄리안 펠드먼이 내게 어떤 연구를 하고 있는지 물었다. 신주인수권 가치평가와 헤징 이론에 관한 내 구상을 설명하자 그는 신임 교수 중 경제학자 신 카수프Sheen Kassouf(1928~2005)가 해당 주제로 박사논문8을 썼다고 알려주었다. 펠드먼은 우리를 소개해주었고 나는 카수프가 이미 1962년에 같은 개념을 발견했으며, 고평가된 신주인수권들을 공매도하고 헤지해 최초 원금 10만 달러를 3년 만에 두 배로 불렸다는 사실을 알게 되었다.

우리가 함께 연구하면 혼자서 하는 것보다 더 빠르게 헤지투자의 이론과 기법을 개발할 수 있을 것 같았다. 나는 카수프 교수에게 매주 만날 것을 제안했다. 주간 모임에서 우리는 신주인수권의 대략적인 적정가치를 구했고 상당수가 크게 고평가되었다는 사실을 발견했다. 이익을 얻으려면 고평가된 신주인수권을 공매도해야 했다. 증권을 공매도하기 위해서는 중개인을 통해 해당 증권을 보유한 누군가로부터 원하는 수량만큼 빌려 시장에서 매도하고 이익을 실현해야 한다. 그런 다음 빌린 증권을 되갚아야 한다는 계약 의무를 이행해야 하므로 가격과 상관없이 해당 시점의 거래 가격에 증권을 되사야 한다. 앞서 매도한 가격보다 싼 값에 증권을 되살 수 있다면 이익이다. 반대로 재매수 가격이 이전 매도 가격보다 높으면 손실이 발생한다.

고평가된 신주인수권을 공매도할 때는 대체로 수익이 발생했지만 위험성이 있었다. 주식을 매수할 때도 마찬가지였다. 두 가지 위험은 보통주를 구입해 신주인수권을 헤지하여 대부분 상쇄되었다. 우리의 최적화된 기법을 이용해 역사적 데이터로 모의시험을 실시한 결과 1929년 주식시장 붕괴와 그 여파에도 불구하고 위험은 감소했고 연평균 수익률은 25퍼센트에 달했다. 이 이론을 연구하는 동안 카수프와 나는 직접 신주인수권 헤지에 투자해 역시 연평균 25퍼센트 수익률을 거두었다.

우리는 1966년 말 집필을 마치고 1967년 랜덤하우스에서 출판한 《시장을 이겨라Beat the Market》에서 투자기법을 설명하고 실제 헤지 결과를 소개했다. 여기서 우리는 전환사채convertible bonds로 접근 대상을 확대했다. 블랙잭의 경우와 마찬가지로 나는 몇 가지 이유에서 우리가 알아낸 사실을 대중과 기꺼이 공유하고자 했다. 머지않아 다른 사람들도 똑같은 발견을 할 것이며 과학적 연구는 공공재여야 하고 나는 앞으로 더 많은 구상을 해낼 것이라는 생각에서였다.

헤지 투자 구성 방식에 관해 생각이 다소 달랐던 카수프와 나는 《시장을 이겨라》를 마무리한 뒤 협업을 끝냈다. 그는 경제학자로서 중립적인 헤지 포지션에서 벗어나도 문제가 없을 만큼 기업들을 충분히 이해하고 있다고 생각했다. 중립적 헤지는 시장의 등락과 관계없이 손실로부터 균형 있는 보호 장치 역할을 한다. 그러나 그는 자신의 분석 결과에 따라 기초자산인 주식의 상승이나 하락 가운데 어느 한쪽을 지지하는 쪽으로 헤지의 롱/쇼트포지션 비율을 수정하기를 원했다. 하지만 나는 종목 선택에 실패했던 경험과 기업 분석 경험이 부족했던 것을 고려해 방향과 관계없이 주가 변동을 최대한 방어할 수 있는 헤지 포지션을 원했다. 나는 계속해서 이론을 연구했고 단독으로 투자했다.

1967년, 이론 연구에서 중요한 돌파구를 찾았다. 나는 어떤 원칙에 한 가지 이상의 설명이 가능하다면 가장 단순한 설명을 선택해야 한다는 '오컴의 면도날Occam's razor'을 이용했고, 타당한 추론을 통해 신주인수권의 '적정'가격을 산출했다. 적정가격을 근거로 언제 신주인수권의 가격이 잘못 책정되었으며 대략 어느 정도 잘못되었는지 알아낼 수 있었다. 같은 해 나는 장외 신주인수권 및 옵션거래와 헤지에 이 공식을 이용하기 시작했고 좀 더 뒤에는 전환사채 거래에 활용했다. 주식을 매수할 수 있는 옵션은 신주인수권과 유사하지만 신주인수권은 대개 기업이 직접 발행하고 옵션은 그렇지 않다는 점에 주요한 차이가 있다. 전환사채는 일반 채권과 같지만 옵션 소유자가 원할 경우 정해진 수량만큼 발행기업의 주식과 교환 가능하다는 점이 추가적인 특징이다.

적정가치 산출 공식은 내 자신감과 수익을 끌어올렸다. 이와 더불어, 그다지 많지 않은 내 자본으로 생각할 수 있는 것보다 유효한 투자 기회가 훨씬 많다는 사실이 나를 다음 단계로 이끌었다. 나는 친구들과 지인들을 위해 헤지된 포트폴리오를 운용하기 시작했다.

버핏과 즐긴
브리지 게임

투자자로서 나의 명성이 UC어바인까지 조용히 퍼지면서 친구들과 대학 커뮤니티 구성원들은 내게 돈을 관리해달라고 부탁했다. 《시장을 이겨라》에서 소개한 신주인수권 헤지 기법을 이용해 나는 최소 2만 5,000달러짜리 계좌를 여러 개 맡았다. 새로운 고객 가운데는 UC어바인 대학원장 랄프 월도 제라드Ralph Waldo Gerard와 정수리의 흰머리 때문에 서리라는 뜻의 '프로스티'라고 불리던 그의 아내도 있었다. 랄프는 저명한 의학 연구원이자 생물학자로서 미국국립과학원의 엄선된 회원이었다. 그는 품위 있고 호기심이 많았으며 폭넓은 지식을 갖고 있었는데 위대한 주식시장 이론가이며 철학자인 그의 친척 벤저민 그레이엄Benjamin Graham과 그랬듯 나와 엉뚱한 구상을 논의하기를 즐겼다. 1934년 처음 출판된 그레이엄과 도드의 《증권분석Security Analysis》은 보통주의 기본적 분석에 관한 역사적인 책으로서 여러 차례 개정 및 증보가 이루어졌다. 제라드는 그레이엄을 통해 워런 버핏을 만나 버핏이 세운 투자기구 가운데 하나인 버핏 파트너십Buffett Partnership의 초기 투자자가 되었다.

그레이엄의 가장 훌륭한 제자이자 단언컨대 역대 최고로 성공한 투자자인 워런 버핏은 1956년 25세 나이에 10만 100달러로 그의 첫 번째 투자조합인 버핏 어소시에이츠Buffett Associates를 설립했다. 그는 내게 그 가운데 100달러가 자신의 출자금이라고 웃으며 말했다.[1] 그는 투자조합을 10개 더 설립한 뒤 1962년 초 모두를 하나로 통합해 버핏 파트너십을 세웠다. 1956~1968년까지 12년 동안 6퍼센트를 초과하는 수익에 대해 4분의 1, 즉 25퍼센트를 수수료로 제하고도 투자자들에게 29.5퍼센트에 달하는 복리수익률을 안겨주었다. 같은 기간 대형주와 소형주는 각각 4년간 하락했지만 버핏 파트너십은 한 해도 손실을 기록한 적이 없었다. 버핏의 수수료를 제한 뒤 제라드의 투자금은 연평균 24퍼센트 성장해 일반적인 주식투자자들 대비 초과수익을 기록했다. 같은 기간 대형주와 소형주 투자의 연평균 복리수익률은 각각 19퍼센트, 10퍼센트 수준이었다. 세전 기준으로 버핏 파트너십의 유한책임 조합원limited partners, 즉 투자자(이하 LP)들이 투자한 1달러는 16.29달러로 성장했다. 워런이 투자한 1달러는 자신의 수수료를 제하지 않고 성장해 28.8달러가 되었다.

제라드의 가족은 어린 시절 일찌감치 투자를 시작했고 연평균 24퍼센트 순이익을 안겨준 38세의 버핏을 떠나 투자 경력이 고작 몇 년에 불과하고 과거 성과를 기준으로 연평균 단 20퍼센트 순이익이 기대되는 36세의 소프에게 투자금을 맡겼다. 어째서였을까? 1967년 주식시장 강세로 대형주가 2년간 연평균 38퍼센트 수익률을 기록하고 중소형주는 150퍼센트 폭등한 이후 워런 버핏은 저평가된 주식을 찾기가 상당히 어렵다고 밝힌 바 있다. 그 후 2년 동안 버핏은 자신의 투자조합을 청산했다. 투자자들은 투자금을 현금화할 수도 있었고, 버핏과 마찬가지로 투자금의 일부나 전체를 버핏 파트너십이 소유한 두 개 회사의 주식으로 받을 수도 있었다. 그중 하나는 경영난에 시달리던 작은 섬유회사인 버크셔 해서웨이였다. 이제 1억 달러 규모의 투자조합에서 2,500만 달러가 버핏의 출자금이었다. 운용보수를 받아 투자조합에 재투자해 불린 결과였다.

제라드는 전액 현금화를 선택하고 새로운 투자처를 찾고 있었다. 《시장을 이겨라》를 비롯한 나의 저서에 소개된 분석적 접근 방식이 마음에 들었던 제라드는 직접 만나 나에 대해 알아보고, 나중에 알게 되었지만 함께 좋은 투자 성과를 냈던 버핏에게서도 의견을 구하고 싶어 했다. 1968년 여름, 제라드 가족이 비비안과 나를 집으로 초대해 워런 버핏, 수지 버핏 부부와 함께 저녁식사 자리를 마련한 것도 그 이유에서였다.

제라드의 집은 뉴포트 비치 하버뷰 힐스에 위치했다. 제라드의 가족은 그곳에서 뉴포트 하버, 태평양, 그리고 서쪽 카탈리나 섬 뒤로 넘어가는 환상적인 일몰을 보는 것을 즐겼다. 저녁식사를 하려고 자리에 앉자 프로스티가 사람들에게 각자 자신을 소개해달라고 청했다. 수지 버핏은 나이트클럽 가수가 되려던 포부와 워런 버핏이 그 꿈을 어떻게 격려했는지 이야기했다. 공정주거Fair Housing, 전국 기독교유대교총회와 같은 봉사 단체 활동도 언급했다.

말이 빠른 편인 워런은 농담, 일화, 금언들을 네브래스카 억양에 실어 끝없이 쏟아냈다. 그는 브리지 게임을 좋아했고 논리적, 계량적, 수학적인 것에 본능적으로 이끌렸다. 저녁이 되고 나는 워런이 저평가된 기업을 찾아 사들이는 데 집중하고 있다는 사실을 알게 되었다. 그는 이러한 투자 하나하나가 다우존스 산업평균지수 DJIA나 S&P500 지수 등 시장수익률을 여러 해 동안 큰 폭으로 상회할 것으로 예상했다. 그의 멘토인 벤 그레이엄이 그랬던 것처럼 워런 버핏 역시 신주인수권 및 전환사채 헤지, 합병차익거래merger arbitrage에 투자했다. 바로 이 부분에서 그와 나의 관심사가 겹쳤고 버핏은 제라드 가족의 투자금을 운용할 잠재적 후임자로서 나도 모르는 사이 나를 심사하고 있었다.

복리에 관한 이야기를 나누던 중 워런이 복리의 놀라운 힘을 보여주는, 그가 좋아하는 사례 가운데 하나를 들려주었다. 1626년 페터 미노이트Peter Minuit[2]가 맨해튼섬을 사는 대가로 지불한 자질구레한 장신구의 가치에 해당하는 24달러를 투자해 연평균 8퍼센트 순이익을 거두었다면 맨해튼섬의 원주민 인디언들은 훗날 개량된 땅을 되살 수 있었을 것이다.[3] 워런은 어떻게 그처럼 많은 백만장자들을 투자조합에 유치할 수 있었느냐는 질문을 받은 적이 있다고 했다. 그는 웃으며 말했다. "내 자신의 부를 키운 덕분이라고 대답했습니다."

워런은 독특하게 숫자가 매겨진 세 개의 주사위에 대해 아는지 물었다. 그 후로도 워런은 이 주사위 이야기로 똑똑한 사람들을 여럿 당황시키며 즐거워했다. 일반적인 주사위와 마찬가지로 각 면에는 1부터 6사이의 숫자가 적혀있다. 다만 여섯 개 면의 숫자가 서로 겹친다는 점이 다르다. 실제로 워런이 말한 주사위에는 두세 개 숫자만 있다. 이 주사위는 도박 게임에 이용된다. 주사위 세 개 가운데 당신은 '가장 좋은' 주사위를 선택하고 나는 '두 번째로 좋은'

주사위를 고른다. 각자 주사위를 굴려 높은 점수가 나오면 이기는 게임이다. 당신이 더 좋은 주사위를 선택하더라도 나는 당신을 이길 수 있다. 여기서 모두가 놀랄 만한 일이 있다. 바로 '가장 좋은' 주사위 같은 것은 없다는 사실이다. 주사위 세 개를 각각 A, B, C라고 하자. A가 B를 이기고 B가 C를 이기면 A는 B보다 좋고 B는 C보다 좋으므로 A가 C보다 훨씬 좋다는 주장은 그럴 듯해 보인다. 그러나 C가 A를 이긴다.

사람들은 당황한다. 수학자들이 말하는 전이규칙transitive rule, 즉 'A가 B보다 더 좋고 B가 C보다 더 좋으면 A는 C보다 더 좋다'는 규칙이 통할 것으로 기대하기 때문이다. '더 좋다'를 더 길다, 더 무겁다, 더 오래되었다, 더 많다, 더 크다로 바꾸어도 규칙은 여전히 참이다. 그러나 이러한 규칙이 적용되지 않는 관계도 있다. 예를 들면, '누가 누구와 아는 사이이다', '무엇이 누구에게 보인다'가 그렇다. '더 좋다'를 '대체로 이긴다'로 바꾸어도 주사위에는 전이규칙이 적용되지 않는다. 그래서 이들을 비전이nontransitive 주사위라고 부른다. 비전이 규칙의 간단한 예로 어린 시절 했던 가위, 바위, 보 놀이가 있다. 바위는 가위를 이기고(부수고) 가위는 보자기를 이기고(자르고) 보자기는 바위를 이긴다(덮는다).

실질적 영향력이 큰 비전이 관계의 또 다른 사례로 선호도 투표가 있다. 유권자 대다수가 후보자 A를 B보다 선호하고 B를 C보다 선호하고 C를 A보다 선호한다. 이처럼 선호도가 비전이 관계를 갖는 선거에서는 누가 당선될까? 그것은 선거 과정의 구조에 달려있다. 수학 경제학자 케네스 애로Kenneth Arrow는 직관적이고 자연스러우며 이상적인 조건을 모두 만족시키는 투표 방식은 존재하지 않는다는 것을 보여주어 노벨 경제학상을 수상했다. 〈디스커버Discover〉지는 이 주제를 다룬 기사[4]에서, 2000년 민주당과 공화당 주요 후보자들에 대한 유권자의 선호도를 비교할 때 선거제도가 좀 더 '합리적'이었다면 공화당 후보로 존 매케인이 지명되어 조지 W. 부시 대신 대통령으로 당선되었을 것이라고 주장했다.

다시 뉴포트 비치로 돌아가서, 주사위가 던져졌다. 세 개의 주사위 중 A 주사위의 6면의 숫자는 (3, 3, 3, 3, 3, 3), B 주사위는 (6, 5, 2, 2, 2, 2), C 주사위는 (4, 4, 4, 4, 1, 1)로 이루어졌다. 나는 평균적으로 A가 B를 3분의 2의 확률로 이기고, B가 C를 9분의 5 확률로 이기고, C가 A를 3분의 2 확률로 이긴다고 답해서 워런의 시험을 통과했다. 다른 비전이적 주사위도 구성할 수 있다. 나는 주사위 세 개를 이런 식으로 표시하고 배려 차원에서 상대방이 먼저 주사위를 고르도록 했다. 세 개 주사위를 차례로 선택했지만 어떻게 해도 매번 지는 결과가 나오자 사람들은 당황했다.[5]

워런은 언젠가 오후에 에메랄드 베이에 있는 자신의 집으로 브리지 게임을 하러 오라며 제라드 가족과 나를 초대했다. 캘리포니아 라구나 비치 북쪽 끝에 위치한 그곳은 외부인의 출입이 차단된 부유층을 위한 고급 주택단지로 아름다운 전용 해변과 바다 전망을 갖추고 있었다. 워런과 이야기를 나누면서 투자에 접근하는 방법에 있어 우리의 같은 점과 다른 점이 더욱 분명해졌다. 워런이 기업을 평가하는 목적은 일정한 지분이나 기업 전체를 저렴한 가격에 사려는 것이었다. 따라서 그는 알려지지 않은 내용과 예상하지 못한 요소를 감안해 충분한 '안전마진'을 확보했다. 투자자들이 개별 기업이나 주식시장 전반에 대해 지나치게 비관적일 때 가끔씩 저가 매수 기회가 나타난다고 믿었던 그는 이렇게 말했다. "모두가 탐욕에 빠질 때 경계하고 모두가 경계할 때 탐욕을 부려라." 그의 목표는 장기적으로 시장 대비 초과수익을 내는 것이었고 따라서 대개 시장 대비 상대적인 성과로 자신을 평가했다.

반면 나는 다양한 기업을 대상으로 가치를 평가하지 않았다. 대신 특정 회사의 다양한 증권을 비교했다. 내재가치와 시장가격에 괴리가 발생한 증권을 찾아 헤지 포지션을 구축했다. 즉, 상대적으로 저평가된 증권에 대해 롱(매수) 포지션을 취하고 고평가된 증권에 대해 쇼트(공매도) 포지션을 취해 주식시장의 등락과 무관하게 수익을 추구했다. 워런은 몇 달, 심지어는 2~3년간 시장가격이 큰 폭으로 등락해도 신경 쓰지 않았다. 장기적으로 시장은 크게 상승할 것이고 시장이 등락을 거듭할 때 규칙적으로 시장을 이기면 시간이 흐름에 따라 시장보다 훨씬 더 빨리 부를 키울 수 있다고 믿었기 때문이다. 그의 목표는 최대한 많은 돈을 모으는 것이었다. 나는 수학을 이용해 흥미로운 퍼즐들을 푸는 것을 즐겼다. 그 퍼즐을 처음 발견한 곳은 도박의 세계였고 다음은 투자의 세계였다. 돈을 번다는 것은 내 이론이 현실에서 작동한다는 것을 보여줌으로써 그것이 사실임을 입증하는 과정이었다. 워런은 어릴 때 투자를 시작해 일생 동안 뛰어난 성과를 거두었다. 내가 발견한 것들은 수학자로서 내 삶의 경로에 어울렸고 가족들과 마음껏 시간을 보내며 학계 경력도 이어갈 수 있어서 내게는 훨씬 수월해 보였다.

에메랄드 베이에 있는 워런의 집은 2003년 영화 〈터미네이터〉의 주인공 아놀드 슈워제네거가 캘리포니아 주지사에 당선되면서 뉴스거리가 되었다. 그는 아놀드의 후원자이자 경제 자문 역할을 했다. 선거 쟁점 중 하나는 캘리포니아의 재정적자를 줄일 방안이었다. 재정난의 주원인은 1978년 캘리포니아주 유권자들이 통과시킨 캘리포니아 주민발의 13호^{Proposition 13}였다. 부동산에 대한 세율을 평가액의 1퍼센트로 제한하고, 부동산의 가치가 아무리 상승하더라도 연간 세금 인상폭은 최대 2퍼센트를 넘지 않도록 하는 것이 골자였다. 캘리포니아 주택 가격이 치솟으면서 주택 보유세는 당시 현재가치의 극히 일부에 해당하는 1퍼센트 수준으로 점차 하락했다. 과세 기반은 급격이 악화되고 재정적자가 확대되었다. 주택의 가격은 매도할 경우에 한해 현재가치로 재산정되었다. 그 결과 최종 소유권이 변경된 시점에 따라, 비슷한 주택이라도 세금에 큰 차이가 발생했다. 다양한 주택 소유자들 사이에 세금 불평등 문제가 심각해졌다. 게다가 주택에 대한 전반적인 실효세율을 급격히 낮춤으로써 주민발의 13호는 주택 보유 비용을 감소시켰고 그 결과, 캘리포니아 주택 가격 급등을 부채질했다.

기업들은 주택 소유주보다 훨씬 뛰어났다. 그들은 부동산 자산을 보유할 회사를 만들었다. 특정 부동산을 파는 대신, 그 부동산을 보유한 회사를 매각했다. 부동산의 '소유주'는 달라지지 않았으므로, 더욱 비싸고 더욱 현실적인 매도가를 반영해 세금 부담을 늘리는 대신 특정 회사가 소유한 개별 부동산의 낮은 평가가치를 영원히 보존할 수 있었다. 주정부가 놓친 세수는 1978년 이후 누적된 캘리포니아의 재정적자를 모두 해소하고, 교육과 법 집행을 위해 자금을 조달하지 않아도 될 만큼 충분한 규모였다. 물론, 덕분에 적자가 발생하지 않은 것을 보고 정치인들이 어리석고 쓸모없는 새로운 지출을 늘리는 것을 자제할 때 가능한 일이다.

주 정부의 경제적 손실을 인식한 버핏은 슈워제네거에게 법안을 개정해 공정하고 공평한 재산세 제도를 도입해야 한다고 조언했다. 버핏은 1960년대에 구입해 현재 수백만 달러 가치에 달하는 에메랄드 베이 주택의 재산세가 현재 가치 70만 달러인 오마하 주택에 부과되는 세금보다 현저히 적고 그것이 주민발의 13호 때문이라고 지적했다. 조언을 따를 경우 표를 잃을 것이 두려웠던 주지사 후보 슈워제네거는 이렇게 말했다. "워런에게 또다시 주민발의 13호를 언급하면 윗몸 일으키기 500개를 해야 한다고 했죠." 워런은 슈워제네거의 자문 역할을 조용히 그만두었다.

그 후, 버핏과 그가 즐기던 브리지 게임, 그리고 비전이적 주사위를 생각할 때면, 브리지의 비딩 기법도 주사위와 같을지 궁금했다. 어떤 비딩 기법을 사용하든 그것을 이기는 다른 기법은 언제나 있고, 따라서 최고의 기법은 없다고 보아야 할까? 새롭게 개발한 '더 나은' 기법은 최신 기법에 패배할 것이고 그 최신 기법은 다시 과거에 폐기된 오래된 기법에 패배할지 모른다. 그렇다면, 새로운 기법을 개발한다는 것은 영원한 헛수고가 될 수도 있다.

이 질문에 답을 찾을 수 있는 사람이 있을까? 컴퓨터가 전문가 수준으로 브리지 게임을 하고 비딩을 할 수 있다면 가능할 것이다. 어떻게? 컴퓨터가 수많은 핸드를 플레이하도록 하고 다양한 비딩 기법으로 겨루게 해서 결과를 추적하는 것이다.

최고의 비딩 기법 같은 것은 없다고 가정하자. 그렇다면 상대방에게 마치 원래 그래야 하는 것처럼 비딩 기법을 밝히라고 요청하고, 가장 치명적인 대응책을 선택하는 전략이 최선일 것이다. 상대가 눈치 채고 우리에게 먼저 비딩 기법을 선택하라고 요구한다면 제비뽑기로 순서를 정하거나 무작위로 비딩 기법을 할당해야만 하는 어려움이 있다.

수학자들은 브리지를 불완전한 정보의 게임이라고 부른다. 두 명이 한 조를 이룬 참가자들은 게임을 시작하기에 앞서 비딩을 통해 각자 감춘 네 개 핸드에 관한 일부 정보를 상대방에게 제공한다. 게임이 진행되면 참가자들은 비딩에서 얻은 정보와 지금까지 확인된 카드를 이용해 아직 남은 카드 중 어느 것을 누가 가졌는지 추론한다. 주식시장 역시 불완전한 정보의 게임이다. 양쪽에 각자의 속임수가 있다는 점도 브리지와 닮았다. 브리지와 같이 주식시장에서도 좀 더 빨리, 좀 더 많은 정보를 얻고 그것을 좀 더 잘 활용하면 더욱 좋은 성과를 낼 수 있다. 역사상 가장 위대한 투자자임에 틀림없는 버핏이 브리지에 푹 빠진 것도 어쩌면 당연한 일이다.

투자자로서의 성적은 물론 워런의 정신과 방법에 감명을 받은 나는 비비안에게, 워런이 결국 미국 최고의 부자가 될 것이라고 예언했다. 저평가된 기업의 가치를 평가하는 능력이 뛰어났던 버핏은 일반 투자자들보다 훨씬 빨리 누적적으로 돈을 불려 나갔다. 또한 자본이 막대한 규모로 증가하는 순간에도 계속해서 온전히 자신의 재능에 의지할 수 있었다. 뿐만 아니라 워런은 복리의 힘을 이해했으며 오랫동안 그것을 활용할 분명한 계획을 갖고 있었다.

내 예언은 1993년 몇 달 동안 들어맞았다. 당시 버핏은 세계 최고의 부자였지만 빌 게이츠와 그 뒤를 이은 일부 닷컴 세대들에게 자리를 내주었다. 2007년 버핏은 브리지 친구인 빌 게이츠에게서 세계 최고 부자 자리를 되찾았고 2008년에는 다시 빌 게이츠에게 내줬다. 그때까지 워런과 보낸 시간은 매우 가치 있고 유용한 것이었다. 이베이에서 진행된 치열한 경매에서 한 아시아 출신 투자자는 버핏과의 점심식사 기회를 낙찰받기 위해 200만 달러를 써 냈다. 경매 낙찰액은 자선재단에 기부되었다.

랄프 제라드는 내게 버핏이 파트너들에게 보내는 서한들과 버핏 투자조합에 관한 두 장짜리 문서를 주었다. 그것을 보니 워런의 궁극적인 선택과 마찬가지로 다른 사람들과 공동으로 자금을 조성해 하나의 합자조합limited partnership에 투자하는 것이 이상적인 방식임이 분명해졌다.

당시 나는 총 40만 달러를 운용하고 있었다. 연평균 25퍼센트 수익률로 총 10만 달러 이익을 냈고, 이익의 20퍼센트를 성과보수로 받아 연 2만 달러를 벌었다. 학교에서 받는 연봉과 비슷했다. 여러 계좌의 자산을 모아 단일 계좌로 투자하면 훨씬 힘을 덜 들이면서 더 많은 자산을 운용할 수 있었다. 특정 신주인수권에 대한 헤지 포지션도 계좌마다 일일이 복제할 필요 없이 한 번만 설정해 운용하면 되었다.

다음 행보를 결정하기 위해 준비하던 중 제이 리건Jay Regan이라는 뉴욕의 젊은 주식중개인에게서 전화가 왔다. 그는 《시장을 이겨라》를 읽었다며, 내 전환주 헤지 기법을 도입한 합자조합을 운영하는 방식으로 투자업을 시작하고 싶다고 말했다. 그가 헤지펀드 운영의 사업적 측면을 처리해주면 나는 투자 대상을 선정하고 시장 조사 및 분석하는 데 집중할 수 있을 것이었다. 나는 1969년 어느 날 UC어바인 수학과 연구실에서 그를 만나기로 약속했다.

스물일곱 살로 나보다 열 살 아래였던 리건은 보통 키에 가느다란 붉은 머리카락과 주근깨, 그리고 주식 프로모터로서의 대인관계 능력이 있었다. 다트머스대학에서 철학을 전공한 그는 내 투자법의 근거가 되는 원칙들을 빠르게 흡수했다.

우리는 처음부터 한 팀이었던 것 같았다. 대부분의 구상은 내게서 나오겠지만 월스트리트에서 제안을 받고 트레이딩 기회를 가져오는 일은 리건이 맡을 것이다. 내가 분석과 계산을 마치면 그는 다양한 중개인들을 통해 주문을 실행에 옮길 것이다. 세금, 회계, 법률적 문제와 규제 관련 서류 작업도 그가 처리할 것이다. 조사와 분석, 개발에 집중하기 위해 내가 피하고 싶은 문제들이었다.

우리는 그날 악수를 하고《시장을 이겨라》에 쓴 구상을 바탕으로 함께 새로운 투자조합을 설립해 운영하기로 합의했다. 뉴포트비치에서는 두뇌집단이 트레이딩 아이디어를 구상하고 뉴욕은 사무실이자 트레이딩 데스크가 될 것이었다. 설립에 필요한 자본 규모를 논의한 끝에 500만 달러를 목표로 설정했다. 비용을 차감하고 연평균 20퍼센트 순이익을 올리고, 그 순이익의 20퍼센트를 매년 성과보수로 받는다면 우리는 500만 달러의 4퍼센트, 즉 20만 달러를 나누어 갖게 될 것이었다. 수학과 교수 연봉, 그리고 작은 운용 계좌들로 버는 것 이상이었다.

우리 사업은 헤지펀드의 전형적인 본보기였다. 미국의 헤지펀드는 간단히 말하면 1인 이상의 무한책임 조합원general partners, 즉 운용사(이하 GP, 문제가 발생할 경우 순자산net worth 전체에 대해 손실 위험을 부담한다.)와 출자한 금액에 한해서만 손실을 부담하는 다수의 투자자, 즉 LP로 구성된 비공개 합자조합이다. LP들은 기본적으로 수동적이며, 합자조합의 관리와 투자에 아무런 역할을 하지 않는다. 조합원이 최대 99인을 넘지 않고 일반 대중을 상대로 투자자를 모집하는 경우를 제외하고는 가벼운 규제만이 적용되었다. 해외에 기반을 둔 역외offshore 펀드라고 일컫는 헤지펀드는 회사나 신탁의 형태로 구성하는 것도 가능했다.

당시 헤지펀드의 수가 많지는 않았지만 전혀 새로운 개념은 아니었다. 제롬 뉴먼Jerome Newman과 버핏의 멘토인 벤저민 그레이엄은 일찍이 1936년 헤지펀드를 시작했다. 이익을 공유한다는 보상이 주어지면서 투자자들과 이해관계를 거의 같이하게 된 노련한 펀드매니저들이 있었기에 투자자들은 훨씬 더 많은 수익을 기대했다. 헤지펀드라는 명칭은 저널리스트 알프레드 윈슬로 존스가 투자에 관한 기사를 쓰며 조사하는 과정에서 배운 것에서 영감을 받아 1949년 합자조합을 설립하면서 등장한 것 같다. 그는 자신이 싸다고 믿는 주식을 사는 것 외에도 고평가 상태라고 판단한 주식을 공매도해서 위험을 제한, 즉 '헤지'하려고 했다. 공매도 투자자는 시장이 하락할 때 수익을 낼 수 있다. 존스가 설정한 것과 같은 방식의 펀드는 더욱 안정적인 수익을 낼 가능성이 있다. 존스의 구상은 처음에는 큰 주목을 받지 못했다. 그러나 1966년 저널리스트 캐럴 루미스가 〈포춘〉지에 쓴 "존스, 맞수가 없다The Jones Nobody Keeps Up With"라는 제목의 칼럼에 따르면, 존스의 헤지펀드는 수익률에서 과거 10년간 수백 개의 뮤추얼펀드를 앞서 그 가능성을 널리 입증했다.[6]

나는 투자자를 찾기가 쉽지 않겠다고 생각했다. 1967~1968년이 시장과 소수 헤지펀드가 조증을 앓은 2년이었다면[7] 1969년은 심각한 우울증에 빠진 해였다. 대형주는 평균 9퍼센트 하락했고 중소형주는 무려 25퍼센트 폭락했다. 헤지펀드 대부분이 심각한 손실을 기록하고 폐쇄되었다. 우리는 시장 중립적 전략을 추구하고 위험을 헤지했다고 설명했지만 우리의 구상은 생소했고 사람들은 두려워했다. 마침내 우리 외에 열네 명의 LP가 모집되었고 각자 5만 달러 이상을 투자했다. LP 가운데에는 내게 개인적으로 투자를 맡겼던 사람들도 있었다. 리건은 법원에 가서 다른 헤지펀드들이 제출한 서류에서 LP들의 명단을 구해 임의로 전화를 걸어 투자금을 좀 더 끌어모았다. 나는 미래의 투자자들을 만나 우리 투자 방식을 설명하고 내가 쓴 책과 학계 지위로 좋은 인상을 더하기 위해 뉴욕으로 날아갔다. 10월 말까지 가까스로 약정 받은 투자금은 140만 달러에 불과했지만 우리는 일단 되는대로 진행하기로 결정했다. 우리는 그야말로 이익을 통해 성장할 것이고 그렇게 되면 기존 투자자와 새로운 투자자 모두에게서 더 많은 자본을 끌어오게 될 것이었다. 1969년 11월 3일 월요일, 컨버터블 헤지 어소시에이츠**Convertible Hedge Associates**(나중에 프린스턴 뉴포트 파트너스**Princeton Newport Partners**로 명칭 변경)가 동서 양쪽 해안을 향한 문을 열었다. 〈월스트리트 레터〉는 그해 주식시장 전반의 폭락세와 여러 헤지펀드의 폐쇄를 다룬 기사에서 우리의 출발을 발표했다.[8]

돈이 움직인다

올해 실적 부진의 여파로 일부 헤지펀드가 해체되는 가운데 새로운 투자조합 설립이 이어지고 있다. 가장 최근 출범한 헤지펀드 가운데 하나로 에드 소프와 제이 리건이 GP로 참여해 운용을 담당하는 컨버터블 헤지 어소시에이츠가 있다. 소프는 라스베이거스의 블랙잭 게임을 이기는 컴퓨터 시스템을 개발해, 카지노로 하여금 규칙을 변경할 수밖에 없도록 했고 《딜러를 이겨라》를 집필했다. 그는 컴퓨터 관련 재능을 투자로 돌려 《시장을 이겨라》를 쓰기도 했다. 리건은 부처 앤 세라드, 키더, 피바디 앤 화이트, 웰드에서 일했다. 펀드에 참여한 LP로는 랑방–찰스 오브 더 리츠 회장 딕 살로몬, 찰리 에반스(전 에반 피칸), 밥 에반스(파라마운트 픽처스), 레이놀즈 푸드 회장 돈 쿠리 등이 있다.

우리는 첫 두 달 동안 총 4퍼센트 수익률로 5만 6,000달러 수익을 올렸다. 같은 기간 S&P500 지수는 5퍼센트 하락했다. GP로서 내 몫으로 받은 보수 5,600달러는 같은 기간 학교에서 번 수입보다 많았다.

나는 어떤 기로에 서있음이 분명했다. 수학적 능력을 이용해 헤지 전략을 개발하고 어쩌면 부자가 될 수도 있다. 또는 학계에서 경쟁하고 출세해 명성을 얻을 수도 있다. 나는 대학에서 가르치고 연구하는 것이 좋았고, 그래서 할 수 있을 때까지 계속하기로 결정했다. 내가 가진 계량적 금융 기법에 관한 구상은 공개하지 않고 우리 투자자들의 몫으로 남겨두기로 했다. 그 구상은 시간이 지난 뒤 다른 사람들에 의해 재발견되고, 그들의 공로로 남을 것이다.

버핏은 제라드 가족에게 나를 호의적으로 이야기한 것이 분명했다. 제라드 가족은 랄프와 프로스티가 차례로 세상을 떠난 뒤에도 계속해서 우리 투자조합에 신탁자금을 투자했다. 버핏과 보낸 시간은 내 인생에 두 가지 중요한 영향을 미쳤다. 직접 헤지펀드를 설립하도록 인도했고, 나중에는 그가 탈바꿈시킨 한 기업에 투자해 커다란 수익을 올릴 수 있도록 이끌었다. 바로 버크셔 해서웨이다.

chapter 13

투자조합을 시작하다

1969년 설립된 프린스턴 뉴포트 파트너스(이하 PNP)는 당시로서
는 혁명적이었다. 신주인수권, 옵션, 전환사채, 전환가능우선주 및
다양한 유형의 파생증권이 시장에 도입되면서 우리는 전환가능증
권 헤지를 전문으로 했다. 위험 헤지는 새로운 것이 아니었지만 우
리는 앞서 시도된 적 없는 극단적인 방식을 택했다.[1] 먼저, 우리는
동일한 기업의 주식과 전환증권을 결합해 일일이 헤지 포지션을 설
계해 주가등락에 따른 손실위험을 최소화했다. 우리는 금리변동,
시장지수 수준의 변화, 그리고 가격과 변동성의 예기치 않은 급변
으로 이따금 발생할 수 있는 치명적인 손실에서 우리 포트폴리오를
더 잘 보호하기 위한 헤지 기법을 개발했다. 우리는 수학 공식과 경
제 모형, 컴퓨터를 이용해 펀드를 운용했다. 거의 전적으로 계량적
기법에 의존하는 유일무이한 펀드였던 우리는 훗날 월스트리트에
급진적인 변화를 가져올 '계량분석가'라는 새로운 투자자 유형의
시초가 되었다.

우리는 재산을 키울 수 있다는 것을 처음부터 알았다. 그러나 친구들과 동료들에게 우리 계획을 이야기했을 때 우리의 말을 이해한 사람은 비비안이 거의 유일했다. 과학자나 수학자는 아니었지만 비비안에게는 두 분야를 모두 아우르는 최고의 장점이 있었다. 바로 적절한 질문을 하고 본질을 파악하는 능력이었다. 비비안이 몇 시간에 걸쳐 회전하는 룰렛공을 촬영해준 덕분에 나는 앞으로 나올 숫자를 예측하는 장치를 만들 수 있었다. 그전에는 블랙잭 카드를 수천 핸드나 딜링해준 덕분에 카드카운팅을 연습할 수 있었다. 비비안은 도박과 주식시장에 관한 내 책의 편집을 도왔고 계약 조건을 협상했다.

첫 5년 동안은 컨버터블 헤지 어소시에이츠라고 불리던 PNP를 설립할 때 내가 계획한 것은, 서로 밀접한 관련이 있지만 가격이 일관되지 않은 증권을 한 쌍 찾아내고 그것을 활용해서 위험을 줄일 수 있는 투자 기회를 구성하는 것이었다. 우리는 상대적으로 저평가된 증권을 매수하는 동시에 상대적으로 고평가된 증권을 공매도해서 불리한 가격변동으로 인한 위험을 상쇄하는 헤지 포지션을 구성했다. 이들 두 증권의 가격은 동반하여 움직이는 경향이 있으므로 두 증권을 조합해 위험은 줄이고 추가 수익을 얻을 수 있을 것으로 기대했다. 나는 특정 기업의 신주인수권, 옵션, 전환사채의 보통주 대비 적정가격을 판단하기 위해 개발한 수학적 방법을 활용해 이런 조건을 만족시키는 증권을 찾았다.

내가 조사하고 분석한 헤지 포지션에 베팅을 하는 것은 내가 우위를 갖는 블랙잭 핸드에 베팅하는 것과 같았다. 블랙잭과 마찬가지로 나의 기대수익을 추정할 수 있었고, 내가 부담하는 위험을 추정할 수 있었으며 내 판돈 가운데 얼마를 걸지 선택할 수 있었다. 1만 달러 판돈 대신 내게는 지금 140만 달러가 있다. 월스트리트라는 카지노에는 최대 500달러와 같은 베팅 한도가 없다. 우리는 우선 헤지당 5만~10만 달러를 걸었다.

뉴욕에서 장이 끝난 뒤 이른 오후에 내가 고용한 UC어바인의 학생들은 매일같이 내가 거래하는 증권회사 두 곳의 사무실로 갔다. 기회를 발굴하기 위해서였다. 학생들은 수백 개의 신주인수권, 전환사채, 전환가능우선주 및 관련 보통주의 종가를 수집했다. 우선주는 대개 정기적으로 배당금을 지급하지만 보통주는 배당금을 지급할 수도 있고 그렇지 않을 수도 있다. 배당금을 지급할 경우, 그 규모는 대개 시기에 따라 다르다. 우선주 배당금은 보통주가 받아야 할 어떤 지불금보다 '우선적'으로 지급된다. 배당금 액수가 고정된 일반적인 경우, 우선주는 채권과 비슷하지만 더 위험하다. 배당금 및 청산 시 자산에 대한 청구금액은 상응하는 채권에 대한 지불금이 지급된 후에야 지급되기 때문에 위험도가 더 높다. 전환가능우선주는 명시된 수량만큼의 보통주로 교환 가능한 우선주이다. 전환가능우선주는 전환사채와 유사하지만 안전성은 덜하다. 채권 보유자에게 이자가 지급된 뒤 충분한 돈이 있을 때만 지급되기 때문이다. 당시 이런 증권들은 우리에게 많은 투자 기회를 주었다.

1969년 설립 당시에는 우리 집이 사무실이었다. 우리 집 자체가 크게 달라진 우리의 상황을 말해주었다. 8년 전 뉴멕시코주립대학에 도착했을 때, 우리는 침실 네 개를 갖춘 83제곱미터 넓이 단층집을 임대했다. 머지않아 침실 네 개가 모두 쓰였다. 몇 달 뒤 둘째 딸 캐런이 태어났고 이듬해에는 아들 제프가 태어났다. 머지않아 도박에 이겨서 번 상금과 책의 인세를 수업료로 주식시장을 배웠고 우리의 첫 번째 집을 샀다. 몇 년 뒤 UC어바인으로 옮겼을 때는 뉴포트 비치 근처에 더 크고 좋은 2층집을 구했고 바로 그곳에서 PNP의 서부 해안 지역 영업을 시작했다.

비비안과 나는 지역 업자를 고용해 외부 계단과 사무실로 쓸 커다란 방 하나를 2층에 추가했다. 새로 만든 방에서 내가 고안한 수학 도표에 데이터를 점으로 표시했다. 여기서 유리한 상황을 확인하고 어느 것이 적절한 거래인지 재빨리 짚어낼 수 있었다. 매일같이 전환가능증권과 해당 주식의 종가 두 가지를 색을 구분해 도표 위에 표시했다. 도표는 해당 전환가능증권의 적정가격을 보여주는 곡선으로, 내가 만든 공식을 이용해 컴퓨터로 그린 것이었다. 이것의 장점은 수익을 낼 수 있는 트레이딩 기회가 있는지 여부를 그림으로 한눈에 파악할 수 있다는 것이었다. 데이터를 이용해 표시한 점이 곡선보다 위쪽에 있으면 해당 전환가능증권이 고평가되었으므로 헤지 기회가 있다는 뜻이었다. 즉, 전환가능증권을 공매도하고 해당 종목의 주식을 매수하는 것이다. 데이터가 곡선 가까이 있거나 곡선을 따라 찍히면 현재 가격이 적정수준이며, 따라서 기존 포지션을 청산하고 신규 포지션을 취해서는 안 된다는 뜻이었다. 점이 곡선 아래쪽에 있으면 해당 전환가능증권을 매수하고 주식을 공매도한다. 곡선부터 점까지의 간격은 창출할 수 있는 이익의 규모를 보여주었다. 그것이 우리 목표 수준과 일치하면 우리는 다음 날 트레이딩을 시도했다. 도표상 점과 가까운 곡선의 기울기를 이용해 헤지 비율을 구했다. 헤지 비율은 이용할 보통주 숫자 대비 각 전환사채, 우선주, 신주인수권, 옵션의 비율이다.

몇 달 동안 집에서 정신없이 분주하게 일이 돌아가는 데 시달린 비비안은 내게 사무실을 임대하도록 했다. 나는 작은 사무용 건물의 2층으로 이사해 컴퓨터를 구입하고 직원들을 채용했다. 나는 각 헤지 포지션을 거래하기 위한 표를 만들어 인쇄했다. 표에는 목표 수익 달성에 요구되는 주식 대비 전환가능증권의 가격을 기재했다. 이 표는 우리가 추가하고자 하는 신규 헤지 외에도, 주가가 변동해 헤지 비율을 달리할 필요가 있는(동적 헤징dynamic hedging) 기존 포지션이나 목표에 이미 도달해 청산해야 하는 포지션을 어떻게 조정할지 보여주었다.

컴퓨터가 내뿜는 열기 때문에 사무실은 항상 더웠다. 심지어 캘리포니아에서 가장 추운 겨울에도 창문을 열고 선풍기로 열을 내보냈다. 건물주는 세입자들에게 전기 사용료를 부과하지 않고 임대료 수입으로 직접 처리했다. 컴퓨터 열기에 신경을 쓰기 시작한 뒤 계산해보니 우리가 사용한 전기료가 임대료보다 많았다. 오히려 돈을 받으며 세를 살았던 셈이다.

매일 장 종료 후, 나는 뉴욕에 있는 제이 리건에게 전화를 걸어 다음 날 트레이딩 내용을 지시했다. 이에 앞서, 그는 우리의 트레이딩 결과를 보내주었고 나는 이것을 반영해 우리 포지션 기록을 갱신했다. 다음 날 그는 내가 추천한 매매를 실행했고 결과를 보고했으며 이 모든 과정이 반복되었다.

우리의 LP와 잠재적인 신규 조합원들에게 정보를 제공할 목적으로, 우리는 PNP의 운영 영업 활동과 목적, 수수료 구조, 잠재적 위험 등을 설명하는 기밀 사모 제안서를 주기적으로 발행했다. 여기에는 수식과 도표, 계산 내역은 싣지 않고, 우리가 실행한 실제 투자 몇 건을 간단히 도식화해 기술했다.

그중에는 《시장을 이겨라》에서 튀어나왔을 법한 트레이딩도 있었다. 1970년 미국 통신회사 AT&T는 보통주 3,300만 주를 주당 12.50달러에 인수할 수 있는 신주인수권을 매도했다. 수익금은 당시 신주인수권 매도로는 최대 규모인 약 3억 8,750만 달러였다. 당시로서는 가격괴리가 충분하지 않았지만 신주인수권 가격 변동 추이를 볼 때 1975년 만기 전까지 충분한 가격괴리가 발생할 것임을 알 수 있었다. 실제로 그렇게 되었고 우리는 투자조합 순자산의 상당 부분을 걸었다.

우리는 이 건과 다른 수천 건의 거래에서 1900년 프랑스 수학자 루이 바실리에Louis Bachelier의 박사학위 논문에서 출발한 수식을 활용했다. 바실리에는 수학을 이용해 파리 증권거래소에서 거래되는 옵션들의 가격을 매기는 이론을 개발했다. 그의 논문 지도교수였던 세계적인 수학자 앙리 푸앵카레Henri Poincaré는 바실리에의 노력을 의미 있게 보지 않았고, 바실리에는 지방에서 교수로 여생을 보내며 잊혔다. 그 사이, 스위스 출신의 알베르트 아인슈타인Albert Einstein이라는 스물여섯의 특허사무원은 자신의 '기적적인 해' 가운데 하나인 1905년에 물리학을 완전히 바꿔놓을 일련의 논문을 곧 출판할 참이었다. 그중에는 중력이론에 대변혁을 일으킨 상대성 이론의 출발점이 되고 핵의 시대를 이끈 논문도 있었다. 빛의 입자성에 관한 두 번째 논문은 양자이론의 출발에 도움이 되었다. 그러나 내 이야기와 연결되는 것은 아인슈타인의 또 다른 논문이다.

그 논문에서 아인슈타인은 식물학자 로버트 브라운Robert Brown이 1827년 발견한 놀라운 현상을 설명했다. 브라운은 현미경을 이용해 물에 띄운 꽃가루 입자를 관찰했다. 조명을 비추면 작은 반사광이 끊임없이 불규칙하고 무작위적인 움직임을 보인다. 아인슈타인은 이것이 꽃가루 입자와 그것을 둘러싼 물 분자가 충돌하여 발생한다는 것을 알았다. 그는 입자의 무작위 운동의 통계적 특성을 정확하게 예측하는 방정식을 만들었다. 그때까지 분자나 원자를 본 사람은 아무도 없었고(분자는 전기력에 의해 결합된 다양한 유형의 원자들의 집합이다.) 분자와 원자의 존재는 논란의 대상이었다. 그런데 원자와 분자의 존재가 최종적으로 입증된 것이다. 이 논문은 물리학 전 분야에서 가장 널리 인용된 논문 가운데 하나가 되었다.

아인슈타인 자신은 몰랐지만, 그가 꽃가루 입자의 브라운 운동을 설명한 방정식은 바실리에가 5년 전 전혀 다른 현상, 즉 주가의 끊임없는 불규칙한 움직임을 설명하기 위해 논문에 이용한 방정식과 근본적으로 같았다. 바실리에는 이 방정식을 이용해 기초자산인 주식에서 옵션의 '적정' 가격을 연역적으로 추정했다. 아인슈타인과 달리, 바실리에의 연구는 나중에 노벨상을 수상한(1970년) 폴 새뮤얼슨이 1950년대 파리의 한 도서관에서 발견해 영어로 번역하고 나서야 비로소 알려졌다. 바실리에의 논문은 1964년 폴 쿠트너가 편집해 MIT가 출판한 《주가의 무작위성Random Character of Stock Market Prices》에 실렸다. 나는 초반에 금융을 독학할 때 이 책을 활용했다. 금융과 과학적 분석을 결합한 논문을 모아 소개한 이 책은 나를 비롯한 많은 사람들에게 커다란 영향을 미쳤다.

바실리에는 주가의 변화가 정규분포, 또는 가우스분포라고 일컫는 종 모양의 곡선을 따른다고 가정했다. 그러나 기간이 며칠 이상으로 길어지면 실제 가격과 잘 일치하지 않았다. 1960년대 들어,

학계는 주가의 변화를 좀 더 정확히 기술하며 바실리에의 연구를 개선해나갔다. 적정 옵션 가격을 구하는 최신 공식들은 신주인수권에도 적용되었는데 실제 트레이딩에는 유용하지 않았다. 이들 공식은 데이터를 가지고는 만족스럽게 추정하기 어려운 두 가지 조건을 필요로 했기 때문이다. 그중 하나는 '현재'부터 신주인수권 만기일까지 주가의 성장률이었다. 다른 하나는 신주인수권의 현재가치를 구하기 위해 만기 보상의 불확실성에 적용할 할인계수였다.

'마크다운-markdown'이라고 일컫는 이 할인계수는, 만기 보상이 불확실한 경우 투자자가 평가하는 가치도 낮아지는 경향이 있음을 설명한다. 예를 들어, 동전의 앞면과 뒷면이 나올 확률이 동일한 '공정한' 동전을 던져 앞면이 나오면 2달러를 얻고 뒷면이 나오면 한 푼도 받지 못한다고 하자. 이 투자자에게 주어지는 보상은 불확실한 평균 1달러이다. 이 값은 각각의 보상에 발생 가능한 경우의 수(이 사례에서는 1)를 곱해(2×1=2, 0×1=0) 더한 값을 가능한 경우의 수, 즉 2로 나누어(2/2=1) 구한 값이다. 투자자 대부분은 확실한 1달러를 선택할 것이다. 기대수익률이 동일한 두 가지 투자 기회가 있다면 투자자는 위험이 적은 기회를 선호하는 경향이 있다. 대공황 시기에 태어나 성장한 것의 영향과 초기 투자 경험의 영향으로, 나는 위험을 줄이는 것을 내 투자 접근법에서 가장 중요한 요소로 삼았다.

1967년, 나는 신주인수권 가치 산정에 한 걸음 더 나아갔다. 타당하고 직관적인 추론을 통해, 나는 기존의 신주인수권 평가 공식에서 미지의 요소였던 주가성장률과 할인율을 신주인수권 만기일에 만기에 도달하는 미국 국채 금리와 같은 소위 무위험 이자율[2]로 대체할 수 있다고 가정했다. 덕분에 미지의 요소로 인해 이용이 불가능했던 공식은 간단하고 실용적인 트레이딩 도구로 바뀌었다. 1967년, 나는 이것을 내 개인 계좌와 투자자들을 위해 이용하기 시작했다.[3] 성과는 눈부셨다. 나는 몰랐지만, 1969년 《시장을 이겨라》를 읽은 피셔 블랙Fischer Black과 마이런 숄즈Myron Scholes는 그것이 일부 동기가 되어 동일한 공식[4]을 철저히 증명한 결과를 1972년과 1973년에 발표했다. 이것이 금융계 전반에 걸친 소위 파생증권 상품의 개발과 활용에 불을 지폈다. 마이런 숄즈와 로버트 머튼Robert Merton은 그 기여도를 인정받아 1997년 노벨 경제학상을 수상했다. 노벨위원회는 피셔 블랙(1938~1995)의 공로 역시 인정했고, 그가 인후암으로 먼저 세상을 떠나지 않았다면 함께 노벨상을 수상했을 것이라고 모두들 말했다.

이 공식에 힘입어 PNP는 번창했다. 1969년 11월과 12월 첫 두 달 동안 우리 투자자들은 3.2퍼센트 수익률을 기록해, 같은 기간 4.8퍼센트 하락한 S&P500을 8퍼센트 앞섰다. 1970년 우리의 수익률은 13퍼센트였고 S&P500은 3.7퍼센트였다. 1971년 수익률은 각각 26.7퍼센트와 13.9퍼센트로 우리 LP들이 13퍼센트 가까이 앞섰다. 1972년, S&P는 드디어 18.5퍼센트 수익률로 우리의 12퍼센트 수익률을 앞질렀다. 우리가 운용을 잘못했다는 뜻일까? 그렇지 않다. 오히려, 상황이 좋든 나쁘든 꾸준히 높은 수익률을 달성하겠다는 우리의 의도대로 정확히 이행되고 있다는 증거였다. 헤지 포지션은 우리를 손실에서 보호했지만 그 대가로 강력한 상승장에서 수익을 일부 포기해야 했다. 연평균 수익률의 변화는 시장의 등락보다 주로 헤지된 투자의 규모와 질의 변동에 기인했다. 우리는 1973~1974년 큰 폭의 약세장에서 첫 번째 혹독한 시험에 직면했다. 시장이 하락한 원인 가운데 일부 아랍 산유국들의 원유 수출 금지 조치oil embargo가 있었다. 그 결과 유가는 사상 최고 수준(물가상승률 조정)을 기록했고 2008년 배럴당 140달러를 기록하고 나서야 비로소 그 기록이 깨졌다.

1973년 S&P 지수는 15.2퍼센트 하락했지만 우리는 6.5퍼센트 수익률을 기록해 우리 조합원들은 시장 대비 20퍼센트 초과수익을 거두었다. 1974년 주식시장 투자자들은 더욱 큰 타격을 입었다. S&P 지수가 27.1퍼센트 급락한 반면 우리는 9.0퍼센트 수익률을 기록해 시장을 36퍼센트 이상 앞섰다. 그 2년 동안 PNP LP들의 투자금 1,000달러는 1,160달러로 불어났다. 반면 S&P500 투자자들의 투자금 1,000달러는 618달러로 줄었다. 게다가 PNP는 1974년 초 한 달을 제외하면 설립 이후 6년 동안 매달 수익을 거두었다. 주식시장은 1973년 1월 11일 최고점에서 1974년 10월 3일 저점까지 무려 48.2퍼센트 하락했다. 대공황 이후 최대 하락폭이었다. 워런 버핏조차 자신이 펀드를 청산한 것이 조합원들을 위해 잘된 일이었다고 말할 정도였다.[5]

기존 조합원들은 투자금을 추가했고 앞으로 조합원이 될 사람들은 입소문으로 우리에 관해 알아가고 있었다. 최초 140만 달러였던 투자조합 자본금은 740만 달러로 증가했고 GP에게 주어지는 보상도 비례하여 증가했다. 투자회사법에 따라 조합원의 수가 99인으로 제한되었으므로 자본금이 총 1억 달러가 되려면 각 조합원의 투자금이 평균 100만 달러를 넘어야 했다. 따라서 우리는 고액순자산 보유자high net worth individual와 기관투자가들이 우리에게는 상당하지만 그들에게는 전체의 일부에 불과할 자본을 초기에 투자해주기를 바랐다. 또한 고액순자산보유자들은 정보가 많고 경험도 더욱 풍부한 데다 투자조합의 위험을 더욱 잘 판단하고 자문 역할을 해줄 수도 있어서 더욱 긍정적이었다. 여유 조합원의 수가 줄어드는 가운데 조달할 수 있는 신규 자본의 규모를 늘리기 위해, 우리는 조합에 참여하기 위한 최소 자본 요건을 기존 5만 달러에서 10만 달러, 25만 달러, 100만 달러로 차츰 올리다 결국 1,000만 달러까지 인상했다. 신규 조합원은 면밀히 배경을 파악한 후에만 받았다. 대개 대중에게 정보가 공개된 직업을 가졌거나 개인적으로 아는 사람들이었으므로, 배경을 파악하는 일은 간단했다.

우리는 매년 청구되는 성과보수를 이익의 20퍼센트로 조정하고 '신 고수위high water'6 조항을 포함했다. 어느 해에 손실이 발생하면 그 손실을 미래로 이전해, 미래 이익에 보수가 지급되기 전에 이익에서 손실을 차감한다는 조건이었다. 이렇게 함으로써 우리의 경제적 이해가 LP의 이해와 일치하도록 조정할 수 있었다. 물론 손실은 단 한 해, 단 한 분기도 발생하지 않았고 이 방식이 실행된 적은 단 한 번도 없었다.

직원이 늘면서 맨해튼과 뉴포트 비치에 있는 PNP 사무실도 확장했다. 나는 여전히 수학 교수로 재직 중이던 UC어바인 캠퍼스에서 인재를 찾았다. 나는 직원을 채용하고 관리하는 법을 배워야 했다. 내가 스스로 생각하고 발전시킨 인재 관리 방식은 훗날 이른바 '현장 경영management by walking around, MBWA'이라고 불린 방식과 같았다. 나는 학계에서 혐오했던 끊임없이 이어지는 형식적 회의를 없애고 직원들과 직접 소통했고, 직원들에게도 서로 그렇게 해줄 것을 요청했다.

나는 우리의 대체적인 계획과 방향을 설명하고, 그들의 의견을 바탕으로 역할과 임무를 재편하면서 내가 각자에게 바라는 것을 분명히 밝혔다. 경영에 신경을 쓸 시간이 부족했기 때문에 이 방식이 효과를 내기 위해서는 팔을 잡아끌지 않아도 따라올 수 있는 사람이 필요했다. 우리 일 가운데 상당 부분은 사업이 진행되면서 새롭게 개발된 것이었다. 투자에 대한 우리의 접근 방식은 새로운 것이었기에 나는 독특한 기법들을 가르쳐야 했다. 나는 대학에서 영리한 젊은이들을 뽑았다. 그들에게는 기존 직장에서 굳어진 자신만의 방식이 없기 때문이었다. 나쁜 자세가 몸에 익은 선수를 다시 가르치는 것보다는 이 스포츠를 처음 갓 접한 젊은 선수들을 가르치는 편이 훨씬 나았다.

작은 조직일수록 함께 잘 어울려 일하는 것은 특히 중요했다. 신규 채용자가 우리 기업 문화와 어떻게 어울릴지 면접을 통해서는 알 수 없으므로, 나는 모두에게 첫 6개월은 임시 계약 기간이라고 말해두었다. 우리 역시 그들에게 마찬가지일 것이다. 그 기간 동안 상호 합의가 이루어지면 정식 직원이 되는 것이다.

경험이 쌓이면서 우리 정책도 수정되었다. 내 비서는 2주에 한 번씩 금요일마다 아프다며 외출을 했다. 나는 그녀와 친한 동료에게 조심스럽게 이유를 물었다. 알고 보니 비서는 그 시간에 고정적으로 미용실을 방문했고 산적한 개인 업무를 처리하고 있었다. 그녀는 사용하지 않으면 사라지는 유급병가를 이용했다. 우리 시스템으로는 유급병가를 많이 쓸수록 더 많은 휴일과 보상이 주어졌다. 나는 경제학자들이 '유인책의 역효과perverse incentive'라고 부르는 이런 정책을 폐지했다. 대신 근무 시간을 기준으로 누적되는 단일 유급휴가 집합에서 유급휴일, 계절휴가, 휴무, 병가를 모두 처리하도록 했다. 필수 업무와 충돌하지 않는 한 이 집합에서 어떤 형태로든 휴가를 사용할 수 있었다.

우수한 직원을 채용하고 유지하기 위해 나는 업계 수준보다 훨씬 많은 임금과 성과금을 지급했다. 직원들의 생산성이 평균보다 훨씬 높았기 때문에 이것은 실제로 돈을 절약하는 일이었다. 높은 보상은 이직률을 제한했고, 직원이 바뀔 경우 나만의 독특한 투자 기법을 가르치느라 들여야 하는 시간과 비용을 절약해주었다. 직위가 높을수록 커다란 보상이 주어지면서 자기 사업을 하려고 회사를 떠나는 일도 없었다.

투자 기회는 계속해서 확대되고 있었다. 1973년 4월, 시카고상품거래소Chicago Board of Trade가 설립하고 관리하는 시카고옵션거래소Chicago Board Options Exchange(이하 CBOE)가 새롭게 옵션거래를 시작했을 때도 그랬다. 그전까지 옵션은 오로지 장외시장에서만 거래되었다. 옵션을 매수하거나 매도하려면 자신을 대신해 거래 상대방을 찾아줄 중개인을 활용해야 했다는 뜻이다. 비효율적인 방식이었고, 중개인은 고객들에게 높은 수수료를 부과했다.[7] CBOE는 뉴욕증권거래소에서 거래되는 주식과 마찬가지로 표준화된 조건으로 거래소에서 매매가 이루어지는 다양한 옵션 상품을 제공했다. 매수자와 매도자의 비용은 급격히 감소했고 거래량은 급증했다.

거래를 준비하며, 나는 휴렛패커드 9830A 컴퓨터를 프로그래밍했다. 1967년에 내가 만든 공식을 이용해 옵션의 이론적 적정가치를 산출하는 것이 목적이었다. 대형 사전 크기의 근사한 고급 사양 컴퓨터는 유명한 휴렛패커드의 플로터[8]에 잉크로 채운 펜을 이용해 도표에 다양한 색깔로 결과 값을 표시하라는 지시를 내렸다. 각 옵션마다 이론에 따른 정확한 가격이 곡선으로 표시되었다. 이들 곡선 위에 찍힌 점 하나하나는 도달 가능한 주가와 그에 상응하는 적정 옵션 가격을 나타낸다. 우리는 주식과 옵션의 실제 시장가격을 색을 구분해 점으로 표시하고 그 위치를 곡선과 비교했다. 점이 이론적 곡선보다 위쪽에 있으면 옵션이 고평가되었다는 뜻이다. 해당 옵션은 공매도 대상이 되고, 동시에 주식을 매수해 위험을 헤지한다. 곡선에서 점까지 거리는 가격괴리 정도를 나타낸다. 마찬가지로, 곡선보다 아래쪽에 위치한 점은 옵션이 저평가 상태라는 사실과 저평가 정도를 보여준다. 이 경우 옵션을 매수하고 주식을 공매도하는 반대 방향의 헤지가 가능하다. 이론적 곡선의 기울기는 특정 시점에 위험을 최소화하는 헤지 포지션을 구축하는 데 필요한 적절한 양의 주식과 옵션 규모를 자동으로 알려준다.

우리는 모든 가능한 주가 대비 옵션 가격의 이론적 적정가치 곡선을 컴퓨터로 공식을 돌려 얻어냈다. 여기에 이용된 데이터에는 주가의 변동성(주가의 최근 일별 변화율을 측정), 미국 국채 금리, 옵션 만기 전 해당 주식이 지급한 모든 배당금 등이 있다.

CBOE가 개장하기 2~3개월 전, 나는 옵션의 가격을 매기는 공식을 이용해 트레이딩을 할 준비를 모두 갖추었다. 그 공식은 다른 누구도 알지 못한다고 생각했다. PNP는 큰돈을 벌어들일 것이었다. 그런데 피셔 블랙이라는 처음 듣는 이름의 누군가가 편지 한 통과 아직 출판 전인 논문 한 부를 보내왔다. 내 연구의 추종자라고 밝힌 그는, 자신과 마이런 숄즈가 《시장을 이겨라》에 소개된 핵심 구상인 델타헤징에서 한 걸음 나아가 옵션 공식을 도출했다고 했다. 논문을 훑어보니 내가 활용한 공식과 일치했다. 좋은 소식은 내가 직관적으로 발견한 공식이 옳았다는 것이 그들의 철저한 증명으로 확인되었다는 것이었다. 나쁜 소식은 이 공식이 이제 공공의 지식이 되었다는 것이었다. 모두가 이 공식을 이용할 것이었다. 다행히, 시간이 조금 걸렸다. CBOE가 운영을 막 시작했을 때, 이 공식을 이용해 트레이딩을 하는 세력은 우리뿐인 것 같았다.[9] 객장은 총과 활이 겨루는 전쟁터 같았다.

우리는 다른 사람들이 이용할 수 있게 되고, 공식의 효력이 소멸되기 전에 가능한 빨리 가격괴리를 활용해야 했다. 우리는 프로그래밍된 휴대용 계산기를 우리 트레이더들이 객장에서 사용할 수 있게 해달라고 옵션거래소에 요청했다. 요청은 거부당했다. 새로운 참가자들에게 기존에 오랫동안 옵션을 거래해온 트레이더 대비 유리한 환경을 허용하지 않으려는 것이었다. 차선책으로, 우리 객장의 트레이더들과 무전기로 대화할 수 있게 해달라고 요청했다. 역시 거부당했다. 라스베이거스에서 카드카운팅을 하며 부딪친 상황이 떠올랐다. 우리는 끊임없이 늘어나는 상장 옵션을 모두 다룬 트레이딩 표를 인쇄해 장내 트레이더들에게 제공했다. 이 표는 고속 인쇄기로 밤새 인쇄해 프린스턴과 시카고 사무소에 급행우편으로 배달되었다. 우리 표는 휴대용 계산기 못지않게 유용했다.

객장에 흩어져있는 트레이더들은 물론 양쪽 사무실에서도 그 표가 필요해서 우리는 총 다섯 부를 만들었다. 복사용 먹지를 사이사이에 배치한 알파벳 Z 모양으로 접힌 종이를 이용했고 프린트로닉스사의 인쇄기 여러 대를 매일같이 밤새 가동했다. 앞으로 며칠 안에 발생할 가능성이 있는 모든 상황을 다룬 헤지 지시사항과 목표 가격을 적은 종이가 수백 쪽에 달했다. 표 하나하나가 인쇄된 가로 28센티, 세로 43센티 크기의 종이가 5~7센티 두께로 한 움큼이었다. 이와 관련한 이야기는 1974년 〈월스트리트 저널〉 1면에도 소개되었다.[10] 나중에 기존 트레이더들이 스스로 경쟁이 가능하다고 느꼈을 때, 옵션 가치를 매기도록 프로그래밍된 휴대용 계산기 지참이 비로소 허용되었다. 계산기는 업계에서 이용하는 기본 도구가 되었다.

내가 학교와 사업에 완전히 매인 동안 비비안은 어린 세 아이의 양육을 도맡다시피 했다. 그러면서도 시간을 내어 지역의 훌륭한 하원의원의 재선을 도왔다. 비비안이 코로나 델 마르에 선거운동 사무실을 열었을 때 정당의 맹목적인 추종자들이 비비안을 막으려고 했지만 허사였다. 비비안은 선거운동 자금을 모으고 직접 자원봉사자들을 모집해서 대규모 전화 선거운동을 벌였다. 하원의원이 재선에 성공하자 정당 추종자 두 사람이 비비안의 공을 모두 가로채고 정당에서 높은 자리를 얻었다. 개인적인 출세나 공치사를 바란 것은 아니었지만 비비안은 그 결과에 당황했다. 55년 반 동안의 결혼 생활에서 나는 비비안이 잘난 체하는 모습을 한 번도 보지못했다. 살짝 그런 기미를 보인 적은 있었다. 색 조합이 근사하게 어울리는 옷차림을 하거나 디자이너 같은 안목으로 집을 꾸민 것에 내가 감탄할 때였다. 그럴 때면 비비안은 담담한 말투로 "내가 색을 보는 눈이 좀 있죠."라고 답했다.

또한 비비안은 조용히 '폰뱅크phone bank'[11] 조직을 구성하고 운영해 캘리포니아주 전체 공직을 통틀어 최초의 흑인 당선자가 나오도록 도왔다. 비비안은 전화뿐만 아니라 1대1로 사람들을 만나 영향을 미쳤다. 비비안이 만난 사람들 가운데, 유대인들을 싸잡아 욕하던 한 부인이 있었다. 비비안은 제2차 세계대전 때 나치 수용소에서 여러 명의 친척을 잃었다. 비비안이 그 여인을 만난 일을 이야기했을 때, 우리는 비비안이 어떤 식으로 그 부인을 갈가리 찢어놓았을지 궁금했다. 비비안은 그렇게 하지 않았다. 그런 식으로는 부인에게 아무런 교훈도 줄 수 없고, 단지 적이 될 뿐이라는 것이 비비안의 설명이었다. 본성은 선한 사람이었던 부인을 비비안은 끈기 있게 계도했고 두 사람은 남은 일생을 친구로 지냈다.

비비안의 통찰력은 내가 투자 세계에서 만나는 다양한 사람들을 상대하는 데 도움이 되었다. 그들 중 많은 사람들은 도덕적 잣대가 결여된 것 같았다. 비비안은 사람들에게 매료되었다. 사람들이 자신에 관해 말할 때, 그 이야기의 조각들을 모아 하나의 삶의 이야기를 구성하고 그것을 분석해 일관성을 검토하는 것은 제2의 천성이 되었다. 그 결과 성격, 동기, 예상되는 미래 행동 양식에 관한 비비안의 판단은 거의 틀린 적이 없었다. 내가 소개해서 처음 만나는 사업가들과 전문가들을 상대로 비비안이 이 능력을 발휘할 때마다 나는 거듭 놀랐다.

비비안은 거의 아무런 단서가 주어지지 않아도 믿기 어려울 만큼 간단히 사람들을 파악했다. 예언자 카산드라처럼, 내가 새겨듣지 않을 때도 아내는 매번 옳았다.

한번은 누군가를 만난 뒤 "욕심이 많고 가식적인 사람이에요. 믿으면 안돼요."라고 말했다.

"어떻게 알아요?" 내가 물었다.

아내는 말했다. "운전하는 방식을 보면 욕심이 많다는 걸 알 수 있어요. 미소를 지을 땐 가식이 드러나죠. 눈도 진짜 웃고 있지 않아요. 상대를 조롱하는 눈빛이죠. 그 사람 부인은 슬픈 눈을 하고 있으니 앞뒤가 안 맞아요. 집에서 부인이 보는 얼굴이 그가 밖에서 보여주는 얼굴과 같지 않다는 뜻이죠."

몇 년 뒤, 글렌(가명)이라는 '친구'가 헤지펀드를 운영했고 우리는 그 펀드에 투자했다. 펀드가 투자한 종목 가운데 하나에서 200만 달러 손실이 발생했는데 일부는 사기로 인한 것이었다. 변호사들이 손실 가운데 100만 달러를 최종적으로 회복했지만 글렌은 이 돈을 현재 조합원들에게 배분했다. 현재 조합원들 대부분은 기존에 손실을 입은 조합원들이 아니었다. 그는 현재의 조합원들로부터 미래의 경제적 이익을 얻지만, 과거 조합원들에게서는 아무런 이익도 얻지 못할 것이고 따라서 이처럼 불공정한 행위는 그에게 이익이 될 것이다. 그와 대면했을 때, 그는 이전 조합원 스무 명가량의 소재를 찾지 못했다고 주장했다. 나는 명단을 가지고 있었고 세 명을 제외한 모든 사람의 현재 정보가 있으며, 그 세 명도 아는 사람들을 통해 찾을 방법이 있다고 말했다. 그러자 그들에게는 돈을 지급할 수 없다며, 투자조합의 계약 내용에 따라 각 조합원이 개별적으로 중재를 의뢰해야 한다고 말했다. 조합원들에게 지급될 금액은 각각 평균 5만 달러 정도였는데, 변호사 수수료, 개인 시간, 번거로움과 스트레스를 생각하면 중재를 의뢰할 가치가 없음을 알았던 것이다. 나는 한 건의 중재로 전체를 대표해 문제를 해결할 수 있도록 동의해달라고 요구했지만 그는 거절했다. 그는 우리 측에서 시도할 몇 건의 개별 중재에서 자신이 모두 지면 그때 가서 마음을 바꿀 수도 있다고 교활하게 말했다. 우리가 그의 동료 변호사에게, 어떻게 이런 비윤리적인 행동을 용인할 수 있느냐고 묻자 변호사가 말했다. "법대에서 윤리학은 가르치지 않습니다."

PNP가 번창하면서 나는 흥미로운 사람들을 만났다. 재미있게 도, 폴 뉴먼과 만난 계기는 우리의 투자 성과가 아니라 세법에 대한 조언이었다. 법률은 상장된 옵션을 다루는 데 한참 뒤처져서, 몇 년 뒤 개정되기 전까지 연방정부와 주의 세수를 크게 감소시킬 거래들이 발생하고 있었다. 폴과 그의 세무 담당 변호사는 세금 문제를 알아보려고 로스앤젤레스에 있는 21세기 폭스사의 영화 〈타워링 Towering Inferno〉 촬영장으로 나를 초대해 점심식사를 함께했다.

스튜디오는 남부캘리포니아의 유일한 고등학교이자 교내에 유정이 있는 비벌리 힐스 고등학교에 인접해있었다. 내가 도착했을 때, 폴은 청바지에 셔츠와 재킷을 입고 있었는데 그때는 상당히 세련된 차림이었다. 나는 1940년대에 돈이 궁해서 깨끗하지만 색이 바랜 리바이스 청바지를 줄곧 입고 다녔는데, 나중에 사람들이 일부러 찢고 구멍을 내서 내가 고등학교 시절 입었던 것보다 훨씬 낡아 보이는 것을 돈을 주고 사서 입는 것을 보고 놀랐던 일이 떠오른다.

나는 뉴먼의 파란 눈에 유독 끌렸다. 실제로 보니 영화에서 본 것보다 더욱 강렬했다. 내성적인 성격에 낯선 사람 앞에서는 수줍음이 많던 그는 처음에는 나를 힐끗 보고 한마디도 하지 않았다. 그러다 드디어 "맥주 하실래요?"라고 물었다. 나는 대답했다. "좋죠." 내가 평범한 사람이라고 판단한 그는 곧 여유를 찾았다. 점심으로 그가 추천한 특제 샌드위치를 먹으며 이야기를 나누었다. 그는 내게, 블랙잭 카드카운팅 시스템으로 하루 종일 게임을 하면 얼마나 벌 수 있을 것 같냐고 물었다. 나는 변장을 잘하고, 팀이 아니라 혼자 게임을 한다면 연간 30만 달러는 가능할 것 같다고 답했다. 그가 물었다. "그런데 어째서 게임을 하지 않죠?" 나는 헤지펀드 운영을 더 잘할 것으로 생각한다고 대답했다. 그의 과세 대상 수입은 그해 600만 달러에 달했는데, 이것이 우리가 점심식사를 함께한 이유였고 그는 내 답에 고마워했다. 그러나 만남에서 결정된 것은 없었다. 폴의 변호사는 내가 준 절세 아이디어가 좋지만 새로운 것이어서, 문제가 될 가능성이 있다고 보았다. 변호사는 유명한 진보적 민주당원인 폴에게, 공화당을 지지하는 국세청과 엮이는 위험을 굳이 감수할 필요가 없다고 조언했다.

할리우드와 또 다른 관계도 있었다. 우리의 초기 LP 가운데는 로버트 에반스와 그의 동생 찰스가 있었다. 상대적으로 덜 알려진 배우이자 제작자였던 로버트는 1966년 걸프 & 웨스턴이 파라마운트 영화사를 인수하면서 최고 제작자로 영입되었다. 그 후 8년 동안 에반스는 〈오드 커플The Odd Couple〉, 〈악마의 씨Rosemary's Baby〉, 〈러브 스토리Love Story〉, 〈차이나타운Chinatown〉, 그리고 〈대부The Godfather〉 등의 성공작을 제작해 파라마운트를 다시 성공의 길로 이끌었다. 1997년 영화 〈왝 더 독Wag the Dog〉에서 더스틴 호프먼은 로버트 에반스의 외모 및 습관, 버릇 하나하나를 바탕으로 한 인물을 연기했다.

1971년이나 1972년 어느 날, 나는 투자조합에서 우리가 하고 있는 트레이딩의 유형을 설명하기 위해 비벌리 힐스에 있는 그의 고급주택으로 로버트를 찾아갔다. 그와 찰스가 선글라스와 모자로 무장하고 뒷마당의 수영장을 누비는 동안, 나는 수영장 가장자리에 앉아 전환가능 헤지의 기본 개념을 설명했다. 당시 로버트는 배우인 앨리 맥그로와 (총 일곱 번 중) 세 번째 결혼을 한 상태였다. 물론 나는 앨리 맥그로가 나타나 내게 시장의 복잡한 사항에 관해 물어주기를 기대했지만 그녀는 여행 중이었다. 앨리는 영화 〈러브 스토리〉로 1970년 아카데미 여우주연상 후보에 올랐으며, 20년이 지난 52세에도 〈피플People〉지가 선정한 '세계에서 가장 아름다운 50인'에 이름을 올렸다.

프로이트에 관한 각본을 써 1963년 아카데미상 후보에 오른 찰스 카우프만(1904~1991)도 LP로 참여해 일상적으로 사람들을 소개했는데 이것이 투자 희망자들이 우리에게 전화를 하도록 이끄는 간접적인 역할을 했던 것 같다. 카우프만에게는 로스앤젤레스에서 활동하는 회계사가 있었는데, 그는 라스베이거스 대형 카지노들에 관한 책을 쓰기도 했다. 카우프만 가족은 비비안과 나, 회계사와 그의 아내를 위해 저녁식사와 연회를 마련했다. 나는 우리 투자조합의 트레이딩 전략과 회계 관행에 관한 모든 질문에 답하는 데 집중했다. 대화가 블랙잭으로 전환되면서 나는 카지노에서 벌어지는 속임수, 스키밍skimming12, 이중장부에 대해 내가 아는 내용을 언급했고, 회계사는 믿기 어렵고 깜짝 놀랐다는 듯 행동했다. 아름답고 솔직한 성격의 전직 무용수였던 그의 아내는 자신들이 알고 있는 것과는 다르다며 어느 것도 믿지 못하겠다고 말했다. 이 저녁 모임 직후, 모 달리츠(1899~1989), 벨든 케이틀먼(1914~1988)과 같이 라스베이거스에 깊숙이 관여한 거물들로부터 투자를 하고 싶다는 연락이 온 것을 보면 회계사는 자신이 밝힌 것보다 더 깊이 카지노에 연관되어 있었던 것 같다. 제이 리건은 투자자를 더 받을 자리가 없다는 내 의견에 급히 동의했다.

회계사가 특히 믿기 어려워한 일 가운데 하나는 1962년 여름, 내가 미국 재무부 특수요원에게서 연락을 받으면서 시작되었다. 재무부는 네바다 카지노 산업에서 발생했을 가능성이 있는 세금 관련 부정행위를 조사 중이었다. 일부 카지노 업체들이 현금을 대규모로 빼돌려 소득세 신고에서 누락했다고 보았던 것이다. 비밀 위장 팀의 일원인 '존(가명)'의 외모는 당시 여러 편의 영화는 물론 TV 드라마 〈매닉스Mannix〉와 〈타이트로프Tightrope〉에 출연해 유명해진 마이크 코너와 흡사했다. 우리는 UCLA 캠퍼스에 인접한 웨스트우드 빌리지의 햄버거 햄릿이라는 곳에서 정기적으로 점심식사를 함께했다. 존은 카지노를 속여야 하는 자신의 역할에 걸맞은 차림으로 나타났다. 챙이 넓은 카우보이모자를 쓰고 카우보이 옷을 입은 그는 자신이 텍사스 출신의 부유한 C, 즉 캐시(현금) 앤더슨(재무부식 말장난)임을 증명하는 신분증도 지녔다. 그는 흰색 지붕을 말아 내린 빨간색 신형 캐딜락 컨버터블을 몰았다.

그는 라스베이거스 블랙잭 테이블에서 거액을 베팅했고, 덕분에 카지노가 블랙잭 테이블에서 봉인한 상태로 가져온 회수용 상자의 돈을 세는 방에 들어갈 수 있었다. 그는 각각 따로 계산기가 딸린 두 개의 장부를 목격했다고 보고했다. 하나는 실제 현금의 총계를 보여주고 다른 하나는 정부 보고용으로 축소한 금액을 기재했다. 존은 블랙잭에 서투른 하이롤러high roller13로 위장하면서도 판돈이 큰 게임에서 이겨 재무부의 지출을 줄이는 방법이 있을지 정부를 대신해 의견을 구했다.

투자조합이 번창하는 만큼 비비안과 나도 그러했다. 1969년 투자조합을 시작할 당시 나는 나와 리건의 재산이 얼마나 빨리 성장할 것인지 예상해 보았다. 노란색 리갈 패드 공책에 우리 회사의 수익률과 투자조합의 순자산 성장률 및 세금을 개연성 있게 가정해 계산한 결과, 1975년 즈음이면 우리가 백만장자가 될 것이라는 예측이 나왔다. 나는 리건에게도 계산 결과를 한 장 보냈다.

물론, 실제로 1975년에 우리 두 사람은 백만장자가 되었고 돈은 우리 가족들의 삶을 변화시키고 있었다. 비비안과 나는 집을 크게 넓히고 개량했다. 1964년에 나는 라크루시스에서 내 학생이 타던 빨간 폭스바겐 자동차를 중고로 구입했다. 10년 뒤인 1975년에는 빨간 포르쉐 911S를 몰았다. 비비안의 검소하고 실용적인 옷차림은 유행하는 세련된 가방과 신발을 갖춘 명품 의상으로 발전했다. 과거에는 일과 관련된 회의차 떠나는 저예산 여행이었던 우리의 휴가는 크루즈 여행과 해외 고급 호텔로 대체되었다.

우리의 재력은 이제 동료 교수들 대부분을 넘어섰다. 이것은 우리가 가장 친밀한 관계라고 느꼈던 똑똑하고, 재미있고, 교양 있는 사람들과 거리를 벌리는 의도하지 않은 결과를 초래했다. 반면, 우리 사업 파트너들 대부분은 미국 전역에 흩어져있었기 때문에 부유한 오렌지카운티 재계에서 우리는 아직 새로운 친구들을 많이 사귀지 못했다. 비비안의 말대로, "우리는 이도 저도 아닌" 사람들이었다.

이리저리 옮겨 가는 내 관심사 역시 UC어바인의 학과 동료들과 거리를 벌어지게 했다. 대학에서 일반적으로 그렇듯 연구의 중심은 순수수학에 있었다. 대략적으로 얘기하면 대학의 연구는 추상적인 수학을 발전시키는 것이고, 수학 그 자체를 위한 이론이다.

나의 박사논문 주제는 순수수학이었고 나는 앞으로 15년 동안 계속해서 이 주제에 집중할 것이었다. 그러나 도박 게임을 분석하면서, 수학을 활용해 현실 세계의 문제를 해결하는 응용수학에 대한 관심이 상당히 커졌다. 금융계는 나와 PNP에 수수께끼를 끝없이 제공했고 그것을 풀면 재미와 이익이 동시에 주어졌다. 나는 다시 응용수학자가 되어가고 있었고, 순수수학과에서 나는 역시 이도 저도 아닌 존재였다.

동시에, 수학과는 심각한 문제에 직면했다. 연구비 보조금과 캘리포니아주에서 제공하는 지원금이 모두 감소했다. 그러자 남은 기금을 차지하기 위해 학과 내 여러 분파 간에 치열한 투쟁이 벌어졌다. 내부의 분란을 중재하기 위해 외부인이 학과장으로 선출되었다. 학과장은 파란만장한 3년을 보내고 강제로 밀려났다. 서로 전쟁 중인 조직들이 받아들일 수 있는 다른 사람이 없는 상황에서, 내 판단은 달랐지만 나는 결국 행정실의 설득에 못 이겨 임시 학과장 직을 맡았다.

학과장직은 생각보다 더 나빴다. 한번은 어느 조교수가 수업에 나타나지 않았다. 그는 샌프란시스코 베이 지역 북쪽으로 640킬로미터 떨어진 곳에 있는 여자친구를 만나고 리노와 레이크 타호의 카지노를 방문하는 데 시간을 할애했다. 카드카운터였던 그는 심지어 내게 전화를 걸어 블랙잭에 관해 묻기도 했다! 또 다른 조교수의 경우, 전화 요금으로 월 2,000달러가 청구되었다. 학과의 25명 교수 전체를 합한 전화 요금은 월 200달러에 불과했다. 면담에서 그는 수학 연구 때문이었다고 했다. 전화 요금 청구서를 검토한 결과, 모두 뉴욕의 두 개 번호에 건 전화였다. 나는 각각의 번호로 전화를 걸었다. 그의 어머니, 그리고 음반 판매점이 차례로 전화를 받았다.

그는 내게 몹시 화를 냈고 사실이 드러난 뒤에도 전혀 당황하지 않았다.

한 전임교수는 부서 서류함에서 다른 전임교수의 기밀 고용 기록을 훔쳤다. 내가 이것을 발견하고 문제를 삼았지만 그는 서류 반환을 거부했다. 자신이 경쟁자인 동료 교수에 대해 쓴 매우 고약한 내용의 편지가 그 서류 안에 있었던 것이다. 그는 내가 학과장으로서 모든 사실을 알았을 때 해당 교수에게 폭로할 것을 두려워했다. 나는 행정실에 이와 같은 고질적인 문제 행위들에 대한 징계 조치를 촉구했지만 학교 측은 거부했다. 나는 허탈했고, 좌절감이 들었다.

대규모 관료 조직이 지닌 한 가지 문제는 조직의 많은 구성원들이 원칙을 지키기보다 갈등을 일으키지 않는 편이 더 낫다고 판단한다는 데 있다. 나는 우리 학과에 자리를 얻도록 내가 도움을 주었던 가까운 친구에게 부학과장이 되어 나를 도와달라고 부탁했다. 그는 종신재직권을 가진 전임교수였지만 "나는 이곳의 원숭이들과 같은 우리에서 살아가야만 한다."라며 거절했다. 그의 말의 요지는 이해했다. 그러나 나는 우리에 갇혀있지 않았다. 내게는 PNP가 있었다. '아무도 나를 지지하지 않는데 무엇 때문에 고치려고 드는가?'라는 회의가 들었다. 나는 필요가 아니라 선택에 의해 수학과에 남아있었다. 이제 떠날 때가 된 것이다.

처음에는 UC어바인 경영대학원으로 옮겨가 그곳에서 금융수학을 재미있게 가르쳤다. 하지만 그곳의 파벌주의와 중상도 수학과 못지않게 심각했다. 끝없이 이어지는 위원회 회의, 이익을 둘러싼 다툼, 자기 임무에 소홀하지만 내보낼 수도 없는 사람들, '(논문을) 발표하거나 죽거나!'라는 불문율은 양쪽이 다르지 않았다. 나는 아예 학계를 떠날 때라고 결심했다. 그렇지만 전적으로 쉬운 결정은 아니었다. 인생에서 가장 원하는 것으로 캘리포니아주립대학교의 종신tenure 교수가 되는 것을 꼽은 사람들이 한둘이 아니었다. 나 역시 그런 꿈을 꾸었다. PNP에서 몇 년 동안 UC어바인 출신 학생들과 직원들을 채용했지만, 교수진 가운데 내 사업에 함께하겠다며 기회를 잡은 사람은 정년보장을 받지 않은 교수 단 한 명뿐이었다. 다른 사람들은 학교를 떠난다는 생각을 굉장히 두려워했다. 물론, 몇 사람은 나중에 후회했다.

나는 전임 강의를 차츰 줄이다 1982년 마침내 UC어바인의 전임교수직을 사임했다. 나는 강의와 연구를 사랑했고, 내가 평생 즐겁게 할 수 있을 것이라고 생각했던 일을 포기하며 상실감이 들기도 했지만, 결국 그것이 최고의 결정이었음이 입증되었다. 나는 내가 좋아하는 길을 택했다. 내게는 여전히 친구들이 있었고, 친구들과 협업해 연구를 계속했다. 원하는 것은 무엇이든 자유롭게 할 수 있었다. 나는 모임에서 지속적으로 내 연구를 소개하고 수학, 금융, 도박 관련 문헌에 그것을 발표했다.

그때 수많은 수학자, 물리학자, 금융경제학자들이 학계에서 월스트리트로 무리지어 몰려들고 있었다. 나는 그들과의 경쟁에 더욱 집중했다.

chapter 14

퀀트 혁명의
선두를 달리다

내가 이미 사용 중이던 공식을 블랙과 숄즈가 발표했을 때 내가 깨달은 것은 PNP가 트레이딩에서 우위를 유지하려면 신주인수권, 옵션, 전환사채 및 기타 파생증권을 평가하는 나만의 도구를 빠르게 개발해야 한다는 것이었다. 그 도구의 개발은 학계에서 출세를 염원하며 논문을 발표할 수많은 박사들보다 더 빨라야 했다. 투자자들의 이익을 위해 중요한 결과는 어차피 비밀로 유지해야 했지만, 다른 사람들이 곧 알아낼 법한 구상이 덜 공개되도록 하는 일은 가능했다.

블랙과 숄즈의 발표 전, 나는 이미 그들의 기본 공식에서 더 나아가 공매도가 모두 청산될 때까지 공매도 대금이 중개인에게 유보되는 경우도 포함해(돈을 사용할 수 있으므로 중개인에게 유리하다.) 공식을 일반화하는 단계에 와있었다. 그들이 연구를 출판하자마자, 나는 발표자로 선 빈 국제통계기구 회의에서 내 연구 결과를 소개했다.[1] 이미 많은 배당주 콜옵션과 신주인수권을 매매하고 있었기 때문에 나는 배당주까지 포함할 수 있도록 모형을 확장했다. 1974년 CBOE는 다음 해 중으로 풋옵션 트레이딩을 개시하겠다고 발표했다. 기존 콜옵션과 마찬가지로, 앞으로 거래될 풋옵션도 유럽형 옵션이 아닌 미국형 옵션이었다. 유럽형 옵션은 만기일 직전 아주 짧은 정산 기간에 한해 권리를 행사할 수 있는 반면 미국형 옵션은 만기일 이전에 언제든지 권리 행사가 가능하다.

기초자산인 주식이 배당금을 지불하지 않는 경우에는 유럽형 콜옵션의 가격을 구하는 블랙-숄즈 공식과 CBOE에서 거래되는 미국형 콜옵션의 가격 공식이 동일하다. 유럽형 풋옵션 가격 공식은 유럽형 콜옵션 공식을 이용해 도출할 수 있다. 반면 미국형 풋옵션 가격 공식은 유럽형 풋옵션과 다르며 아직 일반적인 공식은 발견되지 않았다. 아직 해결되지 않은 '미국형 옵션 문제'와 관련해, 나는 컴퓨터와 내 미공개 '적분법'을 이용해 옵션 가치를 평가하면 원하는 만큼 정확한 수치 결과를 얻을 수 있다는 사실을 알았다. 1973년 가을 어느 날, 우리는 생산성을 발휘했다. 나는 해결책의 윤곽을 제시했고, 우리 직원은 그것을 바탕으로 정확한 계산 값을 구할 수 있도록 컴퓨터를 프로그래밍했다. 내 적분법은 블랙-숄즈의 접근법에 비해 또 한 가지 장점이 있었다. 블랙-숄즈 공식은 한 가지 특정 주가 모형[2]을 기반으로 옵션 가치를 계산해 정확도가 제한적이었다. 반면 내 기법은 폭넓게 가정한 주가 분포별로 옵션 가치를 평가할 수 있었다.

1974년 5월 시카고에서 함께 저녁을 먹던 중, 피셔 블랙은 시카고대학교에서 반년마다 개최되는 증권가격연구센터 회의에 나를 발표자로 초대했다. 당시 피셔는 30대의 나이로 깔끔한 외모와 큰 키에 검은 머리를 뒤로 빗어 넘겼고, '진지해 보이는' 안경을 쓰고 있었다. 그는 금융과 관련해 어떤 주제를 논의하더라도 높은 집중력을 발휘해 분명하고 논리적이며 간결하게 말했다. 또박또박 빼곡하게 적어 내려간 메모도 그의 성향을 반영했다. 그는 훗날 학계와 응용금융 분야에서 가장 혁신적이고 영향력 있는 인물 중 한 사람이 되었다.[3] 미국형 풋옵션의 가격을 간단히 계산할 수 있었기 때문에, 나는 피셔에게 내 계산법을 보여주고 다른 사람들의 방법을 배우려고 했다. 나는 우리 사이에 놓인 탁자 위에 내 계산법을 내려놓았다. 그러나 피셔는 내가 말을 꺼내기도 전에, 이 문제에 대한 그의 접근법과 지금까지 그를 막아선 난관에 대해 이야기하기 시작했다. 그보다 앞서, 나는 피셔의 접근법을 분석해보았고 효과가 있을 것이라고 믿었지만 내 적분법이 워낙 간단해서 내 방식을 따랐다. 피셔 블랙이 해답을 알지 못한다면 누구도 알 수 없을 것이었다. 나는 조합원들을 위해 우리의 경쟁 우위를 보전할 의무가 있었으므로 내 연구를 슬며시 서류 가방에 집어넣었다. 마침내 1977년, 미국형 풋옵션의 가격을 구하는 두 가지 계산법이 학술지에 발표되었다.[4]

미국형 풋옵션 평가 방법과 마찬가지로, 동료들과 나는 학계의 발견이나 발표 이전부터 소위 파생상품의 가치를 평가하는 문제를 풀고 있었다. 1967년부터 1988년 말 PNP가 청산될 때까지, 우리는 확대되는 새로운 금융상품을 트레이딩할 때 이 방법으로 상당한 우위를 확보했다.

우리 트레이딩 내역 가운데 일부는 이론을 동원하지 않고도 조합원들에게 쉽게 설명이 가능했다. 매리 카터 페인트사가 발행한 신주인수권도 그중 하나였다. 1908년 최초 설립된 회사를 승계해

1958년에 출발한 이 회사는 초창기에 다른 페인트 회사들을 인수하다 점차 바하마의 리조트 및 카지노 개발업체로 성장했다. 리조트 인터내셔널로 사명을 교체하면서 페인트 사업과 명칭을 벗어던졌다. 1972년 회사 주식이 주당 8달러에 거래되었을 때 신주인수권은 27센트에 거래되었다. 가격이 그처럼 저렴했던 것은 주가가 40달러를 넘지 않는 한 신주인수권은 쓸모가 없었기 때문이다. 주가가 40달러를 넘을 가능성은 희박했다. 한편 우리 모형에 따른 신주인수권의 가치는 주당 4달러였으므로 우리는 주당 27센트라는 믿기지 않는 헐값에 최대한 많은 신주인수권을 사들였다. 우리는 수수료를 포함해 총 3,200달러에 신주인수권 10,800주를 매수했다. 손실 위험은 보통주를 주당 8달러에 총 800주 공매도해 헤지했다. 나중에 주가는 주당 1.5달러로 하락했고 우리는 공매도한 주식을 되사서 약 5,000달러 이익을 얻었다. 이제, 우리에게는 '거저' 얻은 것이나 다름없는 신주인수권과 1,800달러 이익이 현금으로 있었다. 신주인수권의 가격은 공짜에 가까웠고 우리 모형으로 구한 미미한 가치보다도 낮아서 나는 신주인수권을 묻어두고 잊고 지내기로 했다.

정신없이 6년이 흘렀다. 1978년, 우리가 보유한 신주인수권을 사겠다는 전화가 걸려오기 시작했다. 리조트 인터내셔널은 뉴저지주 애틀랜틱시티에 부동산을 매입했다. 카지노 도박장을 뉴저지주, 그것도 애틀랜틱시티로 제한해 유치하기 위해 다른 단체들과 함께 로비를 하여 성공한 뒤였다. 1978년 5월 26일, 회사는 미국에서 네바다가 아닌 지역에 최초의 카지노를 열었다. 일찌감치 허가를 받아 경쟁자가 없었고, 1979년 말 다른 카지노들이 문을 열기 전까지 회사는 막대한 이익을 누렸다. 주가는 이전 저점의 10배인 15달러로 올랐다. 신주인수권은 주당 3~4달러 사이에 거래되었는데 우리 모형이 제시한 가치는 7~8달러였다. 따라서 신주인수권을 매도해 3만~4만 달러 이익을 실현하는 대신, 나는 신주인수권을 추가 매수하고 주식을 공매도해 손실위험을 헤지했다. 주가는 상승해 100달러를 넘어섰고, 우리는 계속해서 신주인수권을 매수하고 주식을 공매도했다. 결국 우리는 27센트에 산 신주인수권을 포함해 우리가 보유한 신주인수권을 주당 100달러가 넘는 가격에 매도했다. 최종적으로 우리는 100만 달러 이상을 벌었다. 동시에, 내 방법을 이용한 블랙잭 팀들은 일시적으로 우호적인 환경을 제공하고 합리적인 규칙 아래 운영되던 애틀랜틱시티의 카지노 호황을 최대한 활용하고 있었다. 블랙잭 팀이 리조트 인터내셔널과 다른 곳의 블랙잭 테이블에서 수백만 달러를 뽑아내는 동안, 역설적이게도 나는 리조트 인터내셔널의 유가증권으로 이익을 얻고 있었다.

1973년 초부터 1976년 10월까지 3년 10개월 동안 PNP의 LP들은 48.9퍼센트 수익률을 기록했다. 같은 기간, 일반 투자자들은 주식시장에서 큰 폭의 등락을 경험했다. S&P 지수는 첫 2년 동안 38퍼센트 하락했다가 1975년부터 1976년 10월까지 61퍼센트 급등해 순수익은 1퍼센트에 불과했다. PNP는 매 분기마다 수익을 올렸다.

통상적으로 상승장이 하락장보다 더 강해야 겨우 본전치기가 가능하다.[5] 이것을 뒷받침하는 극단적인 예가 있다. 월말 종가만을 기준으로[6] S&P500 지수는 1929년 8월 말 고점에서 1932년 6월 말까지 총 83.4퍼센트 하락했다. 투자금 1달러는 16.6센트가 되었다. 16.6센트가 다시 1달러가 되기 위해서는 지수가 6.02배로 뛰어야 하고 502퍼센트 상승해야 한다.[7] 이 기다림은 18년 뒤인 1950년 11월

말에서야 끝이 났다. 긴 회복 기간 동안 연평균 상승폭은 장기 역사적 평균에 근접한 10.2퍼센트 수준이었다.

1970년대에는 우리의 투자 범위가 확대되고 투자 기법도 더욱 정교해졌다. 기업들은 전환사채, 우선주, 신주인수권, 풋옵션, 콜옵션을 비롯한 다양한 유가증권 상품을 제공했다. 이들 유가증권의 가치는 대부분 기초자산이 되는 주식의 가치에서 파생하기 때문에 이들을 파생상품이라고 일컫는다. 이른바 금융공학자들이 위험을 줄이고 그에 따라 자연히 수수료를 끌어올리는 새로운 상품들을 개발하면서 파생상품은 그 후 수십 년 동안 수, 종류, 규모 면에서 급증했다. 나는 내 방법론을 이용해 이들 파생상품과 새로 개발된 다른 상품들의 가치를 산출했다. 그 결과 PNP는 누구보다 정확히 전환사채의 가격을 산정할 수 있었다. 파생상품을 이용한 헤지 거래는 PNP가 운영된 19년 내내 주요 수익원 역할을 했다. 이러한 헤지 거래는 훗날 시타델, 스타크, 엘리엇을 비롯해 운용자산이 수십억 달러에 달하는 많은 헤지펀드들의 핵심 전략이 되었다.

오늘날의 전환사채는 전환 조건이 복잡할 수 있다. 그러나 기본 개념은 간단하다. 2020년이 만기인 가상의 회사 XYZ의 전환사채를 여섯 개 보유하고 있다고 가정하자. 각 전환사채는 원래 2005년 7월 1일 약 1,000달러에 발행되었고, 2020년 7월 1일 '액면금액' 1,000달러에 상환될 예정이다. 회사는 채권 만기까지 해마다 액면금액의 6퍼센트(60달러)에 해당하는 이자를 연 2회 나누어 지급하기로 약정한다. 즉, 1월 1일과 7월 1일에 각각 3퍼센트(30달러)씩 분할해 등록된 소유자들에게 지급하는 것이다. 여기까지는 전형적인 일반 채권의 조건과 같다. 그러나 전환사채에는 한 가지 특징이 추가

된다. 소유자가 원하면 이 채권은 2020년 7월 1일 만기일 전 언제라도 XYZ 보통주 20주로 전환 가능하다. 이처럼 전환사채에는 일반 채권과 옵션의 특징이 결합되었다. 채권의 시장가격은 두 부문의 가치를 합산한 것으로 볼 수 있다. 하나는 전환 요소가 없는 유사한 채권의 가치로, 이것은 금리와 회사의 재무 건전성에 따라 달라진다. 이것이 전환사채 가격의 '바닥'을 형성한다.

다른 하나는 전환 요소라는 선택권의 가치이다. 위 사례에서 주가가 50달러라면, 채권은 20주, 즉 1,000달러 상당의 주식으로 전환 가능하다. 그런데 채권은 만기에 1,000달러 가치가 있으므로 이 경우 전환으로 얻는 이득이 없다. 그러나 주가가 75달러로 오르면 주식 20주의 가치는 1,500달러가 된다. 즉시 1,500달러 상당의 주식과 교환 가능한 채권은 시장에서 최소 해당 금액에 거래되어야 한다.

기업이 이러한 채권을 발행하는 이유는 무엇일까? 매수자에게 추가 선택권이나 전환 요소라는 기업의 미래에 관한 복권을 지급하는 대가로 이자율을 낮추어 채권을 발행할 수 있기 때문이다.

옵션 가치 평가 방법을 이용해 전환사채 가격 결정 모형을 구축했듯이 PNP는 다른 파생상품에도 같은 방법을 적용했다. 헤지 포지션 각각의 위험도 낮았다. 1970년대 초반 내가 추적한 200개 포지션 가운데 80퍼센트에서는 이익이 발생했고 10퍼센트는 손익평형으로 끝났으며 10퍼센트에서는 손실이 발생했다. 평균 손실 규모는 이익 규모보다 훨씬 작았다.

좀 더 안정적인 수익률을 달성하기 위해, 우리는 금리 변동이 (건전성과 만기[8]가 다양한 자산으로 구성된) 포트폴리오에 미치는 영향을 중립화해서 헤지 포지션 전체가 야기하는 전반적인 위험을 헤지했다. 우리는 또한 전반적인 주가의 급변과 시장의 변동성이 포트폴리오에 미치는 위험도 상쇄했다. 1980년대 이후 현대 투자은행들과 헤지펀드들도 이 기법 가운데 일부를 이용했다. 그들은 우리가 탈락시킨 VaR$^{Value\ at\ risk}$[9] 개념도 이용했다. 5퍼센트의 극단적인 '꼬리^{tail}'[10]는 무시하고, 가능성이 높은 95퍼센트의 미래 결과 가운데 가장 나쁜 사건이 포트폴리오에 미칠 피해를 추정해 감당하기 힘든 커다란 위험을 줄이는 것이다. VaR 자체의 단점은 예상되는 최악의 5퍼센트는 완전히 처리하지 못한다는 것이다. 그러나 이러한 극단적 사건은 발생과 동시에 파멸로 이어진다. 한편 주가의 극단적 변화는 널리 사용되는 가우스분포나 일반적인 통계로 예측 가능한 수준보다 그 폭이 훨씬 클 수 있다는 것 또한 사실이다. 1987년 10월 19일 S&P500 지수가 23퍼센트 하락했을 때, 한 저명한 재무학 교수는 시장이 우주의 나이인 130억 년 동안 매일 거래된다고 가정해도 그런 일이 벌어질 확률은 거의 없다고 말했었다.

현재 사용되는 또 다른 수단으로 포트폴리오에 대한 '스트레스 테스트'가 있다. 과거 주요 위기 사건이 포트폴리오에 미친 영향을 재현하는 모의시험이다. 2008년, 선두 퀀트 전문가가 운용하는 수십억 달러 규모의 한 헤지펀드는 1987년 주가 대폭락, 제1차 걸프 전쟁, 허리케인 카트리나, 1998년 롱텀캐피탈매니지먼트^{LTCM} 위기, 2000~2002년 기술주가 주도한 주식시장 하락, 그리고 이라크 전쟁 당시의 '10일'간의 투자기간을 재현했다. 펀드의 2008년 포트폴리오에 당시 데이터를 적용한 결과, 이들 사건이 야기하는 손실은 포트폴리오 전체 규모 130억 달러에서 최대 5억 달러에 불과해 4퍼센트를 넘지 않았다. 그러나 2009년 저점 당시 펀드는 50퍼센트가 넘는 손실을 기록해 파산 직전에 처했다가 2012년이 되어서야 손실을 회복했다. 2008년의 신용위기는 펀드가 모의시험을 통해 재현한 과거 최악의 상황과는 근본적으로 달랐다. 펀드가 거의 소멸할 뻔했던 당시 상황은 단순히 과거를 재현하는 것만으로는 적절하지 않다는 사실을 반영한다.

우리는 좀 더 종합적인 시각으로 접근했다. 우리는 테일 리스크Tail risk11를 분석하고 반영했으며, "시장이 어느 날 25퍼센트 하락한다면?"과 같은 극단적 질문도 던졌다. 10년 뒤 정확히 이런 일이 발생했고, 우리 포트폴리오에는 거의 영향이 없었다. 거래 범위와 규모가 확대되면서, 우리는 헤지펀드 계좌를 골드만삭스로 옮겼다. 골드만삭스로 프라임브로커Prime broker(전담중개업자)12를 변경하며 나는 다음과 같이 물었다. "만일 골드만삭스 뉴욕 지점이 뉴욕 항으로 밀수입된 테러리스트의 핵폭탄에 의해 파괴되면 우리 계좌는 어떻게 됩니까?" 그들은 이렇게 대답했다. "저희는 콜로라도주 아이언 마운틴 지하에 기록을 사본으로 보관하고 있습니다."

월스트리트에는 컴퓨터와 수식이 보호해줄 수 없는 또 다른 종류의 위험이 존재한다. 바로 사취 또는 사기 위험이다. 1960년대에 카지노에서 카드 속임수를 미리 경험한 것은 투자 세계에서 직면할 더욱 커다란 부정행위에 대한 값진 대비책이 되었다. 언론에서도 매일같이 새로운 속임수가 보도된다.

물가상승률이 두 자릿수에 근접하고 원자재 가격이 급등함에 따라 귀금속 시장, 그리고 귀금속을 매매할 수 있는 옵션시장은 호황을 맞았다. 이런 옵션들을 주요 딜러에게 대규모로 매도할 때, 나는 사무실에 앉아 XYZ사의 주가를 PNP에서 활용한 모형으로 도출한 '적정' 가격과 비교했다.

놀랍게도, XYZ사가 제시한 매도 가격은 내 예상 지급액의 절반에도 미치지 못했다! 가까운 세일즈맨에게서 재무제표를 구해 검토한 결과, XYZ사는 옵션을 매도하고 받은 금액을 수입으로 계상한 반면 매수자가 옵션을 현금화할 경우 지불해야 하는 금액에 대해서는 별도로 준비금을 책정하지 않았다. 매도한 각 옵션에 대한 준비금은 정확히 지불 금액의 두 배 이상이어야 하므로 제대로 회계 처리를 한다면 추가로 옵션을 매도할 때마다 회사의 순자산^{net worth}은 더욱 줄어들 것이었다.

XYZ사 입장에서는 분명히 더욱 많은 옵션을 팔아야 했다. 늘어나는 현금 흐름으로 초기 '투자자'들이 옵션을 현금화할 경우 대응해야 했다. 전형적인 폰지^{ponzi 13} 수법이었고, 끝이 안 좋을 수밖에 없었다. 어떻게 해야 할까?

나는 다소 유익한 실험을 하기로 했다. 판매량, 옵션 잔액, 조기 상환율에 관한 얼마 되지 않는 정보를 검토한 결과, 나는 XYZ사가 최소 8개월은 버틸 것으로 예상했다. 실제로는 10개월이었다. 나는 6개월 만기옵션을 총 4,000달러에 매수했다. 4개월 만에 원금은 두 배로 불어났고 나는 그것을 현금화했다. 몇 달 뒤 사무실은 문을 닫았고, 회사 측 사람들은 사라졌으며 또 하나의 사기 사건에 대한 수사가 진행되었다.

PNP의 접근 방식은 곧 또 다른 커다란 시험에 직면했다. 1979~1982년, 시장은 극단적으로 왜곡되었다. 미국 국채 단기 수익률은 1981년 거의 15퍼센트에 달해 두 자릿수 영역으로 진입했다. 고정금리 주택저당대출 상품의 금리는 연간 18퍼센트를 넘어 고점을 기록했다. 물가상승률도 만만치 않았다. 이처럼 유례없는 가격의 움직임은 새로운 이익 창출 기회로 이어졌다. 금 선물시장도 그 중 하나였다.

한번은 2개월 후와 14개월 후 인도분 금 선물이 온스당 각각 400달러와 500달러에 거래되었다. 우리는 400달러에 금을 사서 500달러에 되팔기로 했다. 400달러를 지불한 금을 2개월 뒤 인도받으면 1년간 명목비용을 부담하며 금을 보관한다. 12개월 뒤 500달러에 금을 인도하면 25퍼센트 수익을 올릴 수 있었다. 이 거래에는 다양한 위험이 존재했는데 우리는 그 위험을 완전히 헤지했다. '키커 kicker', 즉 수익률을 더 높이(대개 훨씬 더 높다.) 끌어올릴 수 있는 시나리오도 여럿 있었다. 우리는 은과 구리를 대상으로 비슷한 매매를 했고, 전부 예상대로 진행되었지만 한 가지 작은 예외가 있었다. 우리가 구리를 인도받은 뒤, 우리 중개인이 이용한 창고에서 구리 일부를 도난당하는 사건이 있었다. 창고 회사가 가입한 보험으로 피해액을 보상받기까지 다소 시간이 지체되었다.

고금리 시대가 도래하면서 미국의 저축대부업체(이하 S&L)에는 막대한 손실이 발생하기 시작했다. 이유는 이랬다. S&L은 예금주에게서 단기로 돈을 차입해, 그중 상당 부분을 고정금리 장기 주택저당대출로 빌려주었다. 단기금리가 상승하면서 S&L의 이자 비용은 급증했다. 반면 훨씬 낮은 고정금리로 주택 소유주들에게 제공한 기존 주택저당대출에서 발생하는 수입은 그대로였다. 단기 차입금과 장기 대출의 금리가 불일치하면서 많은 S&L은 1980년대에 파산 위기에 직면했고 납세자들은 수천억 달러에 이르는 구제금융 비용을 떠안았다.[14]

S&L 사태는 적절한 규제로 예측하고 방지할 수도 있었지만 그렇게 되지 않았다. 훗날 발생한 대형 금융위기들도 마찬가지였다.

한편 PNP는 새로운 투자 분야로 영역을 확장하고 있었다.

chapter 15

비상…

PNP 설립 10년 뒤인 1979년 11월 1일 기준 연평균 수익률은 S&P500 지수 4.6퍼센트(배당금 포함), 중소기업 지수 8.5퍼센트를 기록해 모두 PNP 대비 변동폭이 컸다. PNP의 수익은 10년 동안 총 409퍼센트 상승해, 보수 차감 전 연평균 17.7퍼센트, 차감 이후 연평균 14.1퍼센트 수익률을 기록했다. 최초 투자금 140만 달러는 2,860만 달러로 증가했다. 우리는 1980년대에는 새로운 투자 영역으로 전문 분야를 확장한다는 원대한 꿈을 품고 1979년을 마감했다. 내게 새로운 영역은 계량금융기법으로 다룰 좀 더 흥미로운 문제들을 의미했다. 이 꿈이 이루어진다면 우리 투자조합은 더 많은 자본을 높은 수익률로 투자할 수 있을 것이었다.

나는 우리의 첫 번째 노력을 지표 프로젝트라고 칭했다. 기업이나 지표의 재무적 특성을 연구해 주식의 수익률을 예측할 수 있는지 파악하는 것이 목표였다. 이 프로젝트에서 원형으로 삼은 것은 밸류라인Value Line이었다. 밸류라인은 1965년 출범한 투자 서비스로,

깜짝실적, 주가수익비율price-to-earnings ratio(이하 PER), 모멘텀 등의 정보를 이용해 주식을 I(최고)~V(최저) 등급으로 분류한다. 어떤 종목의 주가가 최근 강한 상승세를 보인다면 긍정적 모멘텀이, 강한 하락세라면 부정적 모멘텀이 형성되었다고 본다.

우리의 지표 프로젝트를 이끈 책임자는 재능 있고 언변이 뛰어난 젊은 경제학자 제롬 배즐Jerome Base박사였다. 처음 만났을 때 우리는 UC어바인의 (현) 폴 머라지 비즈니스 스쿨에서 재무학을 가르치고 있었다. 스티브 미즈사와Steve Mizusawa는 사실상 모든 프로젝트에서 그랬던 것처럼 이번에도 핵심 역할을 맡았다. 스티브와 나는 1972년에 만났다. 그는 또 다른 UC어바인 학생 한 명과 찾아와 여름 동안 내 지도하에 블랙잭 카드카운팅을 연구하는 특별한 수학 프로젝트를 하게 해달라고 부탁했다. 두 사람이 프로젝트를 훌륭히 해내서 1973년 컴퓨터 능력을 갖춘 사람이 필요했을 때 나는 스티브를 떠올렸다. 컴퓨터 과학과 물리학 분야의 학위를 보유한 스티브는 컴퓨터 작업과 관련된 많은 연구를 담당해 왔다. 그는 PNP의 GP이자 소중한 친구가 되었다.

지표 프로젝트는 두 개의 방대한 증권 데이터베이스와 이들을 처리할 수 있는 전산처리 능력을 바탕으로 했다. 모두 이용 가능해진 지 얼마 안 된 것들이었다. 우리는 시카고대학교 증권가격리서치센터에서 일일 주가추이, 현금배당 지급일과 규모 및 기타 자료를 구입했다. 또 다른 데이터베이스인 컴퓨스탯Compustat에서는 과거 재무상태표와 손익계산서를 이용했다. 우리가 체계적으로 분석한 많은 지표들 중에는 과거 실적과 밀접하게 관련된 지표들이 여럿 있었다. 예를 들면, 이익수익률earnings yield(당기순이익을 주가로 나눈 값)[1], 배당수익률, 주당순자산BPS, 모멘텀, 공매도 잔고short interest(종목별 현재 공매도 수량), 깜짝실적earnings surprise(애널리스트 컨센서스[2]와 괴리가 커서 예상을 크게 벗어난 실제 발표 실적), 기업 임원, 이사, 대주주의 매매, 주가매출액비율PSR[3] 등이다. 우리는 이 데이터를 개별적으로 연구하는 동시에 조합할 방법을 찾았다. 주가의 과거 패턴이 미래에도 지속되면서, 우리는 MIDAS라는 트레이딩 시스템을 개발하고 그것을 활용해 별도의 롱/쇼트('좋은' 주식을 매수하고 '나쁜' 주식을 공매도) 헤지펀드를 운용했다. MIDAS의 강점은 수조 달러가 오고 가는 주식시장 전체에 적용 가능하다는 데 있었다.

1986년 가을, 재무학 교수 브루스 제이콥와 케네스 레비가 UC 버클리 재무학 수업에서 자신들의 연구 결과를 소개하면서 나는 그들도 자체적으로 우리와 같은 생각을 하고 있었다는 것을 알았다. 우리 시스템은 성공적으로 운영되다가 1988년 말 PNP와 함께 정리되었다. 제이콥스와 레비는 이 방법으로 계속해서 수십억 달러를 운용했다.[4]

1985년에는 캘리포니아주 뉴포트 비치와 뉴저지주 프린스턴 사무실 직원이 각각 40여 명으로 늘었다. 나는 뉴포트 비치 사무실을 관리했고 제이 리건은 프린스턴 사무실을 맡았다. 우리는 이제 전 세계 시장을 거래했다. 런던은 뉴욕보다 5시간 빨라서 우리 트레이더들은 일찌감치 출근해 대서양 너머 우리 포지션을 업데이트하고, 9시 30분에 미국 옵션 시장(시카고옵션거래소, 아멕스, 퍼시픽 코스트, 필라델피아)과 뉴욕 주식시장이 열리면 트레이딩에 들어갈 준비를 갖추었다. 프린스턴보다 3시간 느린 뉴포트 비치에서는 오전 6시쯤 가장 최근 가격을 컴퓨터에 입력하는 것으로 업무를 시작했다. 프린스턴 사무실에 도움이 될 새로운 트레이딩 아이디어를 찾기 위한 것이었다. 미국 사람들 대부분이 잠든 동안에는 아시아 시장이 열렸다. 도쿄 시장의 신주인수권과 전환가능증권 거래는 특히 중요했다. 뉴포트와 프린스턴 사이의 전화 통화는 아침 6시경 시작해 낮동안 불이 나다시피 하다가 오후 늦게야 잦아들었다.

우리는 새로운 유형의 트레이딩으로 영역을 확장했는데 그중 몇몇은 우리가 개척한 것이었다. 1983년 말, 골드만삭스에서 우리에게 제안한 대규모 일회성 거래도 그중 하나였다. 정부의 명령에 따라 AT&T의 독점 체제가 강제로 막을 내린 것이 계기가 되었다. AT&T는 새로운 AT&T와 7개 지역 전화회사(자매회사)로 분할되었다.[5] 계약 조건에 따라, 기존 AT&T 주식 10주는 새로운 AT&T 주식 10주와 7개 자매회사 주식 각 1주로 교환될 것이었다. 기존 AT&T 주식 가격과 비교했을 때, '발행일 결제when issued' 조건(매매 계약은 '현재' 체결하지만 결제, 즉 매수에 따른 현금 납부 및 매도에 따른 대금 지급은 실제 발행 이후 이루어지는 조건)으로 거래될 신주의 합산 가치는 충분한 투자 매력을 지닌다고 할 만큼 높았다.

PNP는 기존 AT&T 주식 500만 주를 주당 약 66달러, 총 3억 3,000만 달러에 매수했다. 매수 대금 대부분은 단기금융term financing 방식으로 조달했다. 오직 이 거래 용도로만 우리 중개인에게 특별 대출받은 것으로 포지션이 청산되면 그 수익금으로 상환할 예정이었다. 한편 기존 AT&T 주식을 보유하는 데 따른 위험은 기존 AT&T 주식과 교환해 받게 될 주식을 동시에 공매도해서 상쇄했다. 소위 '발행일 결제' 대상 주식은 새로운 AT&T 주식 500만 주와 7개 자매회사 주식 각 50만 주로 이루어졌다. 기존 AT&T 500만 주는 500만 주를 매도하는 건당 3억 3,000만 달러 규모의 연이은 블록딜block deal(시간 외 대량매매) 두 건에서 각각 절반씩 골드만삭스를 통해 사들였다. 지금도 내 책상에는 그때 받은 황금색 '딜 토이Deal toy'6가 놓여있다. 당시 뉴욕증권거래소 역사상 단일 거래로는 최대 금액이었던, 1983년 12월 1일의 블록딜을 기념하는 감사패였다.

2년 반 뒤, AT&T 거래에서 모든 비용을 차감한 후 PNP가 거둔 순이익은 160만 달러에 달했다.

한편, 수많은 박사들이 우리 뒤를 이어 파생상품 이론을 크게 확장했고 월스트리트에서 계량금융quantitative finance 혁명을 일으켰다. 그들은 헤지펀드, 투자은행 및 기타 기관들의 직접투자를 도왔다. 셀 사이드sell side(신상품을 발굴하고 판매하는 영업조직)의 주도에 일부 힘입어 계량분석가들은 새로운 파생증권을 개발했고, 영업 인력이 그것을 판매했다. 이 상품들은 갈수록 심각해지는 위기 상황에서 세계 금융 시스템을 훼손했다. 그 가운데 첫 번째 상품은 거의 모든 사람들을 놀라게 했다.

1987년 10월 16일 금요일, 다우존스 산업평균지수는 4퍼센트 하락했다. 일일 평균등락폭 1퍼센트와 비교하면 하락폭이 크긴 했지만 공황을 일으킬 정도는 아니었다. 그러나 시장은 하락세에 있었고 변동폭은 더욱 확대되었다.

월요일 아침, 우리는 시장이 계속해서 하락하는 것을 목격했다. 비비안과 같이 점심을 먹으려고 사무실을 나설 때 시장은 7퍼센트 하락하고 있었다. 대공황의 시작을 알리는 신호였던 1929년 10월 28일과 29일의 기록적인 하락폭 13퍼센트와 12퍼센트의 절반을 넘는 수준이었다. 시장의 하락폭이 깊어지면서 사무실에서는 식당으로 전화를 걸어 초조한 목소리로 말했다. 시장은 온통 공황에 빠졌고 다우존스 지수가 400포인트, 즉 18퍼센트 하락해 이미 사상 최저 수준을 기록했다는 것이다. 비비안은 점심을 먹다 말고 사무실로 급히 돌아가야 하는지 물었다. PNP는 물론 개인적으로도 엄청난 손실을 입을 수 있는 상황이었다. 나는 그날 시장에서 내가 할 수 있는 일은 아무것도 없다고 말했다. 우리 투자는 헤지로 철저히 보호했기 때문에 내가 생각한 만큼 안전하거나 그렇지 않거나 둘 중 하나였다. "이제 어떻게 할 거예요?" 비비안이 물었다. 나는 우선 진정하고 점심을 마저 먹자고 말했다. 그런 다음 사무실에 잠깐 들른 뒤 생각을 좀 하려고 집으로 돌아왔다.

책상 앞으로 돌아왔을 때 시장은 508포인트, 23퍼센트 하락으로 마감한 상태였다. 1일 하락폭으로는 사상 최대였다. 미국 주식 시가총액 가치의 4분의 1이 '날아갔다'. 미국은 하루 만에 순자산의 5퍼센트를 잃었고 그 충격은 전 세계 시장을 휩쓸었다. 공포가 지배했다. 학계 이론가들 대부분에게 이것은 불가능에 가까운 상황이었다. 태양이 순식간에 빛을 잃거나 지구가 회전을 멈춘 것에 버금가는 사건이었다. 이론가들은 로그정규분포라는 난해한 명칭을 동원해가며 확률분포를 이용해 주가를 설명했다. 이것은 과거 주가의 작거나 좀 더 큰 움직임을 설명하는 데는 효과적이었지만, 커다란 주가변동 가능성을 과소평가했다. 블랙-숄즈의 옵션가격 결정 공식과 같은 금융 모형은 로그정규분포를 활용하여 구축한 것이다. 우리는 학계의 주가 모형이 가진 한계를 인식하고, 지표 프로젝트의 일환으로 과거 주가 데이터, 특히 상대적으로 드문 큰 폭의 주가 변동에 대한 설명력이 뛰어난 모형을 찾아냈다. 나는 시장의 폭락에 놀라기는 했지만, 덕분에 대부분 사람들과는 달리 별다른 충격을 받지는 않았다.

이날 하루 동안의 급락을 설명하는 외부 요인은 없었지만, 나는 밤새 생각하고 자문했다. "어째서 이런 일이 벌어졌을까? 재앙은 내일도 계속될까? 이 혼돈이 이익을 창출할 기회로 이어질까?" 내가 생각한 급락의 원인은 포트폴리오 보험이라는 새로운 금융상품이었다. 이 상품의 이용이 매우 폭넓게 확대되는 상황에 좀 더 일찍 주의를 기울였다면 재앙은 예측 가능했을지도 모른다. 이 투자기법은 릴랜드, 오브라이언 & 루인스타인Leland, O'Brien and Rubinstein이라는 계량투자 회사가 주로 개발해 판매했다. 방대한 주식 포트폴리오를 보유한 기업연금 및 이익공유 상품profit sharing plan을 급락하는 시장에서 보호한다고 가정하자. 우선 기업 자체적으로 혹은 포트폴리오 보험 전문가에게 의뢰해 시장이 하락하면 주식에서 미국 국채로 포트폴리오 자산을 전환하도록 프로그램을 구축할 것이다. 전환은 단계적으로 이루어진다. 예를 들면 시장이 약 2퍼센트 하락할 때마다 주식 포트폴리오의 일부를 매도하고 그 대금으로 국채를 매수하는 것이다. 나중에 시장이 상승하면 포트폴리오가 완전히 주식으로 채워질 때까지 이 과정이 역으로 진행된다.

시장이 폭락할 당시 600억 달러가량의 주식이 이 기법에 따라 보험을 든 상태였는데 거래는 대개 컴퓨터에 의해 구현되었다. 금요일에 시장이 4퍼센트 하락했을 때 보험 프로그램은 주식을 매도하고 국채를 매수하라는 주문을 냈고 주문은 월요일에 장이 열리면 곧바로 실행될 것이었다. 월요일에 거래가 시작되자 매도세가 주가를 더욱 끌어내렸고, 이로 인해 포트폴리오 보험 프로그램은 더욱 많은 매도를 발생시켰다. 주가가 계속해서 폭락하면서 공황 상태에 빠진 투자자들의 투매가 가세했다. 이 '피드백 고리'는 하루 종일 지속되어 파괴적인 절정으로 치닫고 있었다. 시장이 폭락할 때 투자자를 보호할 목적으로 고안된 것이 포트폴리오 보험임을 감안하면, 치료약이 오히려 병을 유발한 셈이었다.

그다음으로 내가 한 일을 이해하는 데는 약간의 배경지식이 필요하다. 포트폴리오 보험 프로그램으로 시장이 하락할 때 계속해서 주식을 매도하고 시장이 오를 때 다시 사들이려면 상대적으로 비용이 많이 든다. 매매를 실행하기 위해 중개인에게 지급하는 수수료와 해당 매매가 시장가격에 미치는 영향 때문이다.[7]

포트폴리오 보험을 사용하는 기관들은 원래 소액 투자자보다 더 낮은 수수료율을 부담하기는 하지만 거래 비용을 더욱 절감할 수 있었다. 기초자산이 되는 주식 대신, S&P500 지수를 구성하는 일군의 주식을 미래 특정일에 매수(또는 매도)하는 계약을 체결하는 것이 방법이었다. 이러한 소위 선물계약은 미래 인도할 것을 약정한 다른 자산들, 즉 채권, 통화, 금속, 석유 및 가스와 옥수수, 밀, 돼지고기 등의 농축산물과 함께 거래소에서 거래되었다. 계약에는 기준가격과 인도일이 정해져 있다. 예를 들어, 2017년 9월 특정 기간에 금 100트로이온스[8]를 인도하기로 약속하는 것이다. 거래소는 매수자와 매도자 사이에서 중개기관 역할을 하는데 양측은 각자 계약 내용의 이행을 보장하는 뜻으로 총 계약 금액의 일부를 거래소에 담보를 제공한다. 이것을 '증거금margin'이라고 한다. 선물계약은 기초자산과 교환 가능한 구조이므로 둘의 가격은 서로 밀접하게 연동되는 경향이 있다. 이렇게 해서 재앙이 일어날 조건이 갖추어졌다.

1987년 10월 즈음에는 S&P500 지수를 대상으로 한 선물계약이 몇 년째 거래되고 있었다. 이것은 시장에 대한 노출을 신속하고 저렴하게 확대(매수, 롱) 또는 축소(공매도, 쇼트)하는 수단으로 흔히 이용되었다. 일반적으로 이러한 선물계약의 가격은 S&P500 지수 자체의 가격에 매우 근접했다. 가격의 편차가 충분히 클 때 차익거래자는 지수와 지수선물 가운데 더 싼 것을 매수하고 동시에 다른 것을 공매도해서 위험은 거의 헤지하면서 이익을 얻을 수 있었고 이것이 가격 차이를 좁히는 역할을 했기 때문이다. 우리는 이와 같은 선물계약이 1982년 시카고상품거래소에서 거래되기 시작한 이래로 이런 방식으로 꾸준히 이익을 내왔다.

밤새 열심히 생각한 끝에, 나는 포트폴리오 보험이 일으킨 대량의 피드백 매도가 월요일 주가폭락의 원인일 가능성이 있다는 결론을 내렸다. 이튿날 아침, S&P 선물은 185~190 사이에 거래되었다. S&P 지수 자체의 매수 가격은 220이었다. 우리와 같은 차익거래자들은 일반적으로 두 가격 차이를 1~2포인트 내에서 유지했으므로 30~35의 가격 차이는 전례가 없는 것이었다. 기관이 막대한 양의 선물계약을 매도했지만 지수 자체는 그만큼 하락하지 않았다. 공포에 질린 차익거래자들이 스프레드spread(가격차이)를 이용하려고 하지 않았기 때문이다. 일반적으로, 지수선물이 지수보다 훨씬 낮은 가격에 거래되면 차익거래자들은 지수와 밀접하게 연동된 일군의 주식을 공매도하고 더 싼 지수선물 계약을 매수해 이를 상쇄하는 포지션을 취한다. 나중에 선물시장이 안정되면서 선물 가격과 기초자산이 되는 주식의 가격이 수렴하면, 차익거래자들은 헤지 포지션을 정리하고 애초의 스프레드만큼 이익을 얻는다. 그러나 1987년 10월

20일 화요일에는 많은 주식을 공매도하기가 어렵거나 아예 불가능했다. '업틱 룰uptick rule'때문이었다.

업틱 룰은 1934년 증권거래법에 포함된 규정(Rule 10a-1)으로, 특정한 상황을 제외하고 직전 체결가보다 높은 가격(업틱)으로만 공매도 거래를 허용한다. 공매도 투자자가 의도적으로 주가를 끌어내리는 것을 방지하기 위한 규정이다. 선물과 지수의 스프레드가 전례없이 확대되면서 막대한 이익 실현 가능성을 발견한 나는 주식을 공매도하고 지수선물을 매수해서 초과 스프레드를 활용하기로 했다. 지수는 지수선물 대비 15퍼센트(30포인트) 높은 가격에 거래되고 있었다. 차익거래로 며칠 만에 얻을 수 있는 잠재 이익은 15퍼센트에 달했다. 그러나 주가는 폭락했고 업틱, 즉 직전 체결가보다 주가가 오르는 일은 거의 없었다. 어떻게 해야 할까?

나는 해결책을 찾았다. 나는 우리 수석트레이더에게 전화를 걸었다. 그는 소액 GP로서 우리가 받는 보수에서 그의 몫으로 상당한 보상을 가져갔다. 나는 그에게 다음과 같이 주문했다. 현재 시장가격이 얼마든 그 가격에(약 190) 지수선물을 500만 달러어치 매수하고, 지수가 220에 거래될 때 시장가격에 공매도 주문을 낸다. 단, 선물을 헤지하기 위한 최적의 규모인 500만 달러 대신, 1,000만 달러 상당의 여러 주식에 대한 공매도 주문이어야 한다. 필요한 만큼 충분히 업틱이 발생하지 않을 것이므로 적절한 헤지가 가능하려면 원하는 규모의 두 배로 주문을 내야 한다. 공매도 주식이 훨씬 더 많거나 적다면 헤지 효과는 그다지 좋지 않을 것이다. 지수와 지수선물의 15퍼센트 가격차는 손실 위험에서 우리를 폭넓게 보호했다.

나는 이 매매가 횡재를 안겨줄 기회라고 보는 이유를 고정관념에서 벗어난 내 분석 결과를 이용해 상세히 설명했다. 그러나 그날은 우리 트레이더가 그동안 보거나 상상한 것 이상이었다. 그는 공포에 사로잡혀 그대로 얼어붙었다. 그는 매매를 실행하려고 하지 않았다. 나는 그에게 PNP를 대신해 지금 당장 주문을 넣고, 못하겠다면 내 개인 계좌에서라도 실행하라고 요구했다. 하지만 그렇게 되면, 원래는 조합 전체에 돌아갔어야 할 이익이 트레이더 때문에 내 개인적 이익이 되었다고 모든 조합원들에게 밝히겠다고 선언했다.

나의 논리는 이랬다. 만일, 업틱 룰 때문에 공매도 주문 가운데 절반만 처리된다면 우리는 적절한 헤지를 통해 약 75만 달러를 벌 수 있을 것이다. 만일 하나도 처리되지 않는다면(그럴 개연성은 극단적으로 낮다.) 우리는 엄청나게 할인된 가격에 선물을 살 것이다. 따라서 지수가 추가로 13퍼센트 이상 하락하지 않는 한 우리는 손실을 보지 않는다. 또 다른 극단적인 경우로, 특히 시장이 공황 상태인 상황에서 공매도 주문이 전부 처리될 가능성은 사실성 없었다. 설령 전부 처리된다고 해도, 시장이 14퍼센트 이상 상승하지 않는 한 우리에게는 손실이 발생하지 않을 것이다. 주문이 전부 처리될 가능성에 대비해, 나는 수석트레이더에게 우리 공매도 주문의 절반가량이 처리되면 나머지 주문을 취소하도록 했다. 그는 마침내 내 요청에 응해 1차 주문을 완료했고, 나는 같은 규모의 2차 주문을 지시했다. 결국 우리 공매도 주문의 거의 절반 가량이 처리되었고 최적에 가까운 헤지 포지션이 구축되었다. 우리는 약 900만 달러 규모의 선물을 매수하고 1,000만 달러 상당의 주식을 공매도해서 100만 달러 이익을 록인lock-in⁹했다. 트레이더가 주문 실행을 거부하느라 장

중에 많은 시간을 낭비하지만 않았어도 몇 차례 더 주문을 내고 추가 수익 수백만 달러를 얻을 수 있었을 것이다.

그해 10월, S&P500 지수는 22퍼센트 하락했지만 우리는 '평탄하게' 마감했다. (순이익도 순손실도 없었다.) 8월부터 12월까지 5개월 동안 지수는 역시 22퍼센트 하락했지만 PNP는 9퍼센트 수익을 기록했다.[10]

1969~1979년까지 첫 10년 동안 PNP는 140만 달러 규모 투자조합에서 월스트리트의 가장 수학적, 분석적, 컴퓨터 지향적인 회사로 성장했다. 1979년 11월 1일부터 1988년 1월 1일까지 8년 2개월 동안 자본금은 2,860만 달러에서 2억 7,300만 달러로 증가했고 보유한 투자 포지션은 총 10억 달러에 달했다. 투자조합의 자본수익률은 보수 차감 전 기준으로 연평균 22.8퍼센트를 기록했고 LP들의 자산은 연평균 18.2퍼센트 성장했다. 같은 기간, S&P500 지수는 연평균 11.5퍼센트, 중소기업 지수는 17.3퍼센트 상승했다. 업계 통계 자료는[11] 우리가 두 지수 모두와 비교해 위험도가 낮았음을 확인해주었다. 우리는 단 한 분기, 단 한 해도 손실을 기록하지 않았다.[12]

우리는 자본 기반을 수십억 달러로 확대할 수 있는 다음과 같은 내용의 특별한 투자상품을 추가했다.

1. 전환가능증권, 신주인수권, 옵션을 대상으로 한 최신 컴퓨터 분석 모형과 트레이딩 기법을 이용해 이미 일본 신주인수권 시장의 최대 참여자가 되었다.

2. 통계적 차익거래: 보통주 대상 컴퓨터 분석 모형 및 트레이딩

기법으로 우리의 200만 달러 상당의 컴퓨터 센터에 실시간 주식 시세표를 입력해 이용한다. 컴퓨터는 자동으로 전자 주문을 생성하고 그 주문을 객장에 보낸다. 칸막이로 분리된 가로 2.5미터, 세로 2.5미터 공간 안에서 우리는 하루에 100만~200만 주를 매매했다. 당시 뉴욕증권거래소 일일 거래량의 1~2퍼센트에 해당하는 규모였다.

3. 살로몬 브라더스 출신의 금리 전문가 집단이 합류했다. 살로몬에 있을 당시, 18개월 만에 회사에 5,000만 달러를 벌어 준 이력이 있다.

4. MIDAS: 지수 기반 주가 예측 시스템으로 더욱 광범위한 자금 운용 사업에 진입하는 첫 단계였다.

5. OSM 파트너스: 다른 헤지펀드에 투자한 '재간접 헤지펀드 Fund of hedge funds'

그러나 이 모든 것도 끝이 예정되어 있었다.

…그리고
추락

1987년 12월 17일 목요일, 3층에 선 승강기에서 쏟아져 나온 50여 명의 무장한 남녀가 뉴저지 프린스턴의 우리 사무실을 급습했다. 국세청, 연방수사국, 우체국에서 나온 사람들이었다. 직원들은 몸수색을 거친 뒤에야 건물을 나설 수 있었다. 돌아오는 것은 허락되지 않았다. 침입자들은 롤로덱스 명함정리기를 포함해 수백 상자 분량의 책과 기록을 압수했다. 휴지통을 뒤지고 천장의 빈 공간을 기어 다니며 훑었다. 수색은 다음 날 이른 아침까지 계속되었다.

이것은 루돌프 줄리아니Rudolph Giuliani 뉴욕남부지구 연방검사가 월스트리트의 범죄자들을 기소하려는 대대적인 움직임의 일환이었다. 검찰이 나중에 변호사에게 한 이야기에 따르면, 우리 프린스턴 사무실을 공격한 줄리아니의 실제 목적은 자신이 맡은 드렉셀 번햄 증권사의 마이클 밀켄과 골드만삭스의 로버트 프리먼 사건에 대한 정보를 얻기 위해서였다. 내 동업자 제이 리건은 두 사람과 잘 알았고 자주 이야기를 나누었다. 프리먼은 다트머스에서 리건과 한 방을 썼다. 줄리아니는 그들을 잡는 일에 리건이 도움이 될 수 있다고 믿었다. 리건은 협조를 거부했다.

정부는 사무실을 급습해 확보한 증거와 불만을 품고 퇴사한 전직 직원의 증언을 바탕으로 사건을 발전시켰다. 얄궂게도, 프린스턴 사무실은 그 직원을 트레이더로 채용하는 과정에서 그를 비행기에 태워 뉴포트 비치로 보내와 우리 의견을 구했다. 우리는 그가 부적합하다고 단호히 말했다. 그러나 어떤 일을 결정할 때, 해당 사업 분야에 주된 책임이 있는 각 사무실에 최종 결정권을 부여하는 것이 우리의 관행이었다. 프린스턴 사무실은 그를 고용했다. 프린스턴 사무실 최고 직원 다섯 명이 주가 조작, 주식 파킹stock parking[1], 탈세, 우편 및 전신 사기[2] 등 64개 혐의로 기소되어 심리를 받았다. 제이 리건뿐 아니라 우리 수석트레이더, 수석 전환사채 트레이더, 최고재무책임자CFO와 보좌, 그리고 드렉셀 번햄의 전환사채 트레이더가 피고인이었다.

나를 비롯해 뉴포트 비치 사무실의 파트너들과 직원 40여 명은 혐의가 제기된 프린스턴 사무소의 행위에 관해 전혀 아는 것이 없었다. 우리는 이 사안은 물론 다른 어떤 부정행위에도 결코 연루되거나 기소되지 않았다. 약 3,200킬로미터 이상 떨어진 두 사무실이 맡은 사업과 역할은 크게 달랐고 기업 문화도 전혀 달랐다.

정부 측 논거의 핵심은 몇 년 전부터 보관된 오래된 녹음 테이프 세 개에서 찾은 몇 건의 대화에 있었다. 녹음 테이프는 여느 월스트리트 회사들과 마찬가지로 프린스턴 사무실에서 일상적 업무 관행으로 만든 것이었다. 테이프에는 트레이딩룸에서 오고 가는 모든 통화 내역이 일시적으로 기록되었는데, 주된 목적은 매매 주문과 실행에 관한 분쟁을 신속하게 해결하려는 것이었다. 연 180억 주를 매매하는 만큼, 실수는 불가피했다. 엔코(가명)라는 회사를 통해 실행한 대규모 일본 신주인수권 헤지 거래 일부에서도 분쟁이 발생했다. 거래는 그들이 제시한 신주인수권 계약 조건에 따라 이루어졌다. 우리 트레이더들에 따르면 엔코는 그들이 준 정보가 정확하다고 거듭 주장하였다. 실제로는 그렇지 않았다. 우리에게는 녹음 테이프라는 증거가 있었다.

우리 헤지 포지션에 사용된 유가증권의 수량에 착오가 생기면서 200만 달러 손실이 발생했다. 일반적으로 테이프는 계속해서 돌아가서, 지난 4일 간의 대화를 저장하고 새로운 기록이 가장 오래된 기록부터 덮어쓴다. 그러나 해결책이 나오기까지 우리 트레이더들은 문제가 된 거래와 관련된 통화 내용이 기록된 테이프를 보존했다. 엔코가 자신들의 실수를 인정하지 않자 우리 트레이더들은 중재나 소송 절차에 들어갈 준비를 했다. 우선 엔코와 대화를 유도해, 자신들이 준 원래 정보가 정확했다고 재차 주장하는 두 건의 대화를 더 녹음했다. 이 내용을 비롯해 8일간의 추가 대화가 녹음된 테이프 두 개가 증거로 확보되었다. 다음으로 엔코 직원들의 주장이 실제와 어떻게 다른지 경영진에게 보여주고 배상을 요구했다. 일반적으로는 실수를 범한 중개인이 거래 상대방에게 배상을 하는 것이 일반적이다. 엔코는 배상을 거부했고 우리가 소송을 제기하면 더 이상 거래를 하지 않겠다고 말했다. 우리는 일본 신주인수권과 전환사채 시장을 좌우하는 4대 일본 증권사 모두 행동을 같이 할 것임을 알았다. 이 분야는 우리의 주요 수익원이었기 때문에 우리는 200만 달러 손실을 감수했다. 테이프 세 개는 평소 관행대로 재사용되었지만 몇 년 동안 책상 서랍 속에 방치되어 잊혔다가 1987년, 정부가 사무실을 급습하고 수백 상자 분량의 서류철과 자료들을 압수하며 드러났다.

정부는 조직범죄처벌법Racketeer Influenced and Corrupt Organizations Act(이하 리코RICO법)을 적용했다. 조직범죄를 기소할 목적으로 제정한 리코법을 증권업계 피고인들에게 적용한 최초 사례였다. 역사적인 사건이었다. 피고인들은 총 2,000만 달러 현금을 보석금으로 지불했다.

피고인들을 더욱 압박하기 위해, 미국 지방검사는 우리 LP들과 접촉했고 소환장이 발부되면 뉴욕에 와 대배심 앞에서 증언(무엇에 관해?)을 해야 한다며 일정을 조율했다. LP들은 투자조합의 운영에 관여하지 않는 수동적 참여자이기 때문에 이 소환장에는 그들을 귀찮고 당혹스럽게 해 투자금을 인출하게 만드는 효과만 있을 뿐, 리건과 다른 사람들에 대한 줄리아니의 주장을 뒷받침할 어떤 가치도 없었다.

한 투자자가 자동차에 식료품을 가득 싣고 북부 캘리포니아 시골집에 막 돌아왔을 때의 일이다. 그녀의 묘사에 따르면, 소나무 향이 가득한 건조한 대기가 레이크 타호의 잊지 못할 한여름 공기를 떠올리게 하는 8월의 어느 화창한 오후였다. 그녀는 짐을 옮기려다 움푹 패고 도장이 벗겨지고 심하게 녹이 슨 세단 한 대가 길 건너편에 서있는 것을 보았다. 이웃의 차는 분명히 아니었다. 꾀죄죄한 행색을 한 남자 두 명이 차에서 내려 다가오자 살짝 겁이 났다. 그들은 미국 지방검사가 발부한 소환장을 가져왔다. 프린스턴 뉴포트 사건에 관해 뉴욕에 와서 대배심 앞에서 증언할 것을 명령하는 소환장이었다.

큰 키에 균형 잡힌 몸매, 기품 있는 태도가 눈에 띄고 예술 분야 경력도 있었던 그녀는 베이 지역 기득권층에 속했다. 그녀는 두 사람에게 식료품을 나르는 것을 도와달라고 부탁하며 이야기를 시작했다. 프린스턴 뉴포트 사건에 관해 아는 것은 전혀 없지만 기꺼이 돕겠다며 그녀는 이렇게 말했다. 나는 늘 뉴욕 여행을 고대해왔다. 물론 숙소는 내가 제일 선호하는 호텔로 정해주고 뮤지컬 표와 식당 예약도 당연히 해주겠지. 메트로폴리탄, 구겐하임, 휘트니 미술관의 현재 전시 상황에 관한 정보도 필요하다. 카네기 홀의 공연 프로그램 편성표도 구해줄 수 있을까?

소환장 송달리들은 어리둥절해하며 뒷걸음질로 물러났고 줄리아니 검사 측은 더 이상 그녀에게 연락하지 않았다.

우리 투자자 전부가 그처럼 침착하게 반응한 것은 아니지만 90명이 넘는 LP들 개개인은 흔들리지 않았다. 누구도 투자금 인출을 요구하지 않았다. LP 중 실제로 불려가 증언을 한 사람은 없었고 줄리아니의 계책은 엄포로 끝났다. 그렇더라도 우리는 밀켄과 프리먼을 기소하는 데 리건이 협조하지 않는다면 줄리아니가 우리 사업을 망칠 것이라고 예상했다.

LP들은 리코법이 그들의 투자자산에까지 영향을 미칠 수 있다는 위험과 프린스턴 사무실 최고 직원들에게 제기된 의혹에 불안했다. 나는 LP들의 불안에 더해, 프린스턴 사무실이 내게 사건에 관한 정보를 막힘없이 제공하지 않는다는 사실이 마음에 걸렸다. 예를 들어, 정부는 트레이딩룸 녹음 테이프의 녹취록을 만들어 피고인들에게 제공했고, 나는 그것을 보여 달라고 요청했다. 약속은 몇 주나 미뤄졌다. 한편, 피고 측과 별도로 구성된 PNP의 변호인들 역시 사본을 손에 넣었다. 내 요청에 따라 변호인들은 내게도 한 권을 보내왔다. 이 사실을 들은 한 피고인의 고문은 격분해서 PNP 변호사들의 해임을 요청했다. 나는 두꺼운 녹취록을 샅샅이 읽었고, 내가 거짓을 믿게 된 이유를 알았다. 녹취록에는 관련자들에게 극도로 난처할 수밖에 없는 대화들이 글자로 인쇄되어 있었다.

피고인들에 대한 법률 수수료는 1,000만~2,000만 달러로 추정되었다. 사건이 얼마나 오래 지속되고 어떻게 끝날지는 아무도 몰랐다. 유죄 판결이 나면 피고인은 자신의 법률 비용을 직접 부담할 의무가 있었고 무죄 선고를 받으면 투자조합에서 비용을 지불할 것이었다. 사건 종결을 위해, 나는 법률 비용에 관한 모든 책임을 투자조합이 부담하는 데 합의하고 피고인들에게 250만 달러를 선지급했다. 이 지불금 외에 투자조합이 부담할 자체 법률 비용도 상당했다. 충격적인 한 해 동안 PNP의 수익은 4퍼센트에 불과했다. 수백만 달러에 달하는 법률 비용 부담뿐만 아니라, 프린스턴 팀이 스스로를 변호하는 데 총력을 집중하면서 PNP의 사업에 평상시처럼 시간을 할애하지 못한 것이 원인이었다. 1988년이 끝나갈 무렵, PNP의 앞날에는 어떤 가능성도 보이지 않았다. 나는 그만두겠다고 말했다. LP들이 뒤를 따랐고 투자조합은 해산했다.

루돌프 줄리아니는 1989년 초 지방검사직을 사임하고 뉴욕 시장에 출마했다. 마피아에 이어 월스트리트의 인물들을 기소하며 여러 해에 걸쳐 쌓은 명성과 악명을 등에 업고 출마했지만 실패했다. 그는 4년 뒤 다시 출마해 뉴욕 시장에 당선되었고 두 번의 임기를 지냈다.

1989년 8월, 피고인들은 여러 가지 죄목으로 기소되어 3개월 징역형과 벌금형을 선고받았다. 리코법을 적용한 판결은 밀켄과 프리먼의 저항 의지를 무너뜨리는 데 결정적인 역할을 했다. 두 사람 모두 사전형량조정plea bargain에 응했지만 너무 성급했던 것인지 모른다. 리코법에 따라 공갈 혐의를 포함해 PNP에 유죄가 선고된 지 두 달 만에, 미국 법무부는 "전 맨해튼 지방검사 루돌프 줄리아니의 월스트리트 부정 사건 기소 당시 논란이 제기된 검찰 측의 공갈협박 전술 사용을 억제하기 위한 절차"에 들어갔다. PNP 피고인들은 항소했고 제2순회 연방항소법원은 공갈과 탈세 혐의에 대한 유죄 선고를 기각했다. 법원은 피고인 여섯 명 모두에 대해 공모 혐의를 인정하고, 그 가운데 두 명에게 적용된 증권사기 혐의를 인정했다. 밀켄과 프리먼에게 유죄 판결을 내린다는 진짜 목표를 달성한 검사 측은 1992년 1월 PNP의 피고인 다섯 명 가운데 네 명에 대한 남은 혐의와 드렉셀 트레이더의 관련 혐의에 대한 기소를 취하했다. 프린스턴 사무실의 수석트레이더와 드렉셀 피고인의 죄목에 선고된 벌금과 3개월 징역형은 여전히 유효했다. 1992년 9월, 연방법원 판사는 이 선고마저 무효로 했다.

표면상 이 PNP 사건은 연방검찰이 증권법을 위반한 사람들을 기소한 사건으로 보인다. 그러나 이 사건의 실제 배경을 이해하려면 1970년대로 돌아가야 한다. 당시 1군 기업들은 월스트리트와 은행권에서 언제든 필요한 자금을 조달할 수 있었지만 상대적으로 입지가 약한 회사들은 치열한 쟁탈전을 벌여야 했다. 이런 기업들에 자금을 공급하는 사업 기회를 포착한 마이클 밀켄이라는 젊은 금융 혁신가는 월스트리트에서도 구닥다리로 통하는 드렉셀 번햄 램

버트라는 회사 내부에 자금 조달 기구를 조직했다. 밀켄의 조직은 소위 정크본드junk bond라고 일컫는 저등급 고수익 채권을 인수했다. 그중에는 전환사채도 있었고 신주인수권이 부여된 채권도 있었다. 정크본드의 고수익은 인지된 위험perceived risk인 채무불이행 위험을 상쇄하기 위해 투자자가 요구하는 추가 보상이었다. 잔뜩 굶주린 채로 한껏 입을 벌린 재계의 수요를 채워준 밀켄의 조직은 월스트리트 역사상 최대 자금 조달원이 되었다.

이러한 혁신은 미국 기업의 보수 기득권층을 격분하게 했다. 드렉셀에게서 마르지 않을 것 같은 현금을 조달받은 기업가들이 적대적인 인수 공세에 나서기 시작했을 때, 기득권층 기업들의 첫 반응은 자동차 전조등 불빛에 놀라 그 자리에 얼어붙은 사슴 같았다. 임원들과 이사들이 자기자본을 제대로 투자하지 못하면서 오래된 기업 다수가 공격에 취약한 상태였다. 자본수익률return on capital이 평균 수준에도 미치지 못하면서 주가 역시 하락했다. 인수회사는 구조조정을 단행하고 자본수익률을 높여 피인수 기업의 가치를 큰 폭으로 끌어올릴 수 있었다. 피인수 기업의 잠재력이 커지면서 매수를 희망하는 측에서는 현재 시장가격 이상을 지불할 수 있었다.

미국 대기업 임원과 이사들은 과거 방식에 만족했다. 그들은 사냥용 오두막과 개인 비행기를 소유했다. 출세와 개인적 목적을 위해 자선단체에 기부했다. 스스로에게 월급, 퇴직금, 현금, 주식, 주식 옵션 보너스 및 황금 낙하산[3]을 지급하는 일에도 너그러웠다. 이 모든 것이 자기 자신의 이익을 위해 직접 설계한 것이었고 비용은 회사가 부담했다. 그 비용은 뿔뿔이 흩어져 뭉치기 어려운 주주들에 의해 관례적으로 비준되었다. 경제학자들은 이것을 경영진(대리인)과 실제 소유주인 주주 사이의 이해상충을 일컫는 대리인 문제 agency problem라고 칭한다. 이 문제는 지금도 계속된다. 한 예로, 경영진이 스스로에게 막대한 양의 스톡옵션을 계속해서 지급한 결과 그 규모는 2000년에 이미 미국 기업 전체 가치의 14퍼센트 수준까지 확대된 것으로 추정된다. 미국 기업 수장들의 탐욕과 무능력은 2008년 사상 최대 금융위기 가운데 하나를 초래했다. 미국 경제의 붕괴를 막기 위해 연방정부는 막대한 국민 세금을 투입해 구제금융에 나서야 했다.

드렉셀이 자금을 댄 새로운 기업가들은 공격에 취약한 경영자들을 말에서 끌어내려 진흙탕에 내던졌다. 조치가 필요했다. 오래된 기득권층 기업에 대부분의 돈이 몰렸고, 그들은 미국에서 정치적으로 가장 강력하고 영향력 있는 집단이었다. 정부가 문제를 공감해야 했다. 월스트리트는 얼마간 피해를 입겠지만, 드렉셀의 파산은 곧 누구라도 군침을 흘리는 커다란 꿀단지가 시장에 나온다는 의미였고 실제로 그렇게 되었다.

검찰이 밀켄의 회사 내부와 여러 협력업체, 제휴업체, 고객들 사이에서 벌어진 수많은 증권법 위반 사항을 찾아낸 것은 오래된 기득권층 금융업자들에게 행운이었다. 그러나 재계 및 금융계에서 늘 있어왔고 앞으로도 계속될 고질적인 법률 위반과 비교해 드렉셀의 행위가 상대적으로 얼마나 나쁜 것인지 판단하기는 쉽지 않다. 실제로 체포되는 사람은 법을 위반한 사람들 가운데 일부에 불과하고, 위반한 내용 중에서도 극히 일부에 대해서만 기소가 될 것이기 때문이다. 반면 드렉셀 사건에서 정부는 눈에 불을 켜고 가능한 많은 위반사항을 찾아내는 데 주력했다. 음주운전으로 1년 동안 세 차례 법정에 소환된 사람이 있다고 하자. 그의 이웃도 술을 마시고 운전을 하지만 경찰이 불러 세운 적이 한 번도 없다. 누가 더 나쁜 범죄자인가? 이렇게 가정해보자. 붙잡힌 사람의 음주운전 경력은 세 차례가 전부이고, 매번 체포되었다. 반면 이웃은 음주운전을 100번도 넘게 했지만 붙잡힌 적은 없다. 어떻게 이런 일이 벌어질까? 두 사람은 사업상 치열한 경쟁 관계에 있다. 교통경찰의 우두머리, 즉 경찰서장은 한 번도 교통법규 위반으로 소환된 적이 없는 이웃에게서 거액의 선거 기부금을 받는다. 이제 누가 더 나쁜 범죄자인가?

정부의 도끼로 나선 루돌프 줄리아니의 꿈은 실현되었다. 정치적 야심이 있던 줄리아니는 전 미국 지방검사 토머스 E. 듀이가 1930년대에 밀주업자들을 기소하고 이것을 활용해 뉴욕 주지사가 되고, 1948년에는 대통령까지 될 뻔했던 배경을 잘 알고 있었다. 증권법 위반 행위와 내부자 거래를 기소한 것은 완벽한 사다리가 되었다.

25년이 지난 2015년에 PNP의 가치는 어땠을까? 전혀 감이 오지 않았다. 그런데 놀랍게도 PNP의 모형을 근거로 시장 중립적 헤지펀드인 시타델 인베스트먼트 그룹Citadel Investment Group이 설립되었다. 시타델은 1990년에 헤지펀드 매니저 출신인 프랭크 메이어Frank Meyer가 당시 하버드 기숙사 자기 방에서 옵션과 전환사채를 거래하던 계량투자의 신동 켄 그리핀Ken Griffin을 찾아내 시카고에 설립했다. 나는 프랭크와 켄을 만났고, PNP의 업무와 수익원에 관한 개요를 설명하고 유통 중인 신주인수권과 전환사채의 세부 약정내용을 설명하는 서류를 여러 상자 넘겨주었다. 더 이상 구할 수 없는 귀중한 자료였다.

시타델은 1990년(내가 시타델의 최초 LP가 된 해이다.) 몇 백만 달러 자본금과 그리핀이라는 직원 한 명으로 소박하게 출발해 25년 뒤에는 운용 자본 200억 달러, 직원 수 1,000명 이상, 연평균 LP 수익률 20퍼센트에 달하는 기업 집단으로 성장했다. 켄의 추정 순자산은 2015년 당시 약 56억 달러였다.[4]

PNP를 청산하면서, '인생의 시간을 어떻게 보내야 바람직한가'라는 명제에 대해 되돌아보게 되었다. J. 폴 게티는 세계 최고 부자일 때도 도무지 성취감을 느끼지 못했다. 그는 자신의 인생에서 가장 행복했던 때는 열여섯 살 때 캘리포니아 말리부 해변에서 파도타기를 했던 순간이라고 말했다. 2000년 〈로스앤젤레스 타임즈〉는 신흥 백만장자인 브로드컴 그룹의 헨리 T. 니콜라스 3세에 관한 기사에서 이렇게 적었다.[5] "새벽 1시 30분이다. 그는 어둑한 사무실 자신의 책상 앞에서 이제 막 40세를 맞았다. 아내와 아이들이 '삶의 이유'이지만 벌써 여러 날 보지 못했다. '가장 최근 이야기를 나눴을 때 아내(스테이시)는 제가 TRW에 다니면서 작은 아파트에 살았던 옛날이 그립다고 말했어요. 그때 생활로 돌아가고 싶다고 했죠.' 그렇지만 돌아갈 수는 없었다. 그에게는 머뭇거릴 시간이 없었다." (두 사람은 나중에 이혼했다.)

처음에는 혼자서도 계속해서 PNP와 같은 투자조합을 운영할 수 있을 것이라고 생각했다. 하지만 그렇게 되면 내가 재미있어하는 일뿐만 아니라, 좋아하지 않는 일도 내 책임이 되어야 했다. 나는 마음을 바꾸어 뉴포트 비치의 PNP 사무실을 차차 정리하고, 증권업계에서 우리 핵심 직원들이 일할 만한 좋은 자리를 물색했다. 후보 중에는 대형 헤지펀드 D.E. 쇼[6], 금융공학 회사 바라, 수십억 달러 규모의 연금과 이익공유형 상품을 운영하는 투자그룹 웨이어하우저 등이 있었다. 그런 다음, 지금은 골드만삭스에 있는 피셔 블랙이 신주인수권, 그리고 특히 전환사채 매매를 위한 컴퓨터 분석 시스템을 구축하려고 한다는 이야기를 듣고 그에게 전화를 걸었다.[7] 마침 우리는 성능이 입증된 PNP의 첨단 시스템을 매각하려고 내놓은 상황이었다. 그는 비행기를 타고 날아와 이틀 동안 스티브와 내 곁에서 시스템의 작동 원리를 배웠다. 자세한 내용을 기록하더니, 그는 결국 자기 회사 컴퓨터로 가동하려면 코드를 변환해야 하는데 비용 부담이 너무 크다고 말했다.

조정의 시기

조셉 헬러Joseph Heller와 커트 보네거트Kurt Vonnegut는 한 억만장자가 주최한 파티에 참석했다. 보네거트는 헬러가 소설《캐치-22CATCH-22》로 번 돈 전부보다 이 파티 주최자가 단 하루에 버는 돈이 더 많다며, 헬러에게 기분이 어떤지 물었다. 헬러는 자신에게 부자들은 결코 가질 수 없는 것이 있다고 말했다. 보네거트는 어리둥절해하며 무엇인지 물었고 헬러가 답했다. "이만하면 충분하다는 인식이죠."[1]

PNP를 정리할 때 비비안과 내게는 평생 쓸 만큼 충분한 돈이 있었다. PNP의 마지막은 우리 모두에게 굉장히 충격적이었고 수십억 달러에 달하는 미래 자산이 사라졌지만 그로 인해 우리는 좋아하는 일을 더 많이 할 수 있는 자유를 얻었다. 바로 우리 부부, 사랑하는 가족, 사랑하는 친구들과 함께 시간을 보내고, 여행하고, 흥미로운 분야를 추구하는 일이다. 비비안과 나는 "즐겨라. (벌써 생각보다 늦었다.)"라는 노래 가사를 마음에 새기고, 우리가 충분히 가질 수 없었던 한 가지, 바로 함께하는 시간을 최대한 즐기려고 했다. 월스트리트에서 성공은 최대한 많은 돈을 버는 것이었다. 우리에게 성공은 멋지게 사는 것이었다.

이 시기에 내가 사상 최대의 금융사기를 발견한 것은 우연이었다. 2008년 12월 11일 목요일 오후, 17년 넘게 예견했던 소식이 들려왔다. 아들 제프가 뉴욕에서 전화를 걸어와, 버니 메이도프^{Bernie Madoff}가 투자자들의 피해액만 500억 달러에 달하는 사상 최대의 폰지사기를 자백했다는 소식을 전해주었다. "아버지가 예측하신 일이잖아요. 1991년에!" 제프가 말했다.

1991년 봄 어느 따스한 월요일 아침, 나는 유명한 국제 컨설팅 회사의 뉴욕 사무실에 도착했다. 그곳의 투자위원회는 자신들의 헤지펀드 투자를 검토할 독립 자문역으로 나를 고용했다. 나는 며칠 동안 현장을 방문하고 과거 성과, 사업 구조, 펀드매니저들의 경력을 검토했다. 사무실에 찾아가 면담을 할 때, 너무 겁을 먹은 나머지 사용하는 컴퓨터 기종조차 말하지 않으려는 펀드매니저도 있었다. 내가 화장실에 갈 때면 도중에 귀한 정보를 하나라도 얻을까 걱정한 나머지 화장실까지 동행했다.

나는 그들의 포트폴리오를 승인했지만 한 가지 예외가 있었다. 버나드 메이도프 인베스트먼트 건은 말이 되지 않았다. 메이도프는 내 고객에게 2년간 매달 1~2퍼센트 이상의 수익을 정기적으로 지급하고 있었다. 게다가 내 고객이 알기로는 메이도프를 통해 10년 동안 매달 수익을 기록했다는 투자자들도 있었다.

메이도프는 행사가격분할^{split-strike price} 전략을 이용한다고 주장했다. 즉, 주식을 매수하고, 더 높은 가격에 콜옵션을 매도하고, 매도 수익금을 이용해 더 낮은 가격에 풋옵션을 매수한다는 것이다.

　나는 고객에게 이렇게 설명했다. 금융이론에 따르면, 가격이 적절하게 매겨진 많은 옵션을 거래해 얻은 순이익금이 0이라면 그 옵션들이 포트폴리오 수익률에 미치는 장기적인 영향도 역시 0이어야 한다. 그러므로 시간이 흐르면 내 고객의 포트폴리오 수익률은 자기자본이익률return on equities과 거의 같아져야 한다. 그런데 메이도프가 보고한 수익률은 믿기 어려울 만큼 높았다. 게다가 주가가 하락한 달에는 이 전략으로 손실이 발생해야 하지만 메이도프는 어떠한 손실도 보고하지 않았다. 고객의 계좌 명세서를 확인한 결과, 이 전략으로 손실이 발생했어야 하는 달은 S&P 지수선물을 공매도해 수익을 올린 것으로 마법처럼 바뀌어있었다. 매우 큰 수익이 발생했어야 하는 달은 오히려 수익이 "평탄한" 수준이었다고 기록되어 있었다.

　나는 사기를 의심하고, 맨해튼 3번가의 유명한 립스틱 빌딩 17층에 위치한 메이도프 사무실에 방문 약속을 잡아달라고 고객에게 요청했다. 그 주에 버나드 메이도프는 유럽에 갔다. 지금은 모두가 알고 있지만, 그곳에서 더 많은 자금을 조달해 올 것으로 기대되었다. 준법감시와 컴퓨터 운영을 총괄하던 그의 동생 피터 메이도프가 내 방문을 거절했다.

　나는 고객에게 메이도프 펀드의 회계 및 연례 감사 담당자가 누구인지 물었다. 1960년대부터 버니와 알고 지낸 친구이자 이웃인 어떤 사람이 운영하는 1인 사무실에서 담당하고 있다는 답을 들었다. 사기 가능성에 비상이 걸렸다. 나는 고객에게 매매 확인서를 받은 시점이 언제였는지 물었다. 매주 또는 격주로 우편을 통해 한 뭉치씩 보내주는데, 매매가 발생했다고 추정되는 날보다 한참이 지나서야 도착한다고 했다. 내 제안에 따라, 고객은 개별 매매 내역에 대해 상세한 분석을 우리 회사에 의뢰했다. 매매 내역이 가짜라는 내 의혹의 진위 여부를 확인하려는 것이었다. 약 160건의 옵션거래를 분석한 결과, 그중 절반에 대해 메이도프가 지목한 거래소에서 어떤 매매도 이루어지지 않았음을 발견했다. 남은 절반 가운데 상당수는 거래가 이루어지기는 했지만, 내 고객의 계좌 두 개에 대해 메이도프가 보고한 거래량이 다른 모든 고객에게 보고된 전체 거래량을 넘어섰다. 거래소들이 보고한 금액과 거래량에 부합하는 거래는 일부에 불과했다. 나는 이 거래에서 옵션의 매수자와 매도자가 누구인지[2] 은밀히 알아봐 줄 것을 베어스턴스의 한 임원에게 부탁했다. 매수자와 매도자 가운데 메이도프의 회사와 연관된 사람은 아무도 없었다.

나는 고객에게 매매 내역은 가짜고 메이도프의 투자 활동은 사기라고 말했다. 내 고객은 딜레마에 빠졌다. 내가 옳고, 그래서 메이도프의 계좌를 폐쇄할 경우 돈과 평판을 지키고 법적 혼란을 피할 수 있었다. 그는 만일 내가 틀렸다면 괜히 최고 투자처만 잃는 것 아니냐며 반발했다. 나는 내가 틀릴 여지는 없다고 답했다. 나는 매매가 실제로 전혀 발생하지 않았다는 것을 공개된 기록을 이용해 입증했다. 메이도프는 허위 매매 전표를 발송했다. 이 사건을 무시하면 사업이 위험에 처할 수 있다는 나의 경고는 효력이 있었다. 고객이 메이도프 계좌를 폐쇄하고 돈을 돌려받은 것이다. 그 후 18년 동안 다른 메이도프 투자자들의 재산은 늘어만 가는 듯했고 내 고객은 그것을 쭉 지켜보았다. 아마도 나를 고용한 것을 수시로 후회했을 것이다.

메이도프의 다른 투자금은 얼마나 되는지 내 '인적 정보망'을 통해 알아보던 중, 반복해서 들은 이야기가 있었다. 투자자들은 서로 관계를 공개해서는 절대 안 되며, 그렇지 않을 경우 투자자에서 탈락시키겠다는 협박을 들어야 했다는 것이다. 그럼에도 불구하고, 이리저리 알아본 결과, 파악된 투자금만 약 5억 달러였다. 나는 사기 규모가 생각보다 클 것이라는 결론을 내렸다. 한 투자자의 거래 실적을 보면 1979년부터 매달 수익이 발생해 연평균 20퍼센트 수익률을 기록했다. 내가 들은 바로는 비슷한 실적이 1960년대 후반부터 이어졌다. 벌써 20년 넘게 작업이 이루어진 것이다!

메이도프가 내 고객의 계좌에 가짜 거래를 기록했고, 내가 만난 다른 여러 투자자들에게도 틀림없이 같은 일을 벌이고 있다는 사실이 드러나면서 나는 사기를 입증하는 명백한 증거를 갖게 되었다. 나는 끝없이 확장되고 있는 이들의 폰지사기가 언젠가는 비참한 결말을 맞을 것이라고 예상하고 내 인적망에 있는 사람들에게 경고했다. 폰지사기는 투자자들을 대상으로 이익을 조작한다. 투자자들이 입금한 돈을 이용하지만 결국 더 많은 돈이 필요하고, 새로운 투자자들을 모집해 충당한다. 새로운 투자자들에게도 수익을 지급해야 하므로 폰지사기꾼들은 더 많은 투자자들을 끌어들인다. 사기가 적발되지 않고 오래갈수록 규모는 더 확대되고, 그 구조가 붕괴될 때 피해도 더욱 심각해진다.

당시 메이도프는 증권업계의 주요 인물로서, 나스닥 의장을 맡고 있었다. 또한 정부에 자문을 해주고 미국 증권거래위원회로부터 정기적으로 점검을 받는 미국 최대 '제3시장'(장외시장) 주식 전문

트레이딩 회사 가운데 하나를 운영하고 있었다.

기득권층은 사기 의혹을 믿어주었을까? 해리 마르코폴로스의 이야기에 답이 있다. 1999년, 그의 상사는 메이도프가 비슷한 전략으로 더 많은 수익을 더 꾸준히 내는 이유를 찾아 설명하라고 지시했다. 사기를 입증한 조사를 시작하기 전 내가 그랬던 것처럼 마르코폴로스 역시 계량 재무적 추론으로 그것은 불가능하다는 결론을 내렸다. 비록 개별 매매 건이 위조된 것임을 밝혀내지는 못했지만, 뒷받침할 명백한 증거 없이도 그의 주장은 압도적인 설득력을 지녔다. 그 후 10년 동안 마르코폴로스는 증권거래위원회가 조사에 나서게 하려고 애썼지만 매번 무시당했다. 메이도프는 표면적인 조사를 받고 혐의를 벗었다. 마르코폴로스의 촉구로 그가 속한 보스턴 사무실에서도 메이도프 인베스트먼트의 폰지사기 혐의를 조사해달라고 요청했지만 결국 묵살되었다.

증권거래위원회는 2009년 8월 31일 발간한 477쪽에 달하는 "버나드 메이도프의 폰지사기를 밝혀내지 못한 증권거래위원회에 대한 조사—공개용"라는 제목의 방대한 보고서(Report No. OIG-509)를 발간했다. 메이도프가 1992년에 시작해 2008년 사실을 자백하기까지, 분명한 단서가 있었고 신랄한 비판이 제기되었으며 명백한 증권업 위반 사항 등이 드러났음에도 불구하고 추적에 거듭 실패한 데 대해 조사하고 그것을 기록한 보고서였다. 그러는 와중에도 증권거래위원회는 최소 2010년 7월까지 계속해서 문서를 파기했다.[3] 메이도프에 관한 것뿐만 아니라 골드만삭스, 뱅크 오브 아메리카 등 주요 금융기관은 물론 SAC 캐피탈 어드바이저스에 대한 조사가 진행되는 동안에도 관련 문서를 모두 파기했다. 내부자 거래 혐의로 조사를 받은 SAC 캐피탈은 유죄를 인정하고 18억 달러라는 사상 최대 벌금에 합의했으며 펀드를 폐쇄하고 외부 투자자를 받지 않았다.

10년 뒤, 나는 〈배런즈〉지가 후원한 한 헤지펀드 투자 콘퍼런스에 참여했다가 메이도프의 사기에 관한 기사를 발견했다. 〈배런즈〉는 〈월스트리트 저널〉이 발행하는 주간지로, 금융 데이터와 심층분석 기사를 제공했는데 표제기사로 한 투자매니저에 관한 이야기를 다루었다.[4] 최고의 투자 성과를 기록했지만 그 자리에 나타나지 않은 한 사람, 바로 버니 메이도프에 관한 기사였다. 투자자들에게 더욱 좋았던 것은 메이도프가 일반 헤지펀드와 달리 자산의 1퍼센트에 신규 순이익의 20퍼센트를 더한 보수를 부과하지 않았다는 점이다. 아마도 투자자들을 대신해 주문을 실행할 때, 자신이 소유한 중개회사를 통해 소액의 수수료로 엄청난 거래량을 처리하면서 이익을 올렸던 것 같다.

〈배런즈〉에 의혹이 공개되고 많은 사람들이 사기 혐의를 제기하는데도 불구하고, 규제 당국은 검토만 거듭하고 조치를 미루었다. 메이도프의 투자자 수천 명, 그리고 투자자들이 스스로를 보호하기 위해 비용을 지불한 신탁관리자들도 마찬가지였다. 이 사기 사건은 어떻게 끝났을까? 모든 폰지사기의 끝이 그렇듯 투자자들에게 더 이상 지급할 돈이 없다는 사실이 분명해지자, 버니 메이도프는 2008년 12월 11일 자수했다. (공교롭게도, 메이도프는 급히 달아났다는 뜻의 'made-off'와 발음이 같다. 이 경우에는 남의 돈을 가지고 달아났다.) 자신의 동료들을 보호하기 위해서 그랬겠지만, 그는 이 사기 사건이 단독으로 저지른 일이고 다른 공모자는 없다는 개연성 낮은 이야기를 생각해냈다. 컴퓨터 시스템에 관해 사실상 무지했던 그가, 철저하게 보안이 이루어진 전산화된 17층 사무실을 운영하며 약 스무 명이나 되는 직원들이 수천 개 계좌에서 수십억 달러에 달하는 허위 매매 주문을 (아마 자신들도 모른 채) 매일 만들어내는 것을 단독으로 지휘했다는 것이 그의 주장이었다.

정확히 8개월 뒤인 2009년 8월 11일, 증권거래위원회는 메이도프의 사업을 하루하루 관리한 프랭크 디파스칼리 주니어를 뉴욕 남부지방법원에 고발했다. 당시 증권거래위원회는 버나드 메이도프 투자증권이 "이미 1960년대부터 투자자들의 계좌를 관리해왔다"는 사실을 알고 있었다. 그러나 증권거래위원회는 고발장에서, 이들이 행사가격분할 전략을 이용한 것이 1992년부터라고 밝히고 있었다. 내가 검토한 고객의 기록만 보아도 그 전략은 이미 몇 년 전부터 사용되고 있었다. 유죄를 인정한 메이도프는 판사에게 1990년대 초반부터 돈을 빼돌리기 시작했다고 말했다.[5] 그러나 그때는 그의 범죄 제국이 이미 확장된 시기였고, 시작은 그보다 최소 20년 전이었다. 메이도프는 동생 피터, 아들 마크와 앤드류, 회사의 모든 주인principals, 그리고 꼼꼼하게 사업에 직접 참여한 아내 루스에게는 전적으로 죄가 없고, 무려 40년 동안 지속된 사기 행위를 전혀 알지 못했다고 주장했다. 단독 범행이라고 주장하는 사기 행위 외에도, 메이도프는 여러 곳에 집을 마련해 휴가를 보냈고, 더 많은 돈을 끌어모으기 위해 해외로 나갔으며 여러 은행에 걸쳐 국제적으로 막대한 자금을 뒤섞었다. 이처럼 오랫동안 부재중일 때도 자신에게 투자를 가져오는 '신의성실한 수탁자들'에게는 많은 수수료를 지급했다. 이들의 복잡한 사기 행위는 빈틈없이 진행되었다.

버니 메이도프는 판사 앞에서 사기 행위를 시작한 시기를 1991년경으로 기억한다고 증언했다. 사실과 달랐다. 내가 알기로 이 사기는 이미 수십 년 동안 계속되었다. 증권거래위원회는 프랭크 디파스칼리를 고발하며, 사기는 전산을 통해 이루어졌고 행사가격분할 전략을 이용하기 시작한 것은 1992년부터라고 명시했다. 짐작컨대 디파스칼리에게서 얻은 정보를 바탕으로 작성되었겠지만 증권거래위원회의 고발 내용은 내가 검토한 고객의 1989~1991년 기록과 상충되었다. 피터 메이도프, 디파스칼리를 비롯해 여러 직원들은 나중에 유죄를 인정했고 벌금과 징역형을 선고받았다.

메이도프는 주식에 자금이 허위로 투자된 사람들이 최종적으로 자신들의 계좌에 있다고 믿었던 금액을 기준으로 총 사기 규모를 500억 달러라고 밝혔지만 나중에 추산된 것은 650억 달러였다. 남은 돈을 공평하게 분배하기 위해 파산관재인은 각 피해자가 얼마를 투자했고, 얼마가 누구에게 지급되었는지 파악해야 했다. 메이도프 전략의 적법성을 철저히 검증했다고 주장하며 투자자들로부터 각각 수십억 달러를 모집했던 여러 '모집책'들도 수억 달러의 부당한 수수료를 챙겼다. 이러한 현금 유입에 힘입어 그들은 정치적, 사회적 인맥으로 연결된 슈퍼리치들 사이에서 급부상했다. 투자한 금액보다 50억 달러 이상을 인출한 사람도 있다는 소문이 들렸다! 메이도프는 매매 수수료는 적게 부과하면서 다른 사람으로 하여금 엄청난 운용보수를 받게 했다. 그 사실 자체만으로도 투자자, 투자자문가, 규제 당국에 경고를 보내기에는 충분했다.

정부는 1만 3,000명이 넘는 과거와 현재 메이도프 계좌 보유자들의 명단을 공개했다. 플로리다주 출신의 그다지 부유하지 않은 은퇴자 수백 명부터 유명인, 억만장자, 자선단체 및 대학 같은 비영리 단체에 이르기까지 다양한 사람들이 있었다. 이렇게 수많은 투자자들이 보통은 수십 년에 걸쳐 간단히 속아넘어갔다. 투자자들은 공개적으로 이용 가능한 모든 정보를 신속하고 합리적으로 반영하며 시장은 "효율적"이라고 설명하는 학문적 이론에 대해, 이번 (그리고 다른) 사기 사건은 뭐라고 말할까?

명단에 오른 메이도프 투자자 수천 명 가운데는 내가 메이도프의 사기 행위를 폭로한 1991년 회의에 참석한 유명한 재정자문가 네드(가명)도 있었다. 당시 나는 네드를 몇 년이나 알고 지냈던 터라 그가 세부 내역 하나하나까지 이해하도록 확실히 설명했다. 그와는 1990년대 중반에 연락이 끊겼는데 2008년 메이도프 투자자 명단에서 그와 그의 가족들의 이름을 발견한 것이다. 나는 깜짝 놀랐다. 게다가 서로의 지인을 통해 듣기로는, 고객에게 자문을 해주며 수억 달러를 벌었던 네드는 메이도프가 사기를 자백한 바로 그 주에도 여전히 투자자들을 메이도프에게 안내하고 있었다.

한때 네드를 잘 알았던 만큼, 나는 그가 메이도프를 믿은 이유를 좀 더 이해해보려고 시간을 되돌려 곰곰이 생각했다. 내 생각에 네드는 사기꾼은 아니었다. 대신, 소위 인지 부조화를 겪었던 것 같다. 무언가를 믿고 싶어서, 기존 믿음과 상충되는 정보를 간단히 무시하는 것이다. 니코틴 중독자는 흡연이 건강에 해를 끼칠 수 있다는 사실을 대개 부인한다. 정당 구성원들은 자신들의 거짓말, 범죄, 기타 부도덕한 일에는 가볍게 반응하지만 다른 정당의 정치인들이 똑같은 일을 저지르면 살기가 등등해진다.

나는 아무리 신중하게 합리적인 의견을 제시해도 네드에게는 별다른 영향을 미치지 않는다는 것을 일찌감치 알았다. 다른 사람들도 같은 경험을 했다. 어떤 결정을 내릴 때, 네드는 그저 자기가 아는 모든 사람들에게 의견을 물은 다음 다수의 의견을 따르곤 했다. 이것을 알고 나는 더 이상 네드에게 내 의견을 말하느라 시간을 낭비하지 않았다.

네드의 여론조사법이 놀랄 만큼 효과를 발휘한 상황도 있었다. 통 안에 든 콩의 개수나 호박의 무게를 알아맞히는 경우가 그랬다. 일반적으로 군중이 추측한 것의 평균은 대다수 개개인의 추측보다 훨씬 낫다.[6] 이것을 군중의 지혜라고 일컫는다. 그러나 무언가를 단순화할 때 늘 그렇듯, 메이도프 사건을 보는 군중의 지혜에도 이면이 있었다. 이번 사건에는 메이도프가 사기꾼이거나 투자의 천재라는 오직 두 가지 답만 존재했다. 군중은 투자의 천재라는 쪽에 투표했고 결국 틀렸다. 나는 군중의 지혜가 가진 이면을 레밍[7]의 광란이라고 칭한다.

1991년, 나는 직원을 네 명으로 줄였다. 스티브 미즈사와는 내게 일부 도움을 받아 일본 신주인수권 헤지를 했다.[8] 나는 주디 맥코이의 도움을 받아 직접 헤지펀드를 관리했다. 주디는 세금 및 재무 보고를 담당했고 스티브를 지원했으며 경영 지원 담당자를 도왔다.

인생을 즐기고 있었고, 시끌벅적한 투자의 세계로 돌아가는 것에 양가감정이 있었던 나는 우리의 통계적 차익거래 지식을 활용해 돈을 버는, 시간상 효율적인 방법을 찾으려고 했다. 이러한 모험을 실행하는 데 중요한 역할을 맡을 스티브와 논의한 끝에 나는 우리 소프트웨어 이용권을 사고 우리에게 사용료를 지불할 동업자를 찾아 나섰다.

나는 PNP에 있을 때 알게 된 성공한 상품 트레이더 브루스 코브너Bruce Kovner에게 연락했다. 코브너는 1970년대에 코모디티스 코퍼레이션에서 출발해 나중에는 자신의 상품 헤지펀드를 직접 운영해 자기 자신은 물론 투자자들에게 수십억 달러를 안겼다.

1980년대 어느 날 오후, 나는 PNP에서 만난 UC어바인의 금융 교수 제리 배즐과 맨해튼에 있는 브루스 코브너의 아파트에 찾아갔다. 그곳에서 우리는 시장에 대한 코브너의 생각을 듣고 그가 시장에서 어떻게 우위를 확보했는지에 관해 이야기를 나누었다. 그것은 예전이나 지금이나 많은 것을 폭넓게 아는 코브너가 다른 사람들보다 앞서 연결점을 찾아낸 덕분이었다.

이즈음 대형 유조선은 과잉 공급 상태여서 노후 유조선들이 거의 폐선 가격에 팔리고 있었다. 코브너는 배 한 척을 사들이기 위해 투자조합을 만들었다. 나도 LP로 참여했다. 한 가지 흥미로운 조건이 있었다. 우리는 언제든 노후 선박을 해체 시장에 고철로 매각해서 투자금 대부분을 회수할 수 있었고, 따라서 손실 위험에서 대체로 보호받았다. 반면 상승 잠재력은 상당했다. 역사적으로 유조선 수요는 변동폭이 컸고 가격도 마찬가지였다. 몇 년 후, 새롭게 단장한 우리의 47만 5,000톤급 대형 유조선 엠프레스 데스 머스는 원유가 풍부한 세계의 항로들을 운항하며 수익을 거두었다. 나는 브릿지[9] 바로 앞에서 6미터까지 구역이 내 지분에 해당한다고 생각하곤 했다. 나중에 투자조합은 당시 건조된 선박 중에서 최대 규모인 65만 톤급 시와이즈 자이언트를 사들이는 데 합의했다. 매도자에게는 안된 일이지만, 우리 매수 대금이 아직 에스크로 계좌에 예치되어있는 동안 그들은 어리석게도 위험을 무릅쓰고 페르시아만 하르그섬으로 배를 몰았고, 이라크 전투기의 폭격을 받은 배는 불에 타 침몰했다. 엠프레스 데스 머스는 운항을 계속하며 이익을 내다가 21세기에 들어서 마침내 전설적인 한 시대를 마감했다. 연평균 투자수익률 30퍼센트를 달성한 엠프레스 데스 머스는 2004년에 폐선되었고 구입가 600만 달러를 크게 뛰어넘는 2,300만 달러에 고철로 매각되었다.

코브너는 자신이 주요 투자자로 있던 한 헤지펀드에 나를 소개했다. 나는 펀드매니저에게 통계적 차익거래를 할 수 있는 소프트웨어를 제공하고, 이것을 이용해 얻은 수익의 15퍼센트를 사용료로 달라고 제안했다. 우리는 헤지펀드의 직원들을 교육하고 지속적으로 조언을 제공할 것이었다. 시간이 지남에 따라 기존 시스템에 추가되는 개선 사항과 노후되는 부분을 반영해 사용료는 점차 줄어들 것이었다. 그러나 한 가지 계약에 합의하면 GP는 또 다른 조건을 유리하게 바꾸기를 고집하는 상황이 반복되었다. 몇 가지 사항을 합의하고 나니, 요구에 끝이 없다는 것이 분명해졌다. 나는 협상을 그만두었다.

대부분의 사람들은 중고차나 양탄자 판매상들을 상대해왔다. 부동산을 매매해본 사람이라면 흔히 흥정으로 대표되는 협상 과정에 익숙하다. 예를 들어, 내가 사려는 집이 30만 달러에 나왔다. 나는 25만 달러를 제시한다. 이에 대응해 매도인은 29만 달러를 제시한다. 그러면 나는 다시 26만 5,000달러를 제시하는 식이다. 마침내 나는 27만 5,000달러에 집을 매수하기로 합의한다. 이처럼 정형화된 흥정은 감언이설, 협잡, 기만을 수반하기도 한다. 매도인이 원하는 가격을 정식으로 제시하고, 그 가격에 계약을 할지 말지를 매수자가 결정하게 한다면 좀 더 간단하고 만족스럽지 않을까? 이것은 미국의 대부분 상점에서 거래가 이루어지는 방식이기도 하다. 비교 대상의 가격이 확실하지 않다면 어떻게 물건을 살 수 있겠는가?

그렇지만 나와 흥정을 하려고 했던 이 펀드매니저의 경우처럼 사업상 거래에서 흥정은 일반적이다. 여기서는 어떤 일이 벌어질까? 위에서 예로 든 집으로 돌아가보자. 매도자가 수용하는 실제 최저가는 26만 달러이고 매수자가 실제로 기꺼이 지불할 수 있는 최고가는 29만 달러라고 가정하자. (예를 들어, 매도자가 28만 9,000달러에 사겠다는 사람이 있다고 했을 때, 그 순간 첫 번째 매수 희망자가 29만 달러를 제시하면 매도자는 매수자가 실제로 29만 달러를 지불할 용의가 있음을 알게 된다.) 따라서, 당시에는 어느 쪽도 그 사실을 모르지만 26만~29만 달러 사이의 가격이라면 양쪽 모두 수용할 수 있다. 즉, 3만 달러는 누구의 몫이 될 수도 있다. 이 3만 달러를 가능한 한 많이 차지하려는 것이 흥정의 목적이다.

반면에, 매수자가 기꺼이 지불하려는 금액은 27만 달러에 불과하고 매도자가 생각하는 (비공개) 최저가는 28만 달러라면 일치하는 부분이 없다. 이 경우는 어느 쪽도 상대의 가격을 받아들일 수 없고 따라서 거래도 이루어지지 않을 것이다.

우리 가족과 내가 20년 이상 살았던 곳을 결정한 것도 흥정이었다. 우리는 집을 짓기로 결심하고 뉴포트 비치에 있는 전망이 멋진 언덕 부지를 찾아냈다. 이 부지는 1979년 부동산 시장의 침체기에 43만 5,000달러에 매물로 나왔다. 우리는 36만 5,000달러에서 출발했다. 몇 차례 가격 제시가 오간 뒤 우리는 40만 달러로 돌아온다. 상대가 제시하는 41만 달러에 대응해 제시한 가격이다. 우리는 더 이상 물러설 수 없는 절대 한계인 40만 5,000달러를 제시했다. 거절당했다. 우리는 그 자리에서 돌아 나왔다. 며칠 후, 기세가 꺾인 매도자는 우리가 제안한 40만 5,000달러를 불렀다. 이번에는 우리가 거절했다. 당연한 것 아닌가?

우리의 절대 한계 가격에서 거래가 되든 말든 우리는 거의 상관없었다. 그러나 매도자는 이미 우리를 놓쳤고 우리는 더 이상 그와 어떤 거래도 하고 싶지 않았다. 결과적으로 그의 제안은 덜 매력적이었고 우리의 최고 가격도 40만 5,000달러 아래로 떨어졌다. 우리는 대안을 생각하고 있었다. 얼마 지나지 않아 우리는 더 나은 부지를 사서 집을 짓고 그곳에서 22년 동안 행복하게 지냈다. 흥정꾼의 부지는 우리를 놓친 후 10년 동안 팔리지 않았다.

공교롭게도 우리가 살던 집을 팔 때도 흥정에서 지는 사례를 목격했다. 집을 시장에 매물로 내놓은 지 1년쯤 되었을 때, 어느 주말 갑자기 두 건의 제안이 동시에 들어왔다. 우리는 549만 5,000달러를 불렀고, 500만 달러가량을 받을 것으로 예상했다. 둘 중 하나는 460만 달러를 제시했는데, 예비 매수자는 자신의 적극적인 동업자를 이용해 협상을 시작했다. 동업자는 우리 집을 노골적으로 지적하며 시시콜콜 트집을 잡았다. 가격을 낮추려는 속셈이었다. 딱한 일이었다. 교훈이 있다. 상대를 절대 한계까지 몰아가는 것은 득이 되지 않는다. 일반적으로 그렇게 해서 추가로 얻는 작은 이익은 거래 자체가 무산될 커다란 위험을 감수할 가치가 없다.

트레이더에게는 흥정할 때와 아닐 때를 아는 것이 중요하다. PNP 운영 당시 수석트레이더는 자신이 일상적으로 8분의 1, 혹은 4

분의 1 포인트를 더 깎으려고 거래를 지연시킨 덕분에 회사가 커다란 비용을 절감했다고 우쭐해했다. 이런 개념이었다. 예를 들어, 우리는 마이크로소프트 1만 주를 매수하려고 한다. 현재 매수호가 71에 5만 주, 매도호가 71¼에 1만 주 주문이 대기 중이라고 가정하자. 우리는 곧바로 71¼을 지불하고 1만 주를 살 수 있다. 또는 우리 트레이더가 주문을 낼 때 하던 방법대로 1만 주를 71⅛에 매수하겠다고 제시하고 수락되는지 지켜본다. 이 주문이 체결된다면(대부분 체결된다.) 우리는 1만 달러의 8분의 1에 해당하는 1,250달러를 절약할 수 있다.

그럴 듯하게 들린다. 여기에는 어떤 위험이 있을까? 우리가 얼마를 기다리든, 주식이 계속해서 71¼ 이상에 거래될 경우에는 주당 8분의 1달러를 절약하려다 강력한 상승주를 놓칠 수 있다. 우리가 놓친 급등주는 우리에게 횡재를 안겨줄 주식이었다. 간단히 말하면, 스무 차례 8분의 1달러를 벌고, 단번에 10달러를 잃을 수도 있다. 이 계산이 마음에 드는가? 나는 아니다.

나는 우리 트레이더에게, 8분의 1포인트를 반복적으로 절약해 얻은 이익이 기회를 놓쳐 발생한 손실을 상쇄한다는 것을 어떻게 알 수 있느냐고 물었다. 그는 입증하지 못했다. 나는 시장의 다른 트레이어들에게도 같은 질문을 했다. 그렇게 해서 발생한 손실보다 이익이 더 크다는 사실을 분명히 보여줄 수 있는 사람은 아무도 없었다.

시장은 현대 경제학의 기초이고, 트레이딩은 핵심 활동이다. 따라서 현대 금융이론가들은 데이터를 조사하고 동시에 관찰한 현상을 설명하기 위한 이론을 발전시키며 시장이 어떻게 작동하는

지 집중적으로 분석해왔다. 그들은 다양한 이유로 거래가 매수자에게서 시작되기도 하고 매도자에게서 시작되기도 한다는 사실에 주목한다. 일부 참가자들은 우위를 누리지 못한다. 특별하게 유리한 정보가 없다는 뜻이다. 자신들이 우위를 차지했다고 믿는 사람들 대부분이 여기에 해당할 것이다. 이와 같은 소위 소음매매noise trading10의 사례로, 지수에서 제외되거나 추가되었다는 이유로 해당 종목을 매도 또는 매수하는 지수펀드, 세금을 내기 위해 현금화하는 재산, 현금 추가 납입이나 인출에 대응하여 매수 또는 매도하는 뮤추얼펀드 등이 있다. 물론, 가치 있는 정보가 이용되는 경우는 예외이다.

실제로 우위를 가진 트레이더들로부터 출발하는 거래 유형도 있다. 1980년대에는 이반 보스키Ivan Boesky를 비롯한 여러 사람이 기소되어 유명해진 불법 내부자 거래가 그 사례이다. (그럼에도 불구하고, 이런 내부자 거래는 현재도 계속되고 있다.) 한편, 실적 발표, 인수, 금리 변동과 같이 공개된 정보에 가장 먼저 반응하는 사람들이 벌이는 합법적 거래도 있다.

이 모든 것은 정말로 의미가 있을까? 1주당 8분의 1달러는 대체 얼마일까? 연간 15억 주를 매매하는 우리의 통계적 차익거래 기준으로는 연간 약 2억 달러가 될 것이다. 에버렛 덕슨 상원의원이 의회의 지출에 관해 지적한 표현을 빌면, "여기 10억 달러, 저기 10억 달러 하더니 어느새 큰돈"이 되었다.

흥정꾼과 트레이더들을 생각하면 만족추구자satisficer와 최대추구자maximizer라는 극단적인 두 유형이 보이는 행동심리학적 차이가 떠오른다. 최대추구자는 쇼핑을 할 때, 잡부를 구할 때, 주유를 할 때, 여행을 계획할 때 가능한 최고(최대)의 거래를 찾는다. 시간과 노력은 그다지 중요하지 않고 최고의 거래를 놓치면 후회와 스트레스에 시달린다. 반면 만족추구자는 최고에 근접한 결과에 만족한다. 탐색과 결정에 수반되는 비용, 최고에 가까운 기회를 놓칠 위험, 그리고 그만큼 좋은 기회를 다시는 찾지 못할 위험을 모두 감안한다.

이것은 수학의 이른바 "비서 또는 배우자 문제"[11]를 떠오르게 한다. 여러 사람을 면담하고 그중 한 사람을 선택한다고 가정하자. 또한 한 번에 한 사람씩만 고려해야 하고, 한 번 거부한 사람은 다시 고려 대상이 되지 못한다. 가장 좋은 전략은 후보 가운데 약 37퍼센트를 볼 때까지 기다렸다가, 다음 사람 가운데 앞서 제외시킨 37퍼센트 후보들보다 낫다고 판단되는 사람을 선택하는 것이다. 더 나은 사람이 없다면 울며 겨자 먹기로 명단의 맨 마지막 사람을 택해야 한다.

UCLA 대학원생 시절, 물리학 박사과정에서 수학으로 전공을 변경하고 얼마 지나지 않아 나를 살린 것이 이 개념이다. 논문 지도교수였던 앵거스 테일러 교수는 다른 박사 후보자들과 마찬가지로, 나도 학생들 앞에서 수학 강연을 해야 한다고 결정했다. 수학에 대한 배경지식이 상대적으로 부족했던 나는 수학적 지식을 갖추고 강연을 듣게 될 학생들에게 흥미를 유발하고, 비수학과 출신의 새로운 학생들까지 끌어당길 수 있는 주제를 선정하느라 쩔쩔맸다. 강연에 임박해 나는 "모든 소녀들이 반드시 알아야 할 것"이라는 제목을 생각해냈고 강연 내용에 관해 누구에게도 말하지 않았다. 강의실은 그 어느 때보다 많은 사람들로 가득 찼다. 평소에는 남학생들이 주를 이뤘지만 이번에는 예쁜 여학생들도 꽤 참석했다. 강연이 끝난 뒤 그들의 질문과 표정에서 나는 청중들이 실망하지 않았음을 알 수 있었다. 나는 이른바 배우자 문제의 해법을 이야기하고, 배경이 되는 수학 원리를 이해하기 쉽게 설명했다.

chapter 18

사취와 해이

도박 게임을 이기는 방법을 찾는 데서 주식시장 분석으로 초점
을 옮기면서 나는 순진하게 생각했다. 카드 게임에서 속임수를 쓰
는, 문제 있는 세계를 벗어나 법과 규정이 투자자들에게 공평한 경
쟁의 장을 제공하는 경기장에 들어서는 줄 알았던 것이다. 그러나
더 큰 판돈은 더욱 대담한 도둑을 끌어들인다는 사실을 알게 되었
다. 버니 메이도프의 폰지사기는 2008년과 2009년에 시장이 급락한
결과 더 이상 새로운 돈을 사취하지 못하면서 드러난 수많은 사기
행위 가운데 가장 규모가 큰 사건이었을 뿐이다. 80억 달러 은행 사
기에서 건당 (다수의 헤지펀드 포함) 수억 달러 규모의 사취, 수백만 달
러 상당의 부동산, 모기지, 연금사기에 이르기까지 규모는 다양했
다. 우리는 건당 규모가 감소함에 따라 어떻게 사취 건수가 증가하
는지 단순한 수학법칙으로 설명할 수 있다.

    인터넷이 성장하고 전자적 연결성electronic connectivity이 확대되면
서 새로운 사기 기회가 등장했다. 2000년 8월 25일 금요일, 주식에

관심을 갖기 시작한 조카 데이나에게서 장이 끝난 뒤 전화가 왔다.

"에뮬렉스Emulex라는 종목에 대해 아세요?" 데이나가 물었다.

"아니, 왜?"

"제가 조금 가지고 있는데, 오늘 장이 열리자마자 (주당) 113달러에서 45달러로 폭락하더니 거래가 정지됐어요!"

"무슨 뉴스라도 있니?" 내가 물었다.

"모르겠어요."

"그대로 두는 게 좋겠다. 인터넷 사기일 가능성이 크고 회사의 건전성이 달라질 만한 일도 없었던 것 같아."

머지않아 어떻게 된 영문인지 알았다. 어느 23살 대학생이 과거에 자신이 작성한 보고서를 에뮬렉스의 공식 보도자료인 것처럼 꾸며 전자뉴스 서비스인 〈인터넷 와이어Internet Wire〉에 전송한 것이다. 보고서는 에뮬렉스 회장의 사임 절차가 진행 중이고, 지난 2년간 양호했던 실적은 대규모 손실로 전환할 것이며 증권거래위원회는 조사에 나설 것이라고 주장했다. 거짓 정보는 빠르게 퍼져 나갔고 나스닥에서 거래가 중단되기 전까지 에뮬렉스 주가는 56퍼센트 폭락했다. 이 사기꾼은 과거에 에뮬렉스를 공매도해 10만 달러 손실이 발생했지만 사건 일주일 뒤 체포되기 전까지 10만 달러 손실을 모두 회복하고 추가로 25만 달러를 벌어들였다. 이 과정에서 그는 에뮬렉스 시가총액을 41억 달러에서 최대 16억 달러까지 끌어내렸다. 25억 달러가 사라진 것이다. 그날 느지막이 하락폭 대부분을 만회했지만 주가는 7.31달러 하락한 105.75달러로 장을 마감했다. 결국 시가총액의 6.6퍼센트에 해당하는 2억 7,000만 달러가 증발했다. 주가가 하락하는 동안 주식을 팔아치운 사람들의 피해는 더욱 컸다.

단 한 차례도 완전히 회복하지 못한 주가는 거짓말이 탄로 나고 사기꾼이 체포된 지 11일 만에 사건 전보다 11.4퍼센트 하락한 100.13달러를 기록했다.

효율적 시장 가설에 따르면 시장은 이용 가능한 모든 정보를 정확히 반영해 가격을 결정한다. 그러나 허위정보로 인해 15분 만에 주가가 60퍼센트 급락하는 상황에서도 가격이 정보를 합리적으로 반영한다고 말할 수 있을까? 게다가 거짓말이 드러난 지 11일이나 지난 후에도 주가가 회복하지 못한 이유에 대해서는 효율적 시장 가설을 지지하는 사람들의 설명이 필요하다. 사기가 밝혀진 것은 에뮬렉스에게 긍정적인 뉴스였는데도 왜 그랬을까?

시장이 효율적이라는 견해를 지지하는 사람들도 이론과 현실이 조금은 다르다는 것을 서서히 인정해왔다. 그들은 에뮬렉스 사기에 대한 시장의 반응도 이런 현상의 일종으로 이해할 것이다. 그러나 언론에서 지적했듯이 인터넷, 특히 채팅방에서는 이와 같은 시도가 난무한다. 에뮬렉스 사건 역시 대중을 속여 이익을 얻으려는 대대적인 시도 가운데 하나였을 뿐이다.[1]

그로부터 얼마 지나지 않은 2000년 9월 21일, 〈뉴욕 타임스〉는 1면 머리기사로 "증권거래위원회, 10대가 방과 후 취미 삼아 인터넷으로 주가를 조작했다고 밝혀"라고 보도했다. 뉴저지 출신의 15살짜리 고등학생이 11건의 매매로 27만 3,000달러를 벌어들인 사건이었다. 소년은 거래량이 적은 주식을 대량으로 사들인 뒤 인터넷 채팅방에 "머지않아" 2달러짜리 주식이 20달러가 될 것이라는 글을 도배했다. 사람들은 이 글을 포춘쿠키의 글귀처럼 소중히 여겼다. 효율적 시장 가설이 가정하는 대로 '모든 정보를 알고 합리적으로 행동하는' 투자자들이 재빨리 매수호가를 올리면 바로 그때 젊은 '레베드'는 자기가 가진 주식을 팔았다. 소년은 아버지의 이름으로 주식계좌를 열었다. 아버지인 레베드 씨는 수익금 27만 3,000달러 전액과 이자 1만 2,000달러를 반환하기로 증권거래위원회와 합의했다. 이 돈이 투자자들의 피해 배상에 사용되었는지 여부는 기사에서 정확히 다루지 않았다. 투자자들의 신원이나 피해 규모를 확정하는 것도 불가능해 보였다. 레베드 씨는 이것이 과연 아이만 비난할 일이냐고 반문했다.

1980년대 초, 메이도프를 우연히 알기 10년 전에 나는 한 비범한 매니저를 알게 되었다. 이 외환 트레이더는 매달 1퍼센트, 2퍼센트, 3퍼센트, 심지어 4퍼센트 수익률을 달성하고 있었다. 손실은 절대로 발생하지 않는 듯했다. 나는 뉴포트 비치 사무실 동료인 조지 쇼즈에게 라호야 근처에 있는 J. 데이비드 도미넬리의 사무실로 직접 방문할 것을 요청했다. 조지는 그동안의 놀라운 실적을 보여주는 '홍보용' 인쇄물을 받아 돌아왔지만 실제 매매 내역을 입증하는 자료는 보이지 않았다. 도미넬리는 감사를 마친 재무제표와 자산을 입증할 문서, 매매 내역의 증거 자료가 필요하다는 우리 요청을 슬며시 피해 갔다. 우리는 폰지사기를 의심했고 투자하지 않았다. 그의 사기 행각은 2년 뒤인 1984년에 마침내 막을 내렸다. 샌디에고 지역의 수많은 사회, 정치, 금융계 인사를 포함해 1,000여 명이 투자한 2억 달러는 고스란히 증발했다.

1984년에는 첨단기술을 갖춘 전산화된 제품을 금융기관에 공급하는 한 혁신기업을 알게 되었다. 회사는 연구개발을 마무리하고 제품을 판매하기 위해 더 많은 자본을 필요로 했다. 회사의 이야기는 설득력이 있었고 사업 계획도 타당해 보였다. 우리 측 컴퓨터 전문가인 스티브 미즈사와도 그들의 계획에 만족했다. 나와 몇몇 친구들은 이익의 20퍼센트를 경영진에게 지급하기로 하고 그들과 함께 투자했다. 당시 일반적인 헤지펀드 수수료에 해당하는 수준이었다. 첫 해는 재무제표상으로는 이익이 발생하지 않았고 상당한 규모의 연구개발 비용만 나타났다. 그럼에도 불구하고 경영진은 이익이 발생했다고 공표하고 그 이익의 20퍼센트를 가져갔다. 실제로는 이익은 없고 비용만 발생했을 뿐이었다. 경영진은 우리 돈을 가로채기 위해 어떻게 정당화했을까? 그들은 연구개발에 지출한 비용 이상으로 더 큰 가치를 창출했다면서 은행에 맡긴 현금과 같은 이른바 초과가치excess value라는 것이 있다고 주장했다. 우리는 결국 어렵사리 돈을 돌려받았다.

분명했던 기술 경쟁력도 방만한 경영 탓에 사라졌다. 경쟁자 마이클 블룸버그Michael Bloomberg가 지금은 보편화된 유사 제품을 출시해 수십억 달러를 벌어들이며 앞서갔다. 몇 년 뒤 경영진 가운데 두 사람이 헤지펀드를 설립했지만 그들의 특성을 잘 아는 나는 그 펀드에 투자를 해서는 안 된다고 경고했다. 2008년 그들은 또 다른 폰지사기를 벌여 투자자들의 자금 수억 달러를 유용한 혐의로 기소되었다.

금융지에 거의 매일같이 보도되던 수많은 사기 및 사취 사건과 속임수는 내가 투자업계에 몸담은 50년이 넘는 기간 동안 꾸준히 감소했다.

속임수, 사기, 광풍, 그리고 비합리적인 대형 금융 사건들은 인터넷이 등장하기 훨씬 전인 17세기에 시장이 형성된 이래로 늘 있어왔다. 그러나 효율적 시장 가설을 열렬하게 떠받드는 사람들은 이러한 사건들이 거듭 드러나도 못 본 척했다. 학계에서 효율적 시장 가설을 강경하게 비판하며 반대 주장을 담은 책을 다수 펴낸 로버트 하우겐Robert Haugen 전 UC어바인 교수는 극단적인 반응을 접하기도 했다. 그는 UCLA에서 "시장에 대한 토론: 전통으로부터의 탈피The Market Debate: A Break from Tradition"라는 주제로 열린 콘퍼런스에서 있었던 일을 다음과 같이 소개했다. "시장의 비효율성에 관한 논문 발표가 끝나자 (효율적 시장 가설의 아버지이자 2013년 노벨 경제학상을 수상한) 유진 파마Eugene Fama가 청중 속에서 나를 가리키며 범죄자라고 소리쳤다. 그는 주식시장이 효율적이라는 사실은 신도 안다고 했다. 그러면서, 행태재무학behavioral finance[2]에 가까이 갈수록 발밑의 지옥불은 더욱 뜨거워질 것이라고도 했다."[3]

지난 몇 년 동안, 이른바 고빈도 트레이더high frequency traders들은 컴퓨터를 이용해 매수자와 매도자 사이를 파고들어 거래를 할 때마다 평균적으로 작은 이익을 올렸다. 이런 약탈적 프로그램은 100만 분의 1초 단위로 시간을 계산한다. 누구보다 빨리 주문을 처리할 수 있는 극도의 신속성이 중요하기 때문이다. 자연의 법칙에 따라 전기 신호는 빛보다 빨리 거래소에 도달하지 못하므로 100만 분의 1초당 약 300미터가 최대 속도이다. 물리적 위치가 중요한 만큼 기업들은 많은 돈을 들여 거래소에서 최대한 가까운 곳에 컴퓨터를 설치했다. 최근 보도에 따르면 이런 프로그램들은 대부분의 거래에 관여해 연간 210억 달러의 수익을 발생시킨다. 미국 주식시장 전체 시가총액의 0.1퍼센트에 해당하는 규모이다. 어느 대형 투자회사는 내 아들 제프에게 "몇 백만 달러에 불과한 자본으로 자기 회사를 통해 매일 수억달러를 매매하는 사람들"이 있다고 말하기도 했다. 나는 버크셔 해서웨이 A 주식에서 자주 관찰되는 '89,375.37달러' 같은 특이한 가격도 이런 트레이딩 프로그램이 만든 것은 아닌지 궁금했다.

이와 관련한 세부 기법은 복잡하기도 하고 아직 알려지지 않은 것이 많지만 한 가지 메커니즘은 예외이다. 나스닥 등 일부 거래소에서는 고빈도 트레이더들에게 주문을 내기 전 3만 분의 1초 동안 다른 사람들의 주문을 미리 엿볼 수 있게 해준다. 이때 매수 주문이 보이면 고빈도 트레이더들은 미리 주식을 사서 주가를 끌어올린 다음 그들에게 매도해 이익을 얻는다. 반대로 매도 주문이 보이면 고빈도 트레이더들이 미리 주식을 매도해 주가를 떨어뜨리고 저가에 주식을 되산다. 이것이 위키피디아에서 "증권 중개인이 아직 처리되지 않은 고객의 주문에서 얻은 정보를 이용해 자신의 계좌로 주문을 실행하는 불법행위"라고 정의한 선행매매front-running와 다른 점은 무엇인가?

증권업계를 대변한다는 일부 사람들은 투자자로부터 이러한 부를 수확하는 것은 시장의 효율성을 높이는 일이며 "시장에는 유동성이 필요하다"라고 주장한다. 노벨상을 수상한 경제학자 폴 크루그먼Paul Krugman은 이런 주장을 신랄하게 반박한다. 고빈도 트레이딩은 일반 투자자의 부를 앗아가는 수단에 불과하고 어떠한 유용한 목적도 없으며 그 행위를 위해 소비하는 자원이 아무런 사회적 이익도 창출하지 못하므로 국부를 낭비할 뿐이라는 주장이다.

일반 투자자를 한 집단으로 보았을 때 이들은 거래를 더 자주 할수록 더 많이 컴퓨터에 질 수밖에 없다. 이것 역시 커다란 우위가 확보되지 않은 한, 잦은 거래보다는 '매수 후 보유' 전략이 더 유리한 이유 가운데 하나이다. 정치적 측면을 고려할 때 실현될 가능성은 낮지만 주식을 매수할 때마다 주당 몇 센트 정도로 소액의 세금만 부과해도 고빈도 트레이딩과 그로 인한 이익을 막을 수 있을 것이다. 일반 투자자들의 이익은 추가 세금 부담보다 더 크게 늘어날 것이고 재무부의 현금 잔고도 확대될 것이다. 연방세로 인해 30조 달러가량 되는 연간 주식 거래량이 절반으로 줄어들 경우 0.1퍼센트 세율(주당 30달러 주식의 경우 3센트)만 부과해도 150억 달러 세수가 발생한다.

판에 박힌 언론 보도 역시 투자자를 기만한다. "실적 우려로 주가 폭락." 〈뉴욕 타임스 비즈니스 데이〉는 머리기사로 이렇게 외쳤다.[4] 기사는 "3분기 실적에 대한 투자자들의 우려가 지속되면서 주가가 하락"했다고 전했다. 폭락이라고? 좀 더 살펴보자. "다우존스 산업평균지수DJIA는 2.96포인트 하락한 10,628.36을 기록했다." 백분율로 표시하면 하락폭은 0.03퍼센트이다. 다우존스 지수의 일일 하락폭은 보통 약 1퍼센트이다. 역사적으로 볼 때, 다우존스 지수가 0.03퍼센트보다 더 크게 변동할 확률은 무려 97퍼센트이다. 이 날처럼 지수의 변동이 거의 없다시피 한 날은 1년에 8일도 되지 않을 것이다. 즉, 0.03퍼센트 하락폭은 투자자들의 우려가 크다는 증거가 될 수 없다.

다우존스 산업평균지수는 현재 해당 지수를 구성하는 30개 종목의 가격을 더한 값에 배당금 및 주식분할의 영향을 반영해 지속적으로 재조정하는 수치를 곱하여 산정한다. 현재 승수는 5배를 약간 넘는데 이는 30개 종목 가운데 단 1종목의 종가가 1.25포인트 이상 상승해도 지수는 6포인트 이상 상승 마감한다는 뜻이다. 반면 이날의 변동폭은 3포인트, 즉 0.03퍼센트에 불과했다. 지수를 구성하는 종목들의 주가는 폭락하지 않고 크게 상승했음을 알 수 있다. S&P500 지수는 불과 0.04퍼센트 하락해 다우존스 지수만큼이나 거의 변동이 없었다. 실제로 유의미한 움직임을 보인 것은 32.8포인트, 즉 0.9퍼센트 하락한 나스닥 종합지수가 유일했다. 그러나 변동폭이 크다는 나스닥 지수조차도 이날보다 더욱 큰 일일 변동폭을 기록한 날이 과거 거래일 전체의 3분의 2에 이른다.

대체 어떻게 된 것일까? 기사는 예상치에 미달하는 실적을 발표한 기업들이 대가를 치른 것이라고 해석했다. 그러나 지수에 미치는 영향은 무의미하다고 할 만큼 미미했다. 기자는 두 가지 오류를 범했다. 첫째, 통계적 잡음statistical noise에 중요한 의미를 부여했다. 둘째, 절반의 이야기를 놓쳤다. 바로 주가가 하락한 종목으로 인해 지수에 미친 영향이 상쇄되었을 상승세로 마감한 종목들과 그 이유에 관한 이야기이다.

미미한 주가 변동의 의미를 군이 해석하려 드는 것은 금융 관련 보도에서 늘 있는 일이다. 기자들은 주가의 변동이 통계적으로 흔한 것인지 드문 일인지도 알지 못하는 경우가 대부분이다. 사람들은 어떤 패턴이나 설명이 존재하지 않는데도 그것을 찾아내려는 오류를 범한다. 우리는 시스템을 이용한 도박의 역사, 패턴에 기반을 둔 쓸모없고 과다한 트레이딩 기법, 신문이나 잡지 기사에 근거한 투자에서 이와 같은 오류를 목격했다.

싸게 사서
비싸게 팔기

2000년 봄, 따뜻한 햇살이 뉴포트 비치에 내려앉는다. 180미터 높이의 언덕에 있는 우리 집에서는 태평양을 가로질러 50킬로미터 너머에 있는 카타리나 아일랜드¹가 한눈에 들어온다. 수평선을 따라 42킬로미터를 거대한 배처럼 뻗어있는 카타리나 왼쪽으로 97킬로미터를 가면 비슷한 크기의 샌클레멘테 아일랜드 꼭대기가 수평선 위로 살짝 보인다. 바다는 내가 앉은 곳으로부터 4킬로미터 밖에서 시작되는데 하얀 파도가 기다란 띠를 이루며 넓은 모래 해변과 바다를 구분짓는다. 세계 최대의 소형 선박 계류장 가운데 하나로, 8,000척이 넘는 요트와 동력선이 정박해 있고 세계 최고가를 자랑하는 고급 주택들이 들어선 뉴포트항을 일찌감치 출발한 배들이 줄줄이 바다로 나아간다. 집을 떠나 휴가를 나설 때마다 매번 잘하는 일인지 생각하게 되는 이유이다.

　　아침식사를 마칠 무렵이면 뒤편 언덕 위로 떠오르는 해가 거대 업무·상업 복합 시설인 패션 아일랜드 서쪽에 있는 금융회사 건물들을 비춘다. 햇빛이 고층건물들을 완전히 감싸기 전에 나는 그중한 곳에 있는 내 사무실까지 4.8킬로미터 거리를 운전해 간다. 나는 스티브와 함께 1992년에 재개한 통계적 차익거래를 8년째 성공적으로 운영 중이다.

우리 컴퓨터는 첫 1시간 동안 100만 주 이상을 거래했고 현재 40만 달러의 이익을 기록하고 있다. 현재 운용자산은 3억 4,000만 달러이며, 5억 4,000만 달러 상당의 롱(매수) 포지션과 같은 규모의 쇼트(매도) 포지션을 보유하고 있다. 우리 컴퓨터를 이용한 모의실험 및 실제 데이터에 따르면 이 포트폴리오는 시장 중립형에 가깝다. 포트폴리오 평가액의 변동과 시장 지수 사이에 상관관계가 거의 없다는 뜻이다. 금융 이론가들이 베타$^{\beta 2}$라고 일컫는 값으로 측정한 우리 포트폴리오의 시장중립도는 평균 0.06이다. 베타값이 0일 때 포트폴리오 평가액과 시장 지수의 움직임 사이에는 상관관계가 전혀 없다. 이것을 시장 중립적이라고 일컫는다. 베타가 양(+)의 값을 갖는 포트폴리오는 시장과 등락을 같이하는 경향이 있고 베타 값이 클수록 시장 대비 큰 폭으로 변동한다. 시장의 베타는 1.0이다. 베타 값이 음(−)인 포트폴리오는 시장과 반대로 움직인다. 우리 포트폴리오의 위험 조정 초과수익률risk-adjusted excess return(금융이론가들이 '알파$^{\alpha}$'라고 일컫는 척도로서 위험수준이 비슷한 자산의 연간 투자수익률 대비 초과수익률을 가리킨다.)은 연평균 20퍼센트 수준이었다. 이것은 우리의 과거 (보수 차감 전) 연평균 수익률 26퍼센트를 세 부분으로 구분할 수 있다는 뜻이다. 바로 무위험 국채 수익률 5퍼센트, 시장과의 약간의 상관관계에서 발생한 수익률 약 1퍼센트, 그리고 나머지 20퍼센트는 비슷한 위험수준에서 기대되는 수익률 대비 우리의 초과수익률이다.

컴퓨터는 우리 모델을 이용해 뉴욕증권거래소와 아멕스에서 가장 거래량이 많은 1,000여 개 종목의 '적정' 주가를 매일 산출한다. 시장 전문가들은 거래량이 많은 주식을 '유동적'이라고 표현한다. 이런 종목은 호가를 크게 높이거나 낮추지 않아도 매매가 쉽게 이루어지는 이점이 있다. 최신 실거래 가격이 컴퓨터에 입력되면 곧바로 우리 모형에 따라 산출한 적정 주가와 비교가 이루어진다. 실제 주가와 적정 주가의 괴리가 충분할 경우 우리는 저평가된 주식은 매수하고 고평가된 주식은 매도한다.

우리는 보유 종목당 가치(달러 기준)를 제한하는 방법으로 위험을 통제한다. 이처럼 신중한 위험 관리는 효과를 발휘하는 것으로 보인다. 매일, 매주, 매달의 성과는 '긍정적' 편향을 보인다. 즉, 손실이 발생한 날보다 이익이 발생한 날, 주, 달이 훨씬 많고 하락한 종목보다 상승한 종목이 더 많은 경향이 있다.

컴퓨터 화면에서 최대 상승 종목과 하락 종목을 포함해 그날의 흥미로운 포지션을 찾는다. 평소와 달리 거래량이 많은 상승 및 하락 종목을 한눈에 볼 수 있다. 모두 평소와 다름없이 정상적이다. 나는 중앙홀로 걸어 내려와 스티브 미즈사와의 사무실에 들어선다. 그는 블룸버그 단말기를 지켜보며 우리가 거래하는 종목에 큰 영향을 미칠 만한 뉴스가 있는지 확인한다. 예기치 못한 합병, 인수, 분할, 사업 재편 발표 등이 있다면 그는 해당 종목을 거래 제한 종목으로 컴퓨터에 등록한다. 신규 포지션 진입을 제한하고 기존에 보유한 포지션은 정리하도록 하는 것이다.

스티브는 우리 주문 대부분을 처리하는 중개인을 설득해 수수료를 주당 0.16센트씩 낮추었다. 상당한 비용이 절감되었다. 우리는 롱/쇼트포지션으로 보유한 주식 전체를 2주마다 1회, 즉 1년에 25회 전부 교체한다. 현재를 기준으로 말하면 롱포지션으로 보유한 5억 4,000만 달러어치 주식을 매도하고 5억 4,000만 달러어치 주식을 매수하여 교체함으로써 총 10억 8,000만 달러 상당의 매매가 발생한다는 뜻이다. 쇼트포지션에 대해서도 같은 방식으로 10억 8,000만 달러 상당의 매매를 일으킨다. 롱/쇼트 양쪽 포지션에서 이와 같은 매매를 연 25회 실행하면 연간 매매 규모는 총 540억 달러, 15억 주에 달한다. 유명한 헤지펀드 매니저 마이클 스타인하트 Michael Steinhardt가 은퇴할 때 많은 사람들을 놀라게 한 과거 연간 주식 거래액은 10억 달러 수준이었다.

스티브의 수수료 협상 덕분에 우리는 연간 160만 달러의 비용을 절감했다. 그럼에도 우리는 총 1,430만 달러의 수수료를 매년 중개인들에게 지불한다. 우리 중개인은 수수료를 인하해 경쟁력을 유지하는 현명한 선택을 했다.

통계적 차익거래statistical arbitrage는 무엇일까? 차익거래는 원래 한 쌍의 상쇄포지션[3]을 취해 확정이익을 얻고자 하는 거래를 뜻한다. 예를 들어, 런던에서 온스당 300달러에 금을 매도하고 동시에 뉴욕에서 290달러에 매수하면 온스당 10달러 수익이 발생한다. 거래에 필요한 자본 조달 비용과 뉴욕에서 런던까지 금을 운반하는 데 소요되는 보험료 및 운송료가 총 5달러라고 가정하면 나머지 5달러는 이익으로 남는다. 이것이 차익거래의 본래 목적이다.

차익거래의 의미는 '위험을 전반적으로 상쇄함으로써, 확실하지는 않더라도 이익을 창출할 것으로 기대되는 투자'를 가리키는 것으로 확대되었다. 합병 차익거래를 예로 들어보자. 1대1 교환 방식에 따라 A사 주주는 주당 100달러에 거래되는 A사 주식 1주당 주당 70달러짜리 B사 주식 1주를 배정받게 되었다. 시장은 즉각 반응해 A사 주가는 88달러로 하락하고 B사 주가는 83달러로 상승한다. 이때 합병 차익거래자들이 개입해 B사 주식을 83달러에서 사서 A사 주식을 88달러에 공매도한다. 3개월 뒤 합병이 완료되면 차익거래자는 83달러 투자로 5달러를 벌어들여 6퍼센트 수익을 올리게 된다. 그러나 규제기관과 주주의 승인을 받기 전까지 합병은 불확실하다. 협상에 실패하거나 A와 B의 주가가 역전될 경우 손실이 발생할 우려가 있다. A사와 B사의 주가가 합병 발표 이전 수준으로 돌아갈 경우 차익거래자는 A사 주식 공매도로 12달러(100달러-88달러), B사 주식 매수로 13달러(83달러-70달러) 손실을 인식한다. 83달러를 투자해 총 25달러, 즉 30퍼센트 손실을 기록하는 것이다. 합병이 실패할 가능성이 낮다고 판단하지 않는 한, 차익거래자는 이처럼 일방적인 위험을 감수하지는 않는다.

우리 포트폴리오는 위험을 축소하는 차익거래의 특성이 있지만 롱/쇼트포지션에 각각 많은 주식을 보유하고 유리한 베팅의 횟수를 늘려 통계적으로 이익을 추구한다. 블랙잭의 카드카운팅과 유사하지만 훨씬 큰 규모이다. 우리는 연평균 5만 4,000달러를 거래하고 100만 건의 베팅을 한다. 시장이 열리고 6초에 1번씩 베팅을 하는 셈이다.

사무실로 걸어가면서 나는 우리가 통계적 차익거래라는 모험에 뛰어든 과정을 떠올려 본다. UC어바인 경영대학원에서 재무학을 가르칠 당시, 나는 옆방의 제롬 배즐 박사와 고무적인 대화를 많이 나누었다. 나는 그에게 PNP에서 정규직원으로 일해줄 것을 제안했다. 내가 구상한 리서치 프로그램인 '지표 프로젝트'를 총괄하는 것이 주된 임무였다. 우리 둘 다 효율적 시장 가설을 믿지 않았다. 블랙잭, 워런 버핏과 친구들의 과거 투자, 우리가 PNP에서 일상적으로 거두는 성공 등, 시장의 비효율성을 뒷받침하는 증거는 압도적으로 많았다. 우리는 '시장은 효율적인가?'라고 묻는 대신, '시장은 어떻게, 얼마나 비효율적인가?', '그 비효율성을 어떻게 활용할 수 있는가?'를 질문했다.

프로젝트의 기본 구상은 유가증권의 과거 수익률이 다양한 요인 및 지표와 어떤 관련이 있는지 연구하는 것이었다. 우리가 고려한 수많은 기본적, 기술적 척도 가운데에는 이익수익률earnings yield로 불리는 주가수익비율PER(이익수익률의 역수), 주가순자산비율PBS('장부' 가치) 회사의 시가총액('규모') 등이 있다. 지금은 널리 알려져 폭넓은 연구가 이루어지고 있지만, 1979년 당시에는 '모든 정보가 완전히 반영되어 조정된 것'이 바로 시장가격이라고 믿는 수많은 학자들이 똘똘 뭉쳐 맹렬히 비난하던 지표들이다. 그러나 현역에서 일하는 많은 사람들은 학자들의 주장에 동의하지 않았다. 당시는 양질의 데이터베이스와 이를 탐색할 수 있는 강력한 신형 컴퓨터에 대한 접근성이 높아지기 시작한 때여서 우리 프로젝트를 진행하기에는 최적의 시기였다.

운 좋게도 우리 연구원 한 사람이 통계적 차익거래를 위한 기본 구상을 거의 즉시 실행해냈다. 그는 과거 2주 동안의 손익을 기준으로 종목의 순위를 매겼다. 크게 상승한 종목들은 다음 2주 동안 대개 시장수익률을 하회했고 크게 하락한 종목들은 반대로 시장을 상회했다. 하락률 상위 10퍼센트 종목을 매수하고 상승률 상위 10퍼센트 종목을 공매도한 과거 연간 수익률은 20퍼센트에 달했다. 우리는 이 시스템을 머드^{MUD}라고 불렀다. '최대 상승$^{most-up}$, 최대 하락$^{most-down}$'한 종목들로 구성한 시스템이기 때문이다. UC어바인 수학과 교수 윌리엄 도노휴$^{William\ F.\ Donoghue}$가 농담처럼 한 조언대로 "싸게 사서 비싸게 파는" 전략이었다. 롱포지션을 취한 포트폴리오는 시장과 연동해 움직이고 쇼트포지션 포트폴리오는 반대로 움직여 시장의 변동을 거의 상쇄했다. 이렇게 해서 우리가 선호하는 시장 중립적인 포트폴리오를 갖게 되었다. 그러나 일반적인 투자와 비교하면 여전히 가격 변동폭이 큰 포트폴리오라서 우리는 통계적 차익거래를 당분간 배제하고 있다.

우리는 몰랐지만 2년 뒤 모건스탠리에서 어느 기발한 연구원이 우리의 것과 비슷하면서 변동성은 훨씬 적은 전략을 고안했다. 이 전략으로 매매를 시작한 것은 1983년이었을 것이다. 경험이 쌓이며 자신감이 커진 그는 투자 규모를 늘렸다. 통계적 차익거래는 1985년까지 모건스탠리의 중요한 이익 창출원이 되었지만 공로에 대한 인정과 보상이 주어진 대상은 전략을 고안한 게리 뱀버거^{Gerry} ^{Bamberger}가 아니었다.[4] 직속상관인 눈지오 타타글리아가 계속해서 전략을 확대해 운영하는 것에 불만을 가진 뱀버거는 사직서를 제출했다.

PNP는 수익원을 다양화하기 위해 성공적인 계량 전략을 발굴한 사람들을 찾아 자금을 지원하고자 했다. 일자리를 잃은 뱀버거에게서 연락이 왔다. 그는 높은 회전율, 시장 중립성, 낮은 위험도를 자기 전략의 특징으로 꼽았고 항상 롱/쇼트포지션에 대량의 주식을 보유한다고 설명했다. 우리의 통계적 차익거래 전략과 상당히 비슷했다. 포트폴리오의 전반적인 특징을 제외하면 매매 대상을 선택하는 방식 등 자세한 내용에 관해서는 아는 것이 없었지만 우리는 다음 단계를 밟았다. 그의 동의가 있거나 어떤 경로로 정보가 공공의 영역에 속하게 되지 않는 한, 절대로 공개하지 않겠다고 약속한 뒤에야 우리는 게리를 만나 전략을 운영하는 법에 관해 자세한 설명을 들을 수 있었다.

게리 뱀버거는 키가 크고 호리호리했다. 정통파 유대교도인 그는 문제를 바라보는 방식이 독창적이었고 풍자적인 유머 감각이 있었다. 우리는 뉴포트 비치에서 몇 주 동안 함께 그의 시스템을 철저히 시험했다. 결과가 만족스러우면 자금을 지원하고 게리와 합작회사를 세울 계획이었다. 그는 점심 도시락을 준비해 다녔는데 그 안에는 언제나 참치 샐러드 샌드위치가 들어있었다. 나는 마침내 그에게 "점심식사로 참치 샐러드 샌드위치를 얼마나 자주 먹나요?"라고 물었다. 그는 대답했다. "지난 6년 동안 매일이요." 그는 대단한 골초였는데 나는 담배 연기에 극도로 예민해서 흡연자를 아예 채용하지 않았고 어쩔 수 없다면 사무실에서 흡연을 금지했다. 이것은 협상이 필요한 문제였다. 우리는 타협했다. 담배를 피우고 싶을 때마다 게리는 1층 사무실 밖 정원으로 나갔다. 동부 해안가의 겨울이었다면 가혹한 일이었겠지만 남부캘리포니아에서는 문제가 아니었다.

뱀버거 방식의 통계적 차익거래는 1979~1980년에 우리가 발견한 최대 상승/최대 하락 종목 효과를 이용해 수익을 냈다. 우리는 시장 위험을 헤지한 반면 게리는 업종별로 구분해 매매를 실행하여 위험을 더욱 줄였다. 우리는 약 100제곱미터 면적의 사무실 안에 200만 달러 상당의 장비가 설치된 PNP의 컴퓨터실에서 게리가 개발한 시스템의 과거 성과를 측정하고 실시간 거래를 모의실험했다. 사무실은 세탁기 크기의 기가바이트급 디스크 드라이브와 테이프 드라이브, 냉장고만 한 중앙처리장치CPU로 가득했다. 탈착식 패널로 바닥을 높여 장비를 설치했는데 패널 아래에는 수많은 케이블과 전선, 기타 연결 장치들이 얽혀있었다.

자체 안전 시스템도 갖추었다. 화재가 발생하면 80초 안에 공기가 불연성 할로겐 가스로 자동 교체된다. 이때 실내의 산소가 줄어들어 연소를 방해하지만 사람이 숨을 쉬기도 어렵게 된다. 우리는 만일의 경우에 대비해 제 시간에 사무실에서 탈출하는 법과 수동으로 할로겐 가스를 조작하는 법을 연습했다.

컴퓨터의 소형화와 가격 인하, 속도 개선이 엄청나게 빨리 진행되면서 이제는 휴대전화의 저장용량도 수 기가바이트에 달하지만 우리 설비는 1980년대 중반 당시만 해도 최첨단 수준이었다. 자체 냉각 시스템을 가동해 실내 온도는 항상 섭씨 15도로 맞추었고 문은 밀폐했으며 먼지 필터로 깨끗한 공기를 유지했다. 담배를 한 개비만 피워도 아주 작은 입자들을 1시간 이상 강하게 내뿜기 때문에 흡연자들은 컴퓨터실에 출입이 제한되었다. 게리도 악의 없는 농담으로 맞받아치며 이러한 조치에 수긍했다.

결과에 전적으로 만족하게 되었을 때 우리는 PNP가 자금을 지원하고 게리가 일괄적으로 운영을 맡는 합작회사를 뉴욕에 설립했다. 우리는 이 회사를 '뱀버거(와) 오클리 서튼 시큐리티Bamberger Oakley Sutton Securities'의 알파벳 머리글자를 따 보스 파트너스BOSS

Partners라고 명명했다. 오클리 서튼 시큐리티는 우리가 PNP를 지원하기 위해 설립한 회사이다. 1985년 보스는 3,000만~6,000만 달러 자본으로 25~30퍼센트 수익을 올렸다. 수익률은 점차 하락해 1988년에는 약 15퍼센트를 기록했다. 수익성이 나빠지고 프린스턴 사무실에 대한 줄리아니의 공격이 거세지면서 게리는 증권업계에서 일할 의욕을 잃었다.[5] 그는 백만장자로 은퇴하기를 선택했다.

나는 통계적 차익거래 개념을 한 발자국 더 발전시켰다. 내가 개발한 개선된 접근 방식을 매매에 활용하기 시작한 시기는 1988년 1월이어서 1987년의 대폭락을 우연히 비껴갔다. 그렇지 않았다면 어땠을까? 1987년, S&P500 지수가 22퍼센트 하락했음에도 불구하고 보스는 7퍼센트 수익률을 기록했다. 컴퓨터 모의실험 결과 우리의 새로운 통계적 차익거래 기법 역시 양호한 일일 수익률을 기록하고 월별 최고 수익을 달성하는 것으로 나타났다. 대재앙을 버텨내기 위해서는 이런 배에 올라타야 했다.

더욱 철저한 위험 관리를 위해 나는 뱀버거의 산업별 구분을 요인 분석factor analysis이라는 통계적 절차로 대체했다. 여기서 요인이란 일부, 다수, 또는 모든 기업이 공유하는 공통적 경향을 일컫는다. 가장 중요한 것은 시장 요인market factor으로, 시장의 움직임에 따른 개별 종목의 주가 등락을 측정한다. 개별 주식의 일일 수익률은 시장 수익률을 추종한 부분과 시장 수익률을 초과한 부분의 합으로 나타낼 수 있다. 재무 이론가와 실무자들은 증권 가격의 변화를 설명하는 데 도움이 되는 수많은 요인을 밝혀냈다. 특정 산업 집단, 즉 업종(예들 들어 석유, 금융)에 관여하는 일부 요인들은 해당 업종에 속하는 개별 종목의 주가에 영향을 미친다. 시장, 단기 및 장기 금리 수준, 물가상승률 등은 거의 모든 종목에 영향을 미치는 요인들이다.

통계적 차익거래의 장점은 이러한 요인들의 영향을 원하는 만큼 상쇄할 수 있다는 것이다. 우리 포트폴리오는 롱포지션의 시장 추종 효과가 쇼트포지션에서 반대 방향으로 작용하는, 같은 크기의 효과에 의해 상쇄되도록 롱/쇼트 포트폴리오 관계를 통제해 시장 중립적 포지션을 취한다. 개별 요인들이 이와 같은 역할을 수행함으로써 물가 중립적, 유가 중립적인 포트폴리오를 구성한다. 물론, 여기에는 대가가 따른다. 위험을 줄이려면 선택할 수 있는 포트폴리오도 제한적일 수밖에 없다. 현재는 시장 중립, 물가 중립, 유가 중립 등 중립형 포트폴리오만 가능해서 위험을 줄이기 위해서는 이익도 줄어드는 경향이 있다.

우리는 새로 개발한 방법을 '통계적 차익거래statistical artbitrage'의 영문 앞 글자를 따 스타STAR라고 불렀다. 한 투자자의 요청에 따라 우리는 금융상품 연구 및 개발 분야에서 세계를 선도하는 바라Barra에 우리 매매 내역을 보냈다. 바라는 55개 산업 요인과 13개 거시경제 요인으로 이루어진 E2 모델을 이용해 스타를 시험했다. 바라는 우리의 수익률이 본질적으로 요인 중립적이며 단순히 운 좋은 베팅의 결과로 보이지는 않는다는 검토 결과를 제시했다.

뱀버거 모델의 수익률이 계속해서 하락하고 있었으므로 우리가 그의 모델을 넘어 진전을 이루었다는 것은 긍정적이었다. 반면 1987년을 잘 마무리한 모건스탠리는 그 후 뱀버거의 모델을 이용한 투자를 롱/쇼트포지션에 각각 9억 달러씩 확대했고 결국 그 방식을 활용한 모든 사람들의 수익률이 하락하는 결과를 낳았다고 전해졌다. 손실이 6~12퍼센트에 달하면서 마침내 그 모델의 이용을 중단했다는 소문이 들렸다.

모건스탠리 사람들은 통계적 차익거래를 담당하는 계량 시스템 그룹을 떠나기 시작했다. 그만둔 사람들 가운데는 컬럼비아대학교 컴퓨터과학과 교수 출신인 데이비드 E. 쇼David E. Shaw도 있었다. 그는 컴퓨터를 이용해 시장에서 기회를 찾으려는 월스트리트로부터 꾸준히 구애를 받았다.

1988년 봄, 쇼는 뉴포트 비치에서 하루를 보냈다. 우리는 개선된 통계적 차익거래 기법을 도입하려는 그의 계획에 관해 논의했다. PNP는 그가 착수비로 원한 1,000만 달러를 지원할 수 있었고 그의 구상에 깊은 인상을 받았지만 이미 훌륭한 통계적 차익거래 기법을 보유했기 때문에 일을 진행하지 않았다. 그는 다른 후원자를 구해 월스트리트에서 가장 성공한 분석회사 중 하나를 설립했고 나중에는 대통령 과학기술 자문위원회 위원이 되었다. 쇼는 통계적 차익거래를 핵심 수익원으로 활용해 연관된 헤지 및 차익거래 부문으로 영역을 넓히고 (이것 역시 PNP의 사업계획의 일부였다.) 계량분석 전문가들을 다수 학계에서 영입했다. 경제 전문지 〈포브스〉가 발표한 2014년 미국 부자 순위에서 그는 38억 달러의 재산을 보유해 134위에 이름을 올렸다. 그가 채용한 사람들 가운데 제프 베조스Jeff Bezos가 있었다. 쇼의 회사에서 일하며 다양한 사업 기회를 모색하던 중 온라인 서점을 구상한 그는 1994년 아마존닷컴Amazon.com을 창업했다. 베조스는 재산 규모 300억 달러로 2014년 미국 부자 순위 15위를 차지했다.

1988년 말, PNP의 사업을 서서히 축소하기 시작하면서 그에 따른 압박에도 불구하고 우리는 좀 더 단순하면서도 강력한 새로운 통계적 차익거래 기법을 개발했다. PNP가 철수하는 단계였기 때문에 새로운 기법에서는 단순성이 중요했다. 우리는 소수의 직원으로도 관리가 가능한 두 가지 영역, 즉 일본 신주인수권 헤지[6]와 기타 헤지펀드 투자에 집중했다. 두 가지 모두 순조로웠다.

당장은 새로운 통계적 차익거래 기법을 활용할 계획이 없었다. 나는 모든 것이 그렇듯 시스템을 활용하는 투자자들이 혁신을 거듭하면서 통계적 차익거래 기법도 서서히 가치를 잃을 것이라고 생각했다. 4년이 더 지난 어느 날, 친구이자 전 동업자인 제롬 배즐이 통계적 차익거래로 굉장한 수익을 올렸다고 찾아왔다. D.E. 쇼 & 컴퍼니는 물론 직접 헤지펀드를 설립한 모건스탠리 출신 계량분석가들과 과거 PNP 직원들도 통계적 차익거래를 실행했다. 나는 모건스탠리 출신 사람들에게 회사가 통계적 차익거래를 시작하게 된 계기를 아는지 물었다. 아는 사람은 아무도 없었다. 한두 사람이 통계적 차익거래 시스템을 발견한 '이름 모를 전설적 인물'에 관한 소문을 들었다고 했다. 물론 게리 뱀버거였다. 뱀버거의 공로는 이처럼 철저히 잊혔다.

제리 배즐은 우리 통계적 차익거래 시스템이 아직 가동된다면 우리의 과거 투자자이자 현재 자산 규모 수십억 달러의 연금 및 이익공유 상품profit sharing plan을 운용하는 자기 회사에서 우리 시스템의 가용능력을 최대한 활용하고 싶다고 전했다. 우위를 지닌 트레이딩 시스템은 부족한 가용 자금으로도 주식시장에서 초과수익을 낸다. 이것이 가능한 이유는 저평가된 종목을 매수해 주가를 끌어올리고, 고평가된 종목을 공매도해 주가를 낮춤으로써 가격 왜곡을 완화하거나 해소하기 때문이다. 이처럼 시스템을 이용한 매매가 시장가격에 미치는 영향에 따라 시장을 이길 기회의 크기가 제한된다.

우리의 통계적 차익거래 기법은 대부분 전산화되어 스티브와 나는 소수의 직원만으로도 충분히 일임관리계좌managed account를 운용할 수 있었다. 덕분에 내게는 삶을 즐길 여유 시간이 생겼다. 우리는 일을 진행하기로 했다. 모험은 순조롭게 출발했다. 모의 가동을 문제없이 마친 뒤, 1992년 8월에 실제 자금을 이용한 소프트웨어 운영을 시작했다.

내 자금으로도 투자를 하고 싶었다. 그러려면 새로운 투자조합을 설립하는 것이 효율성과 수익성을 높일 수 있는 방법이었다. 이렇게 해서 1994년 8월, 리지라인 파트너스Ridgeline Partners(이하 리지라인)를 설립해 다른 기관 투자자들의 계좌와 함께 운용했다. 리지라인이 운영된 8년 3개월 동안 LP(투자자)들은 연평균 18퍼센트 수익률을 누렸다.

〈부록 E〉는 한 대형 일임관리계좌의 운용 성과를 보여준다. 비밀 유지를 위해 XYZ라고 부르기로 한다. 이 기간 동안 S&P500의 연평균 수익률은 7.77퍼센트, 연평균 표준편차는 15.07퍼센트로 장기 평균과 비교하면 다소 낮은 수준이다. 보수 차감 전 XYZ의 무차입수익률unlevered return은 연 18.21퍼센트로 S&P의 2배 이상이었고 표준편차로 측정한 위험수준은 6.68퍼센트였다. XYZ의 위험 대비 수익 비율은 (연평균) 2.73으로 S&P의 5배 이상이었다. 같은 기간의 3개월 만기 미국 국채 수익률 평균을 5퍼센트로 추정해 산출한 샤프Sharpe 비율은 S&P가 0.18, XYZ가 1.98이다.

〈부록 E〉의 그림 'XYZ 독자성과 비교'는 중요한 '두 시대'

를 보여준다. 먼저, 1992년 8월 12일부터 1998년 10월 초 사이 XYZ의 수익률은 꾸준히 상승했다. 그 이후부터 2002년 9월 13일까지 이어진 두 번째 시대의 수익률은 더욱 높았다. 특히, 대형 헤지펀드 LTCM이 '장기간(롱텀)'이라는 뜻의 이름이 무색하게 설립 4년 만에 붕괴된 직후 6개월 동안 XYZ의 주가는 놀라운 상승세를 보였다. 1998년 4분기와 1999년 1분기 급등 후, 나머지 기간의 주가 상승폭은 첫 번째 시대 수준으로 복귀했다. 그러나 추세의 변동성은 더욱 확대되었다.[7]

조지 W. 부시 대통령의 당선을 둘러싼 승부 지연과 논란도 변동성 확대의 원인 가운데 하나였다. 또한 정부가 지출을 늘리고 세율을 인하한 결과 재정 흑자였던 경제 여건은 막대한 적자로 돌아섰다. 닷컴 거품의 붕괴와 9.11의 공포도 불확실성을 더욱 키웠다.

우리는 리지라인에 매년 운용 금액의 1퍼센트, 그리고 신규 순이익의 20퍼센트를 보수로 청구했다. 성과가 실망스럽다고 판단되면 자발적으로 수수료를 삭감했다. 우리는 리지라인 LP들에게 100만 달러 이상의 수익을 안겨주었다. 탐욕스러운 지금의 헤지펀드 매니저들 중에는 우리의 수수료 반환 결정이 경제적으로 비합리적이라고 지적할 사람들도 있을 것이다. 그러나 투자자들은 만족했고 투자 대기자들이 거의 언제나 줄을 이었다. 리지라인은 상당 기간 동안 신규 투자자를 받지 않고 기존 투자자들의 추가 투자를 종종 제한했다. 더욱 높은 수익률을 유지하기 위해 투자금을 반환해 규모를 축소하기도 했다.

투자 대기자들이 줄을 선 다른 헤지펀드 매니저들처럼 우리도 성과보수 비율을 높이거나 투자금을 추가로 받았다면 수수료 수입은 늘었겠지만 투자자들에게 돌아가는 수익은 줄었을 것이다. 경제 이론에서도 GP(운용사)가 투자자들과 수익을 나누는 대신 위험 조정 초과수익, 즉 '알파'를 독차지하기 위해 이와 같은 전술을 활용할 것이라고 예측한다. 그러나 나는 내가 LP로서 바랐던 대로 그들을 대우하고 싶었다.

1998년 8월, 자본금 40억 달러의 헤지펀드 LTCM에게는 남은 돈이 거의 없었다. 부채 비율이 높았던 LTCM은 1,000억 달러 규모의 채무불이행이 발생할 수도 있다고 위협했다. 이것은 세계 금융 시스템 자체를 위협할 것이라고 주장하는 사람들도 있었다. 미국 연방준비제도는 '대마불사Too big too fail'를 내세우며, LTCM의 존속에 금전적 이해관계가 걸린 증권사들과 은행들로 구성된 컨소시엄이 주도하는 구제금융bailout을 중개했다. 거의 동시에 아시아 여러 국가의 경제 상황이 악화되었고 러시아는 채무불이행을 선언했다.

여러 사건이 복합되면서 금융시장의 변동성은 크게 확대되었다. 이러한 혼란은 우리의 잠재 수익률을 높였을까, 아니면 우리 통계적 차익거래 시스템의 작동을 저해했을까? 당시 헤지펀드들은 다양한 방식으로 수난을 겪고 있었다. 아시아 시장의 유가증권을 보유한 사람들은 커다란 손실을 기록했다. 금융기관들은 돌연 신용 공여를 꺼렸고 부채가 많은 헤지펀드들은 어쩔 수 없이 포지션을 청산해야 했다. 통계적 차익거래 포지션이 대량으로 청산되고 있다는 소식이 들렸다. 유동성이 높은 덕분에 매도가 빠르게 이루어져 현금을 쉽게 조달할 수 있기 때문이었을 것이다. 이러한 디레버리징 deleveraging(부채축소) 추세와 유동성 위기는 그와 유사하면서도 더욱 강력한 위기가 2008년 전 세계를 다시 강타할 것을 예고했다.

통계적 차익거래 포지션에서 이처럼 큰 움직임이 있다면 우리 포트폴리오에도 손실이 발생할 것이 예상되었다. 우리가 보유한 주식을 다른 사람들이 매도하면 가격이 하락하고 롱포지션에서 손실이 발생하기 때문이다. 마찬가지로, 우리가 보유한 주식을 다른 사람들이 공매도한 뒤 다시 매수하면 우리가 여전히 쇼트포지션을 취한 주식의 가격이 상승해 손실이 발생한다. 우리는 포트폴리오 청산이 마무리되고 나서야 반등을 기대할 수 있을 터였다. 9월 마지막 4일 동안 소폭 하락한 주가는 10월에 들어서자 6일 연속으로 급락해 우리 포트폴리오는 4.2퍼센트 손실이라는 유례없는 타격을 입었다. 3분기가 끝난 직후 벌어진 상황임을 감안할 때, 나는 이것이 채권자들을 안심시킬 현금을 조달하기 위해 비자발적으로 청산된 통계적 차익거래 포지션 때문이라고 보았다. 그나마 다행인 것은 우리가 사상 최고 수익률로 9월을 마감했다는 사실이었다.

10월의 출발은 좋지 않았지만 우리는 손실을 회복하고 9월에 시작된 상승세를 이어갔다. 상승 추세는 1999년 2월까지 무려 6개월간 계속되었다. 이 기간 동안 우리는 54.5퍼센트 수익률을 기록했다. 1999년 8월까지 12개월 동안 리지라인 LP들의 수익률은 72.4퍼센트에 달했다. 레버리지 비율이 2대1 미만[8]인 시장 중립적 전략으로 달성한 수익률이다. 여러 LP들이 과거에도 이런 경우가 있었는지 물었다. 나는 35년 동안 시장 중립적 투자를 하며 단 한 번도 경험하지 못했고, 이러한 실적을 반복할 가능성은 크지 않은 만큼 앞으로도 익숙해지지는 않을 것 같다고 대답했다.

리지라인과 XYZ 사이에서 우리는 통계적 차익거래로 약 4억 달러, 기타 전략으로 7,000만 달러를 운용했다. 반면 PNP의 최대 운용

규모는 2억 7,200만 달러였다. PNP에는 최대 80명의 직원이 있었지만 리지라인에서는 단 6명이 녹록치 않은 경쟁자들을 상대했다. 경쟁자 가운데에는 수학, 통계, 컴퓨터과학, 물리학, 금융 및 경제학 분야의 수많은 박사들을 포함해 수백 명에 이르는 직원을 보유한 회사들도 있었다. 리지라인은 고도로 자동화되고 간소화된 수익성 있는 조직이었다.

2002년 가을, 우리는 리지라인을 청산하기로 결정했다. 2001년과 2002년, 아직 꽤 훌륭한 수준이었지만 수익률이 하락했다. 나는 헤지펀드 자산의 엄청난 성장과 그에 따른 통계적 차익거래 프로그램 확대가 원인이라고 생각했다. 1988년 모건스탠리의 통계적 차익거래 확대가 우리 수익률에 부정적인 영향을 미쳤을 때 이미 경험한 현상이었다. 같은 시기 대다수 헤지펀드의 경험도 통계적 차익거래 수익률이 일반적으로 저하되는 추세임을 확인해주는 듯했다.

리지라인 운용을 마감해야 할 가장 중요한 이유는 따로 있었다. 내게 더욱 가치 있는 것은 여분의 돈이 아닌 시간이었기 때문이다. 비비안과 나는 우리 아이들, 그리고 우리 아이들이 꾸린 가족들과 시간을 보내고 싶었고 좀 더 여행하며 읽고 배우고 싶었다. 인생의 경로를 다시 한 번 전환할 시점이었다.

흥미로운 투자도 계속하고 있었다. 아들 제프와 함께 1990년부터 참여한 상호저축대부조합의 주식회사 전환도 그중 하나였다.

chapter 20

후진해서
은행으로

1990년 어느 날, 사업가 기질이 있는 아들 제프가 내게 전화를
걸어 상호저축대부조합mutual savings and loan associations에 저축통장 계
좌를 개설하라고 조언했다. 이미 20퍼센트 투자수익률을 올리고 있
는데 군이 5퍼센트 금리에 돈을 묶어두어야 하느냐고 묻자 제프가
말했다. "주인 없는 수십억 달러 가치 자산의 일부를 챙길 수 있다
면요?" 나는 말했다. "계속해보렴." 제프는 원리를 설명했다.

당시 미국 전역에는 2,000여 개 상호저축대부조합이 있었다. 회
원들이 예금을 공동출자하여 조합을 결성한 것이 시작이었다. 조합
원은 필요에 따라 돈을 빌리고, 융자금에 대한 이자는 예금을 맡긴
조합원들에게 지급된다. 예금주는 조합을 '상호' 소유한다. 조합의
운영 중에 형성된 사업 가치 역시 예금주의 '소유'라는 뜻이다. 시
간이 흐르며 예금주가 바뀌겠지만 예금을 인출해 떠나도 사업에 대
한 지분은 남는다. 이 지분의 가치가 얼마인지 추출하는 방법은 없
었다.

미국의 저축대부조합 산업은 1970년대 말부터 시작해 1980년 대까지 극도로 서서히 붕괴되었다. 그 과정에서, 부실해진 예금기관을 지탱할 자본, 파산한 기관으로 인한 공백을 메울 새로운 기회를 발굴하기 위한 자본, 그리고 더욱 큰 규모로 탄생한 통합 저축대부조합과 경쟁하기 위한 자본이 필요했다.

상호회사형mutual 저축대부조합(이하 상호회사형 S&L)이 자금을 조달하는 유일한 방법은 예금주를 더 많이 끌어오는 것이었다. 속도가 더디고 불확실한 방법이다. 반면 경쟁상대인 '주식회사형stock' 저축대부조합(이하 주식회사형 S&L)은 주주들이 소유한 기업이었다. 이들은 필요에 따라 시장에서 주식을 매도해 더 많은 자금을 조달하는 것이 가능했다. 이처럼 경쟁에 직면하자 좀 더 사업가적 기질이 있는 상호회사형 조합 운영자들은 주식회사로 '전환'하기로 결심했다. 이렇게 해서 기존에 누구도 요구하지 못한 수십억 달러의 예금을 인출하는 과정이 시작되었다.

방법은 이랬다. '요술봉 S&L'이라는 가상의 상호회사형 S&L이 있다. 조합의 청산가치(장부가치)는 1,000만 달러이고 연간 순이익은 100만 달러이다. 이 조합이 발행주식 수 100만 주의 주식형 조합이라면 주당순자산BPS은 10달러이고 주당순이익EPS은 1달러로 장부가치의 10퍼센트에 해당한다. 실제로 이런 회사가 있다면 주가는 대개 주당순자산의 1배, 즉 주당 10달러에 형성될 것이다.

경영진은 주식회사형 S&L로 '전환'을 결정하고 먼저 100만 주를 주당 10달러에 발행해 1,000만 달러를 조달하기로 한다. 최초 공모IPO 이후 조합의 자본금은 새로 조달한 현금 1,000만 달러에 기존 예금주들의 자본 1,000만 달러를 더한 총 2,000만 달러가 된다. 주당순자산은 10달러에 납입자본 10달러를 더한 20달러이다.

새로 발행한 주식은 시장에서 얼마에 거래될까? 비교 대상인 주식회사형 S&L들의 현재 시장가격을 기준으로 납입자본의 가치는 10달러, 현금 10달러의 가치도 10달러가 되어야 한다. 일단 시장에서 이것을 이해하면 신주는 약 20달러에 거래될 것이다.

20달러 가치의 주식을 10달러에 산다. 누가 손해일까? 유일하게 손해를 본 측은 공모 당시 주식을 충분히 매수하지 않은 예금주들이다. 조합의 '주인'으로서 IPO 전 기준 자본금에 대한 자신들의 지분을 유지할 수 있을 만큼 충분한 규모의 주식을 매수하지 못한 예금주들은 이익의 일부를 다른 사람들에게 양보한 것이고 그 결과 그들에게 더 많은 이익이 돌아가게 된다. 다행히 IPO에서는 일반적으로 예금주들에게 주식 청약의 우선순위가 주어진다. 예금주보다 순위가 높은 부류는 보통 단 하나뿐이다. 누구일까? 바로 조합 내부의 임원진, 이사, 우리사주, 복리후생기금 등이다. 내부자들에게는 예금주의 가치 일부를 점유하는 것이 허용되고, 이는 경영진에게 주식회사형 조합으로 전환할 강력한 동기를 부여한다.

어떻게든 선견지명을 발휘해 IPO 참가 자격이 주어지는 최종 기한 전에 요술봉 S&L의 예금주가 되었다고 가정하자. 때로는 최종 기한이 지난 후에 조합이 전환 의사를 밝히고 주식 공모를 관리할 투자은행을 선정한 다음 규제당국의 승인을 얻는 경우도 있다. 조합은 전환 센터라는 임시 부서를 구성한다. 전환 센터에서는 전환 조건과 관련 정보(참가 대상, 우선순위, 지난 몇 년 동안의 재무제표를 포함한 각종 데이터 등)를 담은 투자 설명서prospectus를 비롯해 다양한 문서를 발행한다. 그중 주식 주문서를 이용해 공모 주식 100만 주 중에 최대 1퍼센트, 즉 1만 주를 주당 10달러에 청약할 수 있다. 청약한 1만 주가 모두 배정되기를 기대하며 전환 센터에 10만 달러를 송금한다. 2~3주 지나 확인하니 9,000주가 매수 처리되었다. 우편으로 받은 주권을 증권 계좌에 입고한다. 액면가 1만 191.78달러짜리 수표도 받는다. 1만 달러는 청약했지만 배정받지 못한 1,000주에 대한 환급금이고 191.78달러는 에스크로 예치 기간의 이자 수익이다. 이 사례에서는 10만 달러 원금에 연 5퍼센트 금리를 공모 종료일까지 총 14일 동안 적용했다.

그 후 주가는 어떻게 될까? 요술봉 S&L 주가는 12달러로 출발해 다음 몇 주 동안 서서히 올라 16달러에 거래된다. 그러나 이미 시장에서 거래되고 있던 비교 대상 종목들의 평균인 20달러에는 여전히 못 미친다.

주가는 좀처럼 20달러에 도달하지 못한다. 어째서일까? 첫째, 요술봉 S&L의 순현금은 주당 10달러에 조금 못 미친다. 인수 기관 underwriter1이 IPO 수익의 일정 부분을 수수료로 가져가기 때문에 전환 후 주당순자산은 20달러에 조금 못 미치는 약 19.3달러 수준이 될 것이다. 둘째, 저축대부조합들의 시장가격은 등락이 심하고 최근 약세를 보이고 있다. 주가는 주당순자산을 몇 포인트 하회한다. 셋째, 경영진이 신규 유입된 현금을 사업에 활용하기까지는 시간이 필요하다. 따라서 앞으로 1~2년 동안은 주당순이익이 2달러에 못 미칠 것이다. 그럼에도 불구하고 우리는 단 몇 주 만에 60퍼센트 수익을 올렸다.

이 게임에 참가한 사람들 가운데 상당수는 소위 플리퍼flipper2들이다. 이들은 초반 몇 주 동안 차익을 실현하고 빠져나간다. 반면 나는 경영 상태가 양호한 기업을 몇 달에서 몇 년 동안 보유한다. 주가가 주당순자산을 향해 상승세를 지속할 경우 이익은 더 커진다. 또한 주식을 1년 이상 보유한 뒤 매도할 경우 그 차익은 장기 보유 양도소득으로 구분되어 세금 부담이 줄어든다.

저축대부조합 IPO 주식을 매수하면 대개 수익이 발생하지만 요술봉 S&L만큼 큰 경우는 드물다. 일반적인 단기 수익률은 10~25퍼센트 수준이고 약간의 손실이 발생하는 경우도 있다.

다양한 IPO를 분석해 수익성이 낮은 계약을 가려낼 수 있도록 도움을 주는 서비스도 있다. 직접 판단하는 것도 가능하다.

아들 제프와 나는 각자 수백 개씩 저축계좌를 만들었다. 일부는 우편으로도 가능했지만 대다수는 직접 처리해야 했다. 출장을 갈 때마다 우리는 데이터베이스를 검토해 방문해야 할 저축대부조합들을 확인했다.

전환이 임박한 것으로 보이는 한 초대형 저축대부조합이 있었다. 대규모 IPO를 기대할 수 있는 상황이었다. 이들은 우편이 아닌 직접 방문을 통해서만 계좌를 열었는데 덕분에 경쟁이 줄었다. 제프는 나와 둘째 사위 리치에게 당일 비행기로 댈러스에 가라고 재촉했다.

우리가 도착했을 때, 옆자리에는 비벌리 힐스 출신 30대 유명인과 그의 여자친구가 계좌 개설을 기다리고 있었다. 어설픈 CIA 요원처럼 누가 봐도 수상쩍게 행동하던 선글라스를 낀 남자가 우리에게 말을 걸었다. 우리가 타지에서 온 것을 안 남자는 자기와 같은 '전문가'처럼 우리도 저축대부조합 게임을 하느냐고 물었다. 우리가 물정을 모르는 듯 보이자 그는 거드름을 피우며 명함을 건넸다.

나는 기뻐하며 명함을 챙겼고 몇 달 뒤 〈뉴스위크〉 금융 면에 나에 관한 기사가 실렸을 때 은행에서 만나서 즐거웠다는 쪽지와 함께 1부를 그에게 보냈다. 댈러스에서 보낸 하루는 1년 후 내게 8만 5,000달러를 벌어주었다.

나는 계좌를 여는 것이 참나무를 바라고 도토리를 심는 일과 비슷하다고 생각했다. 조금 낯선 도토리라는 점이 다를 뿐이다. 이 도토리들은 수개월에서 수년 동안, 어쩌면 영원히 잠자코 땅속에 묻혀있을 수도 있다. 하지만 돈이 주렁주렁 열리는 웅장한 나무가 드물게, 그리고 무작위로 땅을 뚫고 솟아나오기도 한다. 이 '농장'은 운영할 가치가 있을까?

우리는 다른 곳에 투자한 자금을 인출해 수백 개 계좌를 열었다. 보통예금과 양도성예금증서는 저금리 상품이어서 10~15퍼센트 이익을 희생한 셈이었다. 지출도 발생했고 이른바 기회비용[3]도 부담했다. 다행히 내 사무실의 주디 맥코이가 역량을 발휘해 이 프로젝트를 효율적으로 관리했다.

우리는 저축대부조합 계좌에서 1년 만에 순이익 100만 달러를 거둬들였다. 이 게임은 지난 20년 동안 단계적으로 축소되었다. 많은 저축대부조합들이 주식회사로 전환을 마치면서 남은 기회가 많지 않았다.

계좌를 개설하는 사람들이 늘면서 이익을 분배할 참가자도 늘고 따라서 이익의 크기는 줄어들고 있다. 훗날 주식회사 전환 시 더 많은 지분을 확보하기 위해 투자자들은 양도성예금증서, 저축예금 및 당좌예금 계좌의 잔액을 늘렸다. 묶인 자본이 많을수록 게임을 지속하기 위한 비용도 증가한다. 우리의 이익은 줄어들고 있었다.

현재 우리는 기존 계좌를 유지하는데 집중하고 신규 계좌 개설에는 노력을 덜 기울이는 편이다. 그럼에도 불구하고 처음 계좌를 연 지 25년이 지난 2014년에도 좋은 수익률을 기록했다.

그 사이 다른 투자에서도 좋은 성적을 거두었다. 그중 하나가 버핏의 버크셔 해서웨이다.

chapter 21

마지막 남은
시가 한 모금

워런 버핏은 12년 동안 성공적인 투자 실적을 달성한 뒤, 주식 시장이 엄청나게 고평가되었다고 판단해 1969년 10월에 버핏 파트너십의 청산을 결정했다. 버핏은 투자자들에게 청산 분배금의 최소 56퍼센트는 현금으로 지급될 것이며, 어쩌면 현금화하고 남은 여러 회사의 잔여 주식도 분배될 수 있다고 설명했다. 두 건의 투자는 남겨둘 예정이었는데 바로 다이버시파이드 리테일링Diversified Retailing 과 뉴잉글랜드에 있는 버크셔 해서웨이라는 섬유회사였다. 두 회사에 대한 투자의 현금화를 원하지 않는 투자자의 경우 청산 분배금의 30~35퍼센트는 이 회사들의 주식으로 받게 될 것이었다. 버핏은 다음과 같은 비관적인 발언도 덧붙였다. "전문 운용사를 통한 주식 투자부터 채권에 대한 패시브 투자에 이르기까지, 일반 투자자들이 선택할 만한 것이 거의 없다는 생각을 제 투자 인생에서 처음으로 하고 있습니다."

버핏의 서한을 지금 다시 읽어보아도 버크셔 해서웨이가 버핏의 투자조합을 계승한다는 단서는 그때나 지금이나 전혀 찾을 수가 없다. 버핏의 오랜 투자자이자 우리를 버핏에게 소개한 랄프 제라드 역시 전혀 알지 못했다.[1] 투자자들에게 배분된 버핏 파트너십 자산 1억 달러 가운데 약 2,500만 달러가 버핏의 몫이었다. 버핏은 최종적으로 버크셔 지분의 거의 절반을 보유하게 되었다.

버크셔는 버핏과 그의 멘토였던 벤저민 그레이엄이 말한 '거저 주워 마지막 한 모금을 피울 수 있는 시가꽁초cigar butt'[2]라는 요건에 들어맞는 회사였다. 1990년 〈포브스〉는 특유의 요약 기술로 이 모든 과정을 이렇게 기술했다.[3] "[버핏은] 1965년 섬유회사 버크셔 해서웨이를 매수했고(주당 12달러), 1969년에 34배 성장한 투자조합을 청산한 뒤 버크셔 해서웨이를 주 투자회사로 활용하기로 결정했다. 섬유사업 부문은 휘청거렸지만(1985년 영업 중단) 투자 부문은 번창했다."

나는 PNP에 집중하느라 1969년 이후로는 워런을 잊고 있었다. 그러던 중 1983년에 버크셔 해서웨이라는 회사의 놀라운 성장세에 관해 들었다. 워런의 투자회사가 되리라는 사실을 알지 못했던 1969년 당시에는 관심을 두지 않았던 회사였다. 당시 버크셔 해서웨이 주식은 (사겠다는 사람을 찾을 수만 있다면) 42달러에 거래되었다. 현재 이 주식은 공개시장에서 900달러 이상에 거래되고 있다. 나는 이것이 무엇을 의미하는지 즉시 알아차렸다. '시가꽁초'에 불과했던 회사가 아바나 시가 저장고로 탈바꿈한 것이다.[4] 지난 14년 동안 이미 23배 이상 주가가 뛰었지만 나는 주당 982.5달러에 최초로 매수를 실행했고[5] 계속해서 버크셔 주식을 사들였다. 2004년 만난 샌프란시스코의 한 은행장은 어머니가 버핏 파트너십의 투자자였고 청산 당시 버크셔 주식을 조금 받았다고 했다. 나는 말했다. "굉장합니다. 오늘 주가(주당 약 8만 달러)만 봐도 어마어마한 부자가 됐겠어요." 은행장이 말했다. "애석하게도 몇 백 퍼센트 수익이 났을 때 79달러에 매도하셨죠."

나는 조언을 부탁받으면 장기 보유할 종목이지만 변동성이 클 수도 있다는 것에 대한 이해를 전제로 버크셔 주식을 가족, 친구, 동료들에게 추천했다. 매수 논리를 이해하지 못하는 사람들이나 주가가 큰 폭으로 하락하는 것을 두려워하는 사람들에게는 버크셔 주식을 추천하지 않았다. 사람들의 반응은 때로는 실망스러웠다.

이혼을 하고 우리 집에서 청소일을 하던 캐롤린은 1985년에 자동차 사고 보상금으로 6,000달러를 받았다. 캐롤린은 그 돈을 투자해 당시 다섯 살과 여섯 살이었던 두 아이의 대학 학자금을 마련하고 싶어 했다. 매주 간절히 조언을 구했지만 나는 거절했다. 캐롤린은 증권이나 투자에 관해 정말 아무것도 몰랐기 때문이다. 내가 그녀의 돈을 2배, 심지어 3배로 불려줄 것이라는 점술가의 말에 그녀는 집요하게 매달렸다. 일주일 뒤 나는 두 손을 들었다. 단, 내가 추천한 주식을 사되 나와 상의 없이는 절대로 팔지 않는다는 조건이었다. 중개인으로 일하는 친구에게 부탁해 수수료 부담도 줄여주었다. 그녀는 버크셔 해서웨이 2주를 주당 2,500달러에 매수했다. 캐롤린이 사무직을 구해 청소일을 그만두면서 연락이 끊겼다. 한편 버크셔 주가는 1987년 10월에 주식시장이 폭락하기 직전까지 주당 5,000달러 수준에서 거래되었다. 캐롤린이 주가 폭락 후 버크셔를 바닥 수준인 주당 2,600달러에 팔았다는 사실을 나중에 중개인에게 들어 알았다. 16년이 지난 2003년 1분기, 캐롤린의 아이들이 대학을 졸업할 때 즈음 버크셔 주가는 6만~7만 4,000달러 사이에서 형성되었다.

막내아들 제프의 제안으로 나와 아내, 맏딸 라언, 사위 브라이언, 손녀 에바, 그리고 제프는 버크셔 해서웨이의 2003년 5월 연례주주총회에 참석하기로 했다. 회의는 언제나처럼 워런의 고향 네브래스카주 오마하에서 열렸다. 나는 주주총회에 앞서 워런에게 편지를 보내 우리가 가게 되었다고 전하고, 주주이기도 한 일곱 살 에바가 워런에게 질문이 있다고 적었다. 비록 1969년 이후로 서로 연락은 없었지만 워런은 우리의 만남을 즐겁게 기억하고 있었고, 에바의 질문에 답할 수 있도록 '벼락공부'를 해두겠다고 전해달라고 했다.

주주총회는 토요일 아침이었고 우리는 각자 사정에 따라 일요일이나 월요일에 돌아올 계획으로 목요일에 비행기를 타고 출발했다. 30년 전 소규모로 열렸던 주주총회는 '버크셔 백만장자들'이 모여 며칠 동안 벌이는 축제로 성장했고 비공식적으로는 '자본가들의 우드스탁 페스티벌'로 알려져있다.

먼저 우리는 버크셔의 자회사들을 차례대로 체험했다. 대어리퀸Dairy Queen(아이스크림 체인), 보르샤임Borsheims(최대 독립 보석상)의 보석들과 주주들을 위한 '연례주주총회 주간' 특별가격, 네브라스카 퍼니처마트Nebraska Furniture Mart(최대 독립 가구점), 유명한 캘리포니아의 씨즈캔디See's Candies도 당연히 빼놓을 수 없었다. 우리는 다양하고 수많은 직원들과 마주쳤는데 하나같이 유능해 보이고 정중했으며 잘 훈련된 것 같았다. 이런 주목할 만한 사실을 알게 된 것 만으로도 (우리 지분을 고려하면) 여행의 가치는 충분했다. 금요일 밤 우리는 고랏 스테이크 하우스에 갔다. 버핏이 좋아하는 식당이었는데 곁들임

요리를 포함한 크고 맛있는 티본스테이크 가격이 무려… 18.95달러였다. 버핏과 동업자 찰리 멍거Charlie Munger는 주주총회가 있는 토요일에 그곳에서 저녁식사를 할 예정이었고 그래서 우리도 토요일 저녁에 그곳을 예약했다.

토요일 주주총회는 일찍 도착한 사람들을 위해 오전 7시 30분에 영상을 보여주는 것으로 시작했다. 우리는 늦잠을 자고 오마하 시민 강당까지 느긋하게 걸어가 워런과 찰리가 무대에 오르는 9시 30분 직전에 회의장에 도착했다. 걸어가는 동안 우리는 두서없이 각자 구호를 외치는 몇몇 시위대를 지나쳤는데 (아마도) 처음 마주친 시위대는 워런과 그의 회사가 낙태를 지지한다고 비난하는 구호를 적어 목에 걸고 있었다. 그들은 낙태된 태아의 피투성이 사진들을 전시하고, 버크셔 해서웨이가 낙태를 옹호한다며 비난했지만 사실이 아니었다. 이 시위가 불러온 역설적인 결과는 뒤에서 소개하겠다.

오마하 시민 강당은 1만 4,000명의 사람들로 가득했다. 우리는 2,000명이 넘는 사람들로 만원을 이룬 어느 방에 들어갔다. 모두가 지켜보는 가운데 커다란 TV 화면에 등장한 워런과 찰리는 버크셔의 지난 1년을 간략히 소개한 다음 질문에 답했다. 10개의 마이크가 놓였고 각각의 마이크 앞에는 기다란 질문 신청자 명단이 있었다. 에바의 이름은 맨 마지막 명단의 위에서 아홉 번째에 있었다. 1시간 뒤 질문과 답변이 진행되는 속도를 볼 때 에바의 차례는 절대 올 수 없다고 판단했다. 우리는 그곳을 나와 다양한 버크셔 자회사들의 방대한 제품을 전시한 곳에 들렀다. 씨즈캔디와 백과사전 세트도 구입할 수 있고 8달러를 내면 워런의 등신대 옆에서 사진 촬영을 할 수도 있었다. 비비안이 말했다. "역시 공짜는 없군."

1960년대에 단순한 투자회사였던 버크셔는 세 가지 주요 사업 부문을 소유한 대기업으로 진화했다. 첫째, 코카콜라, 질레트, 워싱턴 포스트 등의 보통주를 보유한다. 둘째, 웨스코 파이낸셜, 월드 북 인사이클로피디아, 클레이튼 홈즈 등을 완전 자회사나 피지배회사 형태로 보유한다. 2003년 연차보고서에 따르면 워런과 찰리는 직원이 16명으로 '늘어난' 버크셔 사무실에서 약 66개 회사와 17만 2,000명의 직원을 지휘하고 있었다. 셋째, 가장 중요한 보험사업 부문으로 주력 기업인 가이코^{GEICO}와 재보험사 제너럴 리^{General Re}가 있다.

우리는 점심을 먹을 겸 지역 공항에서 열린 넷젯^{NetJets}의 전시회로 향했다. 토요일 밤에는 고랏을 다시 찾았다. 티본스테이크는 금요일 저녁에 제공한 '주주들을 위한 특별가격'에서 3달러가 추가되었다. 머쓱한 표정의 찰리 멍거가 식당을 돌면서 사람들과 이야기를 나누었다. 나는 그의 젊은 시절에 관해 들은 이야기를 꺼냈다. 찰리는 하버드법학대학원에 다녔는데 그가 졸업하고 몇 년 뒤 학위를 받은 내 친구 폴 막스는 찰리가 그야말로 전설이었다는 이야기를 들었다. 많은 사람들이 하버드 출신 중 가장 똑똑한 사람으로 찰리를 꼽았다. 1학년 때는 교수들이 찰리 때문에 자주 식은땀을 흘렸다고 한다. 자신이 맡은 사건 자료를 미처 검토하지 못한 어느 교수가 찰리에게 전화를 걸어 도움을 구했던 일화는 유명하다. 찰리는 주저하지 않고 이렇게 답했다고 한다. "교수님, 제게 '사실'을 말씀해주시면 제가 '법'을 알려드리겠습니다." 찰리는 내 메뉴판에 사인을 해주며 안타깝게 말했다. "옛날 일입니다. 옛날…."

오마하는 우리에게 깜짝 선물이었다. 미국 중서부에 위치한 오마하는 지난 백년 동안 일찌감치 번성했지만 대다수 사람들이 교외로 이주하면서 시내는 조용하고 한적했다. 일요일에는 오마하의 미술관을 방문했는데 워런의 아들 하워드의 사진 전시회가 볼 만했다. 동물원도 흥미로웠다. 동물원에서는 독특하고 커다란 두 개의 반구 안에 조성된 동물들의 서식공간을 직접 걸어서 돌아보았다. 일요일 오후, 토네이도 경보가 울렸고 호텔에 있던 사람들은 안내에 따라 지하 체육관으로 향했다. 나는 폭풍이 지나가기를 기다리며 기구를 이용해 운동을 했다. 그러는 동안 사위 브라이언 티케노는 4층으로 올라가 밖을 내다보았다. 수직 지지대 위의 고층 건설용 크레인에서 수평으로 뻗은 팔 여러 개가 평형추를 매단 채 이리저리 회전하고 있었다. 토네이도에도 크레인이 쓰러지지 않은 것은 그 덕분이었다. 저기압과 고기압이 번갈아 통과하면서 사위 손에 들린 탄산음료 용기에서는 한 방울도 남지 않을 때까지 거품이 넘쳐흘렀다. 마을을 관통한 토네이도는 크지 않은 산발적 피해를 입혔다. 오마하에서 댈러스에 이르는 미국 중서부 토네이도 권역에서는 세계에서 가장 많은 평균 80개의 토네이도가 해마다 발생해 주민들을 공포에 떨게 한다.

오마하를 떠나는 항공편은 취소되었다. 주말을 맞아 버크셔를 방문했다가 비행기를 놓치고 가능한 빨리 떠나려고 기다리는 사람들이 3만 명이었다. 우리의 출발은 적어도 이틀은 더 지연될 것 같았다. 가족 회의 1시간 만에 제프가 개인용 비행기를 빌렸다. 이튿날 아침 우리는 10분 동안 차를 타고 공항으로 가서 단 몇 분 만에 탑승을 마쳤다. 대기 인원도, 길게 늘어선 줄도, 수화물 처리 같은 번거로운 일도 없었고 운송안전국의 신체검사와 검색도 없었다. 우리에게는 엔진 2개를 갖춘 비행기, 조종사 2명, 승무원 1명, 그리고 맛있는 점심이 있었다. 일곱 살 난 에바는 어떤 식으로든 다시는 비행기를 타지 않겠다고 선언해 모두의 심정을 대변했다. 댈러스에서 뇌우로 지연된 몇 시간을 포함해 캘리포니아 뉴포트 비치에서 오마하까지 가는 데는 총 10시간이 걸렸지만 돌아올 때는 단 2시간 만에 집에 도착했다.

버크셔는 수년 동안 주주들이 주도하는 자선 기부 프로그램을 운영했다. 클래스 A주식을 보유한 주주들의 이름으로 매년 1주당 일정액을 기부하는 프로그램이었다. 첫해에는 1달러로 시작해서 점차 증가해 18달러가 되는 식이었다. 기부 대상은 경영진이 아닌 주주들이 직접 지정했고 버크셔는 주주의 지분에 따라 해당 금액을 기부했다. 그러나 연례 주주총회에서 있었던 낙태 반대 시위 및 관련 자회사들에 대한 불매운동으로 인해 이 기부 프로그램은 더 이상 운영되지 않았다. 낙태 반대 시위자들은 가족계획 지원 단체뿐만 아니라 자신들이 지지하는 단체를 포함해 모든 자선단체에 대한 기부를 전면적으로 중단하게 하는 결과를 낳았다.

버크셔를 매수할지 결정하기 위해 약간의 분석을 해볼 수 있다. 버크셔의 가치는 앞서 언급했듯이 크게 세 부문으로 구성된다. 첫째, 코카콜라, 워싱턴 포스트, 질레트 등의 상장기업에 대한 지분이다. 유가증권 시장은 매일 이 회사들의 가격을 매긴다. 버핏의 포트폴리오 가치는 시장가격보다 높을까, 낮을까, 아니면 같을까? 투자 시점을 결정하고 종목을 선택하는 버핏의 능력에 프리미엄을 부여하는 것이 옳을까?

둘째, 씨즈캔디, 클레이튼 홈즈, 넷젯을 비롯한 수많은 완전자회사[6]들이다. 우리는 재무상태표에 증권분석 원칙[7]을 적용하고 회사의 성장률, '프랜차이즈 가치franchise value'[8] 및 경영진의 자질을 고려해 자회사들의 가치를 평가할 수 있다.

셋째, 보험 사업 부문으로 가이코가 가장 중요하다. 비상장 보험회사의 가치를 평가할 때는 앞서 언급한 증권 분석에 더하여 '플롯float'의 가치를 반영한다. 플롯은 납입된 보험료 가운데 미래 보험금 지출에 대비하여 유보해두는 돈을 가리킨다. 버핏은 이 자금을 투자해 예상 청구 보험금을 초과하는 수익을 올린다. 투자 부문에서 플롯을 운용해 우수한 수익을 거두고, 영업 부문에서는 버핏의 관례대로 가격이 오를 때 상품을 팔고 경쟁으로 가격이 내려갈 때 잠시 쉬어간다. 이렇게만 한다면 버크셔의 가치는 더욱 커진다. 주식이 전반적으로 고평가되었다는 버핏의 판단에 따라 버크셔는 2008년 전까지 몇 년 동안 약 400억 달러 상당의 현금을 투자하지 않고 유보했다. 이 같은 '캐시 드랙cash drag[9]'은 해당 기간 동안 버크셔의 주가 상승 속도를 늦추었다. 2008년 시장이 폭락하자 버핏은 이 현금을 이용해 투자에 나섰다.

버크셔가 성장하면서 S&P500 대비 버핏의 초과수익도 줄어들었다. 버핏이 예상한 대로였다. 내 경험을 바탕으로 작성한 〈표 2〉로 이것을 확인할 수 있다. 새로운 시기가 시작될 때마다 버핏의 우위는 축소되었다. 앞으로 지수를 이기기는 더욱 어려울 것이다. 버핏이 버크셔 경영을 그만둘 경우 불확실성으로 인한 가격위험도 있을 수 있다. 그의 후임이라면 비범한 천재일 가능성이 높지만 그럼에도 불구하고 주가는 급락할 가능성이 있다. 어쩌면 오랜 기간 급락할 것이다.

버크셔를 매수하고 얼마 지나지 않아 나는 PNP가 벌어들인 이익을 다른 헤지펀드에 투자하기 시작했다. 월스트리트에서 가장 머리가 좋고 돈이 많은 사람들과 교류하고 정보와 투자기회를 나누면서 개인적인 포트폴리오를 다각화하는 기회도 덤으로 얻었다.

〈표 2〉 **S&P500 대비 버크셔 해서웨이 A 주식의 연속 3개 기간 총수익률***

날짜	BRKA 주가($)	경과 시간	연평균 수익률	S&P500 주가($)	연평균 수익률	연간 BRKA 우위
83/08/10	980.50	–	–	161.54	–	–
90/01/31	7,455	6.48년	36.8%	329.08	11.6%	+25.2%
99/04/30	76,400	9.25년	28.6%	1335.18	16.3%	+12.3%
09/01/23	86,250	9.73년	1.3%	831.95	−4.7%	+6.0%
16/04/12	215,360	7.22년	13.5%	2061.72	13.4%	+0.1%

*첫 3개 기간의 날짜는 주가 그래프에서 자연적으로 구분되는 날짜를 기준으로 선택했다. 네 번째에서 마지막 기간은 금융위기에 따른 대침체Great Recession의 여파가 이어진 시기이다.

베팅을
헤지하라

헤지의 목적은 치명적인 손실을 피하는 것이다. 그러나 2008년 경기 침체 당시 많은 헤지펀드 투자자들은 커다란 손실을 입었다. 전 세계에 걸친 신용 시스템 및 자산 가격 붕괴는 대공황 이후 어떤 경기침체기와도 비교할 수 없이 최악이었다. 주택 가격은 급락했고 S&P500 지수는 2007년 10월 9일 기록한 고점 대비 57퍼센트 하락했으며 미국 민간 부문의 부private wealth는 64조 달러에서 51조 달러로 감소했다. 개인퇴직계좌에서 투자한 주가지수펀드가 폭락하는 것을 보고 내 조카딸이나 우리 집 미화원과 같은 소액 투자자들은 내게 주식을 전부 팔아야 하느냐고 물었다. 미국에서 가장 부유한 기부금 펀드endowment fund인 하버드 기부금 펀드의 경우 2008년 초만 해도 자산가치가 369억 달러에 달했지만 이제는 현금 확보가 절실한 상황이었다.[1] 하버드를 비롯한 많은 투자자들은 주식을 팔아치워야만 했다.

헤지펀드들은 하락하는 시장에서 투자자를 보호할 의무가 있지만 오히려 평균 18퍼센트 손실을 기록했다.[2] 그러나 최고 보수를 받았던 헤지펀드 매니저인 르네상스 테크놀로지스의 제임스 시몬즈는 2008년에 25억 달러 수입을 올렸다. 헤지펀드 매니저 상위 25명의 총수입은 2008년 116억 달러를 기록해 2007년 225억 달러에서 감소했다.[3]

PNP를 정리한 지 20년이 지난 지금, 전 세계 헤지펀드 수는 1,000여 개로 늘었으며 총자본total equity 규모는 2조 달러로 추정된다. 헤지펀드 투자자들은 전 세계 부유한 개인, 신탁, 기업, 연금, 이익공유 상품, 재단, 대학 기부금 등으로 구성되어 있다. 2008년 주가 폭락은 헤지펀드 산업에 막대한 타격을 가했다. 무려 4,000억 달러가 증발했다. 발생하지 않았어야 마땅한 이러한 손실은 전 세계적으로 분노한 투자자들의 인출 요청을 촉발시켰다. 많은 펀드가 잔액을 돌려주기를 거부했고 투자자들은 충격을 받았다.

경기가 서서히 회복되고 시장이 반등해 새로운 고점을 형성하면서 투자자들은 2008년과 2009년에 겪은 일을 잊었다. 헤지펀드 자산asset 규모는 2015년 2조 9,000억 달러로 사상 최고치를 경신했다. 헤지펀드 운영자들은 1.5~2퍼센트 운용보수management fee[4]로 500억 달러를 벌었다. 또한 이익에서 일정 비율을 가져가 추가로 500억 달러쯤은 벌었을 것이다. 500억 달러 성과보수performance fee는 모든 비용을 차감하고 난 이익의 20퍼센트 수준일 것이다. 그러나 투자자 전체를 기준으로 한 실제 성과보수율은 그보다 더욱 높다. 그 이유는 다음과 같다. 같은 해 10억 달러로 출발한 두 펀드가 있다고 가정하자. 한 펀드는 순이익 3억 달러, 다른 펀드는 1억 달러 손실을 기록했다. 한 펀드는 이익의 20퍼센트인 6,000만 달러를 성과보수로 받았고 다른 펀드는 한 푼도 받지 못했다. 두 펀드의 성과를 종합하면 투자자들은 총이익 2억 달러에 6,000만 달러를 지불했다. 합산 손익의 30퍼센트에 해당하는 성과보수율이다.

PNP는 신규 자본을 끌어들여 천천히 성장했고 그 성장을 이끈 것은 우수한 투자 성과였다. 지난 40년 동안 자금 조달 경쟁의 양상은 크게 달라졌다. 이른바 대체투자alternative investment가 새로운 투자 영역으로서 최고의 인기를 누리게 된 것이다. 1990년대 후반부터는 사실상 아무 곳에나 '이 곳에 헤지펀드가 문을 엽니다'라는 표지판을 세우면 순식간에 투자자들이 줄을 서 한 블록 전체를 에워쌀 정도였다. 1억 달러를 운용해 연간 총수익률 10퍼센트(1,000만 달러)를 기록한 중간 크기 헤지펀드가 있다고 가정하자. 매니저, 즉 GP(운용사)는 1억 달러의 1퍼센트인 100만 달러를 운용보수로 받는다. 또한 남은 900만 달러의 20퍼센트, 즉 180만 달러를 성과보수로 가져가 연간 총 280만 달러의 보수를 받는다. 이 가운데 약 100만 달러를 비용으로 지출한다면 운용사의 세전 순이익은 연간 180만 달러가 된다. LP(투자자)의 이익은 남은 720만 달러로 연간 수익률은 7.2퍼센트이다.

비슷한 규모의 (무수히 많은) 헤지펀드를 운용하면서 열 배 많은 연간 2,800만 달러를 보수로 가져가는 운용사도 있을 수 있다. 더 작은 1,000만 달러 규모의 헤지펀드를 운용하더라도 그에 상응하는 보수, 비용, 수익으로 운용사는 연간 28만 달러를 벌 수 있다. 이것을 통해 분명히 알 수 있는 것은 헤지펀드를 운영해 큰 부자가 될 수 있다는 것이다. 이 정도의 보상이라면 업계 최고의 투자자(라고 알려진 사람들) 상당수가 헤지펀드를 운영하고 있는 것도 당연하다.

혜지펀드 투자자에게 돌아가는 수익에 관한 업계의 연구에는 공통적으로 등장하는 의견이 있다. 위험수준을 감안할 때 혜지펀드가 한때는 투자자들에게 추가수익을 안겨주었지만 산업이 확대되면서 추가수익도 점차 사라지고 있다는 해석이다. 나중에 이루어진 분석 결과[5]는 평균 운용실적이 생각보다 훨씬 부진했음을 보여준다. 펀드들은 자발적으로 업계 데이터베이스에 운용실적을 보고한다. 수익을 낸 펀드는 손실이 발생한 펀드보다 실적보고에 더욱 적극적인 경향이 있다. 한 연구에 따르면 펀드들의 1996~2014년 발표 수익률은 연평균 12.6퍼센트로 전체 펀드의 실제 수익률 평균 6.3퍼센트보다 두 배 높았다.[6]

또한 위 기간의 수익률에 투자 금액별 가중치를 부여해 조정한 수익률은 "무위험(미국 국채) 수익률보다 미미하게 높을 뿐"이라는 지적이 있다. 혜지펀드 업계의 발표실적이 투자자들의 실제 수익률보다 좋아보이는 이유는 또 있다. 혜지펀드의 총 투자금액이 크지 않았던 초기에 기록한 높은 수익률을 훗날 운용 규모가 확대되며 하락한 수익률과 합산해 보고하기 때문이다.

종목 선정에서 우위를 점하기는 쉽지 않다. 혜지펀드는 시장에서 거래되는 기업처럼 그 자체로 하나의 작은 기업이다. 혜지펀드를 선택하는 능력이 종목 선택 능력보다 더 뛰어나란 법이 있을까?

혜지펀드 투자자들은 재앙에 시달렸다. 2000년 봄, 세계적인 혜지펀드 운용사를 보유한 줄리언 로버트슨Julian Robertson은 심각한 손실을 경험한 뒤 대표 펀드인 타이거펀드를 비롯한 산하의 펀드를 모두 청산한다고 발표했다. 1980년에 소액의 자산으로 출발한 로버트슨의 회사는 청산 전에 220억 달러까지 몸집을 불렸다. 그러나 시장이 하락하고 투자금이 빠져나가면서 자산 규모가 70억 달러로 축소되었고 인출 대기 수요도 이어졌다. 스스로 가치투자자라고 밝힌 로버트슨은 첨단기술 시장의 비이성적인 광풍에 비난의 화살을 돌렸다. 그러나 셰익스피어였다면 이렇게 조언했을 것이다. "잘못은 시장이 아니라 우리 자신에게 있다."[7]

두어 달 지나, 조지 소로스George Soros와 동료들이 운용하고 대표 펀드로 퀀텀펀드를 보유한 또 다른 세계적인 헤지펀드 운용사역시 대규모 손실을 발표했고 뒤이어 투자금 대부분이 인출되었다. 최고 200억 달러 이상이었던 자산규모는 급격히 축소되었고 회사는 구조조정을 거쳐 소로스의 자금을 운용하는 투자기구로 전환했다. 소로스와 핵심 동료인 스탠리 드러캔밀러Stanley Druckenmiller는 로버트슨과는 반대되는 선택을 했다. 기술주에 베팅한 것이다. 비슷한 시기에 투자자문사 밴 헤지펀드 어드바이저스는 "헤지펀드 최고의 해"라는 글에서 1년 전인 1999년에 미국 펀드는 40.6퍼센트, 역외 펀드는 37.6퍼센트 상승해 1988년 지수 도입 이래 가장 높은 상승률을 기록했다고 밝혔다.[8] 소로스는 부활했다. 2008년에는 개인적으로 11억 달러를 벌어들였는데 그해 헤지펀드 매니저들 가운데 네 번째로 많은 수입이었다.[9]

헤지펀드에 투자해야 할까? 먼저, 경제적으로 가입 자격 요건을 충족하는지 확인해야 한다. 헤지펀드는 대개 최소 25만 달러 이상 투자금을 요구한다. 일부 신생 펀드는 최초로 자금을 모집할 때 최소 투자금 요건을 5만~10만 달러로 완화하기도 한다. 최소 투자금으로 상당한 금액을 요구하는 데는 이유가 있다. 증권법의 규제를 받지 않고 다양한 자산에 자유롭게 투자하기 위해서는 투자자

수를 100명 미만으로 제한해야 한다. 제한된 수의 투자자로 수천만 ~수억 달러 규모의 투자금을 모으려면 소액 투자자를 대상으로 펀드를 판매할 수는 없다.

나중에 증권거래위원회는 상황에 따라 투자자 한도를 500명까지 확대하는 것을 허용했다. 많은 헤지펀드들이 특정 자격요건을 갖춘 적격투자자accredited investors에 한해 가입을 받는다. 즉, 개인의 경우 배우자와 공동으로 순자산 100만 달러 이상을 보유하거나 과거 2년간 연소득이 20만 달러 이상이고 당해 역시 같은 수준의 소득이 예상되어야 한다. 이 경우 가입 가능한 투자자는 크게 늘어난다. 2013년 기준으로 미국 전체 인구 1억 명 가운데 순자산 100만 달러 이상을 보유한 사람은 500만~800만 명으로 추산된다.

다음으로 자기 자신이나 자기가 지정한 대리인에게 충분한 지식이 있는지 여부를 판단해야 한다. 버나드 메이도프의 650억 달러 폰지사기에서 보듯 투자자 1만 3,000명과 그들의 자문가들은 다른 투자자들이 이미 했을 것이라고 생각하고 초보적인 실사조차 하지 않았다. 주식, 채권, 뮤추얼펀드를 매수할 때도 같은 문제가 발생한다. 주식 및 채권 지수펀드와 같은 패시브 투자[10]보다 헤지펀드가 더 나은 이유를 합리적이고 설득력 있게 설명할 수 있는 충분한 지식이 있어야 한다. 그러나 이 경우 지수보다 나은 투자 대상을 찾기는 어려울 가능성이 크다.

세금 문제도 있다. 대부분의 액티브 투자[11]와 마찬가지로 역내 헤지펀드는 세금 측면에서 비효율적이다. 회전율이 높아 단기적으로 양도차익이나 손실이 발생하는 경향이 있고 단기 양도차익에는 1년 이상 보유한 증권에 비해 높은 세율이 적용되기 때문이다.

비과세 단체가 투자한 미국 소재 헤지펀드가 차입금을 활용해 투자할 경우 펀드가 차입으로 실현한 이익, 손실, 소득을 반영해 비과세 단체에도 세금이 부과된다. 해당 이익이 비관련 사업 과세이익 unrelated business taxable income, UBTI[12]으로 분류되기 때문이다.

전문 분야가 있다면 자신의 전문지식을 가치평가에 활용할 수 있는 펀드를 찾는 것도 좋다. 헤지펀드 데이터 서비스 업체를 통해 현존하는 수천 개 펀드 가운데 1,000여 개 펀드의 정보를 확인할 수 있다. 이들 서비스는 위키피디아를 비롯한 인터넷 정보원과 마찬가지로 투자자산의 유형에 따라 헤지펀드를 분류한다. 헤지펀드를 분류하는 또 다른 방법에는 단순히 가격 및 거래량 정보를 활용하는 기술적 분류와 경제 지표를 활용한 기본적 분류, (컴퓨터와 알고리즘을 활용한) 정량적 분류와 비정량적 분류, 상향식bottom-up(개별 기업 분석) 분류와 하향식top-down(광범위한 경제 변수에 초점) 분류 등이 있다. 펀드의 기대수익률, 위험, 펀드와 다른 자산군의 수익간 상관관계도 중요한 특징이다. 예를 들어, 원자재 선물의 가격 추이를 이용하는 펀드의 수익률은 대개 시장과 상관관계가 낮은데 이런 펀드는 전체 포트폴리오 가치의 변동성을 줄이는 데 유용하다. 주식 롱―온리 long-only(매수일변도)[13] 펀드, 쇼트―온리short-only(매도일변도) 펀드, 롱/쇼트[14] 펀드도 있다. 시장중립형 펀드(PNP, 리지라인 등)는 시장과 무관하게 수익을 추구한다.

또한 지리적 위치, 국가의 재정 및 경제적 발전 수준(신흥시장 등), 생명공학, 금, 원유, 부동산 등과 같은 경제 부문별로 펀드를 특화할 수도 있다.

재간접펀드fund of fund도 있다. 뮤추얼펀드가 여러 종목을 선정해 투자하듯 재간접펀드는 다른 여러 헤지펀드로 구성된 포트폴리오에 투자하는 헤지펀드이다. 재간접펀드의 운용 능력은 결국 헤지펀드 평가 능력에 달렸다. 재간접펀드 매니저들은 헤지펀드가 직접 부과하는 수수료 외에 두 가지 체계의 수수료를 별도로 부과한다. 통상적으로 자산의 1퍼센트에 해당하는 연간 기본 보수와 수익의 10퍼센트가 성과보수로 추가된다.

뮤추얼펀드를 설립할 때도 이와 같은 방법이 이용된다. 펀드매니저들은 흔히 적은 자본만으로 새로운 펀드를 설립하고 기존 펀드에서 집행한 주문에 대한 대가로 중개인에게서 인기 공모주들을 받아 새 펀드에 '심는다'. 일반 투자자들에게는 아직 펀드를 개방하지 않는다. 공모주 덕분에 눈부신 수익률을 달성하면 바로 이때 펀드가 일반에 공개된다. 놀라운 수익률에 매료된 일반 투자자들이 몰려들면 펀드매니저는 커다란 보수를 챙길 수 있는 거대 자본 기반을 확보하게 된다. 인기 공모주를 배정해준 중개인들은 펀드매니저가 득의만면하여 쏟아내는 추가 주문으로 보상을 받는다. 펀드 규모가 커지면 예전 같은 높은 수익률을 올리기엔 투자할 수 있는 기업공개 건이 부족하고 따라서 펀드의 실적도 평범한 수준으로 후퇴한다. 그러나 펀드 프로모터[15]들은 더 많은 대어급 기업공개를 이용해 또 다른 펀드를 키우고 화려한 성과를 낸다. 이런 과정이 반복된다.

1999년 증권거래위원회가 마침내 행동에 나섰고 이 방면에서 유명했던 펀드매니저 한 명이 해고되었다.[16] 그가 운용한 성장형 펀드는 1996년 동종 펀드 가운데 최고 수익률을 기록했는데 일반 투자자에게는 개방되지 않았다. 펀드의 자본금은 수십만 달러에 불과했는데 첫해 달성한 62퍼센트 수익률의 절반 이상이 32개 인기 공모주에서 비롯되었다. 1997년 2월 일반에 펀드를 공개하자 투자금이 물밀듯 들어왔지만 그는 기업공개를 활용해 실적을 부풀렸다는 사실은 공개하지 않았다.

물론 수익률이 평범한 수준으로 후퇴하는 데는 '공모주 심기' 외에도 많은 이유가 있다. 주요 투자자들의 관심을 끌기 위해 펀드 매니저는 번듯한 초기 수익률을 갖추고 과거 평판 등의 요인을 근거로 설득력 있는 주장을 펼치거나 최소한 사업계획이라도 제시해야 한다. 그런가 하면 단순한 과대광고만으로 충분할 때도 있다. 시작부터 운이 좋은 매니저들도 있다. 1990년대 후반 '성장형 펀드'를 설립하고 아메리카 온라인이나 아마존닷컴과 같은 인터넷 주식을 사들인 사람들이 여기에 해당된다. 운으로 성공한 매니저들은 시간이 지나면 사라진다.

헤지펀드 운영자들은 나름의 다양한 방법으로 보통 성과보수라고 명시된 이익의 20퍼센트보다 훨씬 많은 보수를 챙긴다. 나는 그 중 하나를 '앞면이 나오면 펀드매니저가 이기고 뒷면이 나오면 투자자가 지는'[17] 동전 던지기 게임이라고 이름 붙였다. 이것을 이해하려면 어느 부유한 헤지펀드 매니저를 만났던 1986년으로 돌아가야 한다. 내가 운영하던 재간접 헤지펀드 fund of hedge funds[18]인 OSM 파트너스가 그와 함께할 수 있을지 논의하는 만남이었다. 시절은 좋았고 헤지펀드는 번성했다. 그는 내게 PNP를 떠나 내가 가진 전문지식과 우리 직원들의 경험을 이용해 함께 투자해보자고 제안했다. 그러나 그의 제안대로라면 나는 훨씬 더 많은 자금을 관리하면서 운용보수는 절반만 받게 될 것이었다. 나는 제안을 거절했다.

이듬해인 1987년 10월, 주가가 폭락하면서 그의 펀드에는 30~70퍼센트에 이르는 손실이 발생했다. 손실이 복구되기 전까지 그는 성과보수를 받지 못한다. 몇 년이 걸릴지 알 수 없었다. 예를 들어 50퍼센트 손실이 발생했다면 앞으로 두 배, 즉 100퍼센트 수익이 나야 원금을 회복할 수 있다는 뜻이다. 몇 년 동안 성과보수를 받기 어렵게 되자 그는 헤지펀드를 청산하기로 결정했다. 이익을 챙겨 빠져나간 결과 그는 여전히 부유했고 투자자들은 손실을 떠안았다. 1년도 지나지 않아 그는 새로운 헤지펀드를 여러 개 설립해 즉시 성과보수를 받아낼 기회를 잡았다.

유리한 것만 취하는 '체리피킹cherry picking' 역시 일부 헤지펀드 매니저들이 투자자들에게서 이익을 뽑아내는 방법 중 하나이다. 나는 1970년대 후반에 처음으로 이것을 우연히 목격했다. 주식시장은 10년 동안 활기를 잃었다. 한 전문가는 저평가된 기업을 골라 투자하는 방법으로 보수 차감 전 기준 연간 약 20퍼센트 수익을 올렸다. 친구들이 투자를 추천해서 좀 더 자세히 알아보니 그는 또 다른 펀드를 운용해 40퍼센트 수익을 올리고 있었다. 오로지 자기 자신과 가족, 가까운 지인들만을 위한 펀드였다. 그는 자신의 펀드를 최고 종목으로 채웠다. 그런 다음 남은 종목이 20퍼센트 수익을 올린 펀드로 들어왔다. 나는 나쁜 사람들과는 투자하지 않기 때문에 그와 일하지 않았다. 운용사가 고용하고 운용사의 지시를 받는 변호사들이 작성한 헤지펀드 약정서에서는 일반적으로 이러한 이해상충을 허용하고 있다.

투자조합에 부당한 비용을 청구해 투자자들이 응당 받아야 할 몫을 받지 못하게 하는 경우도 있다. 그 밖에도 방법은 많다. 요점은 헤지펀드 투자자들이 제대로 보호받지 못한다는 것이며, 투자를 결정하기 전 반드시 고려해야 할 가장 중요한 한 가지는 바로 운영자의 정직성과 윤리의식, 그리고 기질이라는 점이다.

헤지펀드인 LTCM은 1994년에 설립되었다. 살로몬 브라더스 Salomon Brothers 출신 전설적인 트레이더 존 메리웨더John Meriwether와 훗날(1997년) 노벨 경제학상을 수상하게 될 로버트 머튼Robert Merton, 마이런 숄즈Myron Scholes가 이끄는 16명의 GP는 드림팀을 구성했다. 살로몬 출신의 또 다른 트레이더들과 저명한 학자들, 전 연방준비제도 부의장도 참여했다. 투자자로는 8개 국가 중앙은행과 주요 증권사, 은행 및 기타 기관들이 있었다.

당시 알고 지내던 한 금융공학회사의 경영진이 우연히 LTCM의 일을 맡았는데, 내게 투자에 관심이 있는지 물어서 거절한 적이 있다. 메리웨더는 살로몬에서 주요한 위험감수형 트레이더였고 LTCM의 이론가들은 '세상 물정'에 어둡고 실제 투자 경험이 부족하다는 것이 내 생각이었다. 워런 버핏은 "팻 피치fat pitch[19]에만 방망이를 휘두를 것"이라고 강조했다. LTCM은 팻 피치로 보이지 않았다.

LTCM 투자자들의 연간 수익률은 30~40퍼센트에 달했지만 이 것은 자기자본의 30배에서 최대 100배에 이르는 막대한 레버리지 덕분에 가능했다. 레버리지 효과가 아니었다면 수익은 자본비용의 몇 퍼센트 수준에 그쳤을 것이다. LTCM이 보유한 롱포지션과 쇼트 포지션은 각각 수천억 개에 달했다. LTCM의 자본금은 70억 달러로 급증했고 27억 달러를 투자자들에게 돌려주고 나자[20] 남은 자본에 대한 위험과 수익이 모두 증가했다. 뒤이어 시장 상황이 불리해지면서 백분율 기준으로 미미한 손실이 발생했지만 레버리지로 인해 그 영향이 증폭되면서 LTCM은 거의 파산할 지경에 이르렀다. 수주 만에 자본금의 90퍼센트가 증발하고 LTCM은 완전히 붕괴되기 직전이었지만 '대마불사' 논리가 등장하면서 연방준비제도의 구제 노력이 이어졌다. 펀드는 질서 있게 청산되었고 투자자들은 결국 지분의 일부만을 회수할 수 있었다.

얼마 지나지 않아 메리웨더는 16명의 GP 중 4명과 함께, LTCM과 유사하지만 레버리지 활용은 축소한 새로운 헤지펀드를 설립했다. 노벨상 수상자 숄즈와 머튼은 합류하지 않기로 결정했다. LTCM에서 손실을 입은 사람들을 포함한 투자자들에게서 곧 3억 5,000만 달러가 모였다. 펀드가 성장하고 신규 자본이 유입되면서 펀드 규모는 더욱 확대되었다. 이 '대표' 펀드는 2008년에 42퍼센트, 즉 3억 달러 이상의 손실로 그해를 마무리했다고 알려져있다. 펀드는 2009년에 청산되었다. 2010년 메리웨더는 또 다른 헤지펀드를 설립했다. 머튼은 하버드대학교 교수직을 유지하며 JP모건의 자문위원 역할을 했다. 숄즈는 스탠포드 교수직으로 되돌아갔고 금융 자문위원이 되었으며 나중에 새로운 헤지펀드를 설립했다.

LTCM의 몰락에서 마땅히 배웠어야 하는 과도한 레버리지의 교훈은 무시되었다. 10년 후 역사는 반복되었다. 2008년 전 세계 금융 시스템은 느슨한 규제와 높은 레버리지로 완전히 무너질 위기에 처했다. 모든 시장이 '멜트다운meltdown(붕괴)'되는 가운데 헤지펀드의 자산 규모는 손실과 자본 인출 영향으로 2조 달러에서 1조 4,000억 달러로 감소했다. 헤지펀드는 이제 성숙한 자산군이다. 나는 〈월스트리트 저널〉에 쓴 글에서 지금까지 헤지펀드 투자자들이 어떤 우위를 지녔다면 그것은 점차 사라질 것이라고 예측했다.

한편, 정부로부터 수십억 달러에 이르는 구제금융을 지원받은 슈퍼리치들은 대침체Great Recession21에서 탈출했다. 2012년에 그들은 사상 최대의 부를 누렸다.

얼마나 가지면 부자인가?

나는 런던의 한 금융기업가와 장거리 통화를 하던 중 이렇게 물었다. "은퇴해서 남은 평생 행복하게 살려면 지금 재산이 얼마나 있어야 할까요?" 그가 대답했다. "제가 바라는 금액은 정확합니다. 바로 2,000만 달러죠." 내가 말했다. "계산해보니까 해마다 2퍼센트에 해당하는 금액, 즉 현재 통화 가치 기준으로 40만 달러를 인출해도 그 돈이 바닥날 가능성은 거의 없군요." 40대 초반 기혼자로 어린아이 셋을 둔 그는 그 정도면 괜찮다고 말했다.[1] 그러나 필요한 금액은 사람마다 다르다.

유명한 미국 소설가 존 D. 맥도널드John D. MacDonald는 1970년 '트래비스 맥기Travis McGee' 연작에서 부의 수준을 다음과 같이 특정했다. 소설 속에 등장하는 인물인 경제학자 메이어 메이어를 통해 내가 기억하기로 10만 달러면 "적절"하고 25만 달러는 "풍족"하며 100만 달러는 "상당한" 규모의 자산이고 500만 달러는 "굉장한" 수준이라고 규정했다. 물가상승에 따른 달러의 실질 구매력 하락을 감안하면 2015년 기준으로는 맥도널드가 제시한 숫자에 6을 곱해야 한다. 즉 60만 달러면 적절하고, 150만 달러는 풍족하며 600만 달러는 상당하고 3,000만 달러는 굉장한 자산이라고 할 수 있을 것이다.

나는 디네시 드수자Dinesh D'Souza가 규정한 부의 수준을 물가상승률을 반영해 다음과 같이 조정했다.

⟨표 3⟩ **부의 분류**

	소득($)	부($)
슈퍼리치	1,500만 초과	1억 5,000만 초과
부유층	150만~1,500만	1,500만~1억 5,000만
중상위층	11만 2,000~150만	75만~1,500만
중산층	5만~11만 2,000	8만 2,000~75만
저소득층	2만 2,000~5만	1만 5,000~8만 2,000
빈곤층	0~2만 2,000	0~1만 5,000

미국 가계의 부는 2014년 말 기준 총 83조 달러로 추산되고[2] 주식, 채권, 부동산 및 동산이 주요 자산을 구성한다. 이것을 모든 사람에게 같은 금액으로 나누면 어떻게 될까? 3억 2,000만 명이 각각 약 27만 달러를 나누어 가질 것이다. 그러나 국부, 그리고 부와 소득의 분배를 이처럼 추산하는 것은 문제가 있다. 무엇을 어떤 방식으로 계산에 포함시키는지에 따라 결과가 달라지는데다가 이용할 수 있는 자료도 많지 않기 때문이다.[3]

또한 국부가 증가하는 가운데 불균등한 배분은 더욱 심화되는 것도 사실이다. 물가상승률을 반영한 미국 가계의 부의 중앙값은 2003년 8만 8,000달러에서 2013년 5만 6,000달러로 36퍼센트 감소했다. 반면 전체 가구 중 97.5 백분위[4]에 속하는 가구의 순자산은 같은 기간 119만 달러에서 136만 달러로 12퍼센트 증가했다.

구매력은 과거에 비해 크게 떨어졌지만 자산 100만 달러는 그래도 여전히 현실적인 수치로 다가온다. 실제로 100년 전 100만 달러의 구매력은 현재 기준 2,000만 달러의 구매력과 같다. 미국 인구 중 순자산 100만 달러를 보유한 사람은 얼마나 될까? 개인 재산에 관한 포괄적인 정보는 수집하기 어렵기 때문에 누구도 정확히 알 수 없다. 자산에 관한 정보는 대부분 이용이 불가능하고, 제대로 보고하지 않거나 의도적으로 숨기기도 한다. 세금이나 절도, 형사고발을 피할 목적도 있고 단순히 개인정보 보호 차원이기도 하다. 이용 가능한 자료는 대부분 미국 가구 전체에 해당하는 정보이다. 총 1억 2,500만 미국 가구 중 일부는 1인 가구이고 나머지 대부분은 경제적 가장이 1인인 가구이다. 따라서 부유한 가구의 수를 알면 부유한 개인의 수도 근접하게 추산할 수 있다.

최소 100만 달러 이상 순자산을 보유한 가구는 2015년 기준 약 1,000만 가구로 추정된다. 백만장자 되기가 실현 가능한 목표로 보일 만큼 많은 수치이다. 방법은 이렇다. 저축도 없고 미래 전망도 불투명한 열여덟 살의 육체노동자가 있다. 어떻게든 매일 6달러씩 돈을 모아서 매월 말의 뱅가드 S&P500 지수펀드를 조금씩 매수한다면 어떻게 될까? 세금이 이연되는 퇴직상품에 투자해 대형주 기준으로 장기 평균 약 10퍼센트 수익률을 거둔다면 47년 뒤 65세에 은퇴할 때 투자금은 240만 달러로 불어나 있을 것이다. 매일 6달러는 어떻게 모을 수 있을까? 하루에 1갑 반씩 담배를 피우는 흡연자는 담배를 끊으면 매일 6달러를 절약할 수 있다.[5] 1팩에 5달러 하는 여섯 개들이 맥주나 콜라를 매일 2팩씩 마시는 건설 노동자는 음료를 수돗물로 바꾸면 매일 10달러를 절약할 수 있다. 10달러 중 6달러는 지수펀드에 투자하고 4달러는 맥주나 콜라의 나쁜 열량을 대체할 건강한 식품을 구입하는 것이다.

지출의 방향을 전환할 기회가 더욱 많은 대부분 사람들은 앞서 예로 든 가난하고 젊은 육체노동자보다 더 좋은 수익률을 낼 수 있을 것이다. "예산의 기초: 지출을 줄이기 위해 오늘 할 수 있는 일 25가지"라는 제목의 기사에서 1번으로 제안한 것은 "소비하는 모든 것을 적어보면 매일의 지출에서 낭비되는 부분이 명확히 드러난다."라는 훌륭한 방법이었다. 2번은 내 조언과도 일치하는데 가능한 빨리 신용카드 빚을 청산하는 것이다. 4번은 담배를 끊는 것이다. 23번은 새 차보다는 중고차를 사는 것이다. "차는 주차장에서 끌고 나서는 순간 가치가 3분의 1로 떨어지기 때문"이다. 순식간에 정말 그만큼 커다란 손실이 발생하는지 여부는 차치하더라도 극심한 초기 감가상각률은 새 차 매수자의 실제 사용 가능 햇수(내용연수)를 단축한다. 2만 달러짜리 새 차 대신 1만 달러짜리 중고차로 만족할 수 있다고 가정해보자. 세후 수익률 연 8퍼센트로 가상의 투자를 했을 때, 차값의 차이 1만 달러는 30년 후 10만 달러 이상으로 확대될 것이다.[6] 습관을 바꾸기를 주저하는 사람들에게는 리지스 필빈이 진행한 퀴즈쇼 제목으로 질문을 대신한다. "누가 백만장자를 꿈꾸는가?Who wants to be a millionaire?"

내가 상대한 투자자들은 단순한 백만장자가 아니라 대개 재산이 500만 달러가 넘는 '수백만장자'였다. 이처럼 극소수의 위치에 도달한 가구는 얼마나 될까? 이탈리아 출신의 위대한 경제학자 빌프레도 파레토Vilfredo Pareto는 소득분포 연구를 통해 1897년 '멱법칙

power law'을 도출했다. 이 공식은 당시에나 지금이나 현대사회에서 최상위 자산 보유자들의 다양한 수준별 분포를 효과적으로 설명하고 있다. 두 가지 사실만 알면 이 공식을 보정할 수 있다. 첫째, 〈포브스〉가 선정한 미국 400대 부자에 들기 위한 재산의 하한선이다. 2014년 기준 15억 5,000만 달러였다. 둘째, 명단에 든 400명의 총자산이다. 2014년에는 2조 3,000억 달러라는 놀라운 수치를 기록했다. 〈표 4〉는 이 공식을 적용해 추산한 수준별 미국 최고 부자의 분포이다.

〈표 4〉 **2014년 추산 수준별 미국 최고 부자 수**

부의 수준($)	거듭제곱의 법칙으로 추산한 미국 가구 수
100만 이상	9,300,000
500만 이상	1,030,000
1,000만 이상	400,000
2,000만 이상	155,000
5,000만 이상	44,000
1억 이상	17,000
2억 5,000 이상	4,900
5억 이상	1,900
10억 이상	730
15억 5,000 이상	400

적용 기준을 100만 달러에서 조금만 낮추어도 추산 가구 수가 엄청나게 커지기 때문에 공식은 최고 수준에 있는 부자들의 수를 추정하는 데 적합하다.

내가 사는 도시, 카운티, 주를 〈표 4〉에 대입하면 어떤 숫자가 나올까? 일반적인 지역이라면 미국 전체 추정치에 우리 지역 거주자의 비율을 곱해 간단히 구할 수 있다. 내가 사는 캘리포니아주 오렌지 카운티의 인구는 2014년 300만 명을 약간 초과해 미국 전체 인구의 1퍼센트를 차지하므로 계산이 편하다. 즉, 〈표 4〉의 숫자에서 소수점을 왼쪽으로 두 자리 이동하면 오렌지 카운티의 숫자를 구할 수 있다. 예를 들면 2억 5,000만 달러 이상 자산을 보유한 인구는 49명으로 추정하는 식이다. 그러나 부유층의 분포는 지역에 따라 크게 달라진다. 마이크로소프트의 본거지인 워싱턴 레드몬드, 닷컴 혁명의 중심지 캘리포니아 실리콘밸리, 세계 금융자본의 중심지를 자임하는 뉴욕·맨해튼과 같은 지역은 부유층의 비중이 인구 비율에 비해 훨씬 높고 다른 지역은 상대적으로 낮다.

슈퍼리치 가운데 어떤 사람들은 1억 달러를 "한 장"으로 표현한다. 일단 1억 달러를 달성하면 "첫 한 장을 만들기가 제일 어려웠다"고 자랑스럽게 이야기한다. 표에 따르면 2014년에는 1만 7,000가구가 이 집단에 포함된 것으로 추정된다. 미국 전체 1억 2,500만 가구 가운데 정치적 논란의 대상인 1퍼센트는 125만 가구이다. 이 1퍼센트 안에 들려면 자산 규모가 최소 400만 달러가 되어야 한다. 뒤이어 논의하겠지만 우리 사회를 지배하는 집단은 미국 전체 가구의 상위 0.01퍼센트에 해당하는 총 1만 2,500가구이다. 이 집단의 가구당 자산 규모는 최소 1억 2,500만 달러이다.

사다리 꼭대기에는 마이크로소프트 공동 창업자이자 최대 주주인 빌 게이츠가 있었다. 그는 인류 최초로 1,000억 달러를 넘어선 순자산을 보유한 인물이기도 하다. 1,000억 달러는 당시 미국 국민 총생산GDP의 1퍼센트보다 많은 금액이었다. 상당 부분을 자선단체에 기부한 뒤에도, 재산 가치가 2014년 기준 810억 달러에 달해 그는 〈포브스〉가 선정한 미국 부자 순위 1위에 올랐다.[7]

부의 사다리에서 나의 위치를 파악하려면 나, 또는 우리 가정의 순자산을 추산해야 한다. 먼저, 자신이 소유한 자산과 빚, 즉 부채 규모를 적어본다. 둘의 차이가 순자산이다. 빨리 계산에 착수하기 위해 어떤 조사도 하지 않고 어떤 기록도 참고하지 않는다. 정확한 숫자를 모를 때는 단순히 추측한다. 그래도 확실하지 않다면 자산의 가치는 낮추어 적고 부채의 가치는 높여 적어 순자산의 가치를 보수적으로 추정한다. 〈표 5〉는 내가 아는 부유층으로 가상의 집단을 구성해 상위 1퍼센트 임계값에 위치한 사람의 자산 구성을 추정한 것이다.

이처럼 간단한 추산으로도 자신의 위치를 파악할 수 있다. 나 역시 해마다 하는 일이지만 나중에 더 정확한 재무상태표를 만들어두는 것이 좋다. 올해와 다음 해 재무상태표상의 순자산 차이는 한 해 동안 있었던 수입, 지출, 이익, 손실을 반영한 총 순자산을 보여준다. 이렇게 작성된 일련의 연간 재무상태표는 몇 년에 걸친 자산의 변화를 보여준다.

자산 부문의 각 항목에는 상당히 단기간에 매도가 확실한 자산의 현금 가치를 기입한다. 1년 전 4만 5,000달러에 구입한 새 차의 대체원가replacement cost는 3만 9,000달러이지만 매도 시 받을 수 있는 가격은 3만 5,000달러에 불과할 것이다. 따라서 3만 5,000달러라고 적는다. 주택의 경우, 비슷한 주택의 최근 거래가격은 92만 5,000~95만 달러 수준이었지만 매각 및 청산 관련 비용을 모두 제하면 순수입은 87만 5,000달러가 될 것이다. 87만 5,000달러라고 적는다. 그런 다음 부채 항목에서 주택 담보 대출금을 제한다.

유동성이 있는 상장된 증권과는 달리 자동차, 집, 미술품, 보석 등의 시세는 늘 표시되지 않는다. 그러나 증권가격을 참고하면 수

〈표 5〉 **가계 순자산 추정**

자산 (1000$)	
부동산	
주 주거용	875
휴가용	220
소계	1,095
동산	
자동차 1	35
자동차 2	21
가구	30
미술품	10
보석	35
소계	131
상장 유가증권	
주식	1,400
채권	830
뮤추얼펀드	775
기타	25
소계	3,030
비상장 유가증권	
기술창업회사	10
LP 지분(헤지펀드)	715
현금	
자유입출금식예금	11
저축예금, 머니마켓	23
소계	759
총자산	**5,015**

부채 (1000$)	
부동산	
주 주거 주택저당대출	750
기타	
신용카드	2
증권사 증거금	55
미납부세금	22
총부채	**829**

순자산 (1000$)	
자산	5,015
부채	829
순자산	**4,186**

수료가 손익에 미치는 영향을 이해하는 데 도움이 된다. 각각의 증권에는 현재 시가와 매도호가asking price가 있고 거래가 이루어지면

수수료 등 다소 높은 비용이 발생한다. 마찬가지로 자산을 거래할 때도 '매도호가'가 있다고 상상해보자. 현재 자신이 소유한 것과 동일한 자산의 일부를 재취득하려고 할 때 지불해야 하는 모든 비용을 감안한 것이 매도호가이고 이것을 대체원가라고 일컫는다. 각 증권에는 현재 누군가 기꺼이 지불하고자 하는 가격, 즉 '매수호가 bid price'가 있고, 수수료를 제하면 호가보다 다소 적은 순수익금net proceed이 발생한다. 이것을 자산 일부를 매각하고 비용을 제한 뒤 받을 수 있는 최대 순수익금이라고 가정하자. 이것이 자산 부문에 기입할 청산가치liquidation value이다.

자산의 대체원가와 청산가치의 실제 차이는 꽤 큰 편으로 10~20퍼센트 격차가 나타날 수 있다. 예를 들어 가격이 10만 달러인 그림을 구입하면서 판매세sales tax8로 7,000달러를 부담해 매수대금으로 총 10만 7,000달러를 지불한다. 다음 날 마음이 변해 같은 가격인 10만 달러에 그림을 팔고 1만 달러를 수수료로 지불하면 거래 결과 발생한 순수익금은 9만 달러이다. 9만 달러와 10만 7,000달러의 차이인 1만 7,000달러는 '기준' 가격인 10만 달러의 17퍼센트에 해당한다. 이것이 바로 한 차례의 매수와 매도에서 발생한 손실이다. 주택, 자동차, 미술품, 보석을 거래할 때는 이와 같은 상황이 발생한다. 반면 상장된 증권은 거래비용이 가격에서 차지하는 비중이 매우 작다. 유동성과 작은 거래비용은 부의 저장고로서 증권의 매력을 높이는 요소이다.

이 책에서 '부wealth'는 회계사들이 쓰는 용어인 '순자산net worth'과 동의어다. 부는 현재 얼마나 부유한지 보여주는 지표이다. 소득은 자산, 노동력, 재능을 이용해 현재 벌어들이는 돈의 규모를 보여준다. 보유한 부의 수준이 높을수록 총액 증가분의 상당 부분은 주식, 채권, 부동산, 수집품 등에 대한 투자에서 비롯된다. 현재 얼마나 부유한지 판단하려면 소득이 아닌 부를 보아야 한다. 그러나 인기를 얻어 연 2,000만 달러를 벌어들이기 시작한 유명 영화배우의 경우 현재 소득이 훗날 커다란 부의 증가로 이어질 수 있다.[9]

부의 사다리의 높은 곳으로 우리를 데려가는 것은 이처럼 해마다 증가하는 순자산이다. 1년 후 부의 증가분을 측정하려면 두 해의 재무상태표를 비교한다. 그 차이를 기초 부beginning wealth로 나누면 한 해 동안 증가한 부의 비율을 구할 수 있다. 부의 누적 속도를 파악하는 것이다. 또한 해당 기간 동안의 손익계산서를 작성해보면 비용을 차감한 당기순이익net income이 순자산의 변동과 일치할 것이다.

재무상태표를 보면 특정 시점을 기준으로 한 자신의 위치를 한눈에 알 수 있다. 손익계산서는 두 개 재무상태표 사이의 기간에 어떤 일이 벌어졌는지 보여준다. 다른 정보를 찾는 번거로움 없이 손익계산서만으로 검토를 마치려면 과거 12개월 동안 추가되거나 제거된 부를 모두 적어본다. 구체적인 사항과 정교함 보다는 개념에 집중한다. 점검할 범주는 다음과 같다.

A. 과세 대상 소득 및 비과세 소득

1. 임금 및 급여 등 근로소득

2. 이자 및 배당금 등 불로소득

3. 실현된 자본이익 및 손실

4. 로열티, 사례금, 기타 모든 과세 대상 수입

5. 지방채 등 비과세 이자

B. 비과세 손익

    1. 부동산, 미술품, 자동차 등 자산 가치의 상승 및 하락

    2. 미실현 유가증권 자본이익 및 손실

C. 비용(저축이 아닌 지출 일체)

    1. 생활비, 소비지출

    2. 소득세

    3. 선물

    4. 기타 저축하지 않은 소득

A는 흔히 소득이라고 일컫는 요소들이다. 소득 공제 대상 항목과 비과세 소득을 차감한 뒤 소득세가 부과된다. B는 실체가 덜 구체적이고 인식이나 이해도 역시 낮지만 소득과 마찬가지로 부를 늘리는 역할을 한다. 세금이 이연되거나 지불되지 않았으므로 더욱 오랫동안 활용할 수 있고 따라서 훨씬 바람직한 유형의 수익이다. 역설적이게도 지난 100년 동안 대부분 사람들은 배당금 및 이자 소득에 주목했다. 그러나 불필요한 세금을 납부하는 것이 어리석은 일이라는 사실을 투자자들이 인식하면서 21세기 후반 들어 기업들의 배당률dividend rate은 하락하고 주가는 급등했다. 그 결과 부자들의 수익원도 소득에서 자본차익으로 점차 이동했다.

    C 범주는 부에 기여하지 않는 모든 지출과 소비를 포함한다. 기초 부를 거대한 계량컵을 채운 액체라고 가정하자. 재무상태표는

컵 안에 든 액체의 양을 보여준다. A와 B는 한 해 동안 컵에 채워진 양을 가리키고 C는 컵에서 덜어낸 양을 보여준다. A와 B의 합에서 C를 차감하면(A+B-C) 한 해 동안 추가 또는 제거된 액체의 양을 알 수 있다. 이것이 바로 투자자로서 극대화해야 하는 실질 순이익에 해당한다. 연말의 재무상태표는 계량컵 안에 액체가 얼마나 남았는지 보여준다.

손익계산서는 과세 대상 소득과 실질 속득이 다를 수 있음을 보여준다. 실질 소득에 관한 가용 통계는 존재하지 않는데 대부분 알려지거나 보고되지 않았기 때문이다. 실질 소득과 과세 대상 소득의 격차는 납세자에 따라 다르고 해마다 크게 다를 수 있다. 그러나 가구별 과세 대상 소득의 분포는 확인할 수 있다. 예를 들면 2007년 미국 소득세 납부액 기준 상위 0.01퍼센트에 해당하는 가구 수는 총 1만 5,000가구로 각각 1,150만 달러를 납부했다. 미국 전체 신고 소득에서 이들 가구가 차지하는 비중은 6.04퍼센트로 사상 최대 수준이었다. 이들의 신고소득은 총 5,570억 달러로 가구당 평균 3,700만 달러였다. 세무 전문지 〈택스노트Tax Notes〉에 따르면 물가 상승률로 조정한 미국 상위 0.01퍼센트 가구의 소득은 1973~2007년 사이 8.58배 증가한 반면 하위 90퍼센트 가구의 소득은 같은 기간 연 8달러 증가하는 데 그쳤다. 이러한 소득 불평등은 다음 10년 동안 더욱 심화되었다.

이처럼 최상위 수준의 막대한 부를 달성하는 중요한 열쇠 중 하나가 누적성장compound growth이다.

누적성장:
세계 제8대
불가사의

부의 사다리를 오르려는 사람들이라면 돈이 자라나는 독특한 산술법을 이해하는 것이 도움이 된다. 논란의 여지는 있지만 기존의 유명한 표현을 빌면, 복리compound interest는 '세계 제8대 불가사의'에 해당한다. 불가사의든 속임수든, 사람들은 복리를 이용해 커다란 재산을 형성해왔으며 앞으로 재산을 더욱 불릴 수도 있다.

1944년, 미국 국세청 부동산 감사관이었던 51세의 앤 셰이버 Anne Scheiber는 23년간 탁월한 능력을 발휘했음에도 승진의 기회를 주지 않는 조직을 떠나기로 했다. 그녀는 은퇴 후 예금 5,000달러를 찾아 주식시장에 투자했다. 검소하게 생활하고 기업에 관해 공부하면서 그녀는 배당금을 꾸준히 재투자했다. 그녀의 포트폴리오는 1995년 101세의 나이로 세상을 떠날 때까지 계속해서 성장했다. 변호사 벤 클라크는 예시바대학교 관계자를 만나 그녀가 남긴 유산에 관해 이야기하려고 했지만 앤 셰이버에 대해 몰랐던 학교 측에서는 시간 낭비라고 생각해 피하기만 했다. 마침내 만남이 이루어졌고 학교는 앤 셰이버가 여학생들을 위한 장학금으로 2,200만 달러를 남겼다는 사실을 알게 되었다.

앤 셰이버가 종목 선정에서 유난히 운이 좋았던 것일까? 일반적인 투자자들의 성적은 어땠을까? 앤 셰이버가 사망한 것은 1995년이지만 유산을 정리하고 예시바대학교에 증권을 인도하는 데 2~3년이 소요된다고 보고 투자기간을 1944년 초~1997년 말로 설정하여 살펴보자. 이 기간 동안 대형주 지수에 투자한 5,000달러는 376만 달러로 불어난다. 소형주에 투자한 같은 금액은 평균 1,231만 달러로 불어난다. 일반 투자자의 경우 앤보다 조금 더 많은 금액, 즉 5,000달러 대신 8,936달러로 소형주 투자를 시작했다면 이 기간 동안 투자금은 2,200만 달러로 불어났을 것이다.[1]

복리, 좀 더 정확히 누적성장은 앤 셰이버가 활용한 방법으로 수익을 재투자해 부를 축적하는 것이다. 누적성장, 그리고 부의 사다리는 간단히 말하면 배증doubling과 그것의 배증이다. 겁쟁이 샘과 누적자 찰리라는 두 명의 투자자가 있다. 겁쟁이 샘은 1달러로 투자를 시작하고 투자금이 2배가 될 때마다 1달러 이익을 재투자하는 대신 양말에 집어넣는다. 이런 과정을 10차례 반복하면 샘은 양말 속 이익 10달러(1달러×10)에 원금 1달러를 더한 총 11달러를 갖게 된다. 찰리 역시 출발은 원금 1달러로 똑같지만 이익을 찾지 않고 그대로 둔다. 원금 1달러는 2, 4, 8달러가 되고 2배 성장을 10차례 거듭하면 투자금은 총 1,024달러로 불어난다. 샘의 부는 1, 2, 3달러로 증가해 총 11달러가 된다. 이것을 단순 성장 또는 산술적 성장이라고 한다. 찰리의 부는 1, 2, 4달러로 늘다가 1,024달러까지 증가한다. 이것은 누적적, 기하급수적, 기하학적, 증식적 성장 등 다양한 명칭으로 알려져있다. 충분히 긴 기간에 걸쳐 소폭의 누적성장을 거듭하면 아무리 빠른 속도의 산술적 성장도 크게 앞지를 수 있다. 예를 들어 겁쟁이 샘은 연간 100퍼센트 수익률을 달성하지만 수익을 모두 양말에 보관하고, 누적자 찰리는 단 1퍼센트에 불과한 연간 수익률을 재투자하는 경우 궁극적으로 찰리의 부는 샘의 부를 얼마든지 앞지를 수 있다. 찰리가 1달러 투자금으로 시작할 때 샘이 10억 달러로 시작하더라도 결과는 마찬가지이다. 이 진리를 깨달은 로버트 맬서스Robert Malthus(1766~1834)[2]는 인구는 기하학적으로 증가하는 반면 자원은 산술적으로 증가해 갈수록 불행이 확대될 것이라고 예측했다.

누적성장의 놀라운 힘을 어렴풋이나마 알았던 정치인들은 많은 관할 지역에서 영구구속금지 법laws against perpetuities[3]을 통과시켰다. 무제한으로 누적되는 투자가 야기할 수 있는 엄청난 부의 편중을 막기 위해서였다. 반면 현재 수익 창출에 좀 더 관심이 있는 일부 주와 카운티에서는 (존속기간에 제한이 없는) 영속적 신탁을 환영한다.

세계 인구는 1930년 25억 명에서 2015년 73억으로 연간 약 1퍼센트 증가했다. 2050년에는 약 97억 명에 이를 것으로 예상된다. 이 속도가 유지될 수 없다는 것은 누구나 알고 있다. 식량 생산에 활용 가능한 태양 에너지와 기타 자원 부족에 따른 제약으로 지구가 수용할 수 있는 인류의 수는 최대 1,000억 명으로 추산되기 때문이다. 그럼에도 지구상의 인구가 100년에 1퍼센트 속도로 계속해서 증가하면 어떻게 될까? 빛의 속도로 불어난 인구는 120만 년 후반경에는 은하계와 맞먹는 거대한 구 모양의 살덩어리가 되어 단단히 뭉쳐있을 것이다.

일반적인 투자금이 불어나는 데는 시간이 얼마나 걸릴까? 가장 간편한 장기 투자 대상은 보통주 지수펀드이다. 보통주 지수펀드 투자금은 과거 약 10퍼센트의 연평균 성장률을 기록하며 7.3년 만에 2배로 증가했다. 역사적으로 물가상승률이 투자금 성장률을 약 3퍼센트 상쇄했으므로 실제 구매력이 2배로 확대되기까지는 평균 10년이 조금 넘게 걸렸다. 지수펀드 투자자 가운데 배당금과 양도차익 실현으로 과세 대상이 된 투자자들은 정부에 연간 몇 퍼센트 세금을 추가로 납부했으므로 이들의 투자금이 2배로 불어나는 데는 조금 더 긴 12년이 걸렸다.

복리 문제에 관한 대략적인 답을 빠르게 얻기 위해 회계사들이 이용하는 편리한 방법이 있다. 바로 '72 법칙'이다. 일정 단위기간 동안 돈이 R퍼센트만큼 불어난다면, 모든 이익을 재투자했을 때 돈이 2배로 불어나는 데 걸리는 기간은 72/R로 구할 수 있다.

(예) 투자금이 연간 8퍼센트 속도로 불어난다. 이익을 재투자할 경우 투자금이 2배가 되는 데 걸리는 기간은 얼마일까?

이 예제에서는 단위기간이 1년이므로 72의 법칙에 따라 72를 8로 나눈 값, 즉 9년이 답이다.

(예) 시장 중립적 헤지펀드의 순세후수익은 연평균 12퍼센트이다. 원금 100만 달러를 투자하고 이익은 재투자한다. 24년 뒤 투자금은 얼마가 될까?

72 법칙에 따라 투자 원금은 약 6년(72/12=6) 뒤 2배가 된다. 다음 6년 동안 또 2배가 되고 그다음 6년도 마찬가지이다. 24년을 6

446

년으로 나누면 총 4회에 걸쳐 투자금이 2배로 불어난다. 따라서 24년 뒤 투자금은 총 1,600만 달러(2×2×2×2=16)가 된다. 72 법칙과 관련해 자세한 내용은 〈부록 C〉를 참고하라.

72 법칙은 터무니없는 주장을 낳기도 한다. 내 개인 트레이너는 한 주식시장 세미나에서 '주식 롤링rolling'이라는 기법을 홍보하는 것을 봤다. 그들은 두 가격대를 반복해서 오가는 보통주를 선택해 싸게 산 다음 비싸게 팔기를 반복하라고 조언했다. 또한 바보들도 매달 22퍼센트를 벌 수 있다고 주장했다. 세금이 이연되는 개인연금IRA에 2,000달러를 투자하고 거기서 나오는 이익을 재투자하여 10년 뒤 정말로 46조 달러 이상을 손에 쥘 수 있다면 번거롭게 그 비법을 공유하느라 애쓸 이유가 있겠는가?

시간과 정력을 투자해 부를 1,000달러 키웠다고 가정하자. 다시 1,000달러만큼 부를 키우기 위해 똑같은 희생을 할 수 있을까? 그다음은 또 어떨까? 경제 이론가들에 따르면 대부분 사람들은 그렇게 하지 않으며, 1,000달러씩 연속적으로 순자산을 키워갈 때 투입하는 가치는 일반적으로 줄어든다. 이것은 모든 희소하고 유용한 물품, 소위 경제재economic goods를 대하는 사람들의 태도이다. 추가되는 각 단위(1,000달러)는 바로 앞서 얻은 단위보다 덜 가치있게 여겨진다.[4]

건강, 부, 시간 사이의 교환 관계에도 이 개념을 적용할 수 있다. 사람들은 더 많은 부를 쌓기 위해 시간과 건강을 포기하기도 한다. 스트레스를 받기도 하고 잠도 모자라며 식사는 부실하고 운동은 건너뛴다. 나와 같이 건강을 추구하는 사람이라면 건강관리, 진단, 예방, 운동 및 신체 단련에 시간과 돈을 투자할 수 있다. 나는 수십 년 동안 일주일에 6~8시간씩 달리고, 등산하고, 걷고, 테니스를 치거나 체육관에서 운동을 하며 보냈다. 나는 신체단련에 투자하는 1시간이 병원생활을 1일 줄여준다고 믿는다. 돈을 포기하고 시간을 얻을 수도 있다. 일을 줄일 수도 있고 시간을 절약해주는 재화나 용역을 돈을 주고 구입할 수도 있다. 가사일을 도울 사람이나 개인 비서를 채용하기도 하고, 직접 하고 싶지 않은 일을 다른 사람에게 맡기고 대가를 지불한다. 시간당 50달러를 지불하고 운전기사가 딸린 자동차를 이용하면서 출퇴근 길에 차에서 업무를 처리하며 시간당 수천 달러를 벌어들이는 뉴욕 전문직 종사자들은 자기 시간의 금전적 가치를 분명히 이해하고 있다.

자신의 시간이 지닌 가치를 파악하기 위해 자신이 얼만큼 일을 하고 있으며 수고의 대가로 얼마를 버는지 생각해보자. 일단 시간당 급여를 알면 돈을 주고서라도 시간을 얻는 것이 더 나은 경우는 언제이고 시간을 쓰는 편이 유리한 경우는 언제인지를 구분할 수 있다. 이런 방식으로 생각하는 일에 익숙해지면 자신이 벌어들일 수 있는 수익에 종종 놀라게 될 것이다.

내가 만나본 사람들 대부분은 시간, 돈, 건강의 비교가치를 충분히 생각하지 않았다. 캘리포니아의 뜨겁고 연무가 짙게 낀 리버사이드에 살면서 온화한 뉴포트 비치의 시간당 25달러 일자리까지 약 65킬로미터 거리를 2시간이 걸려 통근하는 한 독신 노동자가 있다. 리버사이드의 월세 1,200달러짜리 아파트에서 조건이 비슷한 뉴포트 비치의 월세 2,500달러짜리 아파트로 이사할 경우 임대료는 월 1,300달러 증가하지만 총 40시간의 통근 시간은 아낄 수 있다. 그의 시간 가치가 25달러라면 매달 1,000달러($25×40)를 절약하는 셈이다. 게다가 매달(20일) 약 2,600킬로미터를 차로 오가는 데 드는 비용도 감안해야 한다. 경제성 높은 자동차를 운행하여 1.5킬로미터당 50센트, 매달 약 800달러가 출퇴근에 든다면 뉴포트 비치에 살면서 매달 40시간의 운전 시간을 절약하는 것이 결과적으로 500달러 이익이다($1,000+$800-$1,300). 실제로 편도 2시간이 걸리는 통근 시간에 그가 버는 돈은 시간당 12.5달러에 불과하다. 사례의 노동자는 이런 사실을 파악할 수 있을까? 아마도 아닐 것이다. 뉴포트 비치에 살 때 지불해야 하는 월 1,300달러의 추가 임대료는 정기적으로 부담해야 하는 고통스럽고 가시적인 비용이기 때문이다. 반면 자동차 관련 비용은 쉽게 눈에 띄지 않고 아예 잊고 지낼 수도 있다.

미국인들의 평균 TV 시청 시간은 주당 40시간 이상으로 추정된다. 운동이나 신체 단련 프로그램으로 대체할 수 있는 '부실한 시간'이 많다는 뜻이다. 주당 5시간씩 운동 및 신체 활동을 하면 건강한 삶을 5년 더 연장할 수 있다.

이처럼 이연된 혜택을 저평가하는 것은 투자에서 흔히 있는 실수로서 인간의 기본적인 기질의 문제로 보인다. 한 심리학자가 네 살 아이들을 대상으로 실험을 했다. 아이들 각자에게 마시멜로 1개를 주고 실험자가 20분 후 돌아왔을 때 마시멜로가 그대로 남아있으면 1개를 더 주겠다고 약속했다. 결정은 각자의 판단에 맡겼다. 그 결과 아이들 3분의 2는 즉시 마시멜로를 먹었고 3분의 1은 기다려서 총 2개를 얻었다. 8년 뒤 12세가 된 아이들을 추적 평가한 결과, 마시멜로 2개를 얻은 아이들은 1개를 얻은 아이들보다 현저하게 높은 성취도를 보였다. 마시멜로 1개를 택한 어린이가 어른이 되어 연 16~29퍼센트의 참담한 금리가 적용되는 신용카드를 쓰고 있다고 하자. 그가 잉여현금을 어디에 투자하면 좋겠냐고 묻는다면 가장 먼저 신용카드 빚부터 갚을 것을 조언하겠다. 개인이 부담하는 이자는 세금을 계산할 때 소득에서 공제되지 않는 반면 저축은 확실한 수익을 보장하므로 투자 대신 빚을 갚으면 세후 연 16~29퍼센트의 무위험 수익률을 거두는 것이나 마찬가지이다. 다음으로, 마시멜로를 한 번에 먹어치우지 말고, 훗날 더욱 많은 마시멜로를 즐길 수 있도록 그중 일부로 투자를 시작할 것을 추천한다.

지수 추종이 대다수 투자자를 이긴다

대다수의 투자자들보다 초과수익을 달성하고 부를 키우는 가장 쉬운 방법은 단순한 개념을 바탕으로 한다. 이것은 투자의 수단인 동시에, 시장에 논리적으로 접근한다는 증거로서 모든 투자자가 반드시 이해해야 하는 개념이다. 미국 주요 증권거래소에서 거래되는 모든 주식을 매수하는 한 뮤추얼펀드가 있다고 가정하자. 이펀드는 미국 전체 주식의 시가총액에서 해당 종목이 차지하는 비중과 동일한 비중으로 펀드에 해당 종목을 편입한다. 따라서 펀드의 움직임은 전체 시장과 같다. 일일 가격 변동폭도 동일하고 배당 성향도 동일하다. 석유회사 엑손의 주가에 발행주식 수를 곱해 산출한 시가총액이 4,000억 달러이고 시장 전체의 시가총액이 10조 달러라면 펀드 역시 순자산의 4퍼센트를 엑손에 투자한다. 다른 종목도 마찬가지이다. 이와 같이, 일정한 증권 집합의 구성과 투자 성과를 복제한 뮤추얼펀드를 지수펀드라고 하고 이러한 펀드를 매수하는 투자자를 지수투자자라고 한다.

상장된 증권시장 전체를 모방하는 모든 형태의 투자를 '패시브' 투자라고 일컫는다. 각각의 패시브 투자는 시장과 동일하게 움직이므로 패시브 투자의 집합도 마찬가지라는 데 유의한다. 패시브 투자자들이 시장 전체 주식의 총 15퍼센트를 보유했다면 '그 외 모든 사람들'은 85퍼센트를 보유했을 것이다. 이들 역시 하나의 집단으로 취급할 경우 이들의 투자도 거대한 지수펀드와 유사하다고 볼 수 있다. 그러나 '그 외 모든 사람들'은 액티브 투자자로서 각자 자신만의 방법에 따라 어떤 주식을 얼마나 보유할지 결정하고, 투자를 지수에 연동하지 않는다. 노벨상 수상자 윌리엄 샤프는 모든 액티브 투자자들이 보유한 주식을 합하면 산술법칙에 따라 역시 지수를 복제하는 투자가 된다고 지적했다. 널리 알려진 개념이지만 유래는 확실하지 않다. 나는 이 개념을 샤프에게서 처음 들었는데 이때까지 접한 어느 것보다 명확한 해설이었다.[1] 나는 이것을 샤프 원칙Sharpe's Principle이라고 부른다.

나는 우리 둘다 UC어바인의 젊은 교수였던 1968~1969년 즈음 샤프를 만났다. 그는 존경받는 교수였고 1990년에 그에게 노벨상을 안겨준 연구도 이미 마친 상태였다. 안타깝게도 그는 사회과학대학 소속이어서 그가 UC어바인에 온 지 2년 만인 1970년에 스탠포드에 채용되어 떠날 때까지도 우리는 제대로 알 기회가 없었다. PNP가 잘 돌아가기 시작한 뒤에 그가 UC어바인에 있었더라면 협업도 가능하지 않았을까? 그는 이항binary 가격결정 모형으로 옵션을 이해하는 데 꼭 필요한 단순화에 기여했는데 나는 시장에 상당한 비효율이 존재한다는 사실, 즉 비정상적인 위험을 조정해 수익을 올릴 수 있음을 그에게 납득시킬 수 있었을지도 모른다. 나는 1975

년 UC어바인에서 그를 초청한 강연을 진행한 적이 있는데 당시 이 문제를 논의했다. 그는 내가 PNP에서 받는 보상이 시장의 비효율성을 입증하는 것은 아니라고 주장했다. 나와 동료들이 각자 지닌 가치에 따라 보상을 받는다고 볼 수도 있기 때문이다. 각자 재능을 다른 경제 분야에 쏟았더라도, 똑같은 보상을 기대할 수 있다는 뜻이었다.

비용 차감 전 기준으로 개별 패시브 투자자의 수익률은 지수 수익률과 동일하다. 이는 액티브 투자자 전체를 하나의 집단으로 보았을 때도 마찬가지다. 그러나 액티브 투자자 개개인은 다르다. 일부 종목은 지수 대비 더 많은 비중을 보유하고 일부는 적게 보유한다면 다양한 기간 동안 지수를 초과하거나 지수에 못 미치는 수익이 나올 수 있다. 액티브 투자자 전체 집단의 수익률(비용 차감 전)은 지수와 일치하더라도 개별 수익률은 통계적으로 지수수익률 주변에 분포한다. 대부분은 지수수익률과 꽤 근접하지만 일부는 상당한 차이를 보인다.

액티브 투자자는 더 높은 수익률을 기대하지 않고서도 더욱 큰 위험을 감수한다. 투자를 분산해 위험을 줄이는 것은 지수에 투자하는 이유 가운데 하나이다. 그러나 더 중요한 목적은 투자자의 비용 부담을 줄이는 것이다. 지수펀드는 매매가 빈번히 발생하지 않아서 연간 회전율이 단 몇 퍼센트에 그친다. 이는 지수펀드 관리자가 가끔씩만 주식을 추가하거나 제거하기 때문이기도 하고 펀드에서 현금의 유출입이 발생하기 때문이기도 하다.[2] 반면 전체 집단으로서 액티브 투자자들의 포트폴리오 회전율은 연 100퍼센트를 넘어선다. 빈번한 매매는 수수료를 발생시키고 시장가격에 영향을 미쳐 결과적으로 투자자들은 상당한 비용을 부담하게 된다.

잦은 매매의 영향으로 시장이 입는 손실을 설명하기 위해 '진정한' 가치가 주당 50달러인 XYZ라는 주식의 사례를 살펴보겠다. 계산상 편의를 위해 거래 가격은 10센트 단위로 형성되고 매 거래마다 매수호가가 49.90달러, 49.80달러, 49.70달러 등과 같이 촘촘히 제시되었다고 가정하자. 마찬가지로 매도호가는 50.10달러, 50.20달러 등으로 제시된다. 현재 시장에서 통용되는 가격, 즉 시장가에 주문을 내고 50.10달러를 지불한다. 진정한 가격보다 약간 높은 수준이다. 지불한 가격과 진정한 가격의 10퍼센트 차이가 시장충격market impact3이다. 시장충격은 주문의 크기에 비례해 확대된다. 위의 예시를 다시 살펴보면 시장에서 대량으로 주문이 발생하는 경우 50.10달러에 매도 요청한 물량뿐만 아니라 더 높은 호가의 매도 물량까지도 모두 소진된다. 평균 매수가격은 50.10달러보다 높아지고 시장충격은 주당 10센트보다 더욱 확대된다.

스티브 미즈사와와 나는 리지라인 파트너스를 운영할 당시, 대량 주문을 2만~10만 달러 단위로 세분하고, 매매를 일으키기 전 몇 분 동안 시간을 두고 시장가격이 회복하기를 기다리는 방법으로 시장충격 비용을 줄였다. 우리는 '진정한' 가격이 최고 매수호가와 최저 매도호가 사이 어디쯤이라는 것은 알지만 정확히 얼마인지는 알지 못한다. 대체로 두 가격의 중간쯤일 것이다. 시장충격이 실제 비용이라는 것을 확인하기 위해, 위 사례에서 주식을 50.10달러에 매수하고 곧바로 시장가격에 매도한다고 가정하자. 49.90달러에 매도했다면 20센트, 즉 0.4퍼센트 손실이 발생한다.

지수 추종을 하지 않는 투자자들은 거래비용으로 연평균 1퍼센트를 추가로 부담하고, 워런 버핏이 '헬퍼'라고 일컫는 사람들, 즉 투자의 모든 영역에 침투해 있는 펀드매니저, 영업사원, 자문가, 수탁자들에게도 1퍼센트 비용을 지불한다. 이 비용으로 인해 액티브 투자자의 전체 집단의 수익률은 2퍼센트 정도 격차를 두고 지수를 추종한다. 반면 노—로드no-load 펀드(판매 수수료가 없는 펀드), 저비용 지수펀드(간접비와 관리비 부담이 적은 펀드)를 선택한 패시브 투자자들이 부담하는 수수료와 거래비용은 0.25퍼센트 미만이 될 수 있다. 도박의 관점에서 볼 때 액티브 투자자에게 돌아오는 것은 패시브 투자자의 수익과 추가 이익, 혹은 공정한 동전을 (가상의) 카지노에서 던지는 대가로 연간 (평균) 2퍼센트 비용을 지불하는 데 따른 손실이다. 과세 대상에 해당하는 액티브 투자자들은 더욱 불리하다. 포트폴리오의 회전율이 높다는 것은 단기 양도차익이 발생했다는 뜻이고, 단기 양도차익에는 1년 이상 보유 후 유가증권을 매도해 얻은 장기 양도차익보다 더 높은 세율이 적용되기 때문이다. 예를 들어 1,000달러를 투자해 수익률 8퍼센트를 기록했다면 그 수익을 실현할 때 세금이 부과된다. 〈표 6〉은 세금을 매년 납부할 때와 일정 기간이 지난 뒤 한 번에 납부할 때의 결과를 비교한 것이다. 나는 단기 양도차익에 35퍼센트, 장기 양도차익에 20퍼센트 세율을 적용했다. 실제 세율은 투자자의 과세구간과 개정된 법률 등에 따라 달라진다.

영향력 있는 사모펀드 및 헤지펀드 매니저들은 해외 소득에 대한 세금을 유예하고, 더 나아가 근로소득자가 납부하는 경상소득세율 대신 훨씬 낮은 장기 양도소득세율로 세금을 납부할 수 있는 혜택을 달라고 의회의 친구들을 오랫동안 설득해왔다. 그 혜택의 영향을 보여주는 것이 〈표 6〉의 1열과 4열의 격차이다.

<표 6> 세율과 납부 시기별 투자자산가치 변화(수익률 8%)

투자 종료	투자자산가치		
	매년 35% 세율로 납부 시	매년 20% 세율로 납부 시	최종 연도에 20% 세율로 납부 시
즉시	1,000	1,000	1,000
1년 후	1,052	1,064	1,064
10년 후	1,660	1,860	1,927
20년 후	2,756	3,458	3,929
30년 후	4,576	6,431	8,250

시장 지수가 액티브 투자자들 전체 집합 대비 매년 2퍼센트 초과수익을 거둔다면 이것은 시장이 대부분의 주식형 뮤추얼펀드도 이긴다는 뜻일까? 널리 공개된 펀드들의 연례보고서를 보면 S&P500 지수는 대부분의 해에 대다수 뮤추얼펀드 대비 초과수익을 내지만 늘 그런 것은 아니다. 어째서일까? 무엇보다 우리는 비교 대상이 아닌 것을 비교하고 있다. S&P500 지수는 전체 시장과 다르다. S&P500에는 소형주 대부분이 포함되지 않는다. 시장 전체의 지수를 투자 유니버스universe4라고 한다면, S&P500은 (적은 비용을 부담하는) 액티브 투자자라고 할 수 있다. 뮤추얼펀드 자산 가운데 S&P500 외 종목에는 S&P500에 적용되는 샤프 원칙이 적용되지 않는다. S&P500 지수에 포함되는 종목은 스탠더드 & 푸어스Standard & Poor's가 선정하는데 때때로 기존 종목을 제거하고 새로운 종목을 추가하기도 한다. 이들 500개 대형기업은 공개시장에서 거래되는 종목 전체 시가총액의 약 75퍼센트를 차지한다. 2010년 전까지 시가총액 기준 미국 10대 기업에 포함되었던 버크셔 해서웨이를 비롯한 일부 초대형 종목은 지수에 포함되지 않는다. 1926년부터 2007년까지 82년 동안 중소형주의 연평균 누적수익률은 12.45퍼센트로

대형주의 10.36퍼센트보다 높았다. 그러나 뮤추얼펀드가 자산의 일부를 중소형주에 투자해서 얻는 추가 이익은 여전히 추가 비용을 상쇄하기에는 부족하다.

비교 대상이 아니라고 보는 이유는 또 있다. 첫째, 현금잔고cash balance의 영향 때문이다. 투자자들에 의해 펀드에는 지속적으로 현금의 유입과 유출이 발생하고 따라서 펀드는 일부 자산을 변동하는 현금잔고에 투자한다. 시장이 급등할 경우 현금에 대한 이자는 수익률을 따라잡지 못하고 따라서 주식 부문의 수익률을 하회한다. 반대로 시장이 급락할 경우에는 현금잔고만큼, 그리고 현금에 발생하는 이자 덕분에 주식 부문의 손실이 줄어든다. 이러한 캐시드랙cash drag5의 영향은 일반적으로 크지 않다.

둘째, 지수 추종형이 아닌 뮤추얼펀드 역시 액티브 투자자들로 구성된 집합의 일부분일 뿐이다. 이런 펀드들의 매니저는 상대적으로 숙련된 사람일 가능성이 높고 그렇다면 뮤추얼펀드의 집합은 다른 액티브 투자자 대비 초과수익을 낼 것이다. 액티브 투자자들의 수익률이 전반적으로 부진하더라도 이러한 뮤추얼펀드 집합은 다른 액티브 투자자들 대비 탁월할 수익률을 달성할 수 있을 것이다. 그러나 뮤추얼펀드의 과거 수익률에 관한 학계 연구에 따르면 뮤추얼펀드에 관한 한 관리능력의 영향력을 보여주는 증거는 거의 없다.

셋째, 샤프 원칙에 따르면 지수를 하회하는 것은 액티브 투자자들의 숫자가 아니다. 액티브 전략으로 투자되는 자산 전체 집합의 수익률이 지수 수익률을 하회하는 것이다.

뮤추얼펀드의 성과를 추적하는 모닝스타Morningstar는 펀드 성과를 지수 수익률과 주기적으로 비교하여 연구한다. 2009년 결과가 대표적이다. 위험, 규모 및 투자 범주를 조정하자, 단 37퍼센트의 뮤추얼펀드만이 과거 3년간 벤치마크 지수 대비 초과수익률을 거두었다. 5년, 10년 동안의 결과도 비슷했다.[6]

〈표 7〉은 지수 추종 투자의 이점을 보여준다. S&P500 종목과 같은 대형주에 대한 역사적 투자 수익률을 이용했고 비용은 나의 추정치이다. 자세한 내용은 〈부록 B〉를 참고하라. 비용과 물가상승률을 반영한 비과세 패시브 투자자들의 수익률은 연간 6.7퍼센트로, 액티브 투자자의 4.7퍼센트를 5분의 2 이상 앞선다. 세후 수익률은 액티브 투자자의 경우 2.0퍼센트이고 지수 추종 투자자는 그보다 2배 이상 높은 4.8퍼센트이다.

〈표 7〉 **패시브 대 액티브 투자 수익률 비교**

	지수	패시브	액티브
비용 차감 전	10.1%	10.1%	10.1%
비용 차감 후	─	9.7%	7.7%
물가상승률 반영 후	7.1%	6.7%	4.7%
물가상승률 반영 후, 세전	─	6.7%	4.7%
세후	─	4.8%	2.0%

지수 추종 투자를 할 경우에는 연간 비용이 0.2퍼센트 미만인 펀드를 선택해야 한다. 운용보수, 판매수수료sales load, 기타 비용이 추가된 펀드는 배제한다. 보통 30일과 같이 짧은 보유기간을 채우지 못하고 펀드를 환매할 경우 징벌적으로 부과되는 조기 환매 수수료는 무시해도 좋다. 이것은 특정 투자자들에 의한 대규모 단기 매매in-and-out로 비용 부담이 느는 것을 방지하기 위해 펀드가 도입한 수수료이다.

미국 주식형 뮤추얼펀드는 매년, 대개 10월 말에 현 시점의 과세 대상 손익을 현재 투자자들에게 배정한다. 펀드가 높은 수익을 올린 해에 이익 배정 직전에 투자를 시작했다면 실질적인 이익보다 훨씬 많은 금액을 기준으로 세금을 납부하는 불공평한 상황이 발생할 수 있다. 반면 펀드에 커다란 손실이 발생한 해 손실 배정 직전에 펀드를 매수한 투자자는 그에 상당하는 경제적 손실을 떠안지 않고서도 세금 부담을 줄일 수 있다.[7]

개인연금, 401(k) 퇴직연금, 종업원복지연금제도, 재단 등 비과세 투자자(기관)는 현재 액티브 투자에 상당한 이점이 있다고 판단할 강력한 이유가 있지 않은 한 액티브 주식투자를 (판매수수료가 없는) 노-로드 지수펀드 투자로 전환할 것을 고려해야 한다. 내 경험에 의하면 탁월한 종목 선정 능력을 보유한 사람은 매우 드물다. 이러한 전환이 거의 모든 사람들에게 필요하다는 뜻이다.

과세 대상 투자자는 보유 자산 하나하나를 개별적으로 검토해야 한다. 예를 들어 2015년 버크셔 해서웨이 A 주식을 매도할 때 주당 비용 약 1,000달러, 주당 시장가격 22만 5,000달러, 연방세와 주세를 합산한 세율이 30퍼센트라고 가정하면 순이익은 주당 약 15만 7,800달러일 것이다. 15만 7,800달러로 지수펀드를 매수해 수익률을 따라잡으려면 펀드는 앞으로 버크셔 해서웨이를 43퍼센트 웃도는 수익률을 달성해야 한다.[8] 그럴 가능성은 극히 낮아 보인다.

나의 버크셔 투자와 마찬가지로, 매매를 일으키지 않고 조언도 구하지 않는 투자자들은 액티브 투자자들이 일반적으로 지불하는 비용을 부담하지 않는다. 실제로 이런 투자자들의 비용은 지수 추종 투자자들보다 훨씬 적을 수 있다. 예를 들어 '매수 후 보유'하는 투자자가 무작위로 종목을 선택하여 각각의 시가총액에 비례하는 수량을 매수하는 경우, 우리는 샤프 원칙 증명에 이용한 추론을 거쳐 다음 사실을 입증할 수 있을 것이다. 바로 이 투자의 기대수익률은 '선택한 종목이 속한 지수의 수익에서 그리 크지 않은 매수 비용을 차감한 수익률'과 같다는 사실이다.

'매수 후 보유' 전략이 지수 추종 전략에 견주어 갖는 주요 단점에는 추가위험added risk이 있다. 도박을 예로 들면 매수 후 보유 전략으로 얻는 수익은 지수를 매수한 다음 동전을 반복적으로 던져가며 무작위로 손익을 추가하는 것과 같다. 그러나 다양한 업종에서 20여 개 종목을 매수해 보유한다면 이러한 추가위험은 대체로 크지 않다. 매수 후 보유 전략에 위협이 되는 것은 투자자 자신이다. 자신이 투자한 종목을 관찰하고 이야기와 조언을 듣다 보면 적극적인 매매로 이어질 수 있다. 이 경우 앞서 경고한 바와 같이 대체로 수익률이 부진할 수 있다. 지수를 사는 것은 이런 함정을 피하는 전략이다.

지수 추종 투자는 이렇게 이해할 수도 있다. 미국 기업 주식을 각각 같은 비율로 저비용 지수펀드에 편입하고, 나머지 주식 전체로 세계 최고 매니저들이 액티브 전략에 따라 운용하는 거대한 집합을 구성한다고 가정하자. 컴퓨터로 지수펀드를 운용하면서 장부기록만 처리하는 사무직원은 지구상에서 최고의 매니저들로 이루어진 팀을 이기고, 그들에게 지급되는 추가 수수료 및 보수만큼 초과수익을 기록할 것이다. 언론사들이 주최하는 수익률 대회에서도 다트, 주사위, (비유적으로) 침팬지의 손 등 운이 좌우하는 장치를 이용해 무작위로 선정한 종목들로 구성된 포트폴리오의 수익률은 전문가들이 구성한 포트폴리오에 결코 뒤지지 않는다.

chapter 26

시장을 이길 수 있을까? 시도해볼까?

처음 블랙잭에 관심을 가졌을 때, 모두들 카지노를 이길 방법은 없다고 말했다. 베팅액을 다양화하는 복잡한 방법을 수반하는 소위 이기는 기법들은 많은 고전적인 도박 게임에 적용했을 때 수학적으로 효과가 없다고 입증되었다. 게다가 누군가 카지노를 이길 수 있다면 그들을 막기 위해 카지노의 규칙이 바뀔 것이었다. 주식시장에 관심을 갖게 되었을 때 투자에 관해서도 같은 이야기를 들었다. 학자들은 효율적 시장 가설이라고 알려진 일련의 주장을 발전시켰다. 그들은 금융시장의 데이터를 이용해, 내일의 가격은 오늘의 가격을 중심으로 무작위적으로 움직인다고 볼 수 있으며 따라서 예측은 불가능하다고 설명했다.

게다가 가격 변동을 예측할 수 있다면 곧바로 그것을 최대한 이용하려는 사람들이 있을 것이다. 이 개념은 출처가 불분명하지만, 금융을 전공하는 학생이라면 누구나 효율적 시장 가설과 관련하여 떠도는 이러한 이야기를 들어본 적이 있을 것이다. 효율적 시장 가설의 아버지 유진 파마Eugene Fama가 한 대학원생과 함께 시카고대학 캠퍼스를 거닐고 있었다. 학생은 아래를 보며 "보세요, 바닥에 100달러짜리 지폐가 있어요."라고 외쳤다. 파마는 아래를 보지도 않고 걸음을 멈추지도 않은 채 대답했다. "아니, 그렇지 않네. 만약 돈이 있었다면 누군가 벌써 집어갔겠지."

블랙잭에서 카드는 무작위적으로 배분된다. 그러나 버려진 카드가 쌓이는 순서를 지켜보고, 사용된 특정 셔플링(카드섞기) 기법을 수학적으로 분석해 다음 딜링에서 카드의 새로운 순서를 부분적으로 예측하는 '셔플 추적'을 하면 그렇지 않다. 블랙잭에서 다음 차례로 특정 카드가 배분될 가능성 역시, 카드카운팅을 한다면 무작위적이지 않다. 일정한 지식을 가진 상태에서 무작위적으로 보이는 현상도 더 많은 정보가 주어진다면 달라질 수가 있다. 미래의 가격은 예측 불가능하고 누구도 시장을 이길 수 없지만[1] 그것은 시장가격의 움직임이 '진정으로' 무작위적일 때에만 해당한다.

관련 가설의 집합체인 효율적 시장 가설의 지지자들은 선진국의 증권시장이 새로운 정보에 빠르게, 그리고 가능한 최대로 반응한다고 믿는다. 진정한 신봉자들이 수십 년 동안 기본적으로 주장한 것은 투자자 대부분이 합리적이고 많은 정보를 가졌다는 것이다. 그 주장에 반하는 압도적인 증거들에 마지못해 굴복했으면서도 그들은 여전히 투자자들의 집단적 파급력collective impact으로 인해 현재의 시장가격이 미래 가능한 시나리오를 모두 평균해서 얻어지는 예상 가치의 최고 수준에 가깝게 유지된다고 주장한다. 1960년대 이후 경제학자와 재무학자들은 수만 편의 글과 수천 개 박사 학위, 수백 권의 책을 쏟아내며 다양한 형태의 효율적 시장 가설을 변호해왔다.

보통주의 적정가격은 미래에 가능한 모든 이익의 가치[2]에서 파생된다는 것이 고전적인 견해이다. 그런데 미래의 이익은 불확실하고, 알 수 없는 요인들의 영향을 받는다. 세계무역센터 쌍둥이 빌딩에 본사를 둔 회사의 미래 이익, 말하자면 9/11 사건이 당시 시장가격에 미칠 영향을 감안할 방법을 사전에 알 수 있었을까? 이와 같은 미래의 뜻밖의 사건들은 다양한 가능성과 위험을 반영하여 현재가치로 할인된다. 시장이 공개된 정보를 이용해 현재 가격을 형성하는 일을 제대로 하고 있다면 중요한 비공개 정보를 가진 투자자만이 유리할 것이다. 1980년대에 내부 정보를 이용한 불법적 매매로 투자자들이 기소된 유명한 사건이 그 사례이다.

효율적 시장 가설은 논리적 증명이 절대 불가능한 이론이다. 오로지 현실을 잘 설명하는지 여부에 대해서만 논쟁을 벌일 수 있을 뿐이다. 그러나 단순히 효율적 시장 가설이 적용되지 않는 사례를 제시하는 것만으로도 그것이 틀렸음을 입증하는 것이 가능하다. 그 사례가 더 많고 구체적일수록 이론의 현실 설명력은 더욱 떨어진다.

지금까지 나는 도박, PNP, 리지라인 및 다른 헤지펀드들로 거둔 성과, 그리고 워런 버핏 및 버크셔 해서웨이 사례를 통해 내가 시장을 이긴 과정과 방법을 제시했다. 시장을 앞서는 것은 시장을 이기는 것과는 다르다. 시장을 앞서는 것은 단순한 운이다. 시장을 이기는 것은 통계적으로 유의미하고 타당한 우위를 발굴하고 그것을 이용해 이익을 얻는 것이다. 예를 들어 PNP는 1980년대 폐쇄형closed-end 펀드의 특징이었던 청산가치 대비 크게 할인된 종목들을 발굴해 시장을 이겼다.

폐쇄형 펀드는 우선 투자자들에게 펀드 지분(주식)을 판매한다. 이것이 단 한 차례, 펀드 설립 시점에만 이루어지기 때문에 이런 펀드를 폐쇄형이라고 일컫는다. 경영진은 첨단기술, 한국, 정크본드, 그린에너지, 생명공학 등 특정 범주에 돈을 투자한다. 이러한 펀드가 작동하는 방법을 설명하기 위해 현재 귀금속 시장이 절정의 호황기를 누리는 중이라고 가정하자. 프로모터들은 '노다지'라는 이름의 폐쇄형 펀드 주식을 증권회사를 통해 판매하고 판매대금의 8퍼센트를 증권회사와 영업사원들에게 지급한다. 투자자들은 주당 10달러에 '노다지펀드' 주식 1,000만 주를 매수한다. 노다지 펀드의 펀드매니저들은 판매대금 1억 달러에서 8퍼센트를 제하고 남은 9,200만 달러를 금 관련 상장주식에 투자한다. 원래 10달러였던 노다지펀드 주식은 현재 9.20달러 가치를 지닌다. 이것이 주당 순자산가치net asset value(이하 NAV)이다. '셀 사이드sell side'에 있는 월스트리트의 프로모터들은 펀드 자산의 8퍼센트를 가져갔다. 투자자들은 금 관련주를 주당 10달러에 직접 매수할 수도 있었고 그랬다면 주당 10달러 가치의 주식을 보유했을 것이다.

노다지펀드 주식이 시장에서 거래되기 시작한다. 잔존 NAV가 9.20달러이지만 경영진의 능력을 낙관하는 투자자들은 매수호가로 11달러, 12달러 혹은 그 이상을 제시할 수 있다. 시간이 지나면서 노다지펀드 주식의 시가와 펀드의 NAV(펀드가 보유한 기초자산의 주당 가치)가 변동한다. 주식 가격이 NAV를 초과하면 NAV 대비 할증premium되었다고 하고, NAV에 못 미치면 할인discount되었다고 한다. 또 하나, NAV는 노다지펀드 주식의 청산가치를 보여주지만 경영진이 펀드를 관리하는 한 실제 가치는 훨씬 낮다. 경영진이 받는 수수료로 인해 비용이 발생하고 그로 인해 기초자산 포트폴리오를 직접 보유한 투자자들과 비교해 주주들의 편익benefits of ownership이 감소하기 때문이다.

경영진 비용과 수수료로 인해 폐쇄형 펀드는 대개 NAV 대비 할인된 가격에 거래된다. 경영진이 부과하는 수수료와 비용은 대개 기초자산 포트폴리오로 창출하는 부의 약 15퍼센트에 해당한다. 그렇다면 주주들이 기대할 수 있는 미래 이익은 약 85퍼센트이고 따라서 적정주가는 NAV의 85퍼센트 수준, 즉 NAV 대비 15퍼센트 할인된 가격일 것이다. 노다지펀드의 경우 최초 투자자들은 주당 10달러를 지불한다. 월스트리트의 판매 수수료를 제하면 9.20달러다. 그다음 경영진이 미래 이익의 15퍼센트를 가져가므로 투자자가 보유한 주식의 주당 가치는 15퍼센트 하락한 7.82달러($9.20×85%)가 된다. 총 10달러 투자금 가운데 2.18달러, 즉 21.8퍼센트를 순식간에 '조력자들'에게 내어주는 셈이다. 새 차를 사서 주차장에서 몰고 나가는 순간 가치가 떨어지기 시작하는 것과 마찬가지이다. 시간이 흐르며 주식의 NAV 대비 시장가격 비율이 변동하고 그 양상은 펀드마다 다르며 전체 시장환경에 따라 다르다. NAV 대비 할인폭이 50퍼센트, 할증폭이 80퍼센트에 이르는 경우도 목격했다. 투자자는 역사적 가격 대비, 그리고 비교대상 펀드 대비 크게 할인된 가격에 펀드를 매수할 기회를 찾아 유리하게 활용할 수 있다.

또한 크게 할증된 가격에 거래되는 펀드를 대상으로 공매도도 가능하다. 펀드의 기질에 따라 투자자는 포트폴리오 안에서 롱펀드와 쇼트펀드를 서로 어느 정도 헤지하고 선물과 옵션을 이용해 추가로 위험을 상쇄할 수도 있다. 이러한 전략은 상당히 꾸준한 수익을 안겨주지만 '구조 개선 작업' 기간이 길어지면 할증이나 과도한 할인이 점차 사라지면서 수익률도 그저 그런 수준에 그칠 수 있다. 나는 이 접근법을 활용해 지능적으로 운용되는 헤지펀드에 몇 년간 투자한 적이 있다. 그러나 시장가격의 오류가 해소되는 속도가 너무 느린 나머지 연간 수익률은 애초 기대했던 15퍼센트보다 낮은 10퍼센트에 그쳤다.

노다지펀드의 NAV가 10달러이고 주가는 40퍼센트 할인된 6달러라면 투자자들은 NAV 수준에 주식을 환매할 수 있도록 개방형 open-end 뮤추얼펀드로 전환할 것을 주주로서 펀드에 요구할 것이다. 또한 요구를 관철하기 위해 투표에서 이길 수 있을 만큼 충분한 주식을 매수해 확보할 것이다. 즉, 주당 6달러에 주식을 매수한 뒤 주당 10달러에 현금화하여 투자금 6달러에 대해 4달러, 즉 67퍼센트 수익을 얻을 수 있는 기회를 활용하는 것이다. 크게 할인되어 거래되는 폐쇄형 펀드는 PNP에게 기회였다. '참호를 파고 들어앉아' 자신들의 이익에 안주하려는 경영진의 극렬한 반대에도 불구하고 우리는 이러한 매매를 성공적으로 추진해 이익을 거두었다.

폐쇄형 펀드에서 시장가격과 NAV의 격차는 시장이 가격을 적절하게 형성하는 능력이 있다고 믿는 사람들을 숨을 곳이 없게 만든다. 투자자들이 1달러 가치의 자산에 1.8달러를 지불하기도 하고 또 1달러 상당의 유가증권을 50센트에 매도하기도 하는 이유는 무엇일까? 정보가 부족해서는 아닐 것이다. 실제 포트폴리오 보유 자산과 함께 펀드의 NAV 및 NAV 대비 가격이 백분율로 표시되어 정기적으로 공개되기 때문이다.

2008~2009년 금융시장 붕괴는 기업인수 목적 회사, 즉 '스팩

special purpose acquisition corporations, SPAC'이라는 명칭의 폐쇄형 펀드를 통해 할인된 가격에 자산을 사들일 수 있는 흔치 않은 기회였다. 스팩은 앞서 있었던 사모펀드 투자 호황기에 판매된 펀드이다. 스팩의 펀드매니저들은 기업공개로 모집한 자금을 에스크로 계정에 예치하고 특정 유형의 신생회사에 그 자금을 투자할 것을 약속했다. 금융시장 붕괴 당시 스팩의 실적은 암울했다. 기업에 대한 투자에서 평균 78퍼센트 손실이 발생한 것이다. 설립 당시 스팩들은 일반적으로 2년 내 투자를 실시하기로 합의했다. 스팩이 기업을 사들이기 전, 투자자들은 인수에 참여할지, 아니면 이자와 함께 원금을 되돌려 받을지 선택할 수 있었다.

2008년 12월경 시장은 공황에 빠졌고 미국 국채에만 투자하는 스팩마저도 NAV 대비 할인된 가격에 거래되었다. 스팩으로서는 투자를 이행하거나 청산하기까지 불과 2년밖에 남지 않은 상황이었다. 스팩은 투자를 실시하기 전, NAV 수준에 투자지분을 현금화할 기회를 주주들에게 제공한다. 경우에 따라 미국 국채를 보유한 스팩을 매수하고 몇 달 만에 현금화해서 연 10~12퍼센트 수익을 얻을 수 있었다.[3] 미국 국채 단기 금리가 0퍼센트 수준까지 하락해서 가능했던 일이다.

여전히 시장이 유가증권의 가격을 제대로 반영한다고 믿는 사람들에게도 이익을 낼 기회는 있다. 바로 투자자들이 간단한 사칙연산도 하지 못할 때 발생하는 기회이다.

나란히 위치한 자동차 대리점 두 곳이 있다고 가정하자. 1번 딜러는 신형 포드 세단을 9,000달러에 판매하고 6개월 뒤 2,000달러 현금 리베이트를 제공한다.[4] 2번 딜러는 같은 포드 세단을 1만

4,850달러에 판매한다. 자기 차를 몰고 대리점에 오는 사람들은 누구나 커다란 광고판에 적힌 두 가격을 볼 수 있다. 더 높은 가격을 제시한 2번 대리점 주차장에서는 풍선이 날아가고 악단이 연주를 한다. 1번 대리점이 낮은 가격을 제시했지만 시끌벅적하게 사람이 몰리는 곳은 2번 대리점이다. 소위 '합리적'이라는 투자자 대부분은 지나치게 많은 돈을 지불하는 쪽을 선호한다. 바보라서 그럴까? 그런 일은 없다고? 그렇지 않다. 이런 일은 꽤 자주 발생한다. 9,000달러 포드와 2,000달러 리베이트는 다음 사례에서 3Com 주식 100주에 해당한다. 1만 4,850달러짜리 포드는 팜파일럿 주식 135주에 해당한다. 구체적인 내용을 살펴보자.

휴대용 개인일정 관리기기인 팜파일럿으로 유명한 3Com은 팜파일럿 사업부를 별도회사로 분할한다고 발표했다. 팜파일럿 지분 약 6퍼센트는 2000년 3월 2일 목요일 기업공개를 통해 주당 38달러에 일반 투자자에게 제공되었다. 그날 하루만 총 2,300만 주의 발행 주식이 1.5회 이상 손바뀜을 경험해 거래량이 3,790만 주에 달했다. 주가는 장중 최고 165달러까지 올랐다가 95달러로 마감했다. 의도적으로 수요에 크게 미달하는 수량의 주식을 기업공개에서 시장에 내놓은 덕분에 당시 전형적인 기술주 기업공개 사례와 마찬가지로 팜파일럿 주식에 대한 매수 열풍과 주가 급등이 이어졌다. 여기까지는 앞서 18개월 동안 이어진 기술주 호황기에 종종 경험한 일이 반복된 것에 불과했다.

이제 시장의 비효율성 문제를 살펴보자. 목요일 장 마감 당시 팜파일럿의 시가총액은 534억 달러였다. 반면 여전히 팜파일럿을 94퍼센트나 보유한 3Com의 시가총액은 '고작' 280달러에 불과했다. 3Com이 보유한 팜파일럿 지분 94퍼센트의 시장가치는 500억 달러였으므로, 이는 팜파일럿 지분을 제외한 3Com의 잔여 가치가 시장에서 −220억 달러로 평가된다는 의미였다. 반면 애널리스트들이 평가한 3Com의 잔여 가치는 50~85억 달러였다. 3Com은 6개월 내로 팜파일럿 지분을 주주들에게 배분하기로 했다. 내 아들 제프는 이것을 미리 예상하고 며칠 앞서 내게 전화를 걸어 자금을 마련해두라고 당부했다. 팜파일럿 주식을 보유하는 방법은 다음과 같았다. 먼저, 기업공개에서 직접 매수하거나(관련성 없이는 공모주를 배정받기 어렵다.) 거래가 시작된 뒤 유통시장aftermarket에서 주가가 심하게 요동치는 가운데 비싼 가격에 매수할 수도 있다. 또는 3Com 주식을 매수하고 몇 달 기다려 3Com 1주당 팜파일럿 1.35주를 배정받는 방식으로 간접적으로 팜파일럿을 매수할 수도 있었다. 분할 후 남은 3Com의 흑자 사업 부문의 주식을 보유하면 주당 현금흐름cash per share, CPS 8달러를 확보할 것이었다. 당시 제프가 추정한 3Com의 가치는 15~25달러 수준이었다.

애널리스트의 해설을 보자. 제프는 3Com 100주당 팜파일럿 135주가 배정될 것으로 추정했다. 시장의 일반적 예상치인 150주와 비교하면 이것은 의도적으로 '최악의 시나리오'를 반영해 보수적으로 추정한 수치라고 볼 수 있다. 시장이 추정한 두 회사 가치의 괴리는 우리 가정보다 더욱 커보인다. 3Com 주주들에게 배정될 팜파일럿 주식 수는 그 시점의 3Com 발행주식 수에 따라 결정되고, (미행사 옵션 등에서) 앞으로 얼마만큼 주가희석dilution5이 발생하는지에 따라서도 달라질 것이므로 불확실성 요인이다.

제프와 내가 전략을 논의한 첫날 특정 시점에 3Com는 주당 90

달러, 팜파일럿은 주당 110달러에 거래되었다. 팜파일럿 135주를 현금으로 매수하려면 1만 4,850달러가 필요하지만 3Com 100주를 9,000달러에 매수하면 팜파일럿 135주와 '분리 후' 3Com 사업부의 100주를 확보할 수 있다. (3Com 100주를 두 가지 주식을 가질 수 있는 표라고 생각해보자. 하나는 팜파일럿 135주이고, 다른 하나는 분할 후 남은 3Com 100주이다.) 3Com 100주를 사고 9,000달러를 지불하면, 1만 4,850달러 상당의 팜파일럿 주식과 현재가치 기준으로 1,500~2,500달러 상당의 분할 후 남은 3Com 주식을 모두 갖게 된다. 3Com 사업부 주식을 가령 2,000달러에 매도한다면 최종적으로 순비용 7,000달러에 팜파일럿 135주를 확보하는 셈이다.

나는 효율적 시장 이론가들에게 다음 질문에 답할 것을 요구한다. 사람들은 7,000달러면 충분히 취득할 수 있는 팜파일럿 주식 135주를 어째서 1만 4,850달러나 지불하고 사는 것일까? 3Com 주식을 이용하면 절반도 안 되는 가격에 취득할 수 있는데도 일부 투자자들이 팜파일럿을 군이 시가총액 530억 달러에 상당하는 가격에 사려는 이유는 무엇일까? 정보가 부족해서는 아니다. 조건은 간단하고 모두에게 공개되었으며 사전에 알려졌다.

제프와 나는 이 정보를 어떻게 유리하게 활용할 수 있었을까? 3Com을 매수하고 약 6개월을 기다려 3Com을 통해 확보한 팜파일럿 주식과 분할 후 남은 3Com 주식을 매도하는 방법도 있었다. 그런데 만일 3Com과 팜파일럿 모두 현재 상당한 고평가 상태이며 나중에 가격이 급락한다면 어떻게 될까? 이런 일이 가능하다고 믿을 만한 근거도 있었다. 첫째, 3Com 주가는 기업공개 2개월 전만 해도 50달러 수준이었지만 분할에 대한 기대감으로 기업공개 직전 100

달러를 넘어섰다. 둘째, 우리는 거대한 비합리적 투자자 집단이 주도한 투기 거품이 기술주에 형성되었다고 보았다. 비합리적 투자자 대부분은 새로운 형태의 '카지노' 출신과 다름없는 단타족들이었다. 투기 거품에 대한 우리의 생각은 옳았다. 당시 사상 최고치를 기록했던 나스닥 지수는 3년이 채 지나기도 전에 75퍼센트 하락했다. 그때 이후 16년이 흘렀지만 지수는 여전히 손실폭을 회복하지 못하고 있다.

우리는 팜파일럿 135주를 빌린 다음 주당 110달러에 공매도해 1만 4,850달러를 벌 수 있었다. 중개인은 우리가 빌린 주식을 갚을 때까지 수익금을 에스크로에 예치할 것이었다. 우리는 또한 3Com 100주를 주당 90달러, 총 9,000달러에 매수해서 이익은 거의 확실한 반면 무위험에 가까운 헤지 포지션을 구성할 수 있었다. 6개월 가량 지나면 우리는 3Com 100주에 대해 팜파일럿 135주를 배정받을 것이고 이것을 인도해 공매도 포지션을 정리할 것이었다. 그러면 공매도 수익금 1만 4,850달러가 에스크로 계좌에서 지급되어 우리는 현금 5,850달러 상당의 순이익과 분할 후 남은 3Com 100주를 갖게 될 것이었다. 이 시점에 분할 후 남은 3Com이 시장에서 주당 15달러에 거래되고 있다면 보유한 100주를 매도해 추가로 1,500달러 수익을 올릴 수 있을 것이었다. 9,000달러를 투자해 6개월 만에 총수익 7,350달러, 82퍼센트 수익률을 달성할 수 있는 것이다.[6]

우리를 비롯한 차익거래자들이 얻게 될 이러한 이익은 공매도할 팜파일럿 주식을 중개인에게서 얼마나 빌릴 수 있는지에 따라 달라진다. 27억 달러 규모의 전환증권 헤지펀드를 운영하는 한 친구는 팜파일럿 20만 주를 공매도할 수 있었다. 그는 기업공개 전 주가가 급등할 것을 기대하고 그보다 앞서 훨씬 싼 가격에 3Com을 매수해두었다.

〈월스트리트 저널〉이 지적했듯이[7] 차익거래자(헤지투자자)들이 팜파일럿 주식을 좀 더 많이 빌릴 수 있었던 며칠 사이에 팜파일럿을 공매도하고 3Com을 매수했다면 가격괴리를 줄일 수 있었을 것이다. 시장이 비효율적임을 보여주는 메커니즘, 다시 말해 '멍청'하거나 비합리적인 팜파일럿 매수자들과 전문 차익거래자들의 서로 다른 행동양식은 여기서도 분명히 드러난다. 〈월스트리트 저널〉에 따르면 아이엑스넷IXnet이 IPC 커뮤니케이션즈에서 분리된 2월 중순에도 유사한 가격괴리가 발생했다. IPC는 여전히 아이엑스넷 지분 73퍼센트를 보유하고 있었지만 소위 '효율적'이라는 시장에서 IPC는 아이엑스넷의 절반도 안 되는 가격에 거래되었다. 제프는 이것 역시 헤지투자 기회로 활용했다.

지구 평면설을 믿는 '평평한 지구 학회Flat- Earth Society' 회원들이 그렇듯, 효율적 시장을 신봉하는 사람들에게 3Com과 팜파일럿 사례는 전혀 문제가 되지 않는다. 효율적 시장 가설의 대표적 지지자 중 한 사람은 차익거래자들이 어차피 가격괴리를 조정할 수 없었다고 주장한다.[8] 공매도를 하기에 충분한 팜파일럿 주식이 없었고, 설령 있었다 하더라도 차익거래자(헤지투자자)들로 인해 팜파일럿 주가는 상대가치와 일치하는 선에서 형성되었을 것이라는 주장이다. 이 주장은 사실이다. 주식을 충분히 빌릴 수만 있었다면 나를 비롯해 다른 투자자들은 순자산의 상당 부분을 베팅했을 것이다. 그러나 팜파일럿 매수자들은 스스로 잘못된 가격을 수정할 수 있었고 수정해야만 했다. 그랬다면 간단히 팜파일럿 주식을 매도하고 그 수익금을 3Com에 재투자함으로써 비용을 들이지 않고 팜파일럿 지분을 크게 늘릴 수 있었을 것이다. 그러나 기업공개 다음 날 〈뉴욕타임즈〉 1면에 실린 기사[9]를 포함한 광범위한 설명도 좀처럼 직접적인 영향을 미치지 못했다. 이쯤 되면 투자자들은 사칙연산을 할 줄 모르고 주변에 할 줄 아는 사람도 없다고 밖에는 볼 수 없었다.

팜파일럿과 3Com 사례를 생각하며 효율적 시장 이론을 다시 한 번 살펴보자.

누구도 이길 수 없는 완벽하게 효율적인 시장은 다음 조건을 만족시켜야 한다.

1. 모든 정보는 디수의 시장 참가자들이 즉시 이용 가능하다.
2. 다수의 시장 참가자들은 재정문제를 합리적으로 판단한다. 예를 들어 다른 조건이 같다면 돈이 적은 것보다는 많은 것을 언제나 선호한다.
3. 다수의 참가자들은 이용 가능한 모든 관련 정보를 즉시 평가할 수 있고 모든 유가증권의 현재 적정가치를 판단할 능력이 있다.
4. 새로운 정보가 나타나면 즉시 새로운 적정가격이 형성되므로 가격이 전환되는 도중, 즉 과도기 가격에 거래가 이루어져 시장 대비 초과수익을 얻는 일은 발생하지 않는다.

참고: 효율적 시장 이론의 지지자들은 이러한 조건 가운데 일부, 또는 전부가 비현실적이라는 것을 정도는 다르지만 인식하고 있다. 그러면서도 효율적 시장 이론의 현실 근접성이 충분히 유효하다고 주장한다.

이제 시장이 실제로 어떻게 작동하는지 알아보고 더 나은 투자 방법을 파악해보자.

실제 투자의 세계를 지나는 긴 여정에서 우리는 비효율적인 시장을 목격했고 그 가운데 다음과 같은 시장을 이길 수 있었다.

1. 일부 정보는 적절한 시간과 장소에서 그 정보를 접하는 일부 사람들만 즉시 이용할 수 있다. 많은 정보는 제한된 숫자의 사람들에게만 먼저 알려지고 그 후에야 더 큰 집단으로 단계적으로 확산된다. 정보 확산은 상황에 따라 수분, 수개월까지 걸릴 수 있다. 이 정보를 이용해 가장 먼저 행동에 나서는 사람들이 이익을 얻는다. 다른 사람들은 아무것도 얻지 못하거나 손실을 본다. (참고: 내부자의 사전 정보 이용은 정보의 종류, 취득 방법 및 활용 방법에 따라 합법과 불법 여부가 달라진다.)

2. 재정적 문제에 관한 개개인의 판단은 오로지 제한된 방식으로만 합리적이다. 거의 전적으로 비합리적인 사람들이 있는가 하면 거의 모든 행동에서 합리적 판단을 하기 위해 분투하는 사람들도 있다. 실제 시장 참가자들의 합리성은 제한적이다.

3. 시장 참가자들은 대개 증권의 적정가격을 판단하는 데 필요한 관련 정보 중 일부만 가지고 있다. 정보 처리 시간과 분석 능력은 상황에 따라 크게 달라진다.

4. 특정 정보에 반응한 매수 및 매도 주문이 몇 초 만에 물밀듯 쏟아져 가격괴리가 발생하거나 사상 최대 수준으로 괴리가 확대되기도 한다. 그러나 학계 연구에 따르면 뉴스에 대한 반응은 대개 수분, 수시간, 수일, 수개월에 걸쳐 나타난다.[10]

실제 시장의 성격을 알면 시장을 이기는 방법을 알 수 있다. 다음 중 한 가지만 지켜도 시장을 이길 수 있다.

1. 좋은 정보를 일찍 얻는다. 자신이 가진 정보가 충분히 유용하고 빠른 것인지 여부는 어떻게 알 수 있을까? 그렇다는 확신이 서지 않는다면 아마 그 생각이 맞을 것이다.

2. 규율에 엄격한 합리적인 투자자가 된다. 선전문구, 변덕, 감정보다는 논리와 분석을 따른다. 의심의 여지없이 합리적이고 확실하게 정당성을 입증할 수 있을 때만 우위를 지닌다고 상정하라. 자신이 우위를 지녔다는 강력한 확신이 없는 한 도박을 하지 마라. 버핏이 말했듯이 "오직 팻 피치에만 방망이를 휘둘러라."

3. 우수한 분석법을 찾는다. 내게는 통계적 차익거래, 전환가능증권 헤지, 블랙—숄즈 모형, 블랙잭의 카드카운팅 등이 효과가 있었다. 재능 있는 소수의 뛰어난 증권 분석과 우수한 헤지펀드들의 기법을 활용하는 것도 또 다른 이기는 전략이다.

4. 증권이 적정가격에 거래되지 못한다는 사실이 알려지고 사람들이 이것을 기회로 활용하면 가격괴리가 해소되는 경향이 있다. 가장 먼저 매매를 한 사람이 가장 많은 이익을 얻고, 매매가 계속되면서 가격괴리가 약화되거나 해소된다는 뜻이다. 기회를 발견했다면 다른 사람들보다 먼저 투자해야 한다.

한편 시장의 비효율성 여부는 관찰자의 지식 수준에 달린 문제이다. 시장 참가자 대부분에게는 내세울 만한 장점이 없다. 그들에게는 블랙잭의 카드나 룰렛 숫자의 등장이 무작위적으로 보이는 것만큼이나 시장도 완전히 효율적으로 보인다.

시장을 이기려면 자신의 지식과 평가 능력, 즉 역량의 범주circle of competence 안에 있는 투자 기회에 집중해야 한다. 내가 가진 것이 최신 정보이고 정확하며 본질적으로 완전한 정보라는 것을 분명히 해야 한다. 정보는 '먹이사슬'을 타고 내려가는 것이어서 정보를 먼저 얻은 사람은 '먹고' 나중에 얻은 사람은 '먹히는' 관계에 있다는 사실을 알아야 한다. 마지막으로, 자신에게 우위가 있음을 논리로, 그리고 과거 실적이 있는 경우 그 실적으로 입증할 수 없다면 베팅해서는 안 된다.

시장을 이기려는 의도가 있든 없든 자신의 부를 적절히 관리하면 더욱 좋은 성과를 거둘 수 있다. 다음 장은 이와 관련한 이야기이다.

자산 배분과
부의 관리

선진공업국에서 민간의 부는 주식(보통주), 채권, 부동산, 수집품, 원자재 및 각종 개인 자산과 같은 주요 자산군에 분산되어 있다. 원하는 각 자산군의 지수펀드를 선택해 투자하는 투자자의 합산 위험과 수익은 각 자산군별로 부를 어떻게 배분했는지에 따라 달라진다. 지수를 추종하지 않는 투자자도 마찬가지다. 〈표 8〉은 대략적인 자산 범주를 보여준다. 뮤추얼펀드, 헤지펀드, 재단 및 임직원기금이 보유한 투자자산은 그 기초자산underlying asset이 이미 반영되었으므로 포함하지 않았다.[1] 신주인수권, 옵션, 전환사채 및 그 이후 발명된 복잡한 파생상품은 앞서 살펴본 것처럼 보통주와 같은 '기초' 유가증권으로부터 가치를 산출한다. 이들 상품은 별도의 자산군으로 나열하는 대신 해당 기초자산군에 포함되는 것으로 이해한다.

나의 자산은 〈표 8〉의 자산범주를 기준으로 어떻게 구분될까? 대다수 투자자의 3대 자산군은 주식, 이자부 유가증권, 부동산이다. 각각 미국 가계 총 순자산$^{net\ worth}$의 약 4분의 1씩 차지하는데 특정 자산군의 호황기와 불황기에 따라 이 비중은 달라진다.

⟨표 8⟩ **주요 자산군과 하위 세부 자산**

주식
보통주
우선주
신주인수권과 전환가능증권
비상장주식

이자부 유가증권
채권
      정부채
      회사채
      지방채
      전환사채
현금
      단기국채
      저축계좌
      양도성예금증서^{CD}
주택저당담보증권^{MBS}

부동산
주거용
상업용

원자재
농산물
산업재
통화
귀금속

수집품 (미술품, 보석, 동전, 자동차 등)

기타 (시장성) **동산**
오토바이, 비행기, 배, 보석(장신구) 등

상승세에 있는 자산군을 매수하고 하락세인 자산군을 매도하여 수익을 추구하는 투자자의 경우 역사적으로 부진한 수익률을 기록해왔다. 특히 2000년에 끝난 기술주 거품, 2006년에 정점을 찍은 부동산 가격 상승, 2008~2009년 주식시장 폭락 당시에는 큰 희생을 치러야 했다. 반면 쌀 때 사서 비싸게 판 '역발상contrarian' 투자자, '가치value' 투자자들은 자산군별로 펀드를 교체하여 초과수익률을 달성한다.

〈부록 B〉의 표에 따르면 장기적인 투자수익률이 가장 높은 자산은 주식과 상업용 부동산이다. 이자부 상품은 세금과 물가상승률을 반영하면 대체적으로 손익평형이었고 비과세 투자자의 경우에만 약간의 수익을 거두었다. 주식은 장기적으로 최고 수익률을 달성했지만 직전 최고점에서 지속적으로 수익이 악화되는 '드로다운 drawdown'이 길어졌다. 부동산 투자 수익률은 2008~2009년 급락했다.

21세기의 자산군별 위험과 수익률도 20세기와 비슷하다고 가정하면 장기 패시브 투자자들이 가장 높은 수익을 기대할 수 있는 자산은 보통주, 그리고 자세한 데이터는 없지만 수익형 상업 부동산일 것이다. 두 자산으로 투자를 다각화하면 위험은 줄이고 전체적인 수익률은 높일 수 있을 것이다.

많은 투자자들은 보통주나 부동산에 수반되는 위험수준을 감당하고 싶어하지 않는다. 보통주나 부동산의 경우 부가 급감할 때 전체 수익률을 크게 저해하기 때문이다.

내가 아는 어느 은퇴한 부부의 경우 투자자산이 600만 달러가량 되었다. 남은 생애 동안 생활비로 쓸 자금이었다. 연간 이 자금의 4퍼센트를 소비하고 나머지는 무엇이 되었든 '물가상승률을 따라잡는 안전한' 자산에 투자하면 둘 중 최소 한 사람은 살아가게 될 앞으로 25년 동안 물가상승률 조정 후 연간 24만 달러에 해당하는 세전 수익을 누릴 수 있을 것이다. 부부는 비과세 지방채에 절반을 투자하고 나머지 반은 주식에 투자했다. 그들은 대공황이 재현될까 봐 두려웠다.

내가 보기에 두 사람에게 적절한 계획이었다. 남편과 아내 모두 금융과 투자를 배우는 데는 관심이 없었으므로 그들은 패시브 투자자로 남아있어야 했다. 나는 1990년대 초에 주당 1만 2,000달러에 거래되던 버크셔 해서웨이에 50만 달러를 투자하라고 제안했지만 그것조차도 그들의 생각에는 너무 과한 것이었다. 내 제안을 따랐다면 남편이 아내보다 오래 살다 2016년 사망한 시점을 기준으로 투자금은 900만 달러가 되었을 것이다. 상대적으로 안전하고 안정적인 지방채에 자금의 절반을 투자하면 어려운 시기를 견뎌내기에 충분한 부를 보존할 가능성이 높았다.

몇 년이 흘렀다. 지방채의 시장가격은 금리와 반비례했지만 수익률은 연평균 4퍼센트(비과세) 수준으로 연간 12만 달러 수익이 발생했다. 한편 전체 미국 주식투자는 같은 기간 평균 4~5배(세금, 투자 자문 수수료 및 기타 비용 차감 전 기준) 증가했고 버크셔 해서웨이 주가는 1만 2,000달러에서 15만 달러 가까이 상승했다가 금융위기 당시 7만 5,000달러로 하락했고 2016년에 20만 달러로 뛰었다. 2008년 금융위기가 닥쳤을 때는 주식시장이 반등하기 전까지 시가총액의 절반이 증발했다. 세수가 축소되면서, 미국 정부의 막대한 적자는 주와 지방정부까지 확대되었다. 지방채의 안전도 더 이상 장담할 수 없는 것처럼 보였다. 주식에 투자했다면 더 나았겠지만 부부에게는 충분한 자금이 있었다. 그들은 여전히 안전하다고 느꼈고 마음을 졸이며 주식 포트폴리오 가치의 등락을 지켜보지 않아도 되었다.

몇백만 달러 규모의 포트폴리오를 구축한 투자자도 있었다. 투자 목적은 원하는 수준의 소비를 감당할 만큼 수익을 내는 것이었다. 따라서 그의 포트폴리오는 주로 단기 및 중기 채권으로 구성되었으며 그 결과 상당한 소득세를 납부해야 했다. 흥미롭게도 그는 배당금과 이자 형태의 소득만 소비 가능한 소득이라고 생각했고 주가 상승으로 인한 이익은 실제 소득이 아니라고 여겼다. 나는 그에게 실현이익과 미실현 자본이익 및 손실을 구분하는 것과는 상관없이, 총수익률(세후)이 상승한다는 것은 소비할 돈과 보유할 돈이 더 많아진다는 의미임을 납득시키려고 했지만 통하지 않았다. 버크셔 해서웨이처럼 배당금을 지급한 적이 없고 따라서 그의 입장에서는 '소득'을 창출한 적이 없는 주식을 보유한다는 것은 그에게 생각할 수도 없는 일이었다. 이처럼 총수익(경제적 이익) 대신 실현이익을 선호하고 값비싼 비용을 치르는 경우는 흔하다.

투자에 나서기 전 생각이라는 것을 조금이라도 해보려는 투자자에게는 검토할 정보가 많다. 예를 들면 S&P500과 같은 주가지수가 과거 몇 년 동안 기록한 평균 주가수익비율PER은 향후 몇 년 동안의 지수 총수익률과 강한 역의 상관관계를 보인다. 간단히 말해, 지수의 PER이 높으면 주식들이 고평가 상태로 향후 수익률이 예상보다 낮을 수 있고 PER이 낮으면 그 반대를 뜻한다. 자산군별로 투자를 다각화한 투자자는 이 정보를 이용할 수 있다. 즉, 지수 PER가 역사적으로 높은 수준이라면 주식에 대한 자산 배분 비중을 줄이고 PER이 낮으면 주식 비중을 늘리는 것이다.

나는 PER의 역수, 즉 이익을 주가로 나눈 비율인 이익수익률을 보는 편이다. 예를 들어 PER이 20배라면 이익수익률은 20분의 1인 5퍼센트이다. S&P500 지수에 투자하는 투자자는 지수를 저등급 장기채권처럼 여기고 이 '채권'의 이익수익률을 실제 채권의 벤치마크 benchmark(기준) 수익률, 즉 장기 국채나 특정 등급 회사채 수익률과 비교할 수 있다. 채권의 기준 수익률 대비 주가지수의 이익수익률이 상대적으로 역사적 고점에 있다면 투자자는 채권 일부를 매도하고 주식을 매수한다. 주식과 비교해 채권 수익률이 높을 때는 주식에서 채권으로 자금을 이동한다.

이야기가 주식을 판다. 모든 것을 혁명적으로 변화시킬 근사한 신제품, 제품을 통제하고 가격을 결정하는 독점권, 공공의 여물통에서 실컷 배를 채우는 정치인들과 연결되고 보호받는 기업, 굉장한 광맥 발견과 같은 이야기이다. 이런 이야기를 들으면 신중한 투자자는 중요한 질문을 던져야 한다. 이 회사는 얼마에 사야 싸게 잘 사는 것일까? 얼마면 너무 비싼 가격일까? 자신이 판단한 적정 매수가격보다 주가가 높을 때는 해당 주식에 투자하지 않는다. 그러나 많은 기업을 주의깊게 살펴보면 그런 주식도 이따금 상당히 매력적인 투자 대상이 된다. 경험이 많은 뛰어난 투자자일수록 적정한 '매수' 가격과 '고평가 상태로 볼 수 있는' 가격의 범위(예를 들어 40~80달러)가 좁아져서 더욱 강한 확신을 갖고 좀 더 많은 상황에 참여할 수 있다.

2014년 말, 미국 주식시장은 전 세계 시가총액의 3분의 1을 조금 넘게 차지했다. '수익률을 유지하면서 위험을 낮추는' 다각화의 장점을 도모하기 위해서 한 개 국가 이상의 주식시장에 투자할 것을 추천하였다. 결과는 시기에 따라 달랐다. 1970년부터 1986년까지는 우수했고 1987년부터 2015년은 그저 그런 수준이었다. 최근 몇 년간, 특히 위기 상황에서 더욱 두드러지게 나타난 경향은 기술 발전에 따라 정보의 세계화가 확산되면서 세계 시장과 미국 시장의 움직임은 더욱 밀접하게 연동되고 따라서 세계 여러 국가로 투자를 다변화해서 줄일 수 있는 위험의 크기가 제한적이라는 것이다.

대다수 미국 가정은 집을 자가로 보유한다. 주택은 많은 가계에서 부의 큰 부분을 차지한다. 투자 대상으로서는 어땠을까? 1952년, 삼촌 부부는 캘리포니아주 토런스의 노동자들이 주로 거주하는 마을에서 목조 골격에 치장 벽토를 바른 작은 단층집을 1만 2,000달러에 구입했다. 삼촌은 캘리포니아에서 특히 극심했던 부동산 거품이 거의 절정에 달한 2006년에 그 집을 팔았다. 동네는 범죄 조직들의 은신처에 가깝게 쇠퇴했고 집은 한참 낡았지만 삼촌은 그 집을 팔아 세금과 수수료를 제하고 순수익 48만 달러를 올렸다. 삼촌의 투자금은 54년 만에 40배로 불어나 연평균 수익률이 7퍼센트에 달했다. 재산세 및 유지보수 비용으로 지출한 연간 몇 퍼센트의 비용은 비슷한 건물에 세를 들었을 때 지불해야 할 임차료보다 적었다.

이런 종류의 이야기가 많기는 하지만 삼촌은 특히 운이 좋았다. 경제학자 로버트 실러Robert Shiller에 따르면 물가상승률을 반영한 미국 평균 주택 가격은 1890~2004년 연간 약 0.4퍼센트 성장했는데 1940년 후반부터 2004년까지 연간 성장률은 약 0.7퍼센트였다.[2] 그는 이것을 근거로 주택을 소유하는 주된 목적이 수익 창출이 되어서는 안된다고 주장했다.[3] 대신 집을 빌리는 편이 재정적으로는 더 나을 수도 있다. 그러나 나처럼 주택을 소유해 누리는 계량화할 수 없는 장점을 추구하는 사람들도 있다. 내 집이라면 집주인에게 사전 허락을 구할 필요 없이 얼마든지 집 구조를 변경하고 고칠 수 있다. 고정금리로 대출을 얻었거나 대출 없이 집값을 전액 지불했다면 앞으로 매달 지출할 비용이 통제 가능하다는 안도감도 얻을 수 있다.

앞서 언급했듯이 과세 대상 투자자는 이익을 정부와 공유하고 따라서 동일한 포트폴리오를 운용하는 비과세 투자자에 비해 부가 크게 줄어든다. 이런 영향을 부분적으로, 혹은 완전히 상쇄하는 방법으로 잘 알려진 것이 절세목적매도tax-loss selling이다.

절세목적매도는 간단히 말해 당해 연도가 종료되기 전에 손실이 발생한 주식을 처분해 손실을 실현함으로써 소득세를 줄이는 것이다. 이것은 12월에 매도 압력이 발생해 그해 하락한 종목의 주가가 더욱 심각한 부진을 겪고, 다음 해 1월에 주가 반등과 초과수익을 경험하는 소위 '1월 효과'에도 영향을 미친다. 규모가 작은 기업일수록 그 영향은 더욱 크다. 투자자들은 하락한 종목을 팔고 즉시 되사는 방법으로 경제적 손실(혹은 이익)에 대한 위험 부담은 거의 없이 세법상 손실을 실현하곤 했다. 미국 정부는 이러한 행위의 위험성을 높여 세수 감소를 막을 목적으로 '워시세일 룰wash sale rule'을 도입했다. 손실이 난 주식을 매도한 뒤 30일 이내에 되사는 경우 절세 목적으로 손실을 인식할 수 없도록 한 규정이다. 또한 규제를 피하기 위해 같은 종목이 아닌 '동등한' 다른 종목으로 갈아타려는 노련한 투자자들에게도 같은 제약이 적용된다고 명시하였다.

과세이익이연tax-gain defereral은 절세목적매도와 반대되는 개념이다. 큰 이익이 발생한 유가증권을 매도하려는 투자자는 연말이 지날 때까지 기다렸다가 매도함으로써 이익에 대한 세금을 납부하는 시점을 1년 미룰 수 있다. 정부에 세금을 내기 전까지 1년 더 자금을 활용할 수 있는 것이다.

법률이 바뀌기는 하지만 대개 매도 전 1년 이상 보유한 포지션에서 발생한 장기 양도차익long-term capital gains에 대한 세율은 단기 양도차익 세율보다 현저히 낮다. 따라서 이익이 발생하더라도 1년 이상 지난 뒤 매도하는 것이 유리하다. 반면 단기 손실은 세금을 계산할 때 단기 이익을 상쇄하는 데 가장 먼저 활용되므로 대개 장기 손실보다 더 가치가 있다. 손실이 발생한 종목은 1년 이상 보유하지 말고 매도하는 편이 유리할 때가 많다는 뜻이다.

PNP가 파트너들의 과세 이익 상당 부분을 축소하거나 이연했을 때는 세법이 현재와는 달랐다. 그러나 흥미로운 가능성은 지금의 세법 아래에서도 여전히 존재한다.

절세목적매도를 활용해 더 많은 이익을 창출할 수 있다. 주가지수펀드를 흔쾌히 매수하여 보유하는 투자자가 있다고 가정하자. 만일 지수를 추종할 20~30개 개별 종목을 선정해 구성한 '묶음(바스켓)'을 매수했다면 이 투자자는 더 큰 세금 혜택을 누릴 수 있을 것이다. 적은 개별 주식이 모여 지수처럼 작용할 수 있음을 보여주는 것이 단 30개 대표 종목으로 구성된 다우존스 산업평균지수(이하 DJIA)이다. DJIA와 S&P500은 종목 선정 방식이 전혀 다르고 두 지수 사이의 가격 행태는 매우 유사하지만 정연하지 않다. 역사적으로 DJIA는 S&P500과 일치하는 움직임을 보여왔다. 1980년대 중반에 PNP는 지수차익거래를 목적으로 지수 추종 능력이 특히 뛰어난 일군의 종목을 찾아내는 기법을 다수 개발했다. 이 기법들을 이용해 1987년 10월 19일 '검은 월요일Black Monday'의 주가 대폭락 바로 다음 날 S&P500 지수와 S&P500 지수선물 사이에 10퍼센트 이상 가격 차이가 발생한 것을 매우 유용하게 포착해냈다. 계량 분석가들은 이와 같은 기법을 완벽하게 연마해왔으며 매매를 통해 가격 불일치를 상당히 좁게 유지한다.

세금을 줄일 목적이라면 지수를 추종하는 바스켓을 기준으로 개별 종목의 주가가 일정 수준(예를 들면 10퍼센트) 하락할 때마다 손실이 난 종목을 매도하고, 매도한 대금을 선택된 다른 종목(들)에 재투자해서 새로운 바스켓이 계속해서 지수를 잘 추종할 수 있도록 한다. 장기가 아닌 단기 손실만을 허용한다면 대개 매수 후 1년 이내에 매도하는 것이 가장 좋다. 누구든 진지하게 이 방법을 적용하려고 한다면 먼저 역사적 데이터베이스를 이용한 모의시험을 통해 연구해볼 것을 권고한다.

투자를 할 때는 나중에 얼마나 쉽게 매도할 수 있는지 파악하는 것도 중요하다. 이것이 유동성liquidity이라는 요소이다. 유동성이 부족한 헤지펀드와 부동산은 투자자들에게 값비싼 비용을 치르게 한다. 2008~2009년 경기 침체기에 이 사실이 입증되었다.

2002년 리지라인 파트너스를 청산한 뒤, 나는 적자가 확대되고 주택과 주식의 가격이 급등하는 것을 걱정스럽게 지켜보았다. 한편 투자자들을 묶어두기 위해 헤지펀드들이 계약조항을 변경하면서 투자금을 인출하기도 점점 어려워졌다. 매월 허용되던 자금 인출은 분기별, 연간, 그리고 그 이상이 지나야 가능했다. 환매 의사 사전

고지 시기도 30일 전에서 45일 전, 60일 전, 90일 전으로 강화되었다. 일일 최대인출금액도 제한되었다. 증권거래위원회도 헤지펀드의 손에 놀아났다. 자산 규모 1억 달러 이상인 헤지펀드가 최소 2년간 초기 투자금의 환매를 제한하지 않을 경우, 펀드매니저들을 투자자문업자registered investment adviser, RIA로 등록할 것을 요구한 것이다. 많은 펀드들은 신이 나서 투자자들의 자금을 꽁꽁 묶었고 덕분에 투자자문업자 등록도 피했다. 펀드로서는 일석이조였고 증권거래위원회가 보호하려던 투자자들에게는 오히려 불리한 상황이 전개되었다.

2008년 봄, 나는 주택 가격 붕괴가 더욱 광범위한 파장을 미칠 것이라고 예측하고 기존에 투자한 헤지펀드 여러 곳에 부분 인출 통지서를 보냈다. 한때 풍부한 유동성을 자랑했던 투자였지만 불행히도 더 이상 그렇지 않았다. 2008년의 금융위기는 9월에 급격히 심화되었다. 내 인출금 대부분의 지급 예정일보다 앞서 벌어진 일이었다. 지급일이 가까워졌을 때는 펀드의 가치가 현저하게 하락했다. 무분별하게 차입자산leveraged assets을 늘린 많은 펀드들이 위기에 직면했다. 펀드는 금융 붕괴를 예측하여 자산을 재배치repositioning하는 데 실패했고 이는 투자자의 심각한 손실로 이어졌다. 하락장에서 수익을 내도록 설계된 헤지펀드들은 그해 18퍼센트 손실을 기록했다. 같은 기간 대형주와 주식형 부동산 투자신탁의 손실은 각각 37퍼센트, 40퍼센트에 달했다. 신용 시장과 자산 시장의 거품을 즐긴 신세대 헤지펀드 매니저들은 위험을 헤지하는 방법도 몰랐고 헤지에 그만한 비용을 들일 가치가 있다고도 생각하지 않았다.

헤지펀드 투자 규모가 큰 하버드, 예일, 스탠포드, 프린스턴과 같은 초대형 대학기금[4]은 오랫동안 사모펀드, 원자재, 부동산 같은 비유동적인 대안투자를 선호한 탓에 투자 유연성이 더욱 크게 악화되었다. 이들 대학은 10퍼센트대 후반의 수익률로 기금을 운용하며 수년간 수익률 선두를 차지했지만 결국 누적우위 대부분을 반납하고 20퍼센트대 중반의 손실을 기록했다. 중대형 대학기금의 손실은 18퍼센트 수준이었다.

비유동적인 투자에서 기대하는 초과수익은 예기치 않은 미래 사건의 경제적 영향에 의해 상쇄될 수 있다. 일단 문제가 발생하면 제때 빠져나오기가 어렵기 때문이다.

금세기 첫 10년 동안 일어난 주거 및 상업용 부동산의 호황과 불황은 수백만 명의 주택 소유주들을 레버리지의 위험으로 이끌었다. 사람들은 집값은 오로지 오르기만 한다는 업계의 판촉 신화에 고무되어 집값의 80퍼센트, 90퍼센트, 심지어 100퍼센트를 대출로 조달해 집을 샀다. 가격이 실제로 오르자 수백만 명의 사람들은 재융자나 2차 모기지를 얻는 방식으로 레버리지를 높게 유지했다. 2006년 집값이 정점을 찍고 하락하자, '언더워터underwater' 상태(현 시세로 집을 팔아도 대출금을 갚을 수 없는 상태)에 놓인 주택 소유자들, 그리고 감당할 수 없는 수준의 주택을 구입하고 대출금을 갚지 못하게 된 사람들이 집을 팔아치우면서 가격을 더욱 끌어내렸고 이것이 또 다른 매도세를 촉발했다. 상상할 수 있는 최악의 결과가 발생한다고 가정하고 그것을 감당할 수 있는지 스스로에게 물어야 한다. 이 질문에 "감당할 수 없다"라고 답한다면 대출을 줄여야 한다. 이것이 레버리지의 교훈이다.

나는 카지노에서의 경험을 계기로 레버리지 활용법을 이해할 수 있었다. 블랙잭에 카드카운팅 기법을 적용해 기대수익이나 우위가 크게 나타났을 경우 더 많은 금액을 베팅하는 것이 직관적으로 이치에 맞다. 문제는 얼마나 많은 금액을 베팅하는가이다. 벨 연구소Bell Labs의 물리학자 존 L. 켈리John L. Kelly가 1956년 발표한 눈문에 답이 있었다. 존 켈리를 가리켜 벨 연구소 출신 가운데 클로드 섀넌 이후 최고로 머리가 좋은 사람이라고 하는 이들도 있었다. 윌리엄 파운드스톤William Poundstone은 대단히 흥미로운 투자 역사서 《행운의 공식Fortune's Formula》(한국어판 제목은 《머니 사이언스》)[5]에서 이 주제를 다루면서, 베팅금액 1달러당 A달러만큼 배당금을 지급하는 유리한 베팅 기회가 있을 때 켈리공식에 따른 보유 자금 대비 최적의 베팅 규모는 '우위edge'[6]를 배당률odds[7] A로 나눈 값'으로 구할 수 있다고 했다. 블랙잭의 경우 우위는 일반적으로 1~5퍼센트였고 배당률, 즉 베팅한 1달러당 평균 지급액payoff 비율은 1보다 약간 높았다. 카드카운팅이 잘되었을 때 나는 켈리공식에 따라 나의 우위보다 조금 낮추어 판돈의 1퍼센트를 베팅했다. 켈리공식은 확률을 알거나 추정할 수 있는 모든 도박과 투자에 널리 적용할 수 있다.

켈리공식에서 기대할 수 있는 것은 무엇일까? 켈리는 자신의 기법을 적용하면 본질적으로 다른 베팅 기법을 이용하는 경쟁자들보다 더 높을 확률로 더 많은 부를 거둘 수 있다는 사실을 수학적으로 보여주었다. 나는 블랙잭뿐만 아니라 바카라 베팅과 투자 자산별 자금 배분에도 켈리공식을 활용했다.

켈리공식Kelly Criterion의 핵심 요소는 다음과 같다. (1) 투자자나 도박꾼은 일반적으로 한푼도 건지지 못하는 전손total loss을 회피한다. (2) 우위가 클수록 베팅 규모도 크다. (3) 위험이 작을수록 베팅 규모도 크다. 이 기준을 개발한 켈리는 경제학자가 아니었고 따라서 보수적인 학계에 상당한 논란을 일으켰다.

핌코PIMCO의 공동 설립자인 빌 그로스Bill Gross는 1969년 네바다에서 블랙잭 게임을 하며 켈리공식을 알았고 지금까지도 투자 결정을 내릴 때 켈리공식의 영향을 받는다. 그는 〈월스트리트 저널〉과의 인터뷰에서 이렇게 말했다.[8] "핌코에서는 투자 자금이 200달러든 1조 달러든 중요하지 않습니다. 포트폴리오 전반에 적용되는 규칙이 있습니다. 우리는 단일 채권을 2퍼센트 이상 보유하지 않습니다. 위험 관리라는 측면에서 보면 전문 블랙잭 게임이 우리 트레이딩룸에서 진행되고 있는 셈이고 이 규칙은 우리 성공에서 커다란 부분을 차지합니다."

여기서 주의할 사항이 있다. (1) 총부total wealth의 급격한 변동을 피하기 위해 대부분 결과값보다 덜 베팅한다. 대개 켈리공식으로 구한 값의 절반 이하로 베팅한다. (2) 투자 기간이 짧거나 위험 회피 성향의 투자자에게는 다른 접근법이 나을 수 있다. (3) 켈리공식을 정확히 적용하려면 거의 대부분의 카지노 게임 배당률이 그렇듯 정확한 보상 확률을 알아야 한다. 투자 세계에서 흔히 그렇듯 이 확률이 불확실한 만큼, 켈리공식에 따른 베팅은 보수적으로 추정한 결과값을 근거로 해야 한다.

나는 〈월모트〉지에서 워런 버핏의 사고방식이 켈리공식과 일치한다고 지적했다.[9] 워런 버핏은 에머리대학교 경영학과 학생들과의 질의응답 시간에 특정 상황에서 투자 규모를 결정하는 과정을 설명해 달라는 요청을 받았다. 《행운의 공식》(한국어판 《머니 사이언스》)과 켈리공식이 인기를 얻는 것과 관련이 있었다. 버핏과 찰리 멍거는 2억 달러를 운용할 때 자금의 대부분을 약 5개 포지션에만 투자했다. 때로는 개인 재산의 75퍼센트를 단일 자산에 기꺼이 투자하기도 했다. 극도로 유리한 상황에서 크게 투자하는 것은 켈리식 베팅의 특징이다.

일반적인 생애 주기에서 우리는 성인이 되기 전까지 스스로 생산하는 것보다 더 많은 것을 소비한다. 교육과 훈련을 받으면서부터는 자신을 부양하는 데 드는 비용보다 더 많이 사회에 기여한다. 이 기간 동안 신중한 투자자와 운이 좋은 투자자는 훗날 나이가 들었을 때 찾아 쓸 부를 축적하며 근로소득의 비중을 줄여나간다.

저축에만 의존해야 하는 경우 매년 얼마를 지출해야 가진 돈이 바닥나지 않을까? 물론 사람마다 수요와 욕구, 처한 상황이 다른 만큼 정답은 없다. 내가 아는 한 은퇴자는 1,000만 달러를 가지고 있었다. 그는 유복하게 지냈고 투자수익률이 물가상승률만큼만 된다면 앞으로 25년 동안 매년 40만 달러를 써도 돈이 바닥나지 않을 것이라고 생각했다. 그것이면 충분했다. 이것은 가장 '보수적'인 산출 방식이다. 즉, 미국 국채와 같이 위험이 거의 없고 금리가 물가상승률을 반영하는 대상에 자산을 투자하고 앞으로 생존할 것으로 기대되는 최대 연수로 보유 재산을 나누면 매년 안전하게 지출할 수 있는 금액을 구할 수 있다.

양로보험endowment10처럼 '영원히' 지급되는 연금이 있다면 어떨까? 컴퓨터 모의시험 결과, 연금을 주식 및 상업용 부동산과 같은 최고의 장기투자 자산에 투자할 경우 미래 연간 지출액은 급여액의 2퍼센트 수준(물가상승률로 조정)으로 제한해야 한다. 생각 외로 보수적인 수치이지만 미래 투자 위험과 수익률이 미국이 경험한 역사적 위험 및 수익률과 비슷하다는 가정을 반영한 것이다. 연간 지출을 2퍼센트 한도로 제한할 때 연금이 결코 소진되지 않을 확률은 96퍼센트이다.

최대 지출 한도를 2퍼센트로 적게 잡은 이유는 시장이 크게 하락해 초반에 자금의 규모가 급격히 줄어들 경우 필요한 지출액이 커지면 자금이 바닥날 수 있기 때문이다.

chapter 28

환원

2003년 비비안과 나는 UC어바인 수학과에 석좌기금 출연을 제안했다. 지난 수십 년에 걸친 자선 기부를 통해 배운 것들이 우리를 이와 같은 결정으로 이끌었다. 한 가지 원칙은 변혁적transformative 기부[1]로서 금전적 가치에서 기대하는 것 이상의 영향을 미칠 수 있어야 한다는 것이었다. 또한 우리 지원이 아니라면 진행되지 못할 연구 과제에 자금을 제공하기를 원했다. 이러한 조건들이 충족되었다.

1990년대에 새로 취임한 학과장은 분쟁을 가라앉히고 말썽꾼들을 배제하며 유능한 교수들을 영입해 수학과에 변화를 가져왔다. 학교에는 석좌기금으로 만든 교수직이 여럿 있었지만 수학과에는 없었다. 석좌기금을 만들면 수학과의 수준을 더욱 높일 수 있는 훌륭한 인물을 데려올 수 있을 것이었다. 우리는 다음과 같이 목적을 명시했다. (1) 탁월한 능력을 지닌 개별 수학자들의 연구를 지원하고 (2) 독특한 투자 및 분배 정책에 따라 원금을 누적성장시켜 결국 세계에서 가장 부유한 석좌기금 중 하나로 성장하여 비범한 수학적 재능을 지닌 사람들을 UC어바인에 끌어오는 것이었다.

첫 번째 목적을 달성하려면 기금은 오로지 석좌교수의 연구 활동을 지원하는 데만 사용되어야 한다. 기금은 학교에서 제공하는 교수의 기본 급여와 지원을 대체하는 것이 아니라 그것에 추가되는 것이다. 학교에서 채용에 소극적인 경우에는 우리도 지원하지 않는다. 이 합의는 우리가 기대하는 것처럼 추후 기금이 성장해 교수당 지원금이 학교에서 지급하는 급여를 훨씬 넘어서더라도 변함없이 유지되어야 한다.

학과, 캠퍼스 또는 대학의 일반 예산으로 이용하거나, 석좌교수의 연구 활동에 대한 직접적 지원 이외에 다른 목적에 이용하는 자금은 연간 기금 인출액의 5퍼센트로 제한한다. 우리는 분배율을 연간 2퍼센트로 특정해 0.1퍼센트는 행정, 1.9퍼센트는 석좌교수에게 지원되도록 했다. 연간 기금 인출액을 2퍼센트로 제한하는 것은 장기 누적성장이라는 우리 목표에 대단히 중요한 요소였다.

우리는 주가가 오른 버크셔 해서웨이 A 주식을 기부했다. 주식을 보유하고 나중에 매도하여 누릴 수 있는 장기 양도차익을 포기한 것이다. 주식은 오로지 석좌교수를 지원하기 위해 필요한 경우에만 매도해야 한다. 그러나 버크셔 A 주식 단 1주만 매도해도 교수당 연간 지원금보다 훨씬 많은 현금(2016년 기준 20만 달러 이상)이 발생한다. 따라서 우리는 돈이 필요한 경우 먼저 버크셔 A 주식을 버크셔 B 주식과 특정 비율(1:1,500)로 교환할 것을 요구했다. 버크셔 B 주식은 2016년 중반 주당 약 140달러에 거래되었으므로 필요할 때 필요한 금액만큼 정확히 매도해 자금을 마련할 수 있도록 했다. 현금이 필요하기 전까지는 기금 전체를 주식에 투자해 운용하는 것이 핵심이다. 우리가 사망한 뒤에는 남아있는 주식을 뱅가드 S&P500 지수펀드, 뱅가드 토탈 US 스톡마켓 지수펀드 등 투자 범위가 넓고 판매수수료 부담이 적으며 사업비 비율이 극히 낮은 미국 주가지수펀드로 교체한다.[2]

우리는 기금의 가치에서 어떤 방식의 성장을 기대할 수 있을까? 지난 200년 동안 미국 주식시장 전체 지수 상승폭은 물가상승률을 약 7퍼센트 상회해왔다. 앞으로도 같을지는 아무도 모른다. 그러나 지수 상승폭이 물가상승률을 단 5퍼센트만 초과해도 구매력purchasing power 기준 기금의 연간 순성장률은 3퍼센트에 달할 것이다. 기금은 평균 24년마다 2배로 성장하고, 100년 뒤 기금과 연간 지불금 모두 현재 달러 가치 기준으로 19배 이상 성장할 것이다. 이런 속도라면 200년 뒤에는 석좌기금이 마련된 2003년 가치의 370배 규모로 성장해 있을 것이다. 미국이 계속 번영하고 대학이 계속 존재하며 우리의 투자 및 분배 정책이 계속 이행된다면 현재 달러 가치 기준으로 우리 수학과의 석좌기금은 누적성장 효과에 힘입어 현존하는 세계 어느 석좌기금보다 더욱 큰 규모로 성장할 것이다.

실현 가능성이 궁금한 독자를 위해, 벤저민 프랭클린Benjamin Franklin이 세웠던 유사한 계획을 소개한다. 전기작가 H. W. 브랜즈에 따르면 프랭클린은 "즉시 활용할 수 있고 시간이 흐르면서 자선의 힘이 커지는" 재산을 유산으로 남기겠다고 했다.[3]

1790년 프랭클린이 사망하면서 각각 1,000파운드 상당의 특별 회전기금 2개가 적립되었다. 하나는 보스턴, 하나는 필라델피아에 배정되었다. 펀드는 작은 금액으로 나뉘어 연 5퍼센트 금리로 '젊은 기혼 기능공'에게 대여될 것이었다. 프랭클린은 각 펀드가 연 5퍼센트 누적성장을 기록해 100년 뒤 13만 파운드 이상으로 불어나면 그중 10만 파운드를 공공사업에 활용하겠다고 생각했다. 남은 금액이 다시 연 5퍼센트 누적성장하면 100년 후에는 400만 파운드가 넘을 것이고 그러면 각 도시와 주마다 기금을 배분할 계획이었다. 실제로 1990년경 보스턴 펀드는 450만 달러, 필라델피아 펀드는 200만 달러 규모로 성장했다.

현재 우리 기금의 성적은 어떨까? 기금 설정 이후 13년 동안 원금은 비용 차감 후 기준 2배로 불어났다. 2008~2009년 시장의 붕괴에도 불구하고 달성한 기록이다. 클라크 커 전 캘리포니아대학교 총장은 이렇게 말했다. "1520년에 있던 기관 가운데 지금도 여전히 존재하는 곳은 단 85개 기관에 불과합니다. (중략) 이 가운데 70개가 대학교입니다. (중략) 대학보다 오랜 기간 존속하고 대학보다 강한 회복 탄력성을 가진 곳은 거의 없습니다."[4]

정치적 열광과 유행은 변한다. 특수 이익집단은 특정 하위 집단에 대한 특혜나 차별을 찾아내어 자신들에게 유리한 방향으로 의제를 발전시키려고 하기 마련이다. 수학의 역사는 오랜 세월을 거쳐 문화, 신념, 사회 시스템의 엄청난 다양성이 기여한 결과이다. 우리는 기금이 지원할 어느 후보자도 개인의 인종, 종교, 출신국가, 성별, 신념을 이유로 특혜나 차별을 받아서는 안 되며, 수학적 가치와 미래 잠재력, 그리고 그것을 실현할 의지와 능력이 대상자를 선정하는 기준이 되어야 한다고 명시했다.[5]

우리는 계획을 제대로 수립해 우리 기금도 벤 프랭클린의 기금과 같이 다음 여러 세대를 위한 이익으로 누적되기를 희망한다.

2004년에도 우리 기준에 맞는 자선 기회가 있었다. 조지 W. 부시 행정부는 줄기세포 연구에 대해 이미 허가된 연방정부기금 지원을 엄격히 제한했다. 또한 공식적으로 금지된 연구를 하는 실험실은 연방정부기금을 지원받은 시설과 완전히 분리되어야 했다. 정부기금으로 구입한 연필이 금지된 연구에 사용될 경우에는 원칙적으로 연방 보조금federal grant 전체를 철회할 수 있었고 실제로 그렇게 될 것이었다.

미국은 문제에 직면했다. 생명을 구하는 치료제 개발이 지연되고 과학자들은 연구를 계속하기 위해 해외로 빠져나가면서 심각한 두뇌 유출이 발생했다. 줄기세포 기술의 주도권도 상실했다. 이에 캘리포니아 유권자들이 직접 나서, 캘리포니아 재생의학연구소 설립을 위한 30억 달러 채권 발행을 승인하도록 했다. 연구소 설립 목적은 부시 정부의 제약에서 벗어나 줄기세포 연구에 10년간 자금을 지원하는 데 있었다.

재생의학연구소는 주 전역 대학 캠퍼스의 5~6개 센터에 각각 수억 달러 규모의 자금을 지원할 계획이었다. 이 자금은 연방기금과는 별개로 연구시설 구축을 지원하고, 줄기세포를 이용해 질병을 치료하는 법을 개발하는 교수진을 위한 보조금을 지원하는 데 이용될 것이었다. UC어바인은 이미 주요 줄기세포 전문가들을 보유했고, 생명공학산업이 활성화된 오렌지 카운티에 전략적으로 자리를 잡았다. 그러나 지원 대상이 되려면 2년 안에 연구소 설립을 마쳐야만 했고 설립 비용의 상당 부분은 대학에서 조달하거나 개인에게서 기부를 받아야 했다. 오렌지 카운티에 흔쾌히 주도적 민간 기부자로 나설 만큼 돈이 많은 사람은 누가 있었을까?

이어지는 이야기는 듀크대학교의 4학년 학생이 끔찍한 자동차 사고를 당한 1966년으로 거슬러 올라간다. 학생은 두피를 잃었고 출혈도 심각했다. 다행히 두피는 주 경찰관에게 발견되어 봉합되었다. 회복하기까지는 오랜 시간이 걸렸다. 그는 그해 대부분을 병원에서 보내면서 《딜러를 이겨라》를 읽었다. 졸업 후에 해군에 입대해 3년간 복무하기로 한 그는 입대를 앞둔 여름에 어머니의 반대를 뒤로 하고 라스베이거스로 떠나 초기 카드카운터들에 합류했다.

그는 《딜러를 이겨라》를 지침으로 삼아 200달러 판돈을 1만 달러까지 불렸다. 4개월이 걸렸다. 16시간 동안 게임을 하며 녹초가 된 날도 종종 있었다. 돈을 버는 것은 힘들었지만 진정한 가치는 대부분 그렇듯 젊은 시절 배운 것에 있었다. 나중에 그는 이렇게 말했다. "라스베이거스 도박장에서 보낸 4개월이 월스트리트에서 성공하는 데 기반이 되었는지는 전혀 모르겠어요. 하지만 지난 25년 동안 적용해 온 몇 가지 중요한 원칙을 [그곳에서] 배웠죠."[6]

1969년 베트남에서 돌아온 그는 UCLA에서 경영학 석사과정을 공부했다. 《딜러를 이겨라》에서 전환사채에 관해 읽은 것에 영향을 받아 석사논문에서도 같은 주제를 다루었다. 1971년 그가 졸업할 당시에는 경영학 석사학위 소지자의 일자리가 부족했다. 그는 퍼시픽 뮤추얼의 주니어 크레딧 애널리스트(신용분석가) 모집에 지원했고 회사는 그와 그의 논문 주제를 모두 마음에 들어했다.

그로부터 수십 년 만에 그는 퍼시픽 인베스트먼트 매니지먼트 컴퍼니를 공동 설립했고 훗날 2조 달러에 가까운 자금을 운용하게 되었다. 그는 세계적으로 유명한 듀크 출신 억만장자, 채권왕 윌리엄 H. 그로스William H. Gross(빌 그로스)이다. 빌과 그의 아내 수는 이미 의료기관에 수천만 달러를 기부한 상태였다. UC어바인은 부부를 초대해 오찬을 열었다. 캘리포니아 재생의학연구소가 보조금을 지원하는 캠퍼스 줄기세포 연구센터에 1,000만 달러를 기부하고 주도적 기부자로 나서 줄 수 있는지 알아보기 위해서였다.

대화 중에 나는 지렛대 효과가 힘을 발휘해 1,000만 달러 기부금은 앞으로 몇 년 안에 6억 달러로 60배 불어날 것이라고 말했다. 순간 빌의 눈빛과 머리에서 섬광이 스치는 것을 보았다. 빌과 수는 기부금의 액면 가치를 훨씬 넘어서는 영향을 미칠 기회에 가치를 두었음이 틀림없다. 비비안과 나 역시 마찬가지였다. 그들은 신중히 생각했고 마침내 승낙했다.

여기까지는 그럭저럭 괜찮았다. 그러나 재생의학연구소는 공동체 참여의 증거로서 한 사람이 아닌 다수의 개인에게서 기부금의 상당 부분을 지원받아야 한다고 요구했다. 비비안과 나도 여러 사람들과 함께 기부금을 냈다. 재생의학연구소는 2008년에 3,000만 달러 기부금 모금을 완수했고 2년 만에 7,000만 달러 규모의 시설이 완공되었다. 지출은 예산보다 줄었고 기간은 단축되었다.[7]

캘리포니아대학교는 비비안과 내가 기부금에 대해 세운 또 다른 기준도 만족시켰다. 기부한 금액의 90퍼센트 이상을 기금 조성 활동이나 행정이 아닌 고유 목적에 직접적으로 지출하는 것이 우리가 원한 조건이었다. 전체 지출 대비 고유 목적 지출의 비중은 모든 비영리 단체의 연간 재무제표에서 확인할 수 있다.

비비안과 나는 어려운 형편에 양질의 교육을 받을 수 있게 해준 캘리포니아대학교에 빚을 진 셈이다. UC어바인은 우리가 만난 곳이기도 하다. 우리는 감사를 표시할 수 있게 되어 기뻤다.

시기가 좋았다. 수 & 빌 그로스 줄기세포연구센터의 기금 모금은 경제 상황이 급격히 악화되기 직전에 마무리되었다.

금융위기,
깨우치지 못한
교훈

2007년 10월 9일, S&P500 지수는 종가 기준으로 사상 최고치인 1,565에 거래를 마쳤다. 주택가격이 2006년 폭등해 고점을 기록한 뒤 하락하기 시작하면서 S&P500 지수도 아래로 방향을 틀었다. 하락세가 가속화되는 가운데, 2009년 3월 9일 S&P500 지수는 676으로 저점을 기록했다. 고점 대비 57퍼센트 하락한 수준으로, 지수 고점에서 100만 달러에 상당하던 자산 가치가 43만 달러가 된 것이다. 단독주택 가격은 30퍼센트 하락했다. 단 하나, 채권시장만은 호황이었다. 대출이 감소하고 금리가 하락하면서 미국 정부 채권과 우량 회사채 가격이 큰 폭으로 상승했다. 그러나 채권 가격 상승에 따른 상쇄 효과에도 불구하고 미국 가계의 순자산 가치는 2007년 6월 최고 65조 9,000억 달러에서 2009년 1분기 48조 5,000억 달러로 26퍼센트 하락했다.[1] 80년 전 대공황 이후, 미국의 국부national wealth를 강타한 최악의 충격이었다.

과거 조부모님 세대가 배운 교훈은 세대가 두 번 바뀌면서 잊혀졌다. 당시 주식시장의 붕괴는 재앙으로 이어졌고 그것은 투기 거품의 정점에 있는 사건이었다. 1920년대 들어 주가가 상승하면서 '투자자'(주로 도박꾼)들은 주가가 언제까지나 상승할 것이라고 믿게 되었다. 당시 한 저명한 경제학자는 주가가 새로운 영구적 고점에 도달했다고 고무되어 선언했다. 그러나 쉽게 번 돈과 과도한 레버리지(차입 의존도)는 뒤이어 발생한 재앙의 주요 원인이 되었다. 투자자들은 10퍼센트 증거금^{margin}만 가지고도 주식을 살 수 있었다. 매수 가격의 10퍼센트만 지불하고 나머지 90퍼센트는 빌린다는 뜻이다. 소름 끼치도록 익숙한 상황이다. 실제로 그렇다. 2008년 주택 가격이 붕괴한 원인도 같았다. 제한 없는 불건전 대출로 인한 가계의 과도한 차입이 문제였던 것이다.

1929년 주식시장에 벌어진 상황을 요약하면 이렇다. 100달러에 거래되는 주식을 주당 계약금 10달러와 대출금 90달러로 매수했다. 그 후 주가가 110달러로 올랐다면 이 행복한 투자자의 주당 자기자본은 110달러에서 처음 중개인으로부터 빌린 90달러를 차감한 20달러가 된다. 주가는 겨우 10퍼센트 상승했지만 그의 자기자본은 2배로 불어난 것이다. 그는 주당 10달러 이익금을 증거금으로 9배에 해당하는 90달러를 차입해 90달러 상당의 주식을 추가로 매수한다. 따라서 총 보유주식 가치는 최초 매수 금액의 2배가 된다. 주가가 10퍼센트 상승할 때마다 이 과정을 반복하면 자기자본 가치[2]와 융자금[3]은 매 단계마다 2배로 불어난다. 주가가 10퍼센트씩 다섯 차례 상승하면 최종 주가는 총 61퍼센트 상승한 161달러[4]가 되고, 피라미드 쌓기[5]를 거친 투자자의 지분 가치는 2배씩 다섯 차례 불어나 최초 금액의 32배가 된다. 1만 달러 지분이 32만 달러가 되는 것이다. 주가가 10퍼센트씩 열 차례 상승하면 259달러가 되고, 투자자가 보유한 지분의 가치는 2배씩 열 차례 불어난다. 그 결과 최초에 단 1,000달러의 자기자본으로 매수한 1만 달러 상당의 주식의 가치는 1,024만 달러[6]가 된다. 이 가운데 10퍼센트인 102만 4,000달러가 투자자의 자기자본이다. 즉, 백만장자가 된 것이다. 이것이 바로 [투자자를] 유혹해 최면에 빠뜨리는 레버리지의 힘이다.

반면 주가가 10퍼센트 하락하면 어떻게 될까? 자기자본을 모두 잃은 투자자에게 현기증이 몰려오고 중개인은 마진콜margin call(강제청산)을 요청한다. 대출금을 상환하거나(900만 달러가 넘는다.) 보유한 주식을 강제로 전부 매도하도록 하는 것이다. 1929년 주가가 상승하자 투자자들은 주식을 더 많이 매수하기 위해 레버리지를 활용했고 이것이 주가를 더욱 끌어올렸다. 양성피드백positive feedback[7]의 선순환 효과로 대형주는 1925년 말부터 1929년 8월 말까지 총 193퍼센트의 수익률을 기록했다. 대출 없이 매수한 100달러 주식은 293달러가 되었다. 반면 10퍼센트 증거금을 납부한 뒤 피라미드 쌓기식 투자로 자기자본이 2배씩 열 차례 이상 불어나는 것을 경험[8]한 투자자는 최초 투자금 기준 1,000배 이상의 수익을 거두었다. 그러나 1929년 9월과 10월에 주가가 하락하면서 차입 의존도가 높은 투자자들의 자기자본이 증발했다. 대출금 상환이 불가능한 중개인들은 마진콜을 받고 주식을 내다 팔았다. 이러한 매도세가 주가를 더욱 끌어내렸고 차입 의존도가 높지 않은 투자자들도 버티지 못했다. 이것이 새로운 마진콜과 매도세로 이어지면서 주가는 더욱 하락했다. 주식시장의 거품은 붕괴되고 사상 최악의 주가 하락이 시작되었다. 대형주 주가는 89퍼센트 하락해 전 고점의 9분의 1 수준에 머물렀다.

차입에 의존한 수많은 투자자들이 몰락하면서 부채를 떠안은 은행과 증권회사들이 무너졌고 이들에게 자금을 빌려준 기관까지 차례로 무너졌다. 다른 부문으로 문제가 전염되면서 경기는 급격히 위축되었고 미국의 실업률은 25퍼센트에 달했으며 세계적인 불황이 뒤를 이었다. 15년도 더 지난 1945년 1월, 제2차 세계대전이 거의 끝나갈 무렵이 되어서야 대형주 주가(월말 종가 기준)는 비로소 1929년 8월의 고점을 넘어설 수 있었다. 이 기간 동안 회사채 투자는 평균 2배 이상 증가했고 미국 정부 장기 채권도 마찬가지였다. 불리한 시기에는 장기적으로 수익을 희생할 가능성이 있더라도 이처럼 주식 외에 다른 자산군으로 투자를 다각화하는 것이 부를 보존하는 방법이 될 수 있다.

1934년 증권거래법Securities Exchange Act이 제정되면서 상장된 증권을 매수하려는 투자자에게 매수 가격의 일부를 증거금으로 예치하도록 강제하는 권한이 연방준비제도 이사회에 부여되었다. 1929년과 같은 상황이 재발되는 것을 막기 위해서였다. 투자자는 나머지 금액의 일부 또는 전부를 융자로 조달할 수 있다. 1934년 이래로 예치하는 금액의 비율은 40~100퍼센트로 다양해졌다. 증거금 100퍼센트 매수 가격 전액을 현금으로 지불해야 한다는 뜻이다. 2009년 초반 증거금 수준은 50퍼센트였다. 거래소에서는 주가 변동으로 발생할 수 있는 손실을 견뎌내기 위해 반드시 유지해야 하는 최소한의 증거금 수준을 명시한다. 이것이 유지증거금maintenance margin이다.[9] 예를 들어 계좌의 순자산 가치가 보유 주식 가치의 30퍼센트 미만으로 떨어지면 중개인은 투자자에게 현금을 예치해 융자를 상환하여 그 비율을 30퍼센트 수준으로 되돌릴 것을 요구한다. 융자금 상환이 불가능한 경우 중개인은 30퍼센트 증거금 비율을 만족시킬 때까지 주식을 매각한다.

은행 시스템 전체가 무너진 것은 일부 은행이 파산하자 예금자들이 아직 여유가 있었던 다른 은행들로 너도 나도 몰려가 돈을 인출했기 때문이었다. 이런 공황을 방지하기 위해 1933년 은행법(2차 글래스 스티걸 법Glass-Steagall Act)은 상업은행과 투자은행 업무를 분리하여 투기로 인한 은행 전체의 충격을 제한했다. 또한 연방예금보험공사FDIC를 설립해 예금자의 손실을 특정 한도까지 보전했다. (2015년 기준 계좌당 25만 달러 예금을 보험으로 보장했다.) 이러한 안전망은 1980년대 저축대부조합 사태로 연방예금보험공사, 다시 말해 미국 납세자들이 2,500억 달러라는 비용을 부담하면서 혹독한 시험을 치렀다. 미국의 모든 성인 남녀와 아이들이 1인당 1,000달러씩 부담한 셈이다.

1980년대를 시작으로 대통령, 의회 및 연방준비제도를 포함한 정부는 30년 동안 금융산업에 대한 규제를 완화했다. 레버리지, 쉽게 벌어들인 돈, 그리고 '금융공학'은 일련의 자산 거품을 초래했고 금융 시스템 자체의 안정성을 위협했다.

전 세계에 충격을 준 첫 번째 사건은 1987년 10월의 주가 대폭락이었다. 미국 주식시장은 단 하루만에 23퍼센트 급락했고 그 원인으로 포트폴리오 보험이 지목되었다. 계량분석을 이용한 상품인 포트폴리오 보험은 새로운 금융선물 시장에서 레버리지를 활용해 수익을 추구하도록 개발되었지만 시장에 심각한 악순환을 초래했다.[10] 다행인 것은 주식시장과 경제가 빠르게 회복되었다는 것이다.

그러나 과도한 레버리지 때문에 위험이 초래되었음에도 아무런 교훈을 얻지 못한 점은 불행한 일이었다.

두 번째 경고는 1998년 헤지펀드 LTCM의 몰락이었다. 거액을 굴리는 트레이더와 두 명의 노벨 경제학상 수상자가 이끄는 LTCM은 소위 세계 최고 트레이더들과 학계 금융 이론가들로 구성된 꿈의 조직이었다. 그런 LTCM이 펀드의 순자산 40억 달러 전부를 잃을 위기에 처했다. 당시 규제 완화 환경에서 LTCM의 레버리지 비율은 30~100배에 달했다. 연간 1퍼센트 미만에 그치던 수익률은 차입금 덕분에 연간 40퍼센트로 확대되었다. 자산 가격이 정상적이었다면 별 문제가 없었겠지만 상황은 1929년과 유사했다. 주가가 소폭 하락하자 10퍼센트 증거금만 납부한 투자자들의 포지션[11]이 대규모로 청산되었다. 증거금 비율이 1~3퍼센트 수준에 불과했던 LTCM 역시 시장이 급변하는 가운데 파산했다.

나심 탈레브Nassim Taleb가 《블랙스완The Black Swan》에서 설득력 있게 지적했듯이 LTCM이 누린 분명한 초과수익도 환상에 불과할 수 있다. 드물게 발생하는 극단적인 사건, 즉 '검은 백조'가 이 초과수익을 상쇄하는 것 이상으로 커다란 손실을 일으킬 수 있기 때문이다. 그러나 검은 백조가 모두에게 나쁜 것만은 아니다. 나는 1994년 LTCM에 투자해 잠시나마 부자가 될 기회를 그대로 지나쳤지만 1998년에 LTCM이 붕괴된 이후 왜곡된 시장가격을 이용해 돈을 벌었다. 역설적이게도 LTCM의 손실은 리지라인 파트너스에 이익이 되었다.

LTCM의 붕괴로 인해 다른 금융기관들 역시 약 1,000억 달러 가량의 부실자산을 장부에 반영해야 할 위기에 처했다. 만일 그렇게 될 경우 일부 은행, 증권사, 헤지펀드가 파산하고 그 여파로 더 커다란 부실자산이 쌓이면서 더 많은 금융기관이 파산할 것이었다. 도미노 효과로 전 세계적인 금융 붕괴가 이어질 수 있는 상황이었다. 그러나 연방준비제도 이사회의 영향으로 구성된 컨소시엄이 개입해 LTCM을 인수하고 더 많은 자금을 지원하면서 '질서 있는 청산orderly liquidation' 절차가 진행되었다.

이 사례 역시 아무런 교훈을 주지 못했다. 은행업계는 의회의 주도하에 원하는 것을 얻었다. 대공황 당시 상업은행과 투자은행 업무를 분리하기 위해 제정한 1차 글래스—스티걸 법은 1999년에 폐지되었다. 그 결과 대형 금융기관들은 규제 대상에서 벗어난 파생증권을 대규모로 거래하며 더욱 큰 위험을 떠안았지만 규제의 영향에서는 더욱 자유로웠다. 상품선물거래위원회 의장(1996~1999) 브룩슬리 본은 파생상품이 훗날 재앙의 주요 원인이 될 것으로 보고 규제를 가하려고 했지만 이러한 시도는 연준 의장 앨런 그린스펀Alan Greenspan, 재무부 장관 로버트 루빈Robert Rubin, 재무부 차관 로렌스 서머스Lawrence Summers가 이끄는 삼두체제에 의해 저지되었다. (세 사람 모두 2008~2009년 구제금융과 관련해 훗날 정부 자문 역할을 했다.) PBS 방송국은 〈프론트라인Frontline〉12에서 이 과정을 상세히 보도한 바 있다. 나심 탈레브는 학교 버스를 운전하다 사고를 내 승객들을 죽거나 다치게 한 운전기사를 또 다른 버스의 운전석에 앉히는 것도 모자라 그에게 새로운 안전규칙 수립까지 맡기는 이유는 무엇이냐며 의문을 제기했다.

수입이 지출을 넘어서는 재정 흑자 시기는 짧게 지나갔다. 2001년 세금 감면이 확대되면서 정부 수입은 감소했다. 전쟁, 군 예산,

재정 지원 비용으로 정부의 지출은 증가했다. 규제 완화는 계속되었다. 미국인들은 버는 것 이상으로 지출했고 생산한 것보다 더 많이 소비했으며 해외에서 돈을 빌려 비용을 충당했다. 부동산 업계의 강력한 로비에 떠밀린 정부와 의회는 집을 살 능력이 없는 수백만 가구를 부추겨 자기 집을 갖도록 했다. 주택저당대출 업계에서 일했던 조카딸의 경우 불건전한 대출 승인을 거절하자 경영진이 해당 대출 신청서를 다른 심사 담당자에게 보내 승인을 해주는 일도 있었다. 사람들은 가격이 항상 오르기만 할 것 같은 상품인 주택을 아주 적은 계약금만으로, 혹은 계약금 한 푼도 없이 대출금을 이용해 구입했다. 대출에는 초기 금리를 낮춰 초반 납부 금액을 줄여주는 미끼금리teaser rate가 적용되었다. 거짓 정보를 제공하고 대출을 받는 '거짓말쟁이 대출liar loan'13은 더욱 쉽고 보편화되었다.

주택저당대출 업계는 보유 중인 대출을 월스트리트에 매각했고 월스트리트에서는 이것을 증권화했다. 보유한 대출계약 집합을 담보로 다양한 채권을 발행했다는 뜻이다. 이렇게 발행된 채권을 S&P, 무디스, 피치 등 노골적인 이해 상충 관계에 있는 기관들이 평가한다. 그 비용은 고객들이 부담한다. 신용평가 기관이 객관적으로 평가해야 하는 해당 증권을 보유한 바로 그 고객들이다. 높은 등급을 받은 덕분에 유가증권은 쉽게 판매되었다. 그러나 주택 가격이 2006년 기록한 고점에서 하락하기 시작하자 많은 증권이 가치가 거의 없는 것으로 드러났다. 평가기관에서 최고 등급인 AAA를 부여한 증권도 마찬가지였다.

2006년 주거용 부동산 가격이 사상 유례없는 수준까지 상승하면서 많은 주택 소유자들에게 집은 '돼지 저금통', 즉 손쉬운 자금원 역할을 했다. 주택 시가의 100퍼센트에 가깝게 대출이 이루어진 탓에 주택 가격이 소폭 하락하는 순간 보유 주택의 시가가 대출금을 밑도는 '언더워터underwater' 현상이 나타났다.

주택 시장의 거품을 부채질한 막대한 신용 팽창의 바탕에는 대개 계량분석가라고 하는 신진 금융공학자들이 발명한 증권이 있었다. 계량분석가들은 수학과 자연과학에서 배운 것을 투자자들이 합리적이라고 주장하는 효율적 시장 가설 및 관련 개념과 결합시켜 새로운 상품을 개발했다. 상품 개발에 활용된 모델은 현실을 반영해야 했지만 실제로는 그렇지 못했다.

이 상품들로 인해 미국 경제가 상실한[14] 국내총생산, 그리고 사회적 낭비는 수조 달러에 달했고 전 세계가 비슷한 피해를 입었다. 이 문제를 좀 더 자세히 살펴보겠다.

이런 상품들 가운데 내가 처음 접한 것이 1980년대 중반에 개발된 다계층저당채권collateralized mortgage obligations(이하 CMO)이었다. 먼저 CMO의 담보로 설정된 개별 주택저당대출을 분석하면 도움이 될 것이다.

가장 친한 친구가 40만 달러짜리 집을 구입한다. 친구는 여러분에게 매수금의 80퍼센트인 32만 달러를 빌리고 나머지 8만 달러는 저축으로 충당하기로 한다. 빌린 돈은 30년에 걸쳐 갚되 현행 금리 기준으로 연 6퍼센트 이자를 지급하는 데 합의한다. 시장의 등락과 관계없이 금리는 6퍼센트를 유지할 것이므로 이것을 고정금리 대출이라고 한다. 대출 기간 동안 이자만 상환하기로 했다면 친구는 32만 달러의 6퍼센트인 1만 9,200달러를 매년 납부하다 30년 후 최종적으로 원금 전체를 만기일시상환balloon payment할 것이다.

원리금균등상환·level payment 방식을 택하면 친구는 매월 말 고정 금액을 납부하게 된다. 표준 부동산 공식에 따라 계산한 납부 금액은 매달 이자만 상환할 때 납부해야 하는 1,600달러($19,200÷12)보다 조금 많은 1,918.59달러다. 매번 납부할 때마다 추가 금액만큼 원금이 조금씩 줄어들고 그 결과 다음에 납부할 이자도 줄어든다. 시간이 지날수록 납부 금액 가운데 원금 상환 비중이 점점 늘어난다. 30년이 거의 다 되면 대출금 대부분이 상환되고 남은 이자는 얼마 되지 않아 납부 금액 대부분이 원금 상환에 쓰인다. 이 대출에서 여러분은 친구의 집을 담보로 확보했다. 채무를 불이행할 경우 집을 팔아 그 수익금으로 대출금의 일부 혹은 가능하면 전부를 갚을 수 있다고 계약서에 명시하였다. 그러나 여러분이 의지할 수단은 그것이 전부이다.

주택 가격이 오랫동안 크게 하락하지 않을 때 여러분이 부담해야 하는 위험에는 무엇이 있을까? 개별 주택 가격이 아닌 평균 가격이 문제가 된다. 친구의 동네가 빈민가로 바뀔 수도 있다. 또는 허리케인 카트리나가 닥치기 직전 뉴올리언스에 집을 산 것일 수도 있다. 이런 경우 빌려준 돈의 일부 혹은 전부를 잃을 위험이 있다.

생명보험과 상해보험 회사는 이런 위험을 취급한다. 보험회사는 더 많은 보험 계약을 판매하는 것이 주요 업무이다. 그중에는 계약자가 납부하는 보험료보다 더 많은 비용을 보험사가 지불해야 하는 계약이 있을 수 있다. 그러나 보험 계약 전체적으로는 위험이 분산되면서 재해 손실 및 사업비를 반영한 후에도 보험사는 (과거 경험을 기준으로) 이익을 기대할 수 있다.

CMO의 기본 개념도 동일하다. 수백 개에서 수천 개에 이르는 주택저당대출 계약을 결합한다. 25만 달러 대출 계약 4,000건이 모이면 10억 달러 상당의 주택저당대출 집합이 만들어진다. 각 계약의 이자와 원금 상환액은 주택저당대출 집합의 지분을 매수한 사람들을 위한 지급금으로 활용된다. 월별 지급금이 발생하는 것은 채권과 유사하다. CMO의 지분에는 채권처럼 가격이 매겨진다.

정확한 가격을 매기려면 채무불이행으로 발생할 수 있는 손실을 알아야 한다. 나는 PNP에서 이 문제를 연구하면서 채무불이행률은 정상적인 역사적 경험을 따른다고 가정하는 것이 금융업계의 관행임을 알게 되었다. 대공황과 같이 드물게 발생하는 대형 악재와 채무불이행의 급증 가능성을 계량화하고 그 영향을 가격에 반영해 조정하려는 시도는 없었다. 검은 백조[15]의 위험을 가격 결정 모형에 반영하지 못한 것이다.

주택저당대출의 조기상환비율을 예측하는 것도 문제였다. 조기상환은 보통 새로 대출을 받아 기존 대출을 갚는 차환 방식으로 이루어진다. 만기까지 쭉 보유한 30년 만기 주택저당대출은 장기 채권과 매우 유사하다. 5~10년 만에 상환한 주택저당대출은 중기 채권과 비슷하고 2~3년 만에 중도 상환한 대출은 초단기 채권과 유사하다. 금리는 채권 상환 기간에 따라 다양한데(이것을 금리의 기간 구조term structure라고 한다.) CMO의 정확한 가격은 개별 주택저당대출의 상환 기간과 채무불이행률에 따라 달라진다. 1980년대에 이미 파악한 사실이지만 고정금리 주택저당대출의 중도상환률prepayment rate은 예측하기가 매우 어렵다. 연준의 조치로 장기금리가 하락하면 신규 주택저당대출 금리는 기존 대출 금리보다 낮아진다. 이 경우 주택 소유자들은 기존 대출을 일찌감치 상환하고 저금리 대출로 차환해 월 상환액 부담을 줄인다. 금리가 상승하면 주택 소유자들은 기존 고정금리 대출을 유지하고 중도상환 비율도 급락한다. 월스트리트는 부적절한 모형을 기반으로 가격을 매긴 CMO를 이용해 주택시장에 신용을 대거 공급했다. 주택저당대출 업체들은 기존 대출을 새로운 대출로 차환하고 그것을 은행 및 월스트리트 회사들에 매각해 현금을 확보한 뒤 또 다른 대출의 자금원으로 활용했다. 은행과 월스트리트는 이러한 주택저당대출의 집합을 담보로 한 CMO를 '투자자'들에게 판매해 현금을 회수한 뒤 새로운 CMO의 담보가 될 주택저당대출 계약을 추가로 사들였다.

모두 부자가 되었다. 주택저당대출 업체는 돈을 빌려 집을 산 사람들로부터 수수료를 받았다. 은행과 증권사는 주택저당대출 계약을 사들여 CMO를 발행하고 투자자들에게 판매해 이익을 남겼다. 또한 주택저당대출 집합에서 원리금을 회수하고 수수료를 공제한 뒤 나머지를 CMO 투자자들에게 나누어 지급해 꾸준한 이익을 얻었다. 주택저당대출 업체 몫으로 이미 상당한 수수료가 차감되었음에도 대출 계약으로 CMO를 구성해 판매해 이익을 낼 수 있었던 까닭은 무엇일까? 바로 금융의 마법 덕분이었다. CMO는 변제 우선순위에 따라 계층 구조로 발행되었다. 그 계층을 트랜치tranch(프랑스어로 '조각'이라는 뜻)라고 한다. 가장 우선순위가 높은 트랜치가 가장 먼저 변제되고 최후에 남은 재원이 있다면 가장 순위가 낮은 트랜치에 지급된다. 한편 CMO 발행기관으로부터 돈을 받고 트랜치의 건전성을 평가한 신용평가기관들의 판단은 지나치게 낙관적이었다. 높은 등급을 받은 증권은 등급이 낮은 증권보다 더 높은 가격에 거래되므로 낙관적으로 평가한 CMO는 정당한 가격보다 더 비싸게 팔렸다. 그 결과 개별 조각(트랜치)을 합산한 가치가 전체 대출 집합의 가치를 넘어서는 마법이 일어났다. 부동산과 증권업계가 앞 다투어 재선 캠페인에 기부하면서 정치인들도 재정적으로 풍족해졌다. 모두가 승자였고 파티가 시작되었다.

학계도 한몫했다. 노벨 경제학상 수상자 폴 크루그먼의 지적에 따르면[16] 거시경제학자들은 스스로 예전보다 경제를 더욱 잘 알고 있고 더 이상 파국을 초래하는 사태는 없다고 장담했다. 스캇 패터슨Scott Patterson은 저서 《퀀트The Quants》[17]에서 금융이론으로 도출한 계산법을 이용해 모형을 구축하고 위험성이 낮은 가격을 찾아냈다고 주장하며 모두를 안심시킨 계량분석가들의 역할을 자세히 설명했다.

수천억 달러 상당의 CMO가 전 세계 투자자들에게 팔렸다. 매력적인 이 개념을 활용해 주택저당대출 대신 자동차, 신용카드 등 다른 종류의 대출을 이용한 부채담보부증권collateralized debt obligations(이하 CDO)이 발행되었다. 이제는 그 위험성이 입증된 자산이지만 잠자는 규제당국의 무관심 속에 위험성이 훨씬 큰 증권인 신용부도스와프credit default swap(이하 CDS)가 시장에 등장했다. CDS는 기본적으로 대출기관이 차입자의 채무불이행 위험에 대비해 구매하는 보험 계약이다. 이 보험은 매년 고정적인 금액을 지불하고 일정한 햇수 동안 유지된다. 예를 들어 집을 사는 친구에게 32만 달러를 빌려준 뒤 앞으로 5년간 채무불이행이 걱정된다면 최초 대출 금액의 0.5퍼센트인 1,600달러를 매년 납입하고 보험 계약을 매수하는 것이다.

수조 원 상당의 CDS가 발행되어 일반 유가증권처럼 거래되기 시작했다. CDS가 보증할 대출채권이 없어도 CDS 계약을 사고파는 데는 문제가 없었다. 경제적 효익이 있다는 점이 다를 뿐, 금융시장은 커다란 카지노와 다를 바 없고 모든 투자 포지션은 베팅이나 마찬가지이기 때문이다. 하지만 발행회사가 '전적인 신의와 신용full faith and credit' 외에는 아무런 담보 없이 CDS를 발행할 수 있었다는 점은 문제였다. 발행회사의 베팅이 잘못되었을 때, CDS 보증 계약을 이행할 자금이 없을 수도 있다는 뜻이기 때문이다.

증거금(지급을 보증하기 위해 확보해둔 담보)은 미미하거나 아예 없었다. 규제의 사각지대에 있던 이런 상품들은 대개 자회사가 보유하고 모회사의 재무제표에는 명시되지 않았다. 대표적인 사례로 2008년 금융위기 당시 파산 위험에 직면했던 세계적인 대형 보험사 AIG가 있다. 미국 정부가 금융 시스템을 보호하기 위해 수천억 달러를 지원하는 동안 AIG는 단일 수혜자로서는 최대 규모인 무려 1,650억 달러를 지원받았다. AIG는 자회사를 통해 수조 달러 규모의 CDS를 발행했고 보증 주체는 주로 AIG였다. 지급을 보증한 채권의 가격이 하락하자, AIG는 발행한 (손실이 발생하고 있던) CDS 계약 이행을 보증할 담보를 제공해야 했다. 결국 AIG는 계약을 이행할 자금이 없었고, 이는 전 세계 은행과 투자회사를 수천억 달러 규모의 손실 위협에 노출시켰다. AIG에 대한 미국 정부의 긴급구제 조치는 골드만삭스와 같은 미국 기업에 도움을 주었다. 골드만삭스가 보유한 100억 달러 상당의 부실 종이자산paper asset 18 부담은 결국 납세자들이 흡수해야 했다. 미국 정부의 후한 선물은 전 세계에 뿌려져 AIG의 채무불이행 문제를 처리하는 데 활용되었다.

다음의 예를 보면 이것이 얼마나 미친 짓이었는지 알 수 있다.

조라는 사람이 당신이 친구에게 빌려준 32만 달러를 보증하는 CDS를 5년 동안 연 1,600달러에 판매하겠다고 제안한다. 조는 성공했고 대출 없이 100만 달러짜리 집을 갖고 있으므로, 그 '돈만큼의 가치'는 있는 사람이다. 연간 1,600달러 추가 수입이 발생하는 것에 만족한 조는 주택저당대출을 보증하는 CDS를 계속 판매한다. 조는 아무런 규제 없이 당신에게 판 것과 같은 조건으로 계약 1,000건을 더 판매하고 추가 수입은 연간 160만 달러로 증가한다. 각 계약의 대출금 규모가 평균 32만 달러라면 조는 100만 달러짜리 집으로 총 3,200만 달러 채무를 보증하는 셈이다. 애초에 이처럼 많은 CDS를 파는 것이 불가능하다고 이의를 제기할 수 있다. 몇 건의 계약을 판매한 시점에, 조에게는 위기 상황에서 보험금을 지급할 능력이 없다는 사실을 이미 사람들이 파악했을 가능성이 높기 때문이다. 하지만 조가 자회사를 통해 계약을 판매했고, 방대한 전체 규모를 공개하지 않았다면 어땠을까? 이것이 바로 AIG가 한 일이다.

조가 판매하는 CDS 계약은 하나하나가 잠재적인 부채이다. 각 계약은 그의 장부에 반영되어야 한다. CDS 계약 판매로 이익을 얻기 위해서는 보험료 수입과 재투자로 얻은 이익을 합산했을 때 그가 판매한 신용부도 보험이 미래에 지급할 보험금을 충당하고도 남을 만큼 충분해야 한다. 생명보험회사와 마찬가지로, 조는 미래 지급금을 충당할 준비금을 적립해야 하고 지급 가능성이 높아질수록 준비금도 늘려야 한다. 이익만 반영하고 준비금을 적립하지 않는다면 조는 1970년대 XYZ사의 사례와 같은 폰지사기를 꾸미는 것과 같다. XYZ사는 귀금속을 기초자산으로 한 콜옵션을 지나치게 싼 가격에 발행해 판매 대금을 이익으로 반영했지만 나중에 옵션이 행사될 경우 지급할 금액은 제대로 적립하지 않았다. AIG의 CDS 사업이 조, 그리고 XYZ사와 다른 점이 있을까?

2004년, 미국의 다섯 개 주요 투자은행은 증권거래위원회를 설득해 레버리지 허용 한도를 확대했다. 기존에는 순자산 1달러당 11달러를 차입할 수 있었다. 재앙이 닥쳤을 때 완충 역할을 할 자기자본이 총자산 12달러당 1달러, 즉 8.33퍼센트에 불과했다는 뜻이다. 크리스토퍼 콕스 위원장이 이끄는 증권거래위원회는 골드만삭스, 모건스탠리, 메릴린치, 베어스턴스, 리먼브라더스가 레버리지 비율을 33대 1까지 확대할 수 있도록 용인했다. 6년 전 불운의 헤지펀드 LTCM을 파멸로 이끈 레버리지 비율과 맞먹는 수준이었다. 순자산 1달러당 부채 32달러로 총자산 33달러를 보유한 상태에서는 자산 가치가 약 3퍼센트만 하락해도 자기자본이 완전히 잠식된다. 이런 상황에서 은행이 지급불능 상태라는 사실이 알려지면, 채권단은 받아낼 수 있을 때 한시라도 빨리 자금을 회수하려고 나서 1930년대에 경험한 전형적인 뱅크런^{bank run}(예금인출 사태)을 초래할 것이다.

4년이 지난 2008년, 금융위기가 발생하면서 예금인출 사태가 벌어지자 갑옷과 무기로 무장한 다섯 골리앗 모두 무너질 위기에 처했다. LTCM이 과도한 레버리지로 무너지는 데 걸린 시간도 4년이었다. 투자은행 다섯 곳 가운데 세 곳이 더 이상 독립법인으로 존재하지 못했다. 나머지 두 회사인 모건스탠리와 골드만삭스는 정부의 개입으로 살아남았다. 특히 골드만삭스의 경우 워런 버핏의 버크셔 해서웨이가 우선주 10퍼센트와 신주인수권 수십억 달러어치를 매수해 위기를 모면했다. 두 회사 모두 2009년 회복했다. 골드만삭스는 당당히 개선했다. 파트너들은 200억~300억 달러에 이르는 상여금을 나눠 가지게 되었다. 일부 경쟁자들이 사라지거나 한계기업화marginalization된 상황도 나쁘지만은 않았다. 골드만삭스 최고경영자인 로이드 블랭크페인Lloyd Blankfein은 어마어마한 상여금에 관한 질문에, 회사가 "신의 일을 하고 있다"는 경솔한 답변을 공개석상에서 내놓았다. 그의 대답은 '거래가 늘수록 효율적인 자본 시장이 형성되고, 매수자와 매도자들은 더욱 좋은 가격에 거래할 수 있으며, 이것은 결국 모든 인류에게 유익하다'는 학계의 전형적인 주장을 되풀이한 것이었다. 그러나 은행들은 주택저당대출을 기초자산으로 정크증권junk securities19을 판매하는 동시에, 고객이 파산하면 돈을 버는 쪽에 거대한 금액을 베팅했다. 이것 역시 '신의 일'의 일부였다는 사실이 나중에 드러났다. 신격화된 은행가들이 받는 급여를 성직자와 비교하면 은행가는 그야말로 천상의 일을 돌보는 사람들이라고 인정할 수밖에 없다.

개인과 기관 투자자들도 피해를 입었지만 자산가들은 정치적 연줄을 이용해 1조 달러 규모의 공적자금을 낚아채, '대마불사'에 해당하는 대형 금융기관들의 구제를 이끌어냈다. 특수한 이해관계가 있는 집단을 달래고 보상하기 위한 값비싼 선물이 뿌려졌다. 중고차 현금보상Cash for Clunkers 제도에 따라 기존 자동차를 폐차하고 새로 차를 구입한 사람들에게 최대 4,500달러가 지급되었다. 환경을 위한다고 그럴 듯하게 포장했지만 유일하게 내세운 요건은 새로 구입하는 차량의 연비가 차종 분류에 따라 갤런당 1~4마일 더 높기만 하면 된다는 것이었다. 소폭의 연비 향상에 따른 환경 개선 효과는 신차 생산 과정에서 그 이상의 환경오염이 추가로 발생하며 상쇄되었다. 그러나 주차장에 가득 들어찬 재고 차량을 처리할 수 있었던 자동차 딜러들은 교체 프로그램에 환호했다.

정규직과 비정규직 실업률이 계속 상승하면서 실업보험 지급이 거듭 연장되었다. 필요하고 유용한 일이지만 가능한 많은 유휴 수혜자idle beneficiaries들을 유익한 사업에 동원하는 것도 공공의 이익에 도움이 된다. 어린 시절 기억 속에 있는 1930년대 취로사업청과 민간자원보존단 같은 프로그램을 통한 도로와 교량 건설 및 공공사업, 그리고 사회기반시설 개선은 수십 년 동안 우리 모두에게 혜택을 미치는 일이었다.

부동산 업계는 정치권의 지원을 받았다. 생애 최초 주택 구입자에게는 8,000달러 전액 환급 세액공제refundable tax credit 혜택이 주어졌다. 여기서 '전액 환급'이란 평생 세금을 한 푼도 내지 않는 8,000달러짜리 수표를 신청해 받는다는 뜻과 같다. 사람들을 기만하는 정치인들의 전형적인 표현이다. 제도에 대한 감시가 느슨한 가운데 네 살짜리 아이도 집을 샀다. 어쨌든 생애 최초 요건은 충족했기 때문이다.

수치심을 모르는 주택저당대출 업체들이 '환급될' 세금을 계약금으로 인정하고, 주택 매수자에게 추가 자본을 요구하지 않는 경우도 있었다. 의회는 부동산 업계의 로비 활동에 응해 과거 3년간 주택을 구입한 적이 없는 사람들을 대상으로 혜택을 확대했다. 중고차 현금보상 프로그램을 모방한 '해체주택 현금보상' 프로그램을 통과시키려는 시도도 있었다. 낡은 집을 허물고 새집을 짓는 대가로 '전액 환급 가능한', 예를 들면 10만 달러 상당의 세액공제 혜택을 제공하지 않을 이유가 없지 않느냐는 주장도 있었다. 미국 경제의 중요한 부분을 차지하는 건설업계를 회생시킬 수 있는 제안이었다. 이 세계의 가능성에는 끝이 없다.

투자자들의 광기가 가격을 극도로 높이 끌어올려 형성된 자산시장의 거품은 투자자들에게 되풀이되는 수수께끼를 안겨준다. 이익을 낼 수 있을까? 큰 손실은 피할 수 있을까? 내 경험상 자산시장에 거품이 한창 형성된 뒤 그것을 발견하기는 어렵지 않았다. 시장가격과 평가가치가 역사적 수준을 훨씬 넘어서고, 그것이 경제적으로 타당해 보이지 않기 때문이다. 1980년대 저축대부조합의 호황, 1999~2000년의 기술주 고평가, 2006년 급등해 고점을 기록한 주택가격이 그 사례이다. 하지만 이익을 내기는 쉽지 않다. 폰지사기와 마찬가지로 거품이 언제 끝날지 알 수 없기 때문이다. 너무 일찍 반대 방향으로 베팅하면 장기적으로 옳았다고 하더라도 단기적으로는 파탄에 이를 수 있다. 케인즈가 말했듯이 우리의 지불 능력은 시장의 오랜 비합리성을 버텨낼 수 없을 것이다.[20]

손실회피는 어떨까? 일단 거품이 발견되면 투자하지 않으면 그만이다. 그러나 그 파급효과, 즉 피해가 전염된다는 데 문제가 있다. 2006~2010년 주택가격 붕괴는 투기꾼들이나 너무 늦게 매수에 뛰어든 사람들에게만 피해를 입힌 것이 아니었다. 파생상품이 전 세계로 피해를 확산시켰다. 2009년 3월, S&P500 지수가 고점에서 57퍼센트 하락했을 때 나는 주식을 사야할지 아니면 가진 주식을 팔아야할지 판단할 수가 없었다. 어느 쪽을 선택해도 재앙이 되었을 것이다. 만일 심각한 경기불황이 전 세계적으로 계속된다면 더 많은 주식을 매수할 경우 커다란 대가를 치러야한다. 다른 시나리오는 당시를 저점으로 주가가 1년 안에 70퍼센트 이상 반등한다는 것이었다. 실제로 일어난 상황이다. 누구보다 뛰어난 정보 수집 능력과 통찰력을 지녔던 워런 버핏은 훗날 〈월스트리트 저널〉의 스캇 패터슨 기자에게, 한때는 자신도 깊은 구덩이에 갇혔다고 느끼며 모든 것을 잃고 버크셔 해서웨이가 쓰러질 가능성까지 생각했다고 말했다. 금융 시스템을 구제하는 데 필요한 일이라면 무엇이든 하겠다는 의지를 미국 정부가 내비치고 나서야 버핏은 비로소 구원받았음을 절감했다.

시스템으로 거의 규제를 받지 않은 레버리지의 활용이 야기할 미래의 금융위기를 어떻게 막을 수 있을까? 레버리지를 제한하는 한 가지 확실한 단계로, 거래 시 양측에 충분한 담보를 세우도록 요구할 수 있다. 이것이 바로 계약이 표준화되어있고 규제가 작동하는 선물거래소의 역할이다. 수십 년 동안 효력을 발휘했고 거래소 자체적으로 간단히 통제할 수 있으며 문제도 거의 없었던 방법이다.

대마불사에 해당하지만 실제로 무너질 위험이 큰 금융기관들은 만일의 경우 전체 금융 시스템을 위험에 빠뜨리지 않도록 충분히 작게 쪼개야 한다. 앨런 그린스펀 역시 "대마불사 기관은 지나치게 비대하다"고 인정했다. 대마불사는 귀에 쏙 들어오는 표현이지만 문제를 호도한다. 위험은 단순히 금융기관의 크기에서 오지 않는다. 그들의 파산이 금융 시스템에 미치는 위험의 크기가 문제이다. 폴 크루그먼이 지적했듯[21] 캐나다의 금융 시스템도 미국과 마찬가지로 대규모 기관에 집중되었지만 캐나다에서는 주택저당대출과 관련해 심각한 채무불이행 문제가 발생하지 않았고 금융기관이 붕괴되지도 않았으며 대규모 구제금융도 없었다. 캐나다가 미국과 달랐던 점은 주택저당대출에 엄격한 기준을 두고 은행의 레버리지와 위험을 더욱 강력히 제한했다는 것이다.

미국 기업의 임원들은 주주들의 자산을 이용해 투기를 한다. 성공하면 개인적으로 커다란 보상이 주어지고, 혹시 실패하더라도 종종 말을 잘 듣는 정치인들이 공적자금으로 구제에 나서기 때문이다. 미국은 이익을 사유화하고, 위험은 사회화한다.

공공의 부를 확보하는 기업 임원들의 능력은 최고경영자의 임금에 그대로 반영된다. 1965년 기준으로 최고경영자의 임금은 일반 근로자보다 24배 많았지만 그 격차는 "40년 뒤 411배로 확대되었다."[22] 경제적 불평등의 확대를 보여주는 또 다른 지표가 있다. 근로소득자 가운데 상위 1퍼센트가 국민소득에서 차지하는 비중이 증가한다는 것이다. 상위 1퍼센트가 벌어들이는 소득은 1929년 기준 국민소득의 10퍼센트를 차지했다. 이 비중은 대공황 당시 5퍼센트로 감소했다가 1980년대부터 점차 증가하기 시작했다. 지난 몇 년 동안 상위 1퍼센트에 해당하는 1만 2,500가구가 국민소득에서 차지하는 비중은 1929년 기록한 10퍼센트를 돌파한 뒤 계속해서 확대되고 있다. 기업의 임원들은 이러한 보상이 그들로 하여금 자본주의 사회의 창조적 동력이 되도록 격려하므로 결국 모두에게 혜택이 돌아가는 일이라고 주장한다. 2008년 금융위기는 그 혜택 가운데 하나였다.

2008~2009년 경기 침체를 전후한 연구 결과에 따르면, 상위 다섯 명의 임원에게 지급되는 기업이익의 비중이 클수록 기업의 실적과 주가는 저조했다. 이들 슈퍼스타들은 회사에 이익이 되기보다는 회사를 고갈시키는 경향이 있었다. 임원진은 자신들의 급여 결정하는 것이 '시장의 힘'이라고 주장한다. 그러나 모세 아들러Moshe Adler

는 "과한 보수를 받는 이들을 타도하며Overthrowing the Overpaid"23라는 제목의 칼럼에서 다음과 같이 지적했다. "200년 전 경제학자 데이비드 리카도와 애덤 스미스는 '한 사람의 급여는 그 사람의 생산성이 아니라 그 사람의 협상력으로 결정된다. 왜? 생산은 대개 집단적으로 이루어지고 (중략) 구성원 각자의 기여도는 다른 구성원의 기여도와 별개로 생각할 수 없기 때문이다.'라고 결론을 내렸다."

분노한 대중영합주의자들은 임원들의 급여를 법으로 제한해야 한다고 요구했다. 좀 더 간단하고 효과적인 해결책이 있다. 바로 주주들에게 권한을 부여하는 것이다. 주주는 임원들과 이사진에게 회사를 약탈당한 진정한 소유주이기 때문이다.

현재 대부분의 기업 이사회는 제3세계 영토를 지배하듯 회사를 운영한다. 주주들은 투표로 이사를 선출한다. 후보 지명은 대개 자기영속적 성격을 갖는 이사회의 몫이고, 주주들이 투표로 찬성 또는 반대 의사를 표시한다. 반대표 100만 개가 있어도 찬성표 1개로 이사를 선출할 수 있다. 회사의 규정은 개별 주주들이 이사를 추천하거나 안건을 표결에 부치는 것이 어렵거나 아예 불가능하도록 설계되어있다. 대신에 정부가 법적 존재를 허용하고 규제하는 '기업'들은 미국식 민주주의의 일반적인 투표 절차에 따라 민주적 선거를 실시해야만 한다. 또한, 공동으로 일정 비율의 주식을 보유한 주주 집단에게는 이사 지명, 이사회 구성원 및 최고임원 교체 등 다양한 안건을 표결에 부칠 수 있는 권리가 제한 없이 주어져야 한다.

일부 기업은 의결권의 크기가 다른 두 종류 이상의 주식을 발행해 주주들의 권리를 박탈한다. 예를 들어, 경영진은 각각 10개의 의결권을 가진 A형 주식을 소유하고 일반 대중들은 의결권이 1개인

B형 주식을 소유한다. '내부자'는 누구든 10표를 행사하고 '외부자'는 누구든 1표만 행사하는 국가에서 산다면 어떨까? 이런 관행은 폐지하고 1주당 1표를 행사하도록 해야 한다. 또 다른 문제로, 현재 소유주를 대신해 주식을 보관해주는 기관들은 투표하기를 거절한 주주들을 대리해 의결권을 행사할 수 있다. 투표를 위임받은 기관들은 대개 기존 경영진의 연임을 돕고 기존 경영진의 결정에 거수기 노릇을 한다. 주주가 직접 행사한 표만 유효하도록 규정을 바꾸어야 한다. 이른바 의결권대리행사proxy vote는 인정하지 않아야 한다.

기업의 소유주, 즉 주주들에게 민주적 선거를 치르고 안건을 표결에 부칠 권리가 보장된다면 그들을 대리하는 최고임원들에게 지급되는 보상을 통제할 수 있을 것이다. 나는 이것이 정부의 직접 규제보다 훨씬 효율적이고 정확한 방법이라고 생각한다.

미국 경제는 2008~2009년 위기 이후 수년간 서서히 회복되었다. 그러나 위기의 재발을 막기 위해 추가된 안전 조치는 거의 없다. 철학자 조지 산타야나George Santayana는 "과거를 기억하지 못하는 자는 과거를 되풀이하고 비난을 받을 것"이라고 경고했다. 사회의 기관들은 역사에서 좀처럼 교훈을 얻지 못했지만 우리 개인은 가능하다. 다음 장에서는 내가 배운 몇 가지 교훈을 나누고자 한다.

chapter 30

생각해볼 문제

과학, 수학, 도박, 헤지펀드, 금융 그리고 투자를 아우르는 긴 여정에 관한 이야기를 마무리하며 그 과정에서 배운 것을 공유하려고 한다. 교육은 내게 커다란 변화를 가져왔다. 수학에서는 논리적으로 추론하는 법을 배웠고 숫자, 표, 도표, 계산법을 자연스럽게 이해하도록 했다. 물리학, 화학, 천문학, 생물학은 세상의 경이로움을 보여주었으며 모형과 이론을 구축해 현상을 설명하고 예측하는 법을 알려주었다. 그 결과, 나는 도박과 투자 모두에서 결실을 얻었다.

교육은 두뇌를 위한 소프트웨어를 구축한다. 우리가 태어날 때, 겨우 기본 운영 체제를 갖춘 컴퓨터에 불과하다고 생각해보자. 학습은 얼굴 그리기부터 자전거 타기, 읽기를 배우고 미적분을 통달하기까지 크고 작은 프로그램을 컴퓨터에 추가하는 것과 같다. 이런 프로그램들을 활용해 우리는 세계로 나아간다. 나는 많은 것들을 학교와 교사에게서 배웠다. 그보다 더욱 가치 있었던 것은 어린 시절 스스로 익힌 것들이었다. 블랙잭에서 이기는 법, 룰렛 게임에서 이기는 컴퓨터를 만드는 법, 시장 중립적인 헤지펀드를 설립하는 법에 관한 과목은 따로 없었으므로 스스로 학습하는 능력이 훗날 도움이 되었다.

대부분 사람들은 도박성 게임을 이해하지 못하고, 일상생활에서 문제를 해결하는 데 필요한 확률을 계산하지 못한다. 생물의 한 종으로서 숲과 밀림에서 생존하는 데는 이런 기술이 필요하지 않았다. 사자가 으르렁거리면 본능적으로 가장 가까운 나무 위로 올라가 피했고 다음에 무엇을 할지는 나중에 생각했다. 오늘날 우리는 생각하고 계산하고 미리 계획할 기회를 자주 접한다. 바로 이때, 수학이 결정을 내리는 데 도움이 된다. 예를 들면, 안전벨트와 에어백은 "가치가 있을까?" 차량 1억 대를 대상으로 대당 300달러, 총 300억 달러를 들여 성능 개선 작업을 하면 연간 교통사고 사망자 수를 5,000명 줄일 수 있다고 가정하자. 안전장치가 추가된 이 차량들을 10년 동안 운행할 경우 5만 명의 생명을 총 300억 달러, 1인당 60만 달러로 구할 수 있다. 자동차 업계의 많은 사람들이 의견을 달리했지만 우리 사회는 기꺼이 돈을 지출하고 생명을 구했다.

하루 한 갑 담배를 피우는 흡연자는 어떨까? 40년 후 흡연자의 수명은 평균 7년 단축될 것이다. 담배 1개비는 죽음을 12분 앞당길 뿐만 아니라 건강에 문제를 일으켜 남은 생애마저 망칠 수 있다. 그런 상황을 피할 수 있어도 결국 비용을 유발한다. 즉, 말년에 의료비 지출이 많아지고 근무 중 병가 일수가 늘며 간접흡연으로 인한 피해도 발생한다. 그러나 이것은 평균일 뿐이다. 흡연 관련 질병이 아닌 다른 원인으로 사망하는 흡연자도 있고 이른 나이에 사망하는 흡연자도 있다. 룰렛 도박도 비슷하다. 평균적으로 1달러를 걸면 5센트를 잃는다. 그러나 이것은 평균일 뿐이다. 순식간에 가진 돈을 모두 날리는 도박꾼도 있고 꽤 오랫동안 버티는 사람들도 있다.

오늘날 공공정책을 수립할 때 비용과 편익 사이의 절충은 중요한 문제 가운데 하나이다. 때로는 냉혹한 선택도 있다. 50만 달러를 들여 강력한 약제내성 결핵 환자 한 사람을 살리는 편이 나을까, 아니면 같은 금액으로 개당 10달러짜리 독감 백신 5만 도스를 학생들에게 공급해 50명의 생명을 구하는 편이 나을까? 통계적 사고는 이러한 선택에 도움이 된다.

나는 간단한 확률 및 통계를 유치원부터 12학년까지 가르쳐야한다고 믿는다. 또한 동전 맞추기, 주사위, 룰렛 등 운에 좌우되는 게임을 분석하면 위에서 제시한 것과 같은 사안에 대해 충분히 생각하는 법을 배우는 데 도움이 된다고 믿는다. 카지노가 이기는 원인을 알면 도박에 빠지는 대신 가볍게 즐기는 수준으로 손실을 제한하는 법을 배울 수 있다. 오늘날 도박은 무지에 부과되는 세금으로, 손실을 감당할 수 없는 사람들에게서 돈을 빨아들이며 사회를 갉아먹는다.

내가 도박에서 배운 것 대부분은 투자에도 해당되었다. 대부분 사람들은 위험, 보상, 불확실성을 이해하지 못한다. 이것을 이해했다면 투자 성과는 훨씬 좋았을 것이다. 예를 들어, 몇 년 전 내 고객이었던 주택소유자협회는 절대 안전을 추구하며 지급 준비금을 이용해 30일 만기 국채를 샀다. 그러나 매년 투자 금액은 준비금 가운데 5분의 1에 불과했다. 나는 준비금의 5분의 1은 다음 해가 만기인 국채에 투자하고, 5분의 1은 그다음 해 만기, 또 5분의 1은 그다음

해 등의 방식으로 투자할 것을 제안했다. 사다리laddering 기법이라고 하는 이 유명한 전략은 대개 만기가 길수록 효과가 있었다. 만기 전까지 가격이 변동할 여지도 커서 일반적으로 더욱 높은 수익률을 기대할 수 있기 때문이다. 5년 만기 국채는 30일 만기 국채 대비 과거 83년 동안 연평균 1.8퍼센트 초과수익률을 거두었다. 전문 회계사였던 협회 회계 담당자는 처음에는 이 전략에 반대했지만 나중에는 동의했고 이 전략으로 수익을 거두었다.

초등 및 중등 교육과정에서 기초 재무 교육이 이루어져야 한다. 좀 더 많은 국민들이 수입과 지출을 맞추는 방법, 손익계산서와 재무상태표를 직접 작성하고 읽는 법을 알게 되면 자신이 감당할 수 있는 집을 좀 더 잘 선택할 수 있을 것이다. 투자를 적절히 관리하면 은퇴를 더욱 잘 준비할 수 있고 일생 동안 사회에 덜 의존할 수 있다.

사람과 사회를 통찰하게 된 것은 투자와 금융, 경제를 공부하며 얻은 가장 큰 즐거움 가운데 하나이다. 자연과학에는 중력의 법칙과 같이 세상에 널리 진실로 통하는 규칙이 있다. 그러나 인간, 그리고 인간이 상호작용하는 방식은 포괄적이며 변하지 않는 이론으로 다룰 수 없고, 결코 가능하지도 않을 것이다. 대신 나는 현상을 서로 연결하고, 이해를 돕는 지름길 역할을 하는 좀 더 한정적인 개념들을 발견했다.

그중 하나는 1776년에 애덤 스미스가 소개한 개념으로 특히 자유주의자와 자유시장 지지자들이 선호한다. 스미스에 따르면, 수많은 소규모 매수자와 매도자가 각자 자신의 이익을 확대하기 위해 행동하는 경제 구조 속에서, '보이지 않는 손'에 이끌려 공동의 이익이 극대화된다. 이 개념은 제한적으로 유효하다. 대부분의 시장 구조 자체가 스미스의 가정과 다르기 때문이다. 컴퓨터 칩을 예로 들면, 양대 미국 회사가 전 세계 생산량의 99.8퍼센트를 차지하고 작은 회사들은 살아남기 위해 안간힘을 쓰고 있다.

1968년에 가렛 하딘Garrett Hardin이 설명한 '공유지의 비극tragedy of the commons'은 보이지 않는 손의 마법과 반대되는 개념이다. 옛날 바다에서 물고기를 잡던 것처럼 누구나 자유롭게 사용할 수 있는 자연 자원이 있다고 생각해보자. 18세기에 벤저민 프랭클린은 배로 헤치고 한 번 지나가는 데만 며칠이 걸릴 정도로 어마어마하게 모인 대구 떼를 보고 놀랐다. 200년에 걸친 남획 끝에 대구는 씨가 말랐다. 개인의 사적 이익은 어떻게 사회적 이익을 극대화해왔을까? 전 지구적인 사례로 환경오염이 있다. 개인이 자유롭게 화석 연료를 태우고 이산화탄소 등 온실가스 배출량이 크게 늘면서 지난 100년 동안 지구의 온도는 지속적으로 상승했다. 미세먼지 역시 폐 질환과 사망으로 이어졌다. 그러나 오염을 유발한 개인으로서는 그 행위로 잃는 것보다 얻는 것이 많았고 따라서 변화를 요구하는 직접적인 압박도 느끼지 않았다.

사회를 위한 해결책에 관해 간단하지만 훌륭하게 설명하는 통합적 개념으로 '외부효과externalities'라는 것이 있다. 외부효과는 신권이 부여된 경제계의 사제들이 즐겨 사용하는 신비한 전문용어 가운데 하나로, 사적 경제 활동에 기인한 사회적 비용 및 이익을 가리킨다. 대기오염은 부정적인 외부효과다. 그렇다면 '공정한' 해결책이 무엇인지는 분명하다. 추정되는 피해 규모만큼 세금을 부과하는 것이다. 긍정적인 외부효과도 있다. 내화 재료로 집을 건축하는 것은 이웃을 보호하는 일이다.[1] 또한, 지역 소방 비용 절감과 보험사의 이익 증가로 이어지기도 한다. 건축주는 세금 부담이 아닌 보험료 인하 혜택을 누릴 수 있을 것이다.

버크셔 해서웨이의 찰리 멍거는 다양한 수단을 활용해 사고했다. 《가난한 찰리의 연감: 찰스 T. 멍거의 기지와 지혜Poor Charlie's Almanack: The Wit and Wisdom of Charles T. Munger》라는 제목의 매력적인 책에 그 내용이 소개되었다. 다각적인 통찰을 바탕으로 한 그의 사고 수단 가운데 내가 가장 좋아한 것은 거래 및 현상의 관련성을 이해하는 이른바 "유인책 찾기Look for the incentives"이다. 이것은 "퀴 보노Cui bono?", 즉 "누가 이득을 보는가?"라는 질문과도 밀접한 관련이 있다. 7,000명의 미국 총기상에게 멕시코 티후아나부터 미국 코퍼스 크리스티까지 이어지는 국경지역에서 멕시코 마약 조직이 사용하는 군대 수준의 무기를 자유롭게 판매하도록 허가가 났다. 퀴 보노는 단번에 그 배경을 설명해준다. 옥수수 기반 에탄올의 경우, 이 에탄올을 사용해서 줄일 수 있는 양만큼의 오염 물질이 생산 과정에서 배출될 뿐만 아니라, 전반적인 식량 가격을 끌어올리는 역할을 한다. 그럼에도 불구하고 미국 의회가 옥수수 기반 에탄올 사용을 의무화한 이유를 설명하는 것이 퀴 보노이다. 에탄올 사용 자체가 목표였다면, 브라질산 에탄올 수입을 막기 위해 2011년 말까지 54퍼센트 관세를 부과한 이유는 무엇이었을까?

더 깊은 통찰은 모든 투자자들에게 근본적으로 중요한 훨씬 큰 개념을 인식하는 데서 나온다. 바로 내가 '정치적 유착 관계가 있는 부유층'이라고 일컫는 집단이 미국을 지배하는 경제 권력이자 정치 권력임을 인식하는 것이다. 이것은 우리 사회에서 일어나는 일과 그 이유를 이해하는 핵심적인 개념이다. 그들은 선거운동 기부, 좋은 자리, 투자 이익을 이용해 정치인을 매수한다. 그들은 권력을 지배하는 부를 손에 쥐고 국가를 운영하며, 앞으로도 그럴 것이다. 우리는 이미 2008~2009년 금융위기 당시, 그들이 스스로를 구제하기 위해 정부를 어떻게 이용했는지 목격했다.

분명히 해두자면, 나는 그들이 남보다 훨씬 더 부유하다는 사실에 이의를 제기하는 것이 아니다. 내가 반대하는 것은 실력이 아닌 정치적 유착을 통해 부를 얻는 행위이다. 농구 구단에서 우리 이웃 코브 브라이언트에게 연봉 2,000만 달러를 지불하는 것은 괜찮다. 그를 데려가려면 그만큼의 돈이 필요하다. 그러나 헤지펀드 매니저들이 정치인들에게 뇌물을 써서 자신들의 소득세율을 일반 근로자 대비 극히 미미한 수준으로 낮추는 조항을 법률에 끼워 넣는다면, 나는 반대한다.

부자는 간단히 두 가지 유형으로 나뉜다. 정부를 이용해 자신에게 유리한 방향으로 경기장을 기울이는 사람들과 그렇지 않은 사람들이다. 전자는 중산층보다 훨씬 낮은 세율로 세금을 내고 후자는 상당히 높은 세율을 적용받는다. 두 유형의 세율을 합하면 상위 중산층이 지불하는 세율과 비슷해진다. 그런데 정치권과 유착된 부유층은 대개 유착 관계가 없는 부유층이 부담하는 높은 세율을 들먹이며 더욱 폭넓은 세금 우대 조치를 요구한다. 1억 2,500만 달러 이상의 부를 지닌 상위 0.01퍼센트에 속하는 사람들이 부유층 집단의 권력을 장악하고 있다.

규제와 법률의 단순화 역시 공공정책 문제를 이야기할 때 빠질 수 없는 주제이다. 정부는 세세한 사항까지 관리하려는 습관을 버려야 한다. 예를 들어, 캘리포니아를 비롯한 많은 주에는 별도의 소득세법이 있다. 각 주의 소득세법은 연방 세법과 유사하지만 다른 부분도 많아서, 거주자는 연방정부 소득신고서만큼이나 상세하고 복잡한 주정부 소득신고서를 별도로 작성해 제출해야 한다. 나는 다음과 같은 해결책을 제시한다. 먼저, 개인에게 부과되는 주세를 연방세의 일부분으로 포함해 부과하되 그 비율은 세입 총액이 현재 세수와 동일하도록 의회에서 설정한다. 또한 소득신고서는 엽서 크기로 줄여 개인 납세자들의 시간을 절약하고, 수천 명에 달하는 비생산적인 주 공무원들에게는 민간 부문에서 유용한 일을 찾을수 있는 기회를 제공한다. 이렇게 하면 시민들의 시간과 비용을 절약하는 것은 물론, 급여와 수당, 간접비를 포함해 1인당 10만 달러가 지출되는 캘리포니아주 공무원 3,000명을 줄일 수 있다. 재정적으로 쪼들리는 캘리포니아 주정부가 연간 3억 달러를 절감하게 되는 것이다. 이처럼 주정부에게는 세입 총액을 늘리지 않고서도 순이익을 거두는 방법이 있다.

연방 소득세법에 이 접근 방식을 적용하면 효과는 더욱 크다. 현재 세율이 높은 이유는 규제가 허술해 많은 사람들이 세금을 적게 내고, 심지어 전혀 내지 않기 때문이다. 세수 중립적 일률과세 revenue-neutral flat tax[2]는 세법을 단순화하며 공정성을 높이고, 다른 사람들의 세금에 무임승차하는 사람들을 가려낼 것이다. 모든 소득은 동등하게 과세하되 예외적으로 빈곤 정도에 따라 소득의 1.5배까지 세금을 면제한다. 소득이 기준 미만이면 세금을 내지 않는다. 여기에 해당하는 사람들을 전부 합해야 국민소득에서 차지하는 부분은 적기 때문에[3] 세금 면제로 인한 영향은 미미하다. 반면 현재 비과세 소득의 상당 부분에 세금이 부과될 것이므로, 세수 중립적 세율은 약 20퍼센트로 추정된다.[4] 다시 말하지만, 우리에게는 사회에 크게 기여할 능력이 있다. 수십만 명의 정부 공무원, 세무 변호사, 회계사, 세무 대리인들에게는 (바라건대) 사회에 생산적으로 기여할 수 있는 자유가 주어질 것이다. 세금을 회피해온 사람들에게서 이익을 환수하는 동시에 최고 세율을 절반으로 낮출 수 있는 또 다른 제안으로 부가가치세가 있다.

사회에 유익한 구상을 하는 것은 오히려 쉽다. 가장 어려운 것은 그 구상을 실행하기 위한 법률을 통과시키는 것이다. 미국 내 정당 간 정치적 충돌이 극단적으로 치열해지면서 이것은 더욱 어려워졌다. 한때 가능성의 예술이라고 불렸던 정치는 불가능성의 예술이 되고 있다. 타협할 줄 모르는 당파적 교착 상태는 로마제국을 무너뜨린 원인 가운데 하나였다.

역사적으로 초강대국이라고 할 수 있는 국가는 단 두 곳이라고 해도 틀리지 않을 것이다. 즉 카르타고 패망 이후의 로마제국, 그리고 소비에트연방 붕괴 이후의 미국이다. 미국이 21세기에 지배적인 세계 강대국이 될 것인지, 아니면 해외에서 치른 값비싼 전쟁과 금융관리의 과오, 국내 갈등으로 그 힘을 낭비하다 결국 고점을 지나고 쇠퇴할 것인지는 장기 투자자들에게 매우 중요한 문제이다. 전자의 경우, 물가상승률 반영 후 연평균 7퍼센트의 주식투자 수익률을 달성하는 또 다른 100년으로 이어질 수 있을 것이다. 후자의 경우라면 그처럼 즐거울 수는 없을 것이다. 그러나 미국이 여전히 부유하고 여전히 혁신적이며, 게다가 로마는 하루아침에 무너지지 않았다는 사실에 주목하면 비관론자들은 안심이 될 것이다. 영국, 프랑스, 이탈리아, 스페인, 네덜란드, 포르투갈과 같이 한때 가장 강력했던 국가들은 여전히 가장 발전하고 가장 문명화된 국가로 존재한다. 반면 낙관론자들은 다음과 같은 분명한 사실에 주목해야 한다. 바로 끝없는 적자, 전쟁으로 낭비된 어마어마한 생명과 재산, 정치적 보조금(돼지고기, 구제금융, 기업복지, 근로 능력이 있으면서도 일하지 않는 사람들에게 지급하는 보조금), 그리고 연방 정부를 구성하는 세 기관의 파괴적인 당파성이다. 한편 중국이 부상하며 지정학적 상황과 경제적 상황이 달라지고 있다.

우리 미래에 가장 불길한 그림자를 드리우지만 위협이 과소평가된 분야는 교육과 기술이다. 내가 사는 캘리포니아는 이 부문에서 꼴찌를 다툰다. 반세금 운동the anti-tax movement으로 캘리포니아주 전반, 특히 교육 시스템은 재원 부족에 시달린다. 한때 세계 최고 수준의 공공 고등교육 기관이었던 캘리포니아대학교 10개 캠퍼스는 2015년 수업료를 연간 1만 2,000달러로 올렸다. 내가 학생이었던 1949년에는 수업료가 70달러였으니까 물가상승률을 감안하면 현재 700달러 수준에 불과했다. 과거에는 자격을 갖춘 학생이라면 누구든 좋은 교육을 받을 수 있었다. 졸업생들은 기술혁명을 주도했다. 그러나 2014년 기준 주정부의 지원은 전체 캠퍼스 운영에 필요한 총비용의 10퍼센트에 그쳤다.

정부 지원을 모두 포기하고 사립학교로 전환하면 캘리포니아대학교도 등록금을 두 배로 올릴 수 있다. 다른 주나 해외 출신 학생들은 캘리포니아에 거주하는 학생들보다 세 배 많은 수업료를 지불하기 때문에, 개별 학과장과 행정직원들은 캘리포니아 거주 학생들을 비거주자로 대체해 더 많은 돈을 조달하고 있다. 한편 중국인이 대부분을 차지하는 재능 있는 유학생들은 미국에서 학위를 받은 뒤, 박사 후 연구비 지원과 영주권 획득을 다투는 대신 본국으로 돌아간다. 유능한 미국 출신 과학자들과 엔지니어들도 두뇌 역외유출에 합류한다. 경제학자들은 한 국가의 미래 경제 성장과 번영을 뒷받침하는 중요한 한 가지 요인을 발견했다. 바로 과학자와 엔지니어를 배출하는 것이다. 교육에 재원을 공급하지 않는 것은 종자용 옥수수를 먹어치우는 것과 마찬가지이다. 오늘 세금이 없다면 미래에 기술도 없다.

맺음말

프로이트에 따르면 기본 필수품인 식량, 의복, 주거, 건강이 충족된 다음 인간이 추구하는 것은 부, 권력, 명예, 남녀 간의 사랑이다. 수천만, 수억, 때로는 수십억 달러에 이르는 부를 끊임없이 공격적으로 추구해온 금융계의 거물들에게 이렇게 물어도 좋다. "죽을 때 가장 많은 장난감을 가진 사람이 진짜 승자일까?" 얼마면 충분할까? 언제쯤 만족할까? 대개 "절대로" 그렇지 않다고 대답할 것이다.

나는 극히 높은 수익을 낼 것이 거의 분명했던 여러 사업적 모험을 감행하지 않는 편을 선택했다. 삶의 질을 유지하기 위해서였고 인생의 더 많은 부분을 소중한 사람들과 보내고 더 많은 시간을 아이디어를 탐구하며 즐기기 위해서였다. 한 가지 주제에 대해 주요 개념들을 생각해내고 그것을 실제로 입증한 다음에는 새로운 지적 도전을 즐겼다. 나는 도박게임에서 투자의 세계로 나아가 신주인수권, 옵션, 전환사채, 기타 파생상품, 그리고 통계적 차익거래를 다루었다. 처음 대학교수로 임용되었을 때는 가르치고 연구하면서 생각이 비슷한 똑똑한 사람들과 이야기를 나누며 살아가게 될 줄 알았다. 그러나 나는 어린 시절부터 자연계를 이해하고 통제할 수 있도록 하는 추상적 사고의 힘에 강한 호기심을 품었다. 훗날 물리학으로 확률이라는 안개를 헤치고 룰렛의 결과를 예측하고 수학으로 블랙잭에서 이길 가능성을 높이는 방법을 알게 되면서 나는 일생의 모험으로 이끌려 들어갔다.

놀라운 동반자들과 이 여정의 대부분을 함께할 수 있었던 것은 행운이었다. 아내 비비안은 어린 시절부터 책을 사랑했고 열렬한 독서광이었다. 어느 해 우리는 각자 읽은 책을 일지에 기록했다. 12개월 만에 비비안은 분당 700단어 이상의 속도로 150권이 넘는 책 속을 항해했다. 각자 책을 읽던 어느날 아내가 책장을 넘기는 속도가 너무 빨라서, 아내가 눈치채지 못하게 1시간 동안 속도를 재어보고 알게 된 사실이다. 아내는 책에 대한 애정과 남다른 언어 능력을 아이들과 손주들에게 물려주었다.

아내는 브리지 게임에 능통했고 미술과 미술사를 공부했다. 양질의 건강한 식사를 준비하는 법을 배웠고 도서관학 석사학위를 받았으며 가족들을 격려해 신체를 단련하고 건강을 유지하는 데 집중하도록 했다. 비비안은 초인식 능력이라는 드문 능력을 지녔다. 수십 년 만에 만나 나이가 들고 스타일이며 태도, 체형, 체구가 완전히 달라진 사람들도 쉽게 알아보았다. 내 생각에 그것은 알아본다는 차원을 넘어서는 것 같다. 대부분 사람들이 과거를 떠올릴 때, 기억은 시간이 흘러 희미해지고 '사실'은 마음이 바라는 것에 더 가까워질 수 있다. 비비안의 기억은 사람들과 관련된 것이라면 시간이 지나도 놀라울 만큼 정확했고 변하지 않았다.

2011년 비비안이 암으로 세상을 떠난 뒤 우리는 추도식을 갖고 그녀의 삶을 기렸다. 우리가 함께한 인생을 생각할 때면 처남이 추도식에서 한 말이 떠오른다. "당신이 추었던 춤은 누구도 거두어 갈 수 없습니다."

인생은 소설을 읽거나 마라톤 경주를 하는 것과 같다. 인생은 목표에 도달해야 하는 문제가 아니라 여정 그 자체이고 그 과정에서의 경험이다. 벤저민 프랭클린이 말했듯 "시간은 삶을 만드는 재료"이고 그 시간을 어떻게 쓰는지에 따라 모든 것이 달라진다.

내게 인생에서 가장 좋았던 순간은 사랑하는 사람들, 바로 아내, 가족, 친구들, 동료들과 보낸 시간이었다. 무엇을 하든 인생을 즐기고, 인생을 공유하는 사람들과의 시간을 즐기며, 자신에게서 기인한 좋은 것을 다음 세대를 위해 남기기를 바란다.

물가 상승이 달러에 미치는 영향

이 표는 달러의 구매력 변화를 보여준다.[1] 1961년에 내가 매니 키멜, 에디 핸드와 함께 블랙잭 게임으로 벌어들인 1만 1,000달러가 2013년 가치로는 얼마에 해당하는지 알아보기 위해 1만 1,000달러에 2013년 소비자물가지수consumer price index(이하 CPI)를 곱하고 그 값을 1961년 지수로 나눈다($11,000×233.0÷29.9=$85,719). 즉, A연도의 달러를 B연도의 달러 가치로 전환하려면 B연도의 지수를 곱하고 A연도의 지수로 나눈다.

전반적인 CPI 상승폭은 연평균 약 3.6퍼센트였지만 특별한 변화가 있었다. 1929년 주가 대폭락 이후 CPI는 하락했고(디플레이션deflation이다!) 그 후 10년 동안 낮은 수준을 유지했다. 제2차 세계대전 기간과 종전 뒤 몇 년 동안은 빠르게 상승했다.

미국과 제1세계 국가 대부분에서 물가상승률은 완만한 수준을 유지했지만 가끔씩 재앙에 가까운 상황도 있었다. 독일은 1919~1923년 초인플레이션hyperinflation을 겪으며 화폐 가치가 1,000억분의 1 수준으로 하락했다. 채무자들은 자유의 몸이 되었고 대출기관은 파산했다. 이런 수준의 물가상승률이라면 2015년 약 18조 달러에 달하는 미국의 국가 부채는 180달러로 줄어들 것이다. 아프리카

짐바브웨도 2009년에 독일과 비슷한 초인플레이션을 경험했다. 짐바브웨 화폐 기준으로 1조가 적힌 계산서는 평범한 것이 되었다.

S&P500 총수익률 지수(배당금 재투자 기준)는 1929년 고점에서 1932년 저점까지 89퍼센트 하락했다. 당시는 디플레이션 시기였기 때문에 물가 조정 후 지수 하락률도 85퍼센트 수준이어서 위안이 되지 못했다.

〈표 9〉 **소비자물가지수**

지수: 해당 연도 평균

연도	지수	연도	지수	연도	지수
1913	9.9	1939	13.9	1965	31.5
1914	10.0	1940	14.0	1966	32.5
1915	10.1	1941	14.7	1967	33.4
1916	10.9	1942	16.3	1968	34.8
1917	12.8	1943	17.3	1969	36.7
1918	15.0	1944	17.6	1970	38.8
1919	17.3	1945	18.0	1971	40.5
1920	20.0	1946	19.5	1972	41.8
1921	17.9	1947	22.3	1973	44.4
1922	16.8	1948	24.0	1974	49.3
1923	17.1	1949	23.8	1975	53.8
1924	17.1	1950	24.1	1976	56.9
1925	17.5	1951	26.0	1977	60.6
1926	17.7	1952	26.6	1978	65.2
1927	17.4	1953	26.8	1979	72.6
1928	17.2	1954	26.9	1980	82.4
1929	17.2	1955	26.8	1981	90.9
1930	16.7	1956	27.2	1982	96.5
1931	15.2	1957	28.1	1983	99.6
1932	13.6	1958	28.9	1984	103.9
1933	12.9	1959	29.2	1985	107.6
1934	13.4	1960	29.6	1986	109.6
1935	13.7	1961	29.9	1987	113.6
1936	13.9	1962	30.3	1988	118.3
1937	14.4	1963	30.6	1989	124.0
1938	14.1	1964	31.0	1990	130.7

연도	지수	연도	지수	연도	지수
1991	136,2	1999	166,6	2007	207,3
1992	140,3	2000	172,2	2008	215,3
1993	144,5	2001	177,1	2009	214,5
1994	148,2	2002	179,9	2010	218,1
1995	152,4	2003	184,0	2011	224,9
1996	156,9	2004	188,9	2012	229,6
1997	160,5	2005	195,3	2013	233,0
1998	163,0	2006	201,6	2016	240,0

미국 노동부
노동통계국
워싱턴 DC 20212
소비자물가지수
전체 도시 소비자(CPI-U)
미국 도시 평균
모든 품목
1982~1984=100

수익률 통계

〈표 10〉 자산군별 역사적 수익률(1926~2013)

	누적 연평균 수익률(%)*	연평균 수익률(%)**	표준 편차(%)	실제(물가상승률 조정 후) 누적 연평균 수익률(%)*	샤프비율†
대형주	10.1	12.1	20.2	6.9	0.43
소형주	12.3	16.9	32.3	9.1	0.41
장기회사채	6.0	6.3	8.4	2.9	0.33
장기정부채권	5.5	5.9	9.8	2.4	0.24
중기정부채권	5.3	5.4	5.7	2.3	0.33
미국단기국채	3.5	3.5	3.1	0.5	—
물가상승률	3.0	3.0	4.1	—	—

* 기하평균
** 산술평균
† 산술
출처: 이보슨Ibbotson의 《2014 SBBI연감Stocks, Bonds, Bills and Inflation》(Morningstar, 2014), 1801년 이후 미국 투자 수익률은 제레미 시겔Jeremy Siegel의 《주식에 장기투자하라Stocks for the Long Run》 참고. 16개국 투자 수익률과 분석은 딤슨Dimson 외 참고. 수익률은 기간과 선택한 지수에 따라 다르다. 여기서는 즉시 이용 가능한 상세한 연간 최신 통계를 제공하는 이보슨의 자료를 표준으로 이용했다.

〈표 11〉 **투자자의 역사적 수익률** (1926~2013)

	누적 연평균 수익률(%)*	관리비용 차감 후(%)		세전, 매매손실 차감 후(%)		세후(%)		실제(물가상승률 조정 후) 세금 면제(%)		과세 대상(%)	
		패시브	액티브	패시브	액티브	패시브	액티브	패시브	액티브	패시브	액티브
대형주	10.1	9.9	8.9	9.7	7.7	7.8	5.0	6.7	4.7	4.8	2.0
소형주	12.3	12.1	11.1	11.9	9.9	9.5	6.4	8.9	6.9	6.5	3.4
장기 회사채	6.0	5.8	5.3	5.7	5.0	3.7	3.3	2.7	2.0	0.7	0.3
장기정부 채권	5.5	5.3	4.8	5.2	4.5	3.4	2.9	2.2	1.5	0.4	−0.1
중기정부 채권	5.3	5.1	4.6	5.0	4.3	3.3	2.8	2.0	1.3	0.3	−0.2
미국단기 국채	3.5	3.3	2.8	3.2	2.7	2.1	1.8	0.2	−0.3	−0.9	−1.2
물가 상승률	3.0	—	—	—	—	—	—	—	—	—	—

* 기하평균
출처: 이보슨의 《2014 SBBI 연감》 (Morningstar, 2014), 1801년 이후 미국 투자 수익률은 제레미 시겔의 《주식에 장기투자하라》 참고. 16개국 투자 수익률과 분석은 딤슨 외 참고. 수익률은 기간과 선택한 지수에 따라 다르다. 여기서는 이보슨의 자료를 표준으로 이용했다

〈표 12〉 **투자자의 역사적 수익률을 감소시키는 추정 비용** (1926~2013)

	주식(%)		채권(%)		단기국채(%)	
	패시브	액티브	패시브	액티브	패시브	액티브
관리비용	0.2	1.2	0.2	0.7	0.2	0.7
매매비용	0.2	1.2	0.1	0.3	0.1	0.1
잔여분 추정 세율	20.0	35.0	35.0	35.0	35.0	35.0

〈표 13〉 **연평균 수익률**(1972~2013)

	누적 연평균 수익률*	연평균 수익률**	표준편차
주식 REITS	11.9	13.5	18.4
대형주	10.5	12.1	18.0
소형주	13.7	16.1	23.2
장기회사채	8.4	8.9	10.3
장기정부채권	8.2	8.9	12.4
중기정부채권	7.5	7.7	6.6
미국단기국채	5.2	5.2	3.4
물가상승률	4.2	4.3	

* 기하평균
** 산술평균
〈표 13〉은 수익형 부동산의 역사적 투자 수익률을 비교한 것으로, 1972년부터 2013년까지 공개 거래된 부동산투자신탁의 총수익률이 제시되어 있다.

출처: 이보슨의 《2014 SBBI 연감》(Morningstar, 2014), 1801년 이후 미국 투자 수익률은 제레미 시겔의 《주식에 장기투자하라》 참고. 16개국 투자 수익률과 분석은 딤슨 외 참고. 수익률은 기간과 선택한 지수에 따라 다르다. 여기서는 이보슨의 자료를 표준으로 이용했다

72 법칙과 추가 법칙

72 법칙은 복리와 누적성장 문제에 관한 대략적인 답을 빠르게 제공한다. 이 법칙은 특정 수익률, 정확히 7.85퍼센트 수익률에서 부가 2배로 불어나는 데 소요되는 기간을 설명한다. 수익률이 낮을수록 실제 소요 기간은 72 법칙으로 계산한 것보다 조금 더 짧아진다. 반대로, 수익률이 높을수록 실제 소요 시간은 72 법칙으로 계산한 것보다 길어진다. 다음 표에서 2열은 72 법칙으로 구한 기간이고 3열은 실제 소요 기간이다. 4열의 '정확한 법칙'은 각 수익률별로 72를 대체할 값을 제시한다.[1] 수익률이 8퍼센트인 경우 소수점 둘째 자리까지 반올림한 숫자는 72.05이다. 72와 상당히 근접하다.[2] 4열 '정확한 법칙'의 값은 1열의 '기간별 수익률'에 3열의 값(원금이 2배가 되는 실제 기간)을 곱한 결과와 일치해야 하지만, 완전히 일치하지는 않는다는 점에 유의한다. 3열과 4열은 정확한 값에서 소수점 둘째 자리까지 반올림한 값을 제시하기 때문이다.

암산을 해보면, 기간별 수익률이 1퍼센트 변동할 때마다 '정확한 법칙' 열의 값도 약 3분의 1 변동하는 것을 알 수 있다. 따라서 정확한 법칙의 근사치를 [72+(R-8%)/3]으로 간단히 구할 수 있다. 수익률 1퍼센트에 원금이 2배가 되는 실제 기간을 구할 때, 72 대신

위 공식으로 구한 정확한 법칙(69.66)의 근사치 69.67을 활용한다. 수익률 20퍼센트에 원금이 2배가 되는 기간을 구할 때는 정확한 법칙(76.04)의 근사치 76.00을 활용한다. 이 공식은 표의 나머지 수익률에도 잘 들어맞는다.

72 법칙 표

기간별 수익률	원금이 2배가 되는 소요 기간		
	72 법칙으로 구한 기간	실제 기간	정확한 법칙
1%	72	69.66	69.66
2%	36	35.00	70.01
3%	24	23.45	70.35
4%	18	17.67	70.69
5%	14.4	14.21	71.03
6%	12	11.90	71.37
7%	10.29	10.24	71.71
8%	9	9.01	72.05
9%	8	8.04	72.39
10%	7.2	7.27	72.73
12%	6	6.12	73.40
15%	4.8	4.96	74.39
20%	3.6	3.80	76.04
24%	3	3.22	77.33
30%	2.4	2.64	79.26
36%	2.0	2.25	81.15

부가 증가하는 배수를 달리해도 적용된다. 예를 들어, 원금이 10배 불어나는 기간에 대한 규칙을 얻으려면, 표의 모든 숫자를 $0.30103(\log_{10}2)$로 나눈다. 수익률 8퍼센트의 경우 약 240이므로[3], 10배가 되는 데 소요되는 기간은 '240의 법칙'으로 구할 수 있다. 우리는 수익률이 8퍼센트일 때 부가 10배 증가하는 데 소요되는 기간을 240÷8 =30, 즉 30년이라고 결론을 내린다.

버크셔 해서웨이가 쇼 인더스트리를 약 20억 달러 현금에 사겠다고 제안했을 때[4] 한 매니저가 그들의 이익이 16년 전보다 10배 증가했다고 말했다. 240 법칙으로 대략적인 이익 증가율을 계산하면 240÷16=15퍼센트이다. 실제 성장률은 15.48퍼센트이다.

PNP LP의 투자 수익률

〈표 14〉 **연평균 수익률(%)**

기간	PNP LP(1)	PNP LP(2)	S&P500 지수(3)	3개월 만기 국채 수익률
69/11/01~69/12/31	+4.0	+3.2	−4.7	+3.0
70/01/01~70/12/31	+16.3	+13.0	+4.0	+6.2
71/01/01~71/12/31	+33.3	+26.7	+14.3	+4.4
72/01/01~72/12/31	+15.1	+12.1	+19.0	+4.6
73/01/01~73/12/31	+8.1	+6.5	−14.7	+7.5
74/01/01~74/12/31	+11.3	+9.0	−26.5	+7.9
75/01/01~75/10/31*	+13.1	+10.5	+34.3	+5.1
75/11/01~76/10/31	+20.2	+16.1	+20.1	+5.2
76/11/01~77/10/31	+18.1	+14.1	−6.2	+5.5
77/11/01~78/10/31	+15.5	+12.4	+6.4	+7.4
78/11/01~79/10/31	+19.1	+15.3	+15.3	+10.9
79/11/01~80/10/31	+26.7	+21.4	+32.1	+12.0
80/11/01~81/10/31	+28.3	+22.6	+0.5	+16.0
81/11/01~82/10/31	+27.3	+21.8	+16.2	+12.1
82/11/01~83/10/31	+13.1	+10.5	+27.9	+9.1
83/11/01~84/10/31	+14.5	+11.6	+6.5	+10.4
84/11/01~85/10/31	+14.3	+11.4	+19.6	+8.0
85/11/01~86/10/31	+29.5	+24.5	+33.1	+6.3
86/11/01~87/12/31**	+33.3	+26.7	+5.1	+7.1
88/01/01~88/12/31	+4.0	+3.2	+16.8	+7.4
총 증가율(%)[1]	2,734%	+1,382%	545%	345%
연평균 누적 수익률	19.1%	15.1%	10.2%	8.1%

* 회계연도 시작일이 1월 1일에서 11월 1일로 변경
**회계연도 시작일이 다시 1월 1일로 변경
1 설립 이후 1988년 12월 31일까지 기준
1989년 1월 1일~1989년 5월 15일은 다음 이유로 생략되었다.
(a) 투자조합이 청산하고 차례로 자본을 분배하고 있었다.
(b) 전통적인 사업을 더 이상 영위하지 않았고 자본수익률 계산이 복합했다.
(c) 이용 가능한 수치가 추정치이다.
투자조합은 1975년 11월 1일을 기준으로 컨버터블 헤지 어소시에이츠에서 프린스턴 뉴포트
파트너스로 명칭을 변경했다.
(1) 최고 GP(무한책임조합원)를 포함해 GP 수익 배분 이전
(2) LP(유한책임조합원, 투자자) 순 기준
(3) 배당금 포함

〈표 15〉 PNP 성과 비교

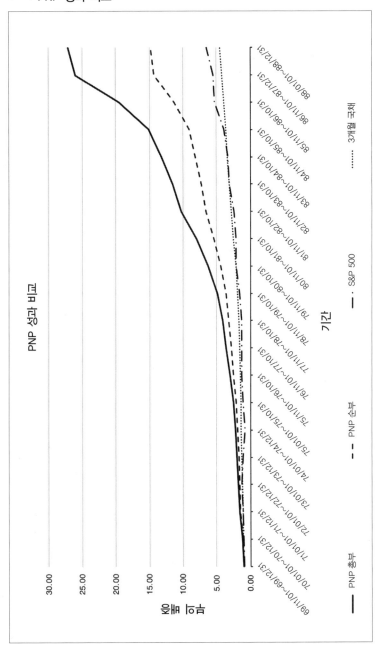

PNP 성과 비교

부록 D | **557**

〈포춘〉지 선정 100대 기업에 대한 PNP의 통계적 차익거래 성적

　　XYZ 투자성과를 요약한 〈표 16〉은 10년이 조금 넘는 기간에 대한 통계만 제공한다. 레버리지(차입금) 효과를 반영하지 않았으며 보수 차감 전 기준이다. 레버리지 사용에 따른 이익이 우리가 부과한 보수보다 컸기 때문에 투자자의 실제 수익률은 더욱 좋았다.

　　〈표 17〉의 XYZ 투자성과 비교 그래프는 XYZ, S&P500, 그리고 국채+2퍼센트 대비 상대적인 부의 누적을 보여준다. 1994년 말부터 2000년 8월 1일까지는 사상 최대 강세장 가운데 하나를 경험한 시기였다. S&P500 지수는 연평균 26퍼센트 급등해, 해당 기간인 5.6년 동안 부의 가치가 3.7배 불어났다.

　　그래프는 1998년 8월 1일부터 2002년 2월 중순까지 변동성이 뚜렷하게 확대되는 것을 보여준다. 1998년 8월에 시작된 LTCM의 재앙, 2000년 3월 닷컴 붕괴, 2001년 9월 11일 세계무역센터 쌍둥이 빌딩 붕괴가 일부 원인이었을 것이다.

〈표 16〉 **XYZ 통계적 차익거래 결과**

	시작일 1992/08/12 종료일 2002/09/13 거래 개월 수 122	
	XYZ	S&P500
연평균수익률	18.2%	7.77%
연평균표준편차(위험)	6.68%	15.07%
수익/위험	2.73	0.52
투자 후 원금 1달러	5.48	2.14

〈표 17〉 **XYZ 투자성과 비교**

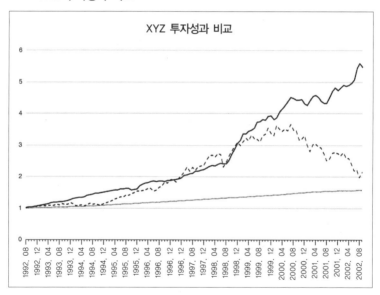

— XYZ 펀드 부의 배증　…… 3개월 만기 미국국채　-- S&P500

저자에 대하여

에드워드 O. 소프는 베스트셀러 《딜러를 이겨라: 21 게임을 이기는 전략》(랜덤하우스 1962, 1966)의 저자이다. 책에서 그는 카지노의 주요 도박 게임을 대상으로 고안되었으며, 블랙잭의 법칙에 혁명을 가져온 최초의 과학적 기법을 소개한다.

또 다른 저서 《시장을 이겨라》(랜덤하우스 1967, 공동저자: 신 T. 카수프)는 세계 증권 시장을 변화시킨 파생상품 혁명의 시작에 기여했다. 자신의 연구를 바탕으로 1969년 최초의 시장중립형 헤지펀드를 설립했다. 1961년 클로드 섀넌과 함께 최초의 착용형 컴퓨터를 발명했다.

《초급확률Elementary Probability》(1966), 《도박의 수학Mathematics of Gambling》(1984)을 썼고 확률, 게임 이론 및 기능적 분석에 관한 수많은 수학 논문을 출판했다.

UCLA에서 학부와 대학원을 마쳤다. 물리학 석사 및 학사 학위를 받았으며 1958년에 수학 박사 학위를 받았다. UCLA, MIT,

뉴멕시코주립대에서 강의했으며 UC어바인에서 수학 및 금융을
가르쳤다.

edwardothorp.com
amanforallmarkets.com

감사의 말

"모든 글쓰기는 고쳐쓰기"라는 주장의 진가를 원고를 쓰고 퇴고를 거듭하며 비로소 알았다. 원고가 진화해가는 다양한 단계에서 부분적으로 혹은 원고 전체를 읽어준 사람들에게서 셀 수 없이 많은 유용한 조언을 얻었다. 캐서린 볼드윈, 리처드 굴, 주디 맥코이, 스티브 미즈사와에게 감사를 표한다.

엘런 닐, 탐 롤린저, 레이먼드 시네타, 제프 소프, 캐런 소프, 라언 소프, 비비안 소프, 브라이언 티케노, 엘런 닐은 손으로 흘려 쓴 나의 글을 일일이 타자로 쳐서 원고로 옮겼고 끝없는 수정 작업도 흔쾌히 참아주었다. 전문 편집자이자 작가인 리처드 코헨과 랜덤하우스의 편집자 윌 머피, 보조 편집자 미카 카스가는 어조와 내용부터 정교한 줄 단위 편집에 이르기까지 폭넓은 조언을 해주었다. 로빈스 오피스의 데이비드 할펀은 처음부터 끝까지 나를 도왔다.

나는 금융전문지 〈윌모트〉에 기고했던 글을 이 책의 몇몇 장에 인용했다. 설립자 폴 윌모트와 편집자 댄 터드볼이 그때 지면을 제공해준 덕분에 이 책을 쓸 수 있었다.

나는 방대한 서신, 모아둔 신문기사, 금융 기록 등을 근거로 사실을 확인했다. 그럼에도 불구하고 있을지 모를 오류에 대해서는 양해를 구한다. 사생활과 비밀을 보장할 필요가 있거나 해당 개인 또는 법인의 평판에 미칠 부정적 영향이 우려되는 경우에는 실명을 밝히지 않거나 가명으로 대체했다.

예리한 눈으로 교정과 교열 의견, 제안을 보내준 독자들에게 감사한다. 특히, 방대한 목록을 제시한 애런 브라운, 크리스 콜, 댄 슐레징거와 교정 및 오디오북에 도움을 준 앤드리아 카우프만에게 감사한다.

어린 시절부터 노년이 된 지금까지 이루어온 크고 작은 성공은 내 인생의 한 부분이 되어준 멋진 사람들이 있어 가능했다. 가족, 친구, 선배, 선생님, 그리고 함께 일한 파트너와 동료들이 있었다. 특히 지금은 우리 곁을 떠난 아내 비비안의 사랑과 지지는 60년 가까이 나를 지탱해 주었다.

추천사

1 이솝 우화 중 〈출산하는 산〉-옮긴이
2 연구자의 성과를 측정하는 지표로 논문 수와 피인용 횟수를 모두 반영한다.-옮긴이
3 2개 이상의 확률변수에 의하여 결합된 확률분포-옮긴이
4 레이 달리오와 폴 튜더 존스는 헤지펀드 매니저이며 자선사업가로 세계 헤지펀드 매니저 수입 순위 상위를 차지한다. 르네상스 테크놀로지는 물리학·수학·천문학·컴퓨터 분야의 과학자들을 핵심 인력으로 보유한 세계적인 헤지펀드 회사이다.-옮긴이
5 《블랙스완The Black Swan》의 저자-옮긴이

1장

1 신기하게도 내 아들 역시 같은 경험을 했다. 아들도 나와 같은 나이까지 한마디도 하지 않았다. 1년 반 앞서 태어난 딸아이가 아들의 통역을 해주었다. 둘이 짝이 되어 다니면서 아들이 원하는 것을 몸짓이나 표정으로 표현하면 딸아이가 말을 전달해 해결해주었다.
2 헨리에트 앤 클라우저Henriette Anne Klauser는 《양쪽 뇌에 기록하기Writing on Both Sides of the Brain》에서 비슷한 사례를 소개했다. 아무리 유도해도 글자를 쓰지 않았던 1학년 학생이 7개월 후 갑자기 유창하게 글쓰기를 했다.
3 1918~1919년 발생해 사상 최대 사망자를 낸 전염병으로 제1차 세계대전보다 더 많은 희생자를 냈다.
4 상이군인에게 수여하는 훈장-옮긴이
5 미국 지도 회사 랜드 맥널리가 제작한 지도를 삽입한 지리사전-옮긴이
6 미국과 영국에서 100만은 1,000,000으로 표시한다. 미국식은 세 자리마다 한 단위씩 올라가서 10억은 1,000,000,000, 1조는 1,000,000,000,000으로 표시한다. 영국식은 관행적으로 여섯 자리마다 한 단위씩 올려 10억을

1,000,000,000,000으로 표시한다.

7 표준편차는 평균을 중심으로 한 변동폭을 보여주는 지표이다.

8 재미와 통찰이 어우러진 나심 탈레브의 저서 《행운에 속지마라Fooled by Randomness》 참고.

9 뒤에서 다시 논의하겠지만 연간성장률이 24퍼센트일 경우 72 법칙에 따라 3년(72/24=3) 뒤 돈은 2배로 불어난다. 9년 뒤에는 2배씩 3번 늘어나 최초 금액의 2배, 그다음 4배, 8배로 불어난다. 그러나 실제로 2배가 되기까지는 3.22년이 소요된다. 72 법칙은 성장률이 8퍼센트를 넘어설 경우 2배로 불어나는 데 걸리는 시간을 과소평가하는 경향이 있기 때문이다.

10 에릭 모리스Eric Morris는 저서 《코레히도르: 제2차 세계대전의 알라모 전투 Corregidor: The American Alamo of World War II》에서 당시의 장대한 전투와 일본군에 포로로 붙잡힌 사람들의 시련을 묘사했다.

11 리벳공 로지Rosie the Riveter를 말하는 것으로 제2차 세계대전 당시 가사에서 손을 떼고 공장 및 조선소에서 일했던 미국 여성들을 대표한 이미지이다.-옮긴이

12 제2차 세계대전 당시 정부가 발행했으며 일정액에 달하면 저축공채로 전환 가능했다.-옮긴이

2장

1 주파수의 전자파를 쉽게 들을 수 있는 오디오 신호로 바꿔주는 장치-옮긴이

2 손으로 누르는 전신기의 키-옮긴이

3 기구의 균형을 잡기 위해 바닥에 놓는 무거운 장비-옮긴이

4 비행기 조종사가 되고 싶었던 트럭 운전수였던 래리 월터스Larry Walters는 1982년에 큰 풍선 여러 개에 헬륨가스를 채운 뒤 론체어(야외용 의자)와 연결해 만든 비행기구로 하늘을 날아 유명해졌다.-옮긴이

5 질산칼륨 용액에 담갔다가 건조시킨 끈

6 약 50년 뒤 켄 폴릿Ken Follett의 소설 《상트페테르부르크에서 온 남자The Man From St. Petersburg》를 오디오로 듣다가 책에 등장한 반영웅적 주인공 테러리스트의 니트로글리세린 제조법 및 과정이 내가 어린 시절 어머니의 냉장고를 이용해 만들었던 방식과 일치한다는 사실을 알게 되었다.

7 열왕기상 18장 44절

8 나는 퍼시 윌리엄스 브리지먼Percy W. Bridgeman의 저서《차원해석Dimensional Analysis》(Yale University Press, New Haven, CT, 1922)의 내용을 숙지하고 있었다.

9 외손녀 클레어 굴이 2015년 같은 대회에 출전해 준결승 진출자 300명 안에 들었다. 대회 명칭은 인텔과학영재선발대회Intel Science Talent Search로 변경되었고 경쟁은 훨씬 치열해졌다. 최종 우승자 세 명에게는 각각 15만 달러 상금이 주어지는데 1949년에는 우승자 한 명에게 1만 달러를 지급했다.

3장

1 1944년 6월, 제2차 세계대전이 끝난 뒤 돌아온 전역군인들에게 교육, 주택, 보험, 의료 및 직업 훈련의 기회를 제공하기 위해 만든 법률―옮긴이

2 미국 대학 우등생들로 구성된 클럽―옮긴이

3 게임에서 질 경우 다음 베팅에 잃은 금액의 2배를 걸어 최종적으로 순이익을 추구하는 전략―옮긴이

4 딜러가 숫자가 표시된 휠을 회전시킨 후 그 반대 방향으로 공을 회전시켜 공이 떨어지는 숫자에 베팅한 플레이어에게 정해진 액수를 지급하는 게임―옮긴이

5 베팅한 금액과 동일한 금액(1배)을 지급받고 종료하는 게임―옮긴이

6 유럽식 룰렛휠은 초록색 숫자 칸이 한 개뿐이고 배당률도 더 좋다. 즉, 초록색 숫자 칸에 공이 떨어질 경우 빨간색이나 검은색에 베팅을 한 참가자는 베팅액의 절반만 잃는다.

7 빨간색과 검정색 숫자판에 1부터 36까지 번갈아 배치되고 초록색 숫자판에 0과 000이 배치된다.―옮긴이

8 가장 잘 알려진 단일정리의 예로 평면기하학의 피타고라스 정리가 있다. 직각삼각형에서 두 변의 제곱의 합은 빗변의 제곱과 같다. 예를 들어, 변의 길이가 각각 3, 4, 5인 삼각형은 직각삼각형이고 $3^2+4^2=5^2$이 성립한다. $12^2+5^2=13^2$의 관계가 성립하는 삼각형도 직각삼각형이다. 무한히 많은 조합을 한 번에 하나씩 확인할 수는 있지만 그렇게 해서는 끝이 나지 않는다. 피타고라스 정리는 모든 조합을 한 번에 처리한다.

9 감자를 채 썰어 만든 팬케이크 같은 음식―옮긴이

10 아마추어 골퍼의 기량을 나타내는 숫자―옮긴이

11 1884년 존 H. 패터슨이 세계 최초로 금전등록기를 발명하고 설립한 회사. 1991년 AT&T로 합병되었다.-옮긴이

12 파인만은 챌린저호에 사용된 것과 같은 물질로 만든 고무링을 얼음물에 넣어, 챌린저호 발사 당시처럼 온도가 낮아지면 고무링이 망가져 제 기능을 하지 못할 가능성이 있음을 보여주었다. 파인만은 이 이야기를 《파인만!Classic Feynman》에 소개했다.

4장

1 스페이드 J, 클로버 J-옮긴이

2 플레이어가 먼저 카드를 확인하는 규칙 때문이다.-옮긴이

3 17을 넘으면 더 이상 카드를 받지 않는 전략-옮긴이

4 일반적으로 블랙잭에서 딜러(카지노)와 플레이어(고객)의 우위는 각각 53대 47로 딜러가 좀 더 유리하다.-옮긴이

5장

1 확률과 통계의 기초가 되는 측도론measure theory 수업이었다.

2 A와 A~10까지 10개 조합, 2와 2~10까지 9개 조합, 3과 3~10까지 8개 조합 … 10과 10의 1개 조합으로 총 55개 조합이 가능하다.-옮긴이

3 52장으로 이루어진 한 벌의 카드로 하위조합을 만들 경우 에이스를 전혀 포함하지 않거나(0개) 에이스가 1개, 2개, 3개, 4개 포함된 다섯 가지 형태의 조합이 가능하다. 숫자 2~9의 카드 역시 각각 다섯 가지 조합이 가능하다. 10점 카드(10, J, Q, K)의 경우, 전혀 포함하지 않거나 16개가 모두 포함된 경우까지 17가지 조합이 가능해서. 따라서 52장의 카드로 총 5×5×5×5×5×5×5×5×5×17-1, 즉 3,300만 개가 조금 넘는 하위집합을 만들 수 있다. (5를 아홉 번 곱한 이유는 에이스와 2~9까지 총 9개 카드에 각각 다섯 가지 경우가 가능하기 때문이다. 각 카드가 0개 포함된 경우는 아예 조합이 이루어지지 않으므로 -1을 했다.) 8벌의 카드로 게임을 할 경우 마찬가지로 33×33×33×33×33×33×33×33×33×129-1, 총 6000조 개 하위조합이 가능하다.

4 전략표가 1달러 지폐 크기의 종이에 각각 나뉘어 적혀있다고 가정하자. 지폐

1장의 부피는 1.08cm^{3}으로 추정되므로 전략표 전체는 약 37m^{3}의 부피를 차지한다. 8벌의 카드를 위한 전략표의 부피는 6.5km^{3}에 달한다.

5 회전식 명함정리기-옮긴이

6 이미 나온 카드를 외워 이길 확률을 높이는 방법-옮긴이

7 나중에 볼드윈 팀은 산술 오류로 인해 잘못된 숫자가 나왔다며 카지노의 우위는 0.62퍼센트가 아니라 0.32퍼센트가 되어야 한다고 밝혔다.

8 카지노의 블랙잭 규칙은 시기와 장소에 따라 달랐다. 나는 당시 일반적으로 통용되는 규칙을 계산에 이용했다.

9 남은 26장의 카드에 에이스 4장이 모두 포함될 확률은 약 5.5퍼센트이다.

10 나중에 정확히 계산한 결과 플레이어에게 조금 더 우위가 있었다. 이 결과는 다양하게 변형된 형태의 카지노 규칙에 영향을 받는다. 자세한 내용은 다음 참고: Thorp(1962, 1966), Griffin(1999), Wong(1994)

11 10점짜리 카드는 10, J, K, Q 카드로 총 20장이다.-옮긴이

12 이 책은 80년 이상의 기간을 다루고 있다. 그 기간 동안 화폐 가치도 급격히 변화했다. 〈부록 A〉의 현재 가치 환산표를 참고하면 도움이 될 것이다.

13 1960년 9월 29일에 만났다. 같은 날 저녁, 수학자이자 친구인 베르톨드 슈와이저에게 그날의 만남을 기념하는 자세한 내용을 편지에 적어 보냈다.

14 Thorp(1960). 행운의 공식Fortune's Formula은 2005년 윌리엄 파운드스톤William Poundstone이 출간한 블랙잭과 주식시장, 켈리공식에 관한 책의 제목이기도 하다.

6장

1 Wolfe, Thomas, *Washington Post*, January 25, 1961, p. A3

2 폴 오닐Paul O'Neil이 〈라이프〉지에 쓴 1964년 기사는 대체적으로 정확했지만 진주 목걸이를 언급하며 "다음 날 아침, 일어나자마자 목걸이의 가치를 감정했다. 16달러였다."라고 내가 말했다는 부분은 잘못 인용한 것이다. 진술 자체가 틀렸다. 브룩에게 〈라이프〉지에 실린 글에서 해당 부분은 잘못된 것이라고 알렸지만 같은 실수가 반복되었다(1994년). 그럴듯해 보이는 잘못된 인용은 좀처럼 고쳐지지 않는다.

3 처음 2장의 카드를 받은 뒤 승산이 있다고 판단하여 베팅액을 2배로 올리는

것. 더블다운을 하면 추가로 1장의 카드만 더 받을 수 있다.—옮긴이

4 최초로 200달러를 베팅하고 절반인 100달러를 추가로 베팅해 보험을 든 플레이어는 딜러가 블랙잭(내추럴)을 만든 경우 최초 베팅액 200달러를 잃지만 300달러(보험 베팅액 100달러+보험금 200달러)를 지급받는다.—옮긴이

5 Schwartz, David G., *Roll the Bones*, Gotham Books, New York, 2006.

6 역사상 최고의 채권 투자자 윌리엄 H. 그로스 역시 라스베이거스 카지노에서 똑같은 교훈을 얻었다. 《딜러를 이겨라》를 읽고 자극을 받은 그는 1966년 여름 라스베이거스에 가서 200달러 판돈을 1만 달러로 불렸다. 그의 저서 《채권 투자란 무엇인가?Bill Gross on Investing》(Wiley, New York, 1997, 1998)를 참고하라. 그는 훗날 핌코에서 2조 달러를 공동으로 운용할 때도 이 같은 구상을 활용했다.

7 매번 크게 베팅한 뒤 카드카운팅이 좋을 경우 게임을 계속하고 그렇지 않을 경우 딜러에게 다시 카드를 섞게 만드는 편이 유리했다는 사실을 나중에 깨달았다.

8 무작위로 나열된 숫자처럼 연관성이 없어 외우기 어려운 정보에 다른 정보를 연결해 쉽게 외우는 방법—옮긴이

9 판돈이 크면 모두 잃을 위험도 커지는 이유는 무엇일까? 기술적 원인도 있고 심리적인 원인도 있다. 먼저 기술적인 원인을 살펴보자. 판돈이 크면 이것을 활용하기 위해 약간만 유리한 상황에서도 최대한도까지(당시는 500달러) 베팅을 하는 경향이 있다. 이 경우 베팅액의 변동폭이 커지고 확실하게 이길 수 있는 시간 이상으로 오랫동안 게임을 하게 된다. 심리적 요인도 있다. X와 Y 두 사람은 블랙잭 기법을 나만큼 알지 못하고 자신 있게 활용하지 못한다. 우리가 가진 판돈이 10만 달러일 때 가령 6만 달러를 잃으면 두 사람은 사실상 게임을 그만둘 것이다. 나는 실제 판돈이 6만 달러라는 사실을 다른 사람들이 눈치 채지 못한 상태에서 마치 10만 달러를 가진 것처럼 게임을 하고 베팅 규모를 조정하며 위험을 감수한다. 앞으로 보게 되겠지만 이처럼 표면적인 판돈과 실제 판돈의 구분이 모호할 때 많은 도박꾼들이 몰락했다. 키멜이 내 기법을 이용해 자기 식으로 게임을 하겠다고 고집을 부려 내가 힘들게 번 돈의 상당 부분을 잃고도 신이 나서 그만두기를 거부한 것은 예상하지 못한 심리적 문제였다.

10 에스토니아 출신인 이비는 제2차 세계대전이 끝난 뒤 어머니, 두 여동생과

함께 난민으로 미국에 들어왔다.

7장

1 수학박사로서 순수수학 이론 연구에 몰두하기로 하고 MIT 수학과에서 강의와 연구를 병행하는 교수-옮긴이

2 MIT와 우리 가족의 관계는 두 세대 이후까지 이어졌다. 이란성 세쌍둥이인 손주들이 함께 MIT에 입학한 것이다.("세쌍둥이, MIT에 동시 합격", 〈런던 데일리 뉴스〉 2015년 7월 25일)

3 MIT 미디어연구소의 연대표는 우리 컴퓨터 개발 시기를 1966년으로 잘못 표기하고 있다. 아마도 《딜러를 이겨라》의 1966년 개정판에서 컴퓨터의 존재를 처음 밝혔기 때문일 것이다. 그러나 수많은 후속 출판물에서 설명한 바와 같이 우리가 컴퓨터를 완성하고 라스베이거스에서 성공적으로 시험을 마친 정확한 연도는 1961년이다. 그 사실을 입증하는 자료인 1961년 8월 섀넌과 내가 주고받은 편지가 현재 MIT 박물관 기록 보존소에 보관되어 있다. 컴퓨터도 박물관에 보관 중이다.

4 이매뉴얼 키멜(《딜러를 이겨라》의 미스터 X), 제시 마컴(《딜러를 이겨라》에서 '머리카락 색이 약간 어두운 남부캘리포니아 출신 남자'), 러셀 거팅('주니어'), 벤저민 F. 스미스('시스템을 쓰는 스미스'), 미스터 F.(칼럼니스트 허브 케인Herb Caen의 저서 《프리스코라고 부르지 마Don't Call It Frisco》에 '은빛 여우'로 등장하는 조 번스타인이라고 소개받은 남자). 유일하게 마컴이 이 방식을 일관되게 고집한 것으로 보인다.

5 그리스 출신 미국 수학자로 전직 마술사였다.-옮긴이

6 물론 7은 마법의 숫자가 아니다. 실제 카드를 섞는 횟수는 '무작위성'에 얼마나 근접하고 '무작위성'을 어떻게 측정하는지에 따라 달라져야 한다.

7 수년째 절판 상태이다.

8 카드의 합이 21에 모자라 추가 카드 1장을 더 받기로 선택하는 것-옮긴이

9 10점 카드인 K, Q, J-옮긴이

10 그는 우리 경험을 "라스베이거스의 '정직한' 도박장조차 속임수를 쓴다Even'Honest'Vegas House Cheats"는 제목의 칼럼으로 여러 신문사에 게재했다.

11 1966년 4월의 일이다.

12 갱스터 영화 전문 배우(1901~1980)-옮긴이

13 Vic Vickery, "Counting on Blackjack," *Las Vegas Style magazine*, May 1993, pp. 61, 67

8장

1 《딜러를 이겨라》에서 완전한 포인트카운트^{Complete Point Count}라는 명칭으로 소개했다.(점수가 높은 카드와 낮은 카드를 그룹으로 묶어 기억하는 카드카운팅 기법-옮긴이)

2 위험과 수익이 최적의 균형을 이루도록 하기 위해 베팅 규모는 판돈의 크기에 비례해 결정한다. 자기 팀의 현재 판돈 크기를 확신하지 못할 때 참가자는 베팅 규모를 약간 줄이는 경향이 있다.

3 구글에서 '블랙잭 명예의 전당^{Blackjack Hall of Fame}'을 검색해보라.

4 게임이 크게 유명해지면서 블랙잭 공동체도 진화했다. 카드카운터들을 위한 특별 소식지가 배포되었고 나중에는 웹사이트도 등장했다. 스탠포드 웡의 소식지와 웹사이트는 유리한 게임 방법과 장소에 관한 최신 정보를 제공했다. 아놀드 스나이더는 20년이 넘는 기간 동안 계간지 〈블랙잭 포럼〉을 발행하여 최고 선수들과 이론가들의 글을 실었고 카지노와의 전쟁에 관한 흥미로운 뒷이야기도 소개했다. 앤서니 커티스는 매월 〈라스베이거스 어드바이저〉를 발행해 다양한 행사와 음식, 숙박, 게임 여건 등에 관한 정보를 제공했다. 하워드 슈와츠는 '도박사를 위한 서점'을 운영해 최신 책들과 기법을 소개했다. 리처드 리드의 웹사이트(www.bjmath.com)는 기사, 교육, 토론의 보물창고였다. 관계망이 발달하면서 유리한 게임을 위한 새로운 방법도 더욱 빠르게 발전했다.

5 나중에 더욱 정확한 계산이 가능해지면서 숫자가 다소 바뀌었다. 몇 벌의 카드를 사용하는지에 따라서도 달라진다.

6 이 전략에 적합한 숫자가 130이었다.

7 각 카드에 점수 값을 할당하는 카드카운팅 기법-옮긴이

8 다양한 카드카운팅 기법에 대해서는 다음 참고: Peter Griffin, *The Theory of Blackjack*, 6th Edition, Huntington Press, 1999

9 이 방법에 대해서는 다음 참고: Stanford Wong, *Professional Blackjack*, Pi Yee Press, 1994

10 〈표 1〉의 점수 값을 8로 나누고 가장 가까운 정수로 반올림하면 0 또는 1이 되어 완전한 포인트카운트가 가능하다. 그러나 7, 9 카드의 점수 값은

0에 근접한 만큼 각각 1, -1에도 동시에 근접한다. 7, 9 카드를 0이 아닌 1, -1로 계산하는 이 방식은 내가 푸에르토리코에서 대안으로 활용한 포인트 카운트 기법이다.

11 +1(2, 3, 4, 5, 6)이 각각 4장씩 총 20장, -1(A, 10, J, Q, K)이 각각 4장씩 총 20장, 0(7, 8, 9)이 각각 4장씩 총 12장을 모두 더하면 52장이다.-옮긴이

12 딜러의 카드 중 앞면이 바닥을 향하도록 뒤집어 둔 카드. 반대로 위를 향하는 카드는 업카드이다.-옮긴이

13 자세한 내용은 다음 참고: Thorp, Edward O., "Non-random Shuffling With Applications to the Game of Faro," *Journal of the American Statistical Association*, pp. 842~47, December 1973; "Probabilities and Strategies for the Game of Faro," *Gambling and Society*, edited by W. Eadington, Charles C. Thomas, Springfield, IL, 1975, pp. 531~60

14 R.M. Schneiderman, "The Smartest Guy in the Room," *Newsweek*, February 20, 2012, pp. 56~57

15 플레이어의 배팅액에 대해 지급하는 배당금이 1.5배에서 1.2배, 1배로 축소되었다는 뜻이다.-옮긴이

16 스탠포드 웡Stanford Wong이 매월 발행하는 뉴스레터가 철저하게 검증한다.

9장

1 룰렛휠(미국식)에는 1~36까지 숫자와 0, 00이 적힌 총 38개 칸이 있다. 1~36 중 18개 숫자는 검정색, 18개 숫자는 빨간색 칸이고 0과 00은 초록색 칸으로 되어있다.-옮긴이

2 1배수를 지급하는 이븐머니 게임이므로 베팅액의 15배에 해당하는 상금을 목표로 한다는 뜻이다. 예를 들어 기본 베팅액이 10달러인 경우 목표 상금은 150달러이다.-옮긴이

3 기본 베팅액이 10달러라면 베팅 규모 10은 100달러, 5는 50달러를 뜻한다. 이븐머니 게임이므로 100달러와 50달러를 각각 베팅해 두 판을 모두 이기면 총 150달러가 상금으로 지급되고 룰렛 참가자는 목표를 달성한다.-옮긴이

4 Pearson, Karl, *The Chances of Death and Other Studies in Evolution*, London, New York, E. Arnold, 1897

5 카지노 딜러-옮긴이

6 에르되시와 공동 저술한 논문이 없는 임의의 수학자 M의 에르되시 수는, M 과 논문을 공동 저술한 수학자 가운데 가장 낮은 에르되시 수를 가진 사람 보다 하나가 많다.-옮긴이

7 산간 지대에서 눈에 빠지지 않도록 신발 바닥에 대는 넓적한 덧신-옮긴이

8 Kelly, J. L., "A New Interpretation of Information Rate," *Bell System Technical Journal*, Vol. 35, 1956, pp. 9 17~26

9 Thorp, Edward O., "Optimal Gambling Systems for Favorable Games," *Review of the International Statistical Institute*, Vol. 37, 1969, pp. 273~93; Thorp, Edward O., "The Kelly Criterion in Blackjack, Sports Betting, and the Stock Market," *Handbook of Asset and Liability Management*, Vol. 1, S.A. Zenios and W.T. Ziemba, editors. Elsevier, New York, 2006

10 "A Brief History of Wearable Computing", ww.media.mit.edu/wearables/lizzy/ timeline.html

11 O'Neil, Paul, "The Professor Who Breaks the Bank," *Life*, March 27, 1964, pp. 80~91

12 Thorp, Edward O., *Beat The Dealer*, 2nd Edition, Vintage, New York, 1966 Thorp, Edward O., "Systems for Roulette I," *Gambling Times*, January/

13 February 1979; Thorp, Edward O., "Physical Prediction of Roulette I, II, III, IV," *Gambling Times*, May, July, August, October 1979; Thorp, Edward O., *The Mathematics of Gambling*, Lyle Stuart, Secaucus, New Jersey, 1984

14 Bass, Thomas A., *The Endaemonic Pie, Houghton Mifflin*, New York, 1985

15 충분한 지식이 없이 위키피디아에 글을 올리는 사람들 중 하나는 우리 컴 퓨터가 룰렛에서 카지노를 '속이는 데' 사용되었다고 주장했다. 틀린 이야기 이다. 우리와 우리 이후 룰렛과 블랙잭에서 컴퓨터를 활용한 많은 사람들은 참가자의 속임수를 철저히 규제하는 네바다주의 기존 법률을 적용해도 고발 대상이 아니었다. 네바다주 입법기관이 구체적으로 '장치'를 금지하는 법을 통과시켜야 했던 것도 그런 이유였다.

10장

1 Ulam, S. M., *Adventures of a Mathematician*, Scribner's, New York, 1976

2 카드의 끝부분에 꽂아 슈에 카드가 얼마 남지 않았음을 알리는 용도이다. 게임 도중 이 카드가 나오면 해당 판을 마지막으로 게임을 마무리한다.-옮긴이

3 부정을 방지하려는 목적이다.-옮긴이

4 두 개 베팅에서 카지노의 우위를 대략 같게 만들기 위해 고안된 규칙이다.

5 Thorp and Walden(1966)

6 Thorp and Walden(1973)

7 Griffin(1995), Thorp(1984), Vancura(1996)

8 Vancura(1996)

9 엔진으로 흡입되는 공기량을 조절하는 장치-옮긴이

11장

1 켈리공식은 우위가 있는 경우라도 과도하게 베팅할 경우 심각한 위험에 직면할 수 있다고 강조한다.

2 2015년 4월 나스닥 종합주가지수는 2000년 3월에 기록한 전 고점을 넘어섰다. 그러나 물가상승률을 감안하면 투자자들은 여전히 20퍼센트 이상 손실을 기록하고 있었다.

3 《보글의 뮤추얼펀드 해설Bogle on Mutual Funds》에 따르면 지수 추종 개념이 뮤추얼펀드 업계에 최초로 도입된 해는 1976년이다. 이 개념을 도입한 사람이 바로 저자인 존 C. 보글John C. Bogle(세계 최대 뮤추얼펀드이자 상장지수펀드 운용사 가운데 하나인 뱅가드 그룹The Vanguard Group 창업자-옮긴이)이다.

4 2007년 2월 피델리티 리서치 보고서에 따르면 주식시장의 수익률은 연평균 10퍼센트로 1963~2005년과 1835~2005년 주거용 부동산 가격 상승률을 각각 4퍼센트와 5.5퍼센트 이상 상회했다.

5 세계 최대의 보험회사 전문 신용평가기관-옮긴이

6 자세한 내용은 다음 참고: Robert G. Hagstrom, Jr., *The Warren Buffett Way*, Wiley, New York, 1994, pp. 50~51; Roberg G. Hagstrom, Jr., *The Warren Buffett Portfolio*, Wiley, New York, 1999, pp. 143~44

7 상대적 고평가 혹은 저평가 정도-옮긴이

8 Kassouf, Sheen T., *Evaluation of Convertible Securities*, Analytical Publishers Co., 602 Vanderbilt Street, Brooklyn, New York 11218, 1962

12장

1 버핏의 일부 전기는 10만 5,000달러라고 기록하고 있다. 나의 수치는 워런 버핏과 나눈 대화에 근거한 것이며 최고의 버핏 전기인 앨리스 슈뢰더Alice Schroeder의 《스노볼The Snowball》(Random House, New York, 2008)에서도 확인할 수 있다.

2 페터 미노이트(1580~1638)는 식민지 아메리카를 통치한 네덜란드 총독으로 지금의 뉴욕시인 뉴암스테르담을 세우는 데 기여했고 네덜란드서인도회사의 아메리카 정착을 지원했다. 1626년 맨해튼섬에 들어와 식민지 뉴욕주의 초대 주지사가 되었다. 미노이트는 알곤킨Algonquin 언어를 쓰는 한 부족으로부터 맨해튼섬을 사들였다. 대가로 지불한 것은 네덜란드 화폐 기준 60길더(미화 24달러) 상당의 장신구였다.

3 1626~1968년은 총 342년의 기간이다. 24달러를 연 8퍼센트 복리로 투자했다면 342년 후 원금의 가치는 6조 4,700억 달러에 달했을 것이다. 이는 당시 미국 순자산의 8분의 1 이상을 차지하는 수준이다. 계속해서 8퍼센트 복리를 적용하면 2013년에는 206조 달러로 증가해 전 세계의 절반을 살 수도 있었을 것이다. 2013년 미국의 순자산은 100조 달러(가계 770억 달러, 정부 230억 달러)로 추정되었고, 미국이 세계 시장 가치의 25퍼센트를 차지한다고 가정해 세계 순자산 가치를 400조 달러로 추정했다.

4 "May the Best Man Lose," *Discover*, Nov. 2000, pp. 85~91. 선거의 역설에 대해서는 다음 참고: Poundstone, William, *Gaming the Vote: Why Elections Aren't Fair (and What We Can Do About It)*, Hill and Wang, New York, 2008; Saari, Donald G, "A Chaotic Exploration of Aggregation Paradoxes," *SIAM Review*, Vol. 37, pp. 37~52, March 1995; *A Mathematician Looks at Voting*, American Mathematical Society, 2001

5 비전이 주사위에 대해서는 다음 참고: Gardner, Martin, *The Colossal Book of Mathematics*, Norton, New York, 2001; Finkelstein, Mark and Thorp,

Edward, "Nontransitive Dice with Equal Means", *Optimal Play: Mathematical Studies of Games and Gambling*, Stewart N. Ethier and William R. Eadington, editors, University of Nevada, Reno, 2007

6 Loomis, Carol, "The Jones Nobody Keeps Up With," Personal Investing, *Fortune*, April 1966

7 1968년 초 헤지펀드 시장은 거의 전무하다고 할 만큼 규모가 미미했다. 총 자본 규모는 2016년 수준의 1000분의 1에도 미치지 못했고 1968년 상위 20 개 펀드의 규모는 1,200만~8,000만 달러 수준이었다. 1968년 150여 개 전체 펀드를 합산한 총 자본 규모는 10억~20억 달러였으나 이는 약 50년 뒤 2조 달러 이상으로 증가했다. 실질 국민총생산 기준 1968년의 달러 가치는 2016년의 10분의 1 수준임을 감안하면 헤지펀드 시장의 자본 규모는 48년 동안 100배 이상 증가한 셈이다.

8 *The Wall Street Letter*, Myron Kandel, Editor, Nov. 17, 1969

13장

1 그보다 1년 앞서, 아비트라지 매니지먼트가 설립되어 《시장을 이겨라》에 소개된 헤지 개념을 활용했다. 훗날 노벨 경제학상을 수상한 해리 마코위츠 Harry Markowitz와 최고의 재무학 교수이자 신주인수권 이론을 연구한 존 쉘턴 John Shelton 등이 참여했다. 회사는 수익을 냈지만 충분한 수준은 아니어서 업계에서 3년을 버티지 못했다.

2 학계 경제학자들과 금융 이론가들은 블랙–숄즈 공식에서와 같이 미국 재무부에서 발행하는 장기 채권Treasury bond과 단기 채무증권Treasury bill을 무위험 채권으로 간주했다. 정부는 이자지급과 만기상환에 필요한 돈을 언제든 찍어낼 수 있다는 주장이었다. 2013년에 목격한 바와 같이 연방정부의 부채한 도를 증액하는 문제를 둘러싼 의회의 충돌 과정에서 이런 주장의 오류가 드러났다. 미국은 부채를 상환할 능력이 있지만 상환하지 않기를 선택할 수도 있다. 채무불이행은 일어날 수 있는 일이다. 일반적으로 투자자들은 위험이 큰 채권을 매수할 때 높은 금리를 요구하기 때문에 부채한도 증액 논란은 미국의 차입 관련 재무 비용을 높이는 결과를 낳았다. 부채한도 증액에 반대한 사람들이 결국 부채 규모를 더 키운 셈이다.

3 뒷배경에 대해서는 다음 참고: Haug, Espen Gaarder, *Derivatives: Models on Models*, Wiley, New York, 2007, pp. 27~44

4 그들의 공식이 내 것과 동일했다는 사실은 내 그럴듯한 추론이 옳았음을 입증하는 것이었다.

5 Lowenstein, Roger, *Buffet: The Making of an American Capitalist*, by, Random House, New York, 1995, p. 156

6 손실보전조항. 고수위표high water mark라고도 일컫는다.-옮긴이

7 현재 수백조 달러 상당의 파생상품 계약이 장외에서 거래된다. 은행과 증권사는 높은 수수료는 좋아하지만 계약의 표준화는 꺼린다. 장외거래는 담보가 부족해 2008~2009년과 유사한 금융위기를 촉발하기 쉽다. 거래소에서 거래되는 표준화된 계약은 이러한 위협을 제거할 수 있다.

8 데이터를 도면화하는 출력 장치-옮긴이

9 몇 년 뒤, 한 트레이더가 피셔 블랙에게 자문을 구했고 CBOE가 개장한 뒤 이 공식으로 구한 가격을 이용해 거래했다는 이야기를 들었다.

10 Laing, Jonathan R., "Computer Formulas Are One Man's Secret to Success in Market," *Wall Street Journal*, September 23, 1974, p. 1

11 유권자들에게 무작위로 전화해 지지를 호소하는 선거운동-옮긴이

12 카지노가 매출액을 집계하기 전 현금을 빼내는 행위-옮긴이

13 커다란 금액을 자주 베팅하는 사람-옮긴이

14장

1 Thorp, Edward O., "Extensions of the Black-Scholes Option Model," 39th Session of the International Statistical Institute, Vienna, Austria, August 1973, pp. 1029~36.

2 주가변동에 대한 로그정규분포 모형이다. 한 기업이 다른 기업에 공개매수를 제안할 때 그 보상은 옵션가치평가에서 로그정규분포로 설명하지 못하는 중요한 상황으로 이봉분포bimodal distribution를 이룬다.

3 Mehrling, Perry, *Fischer Black and the Revolutionary Idea of Financ*, Wiley, New York, 2005

4 자세한 내용은 다음 참고: Parkinson, Michael, "Option Pricing: The American

Put," *Journal of Business 1977*, v50(1), pp. 21~36; Brennan, Michael J. and Schwartz, Eduardo, "The Valuation of American Put Options," *Journal of Finance 1977*, v32(2), pp. 449~62

5 첫해에 20퍼센트, 두 번째 해에 30퍼센트 수익을 올렸다면 부의 상대치는 각각 1.20과 1.30이다. 둘을 곱한 2년간의 부의 상대치는 1.560이며 이것은 재투자했을 때 증가하는 달러 기준 가치를 가리킨다. 따라서 두 번째 해의 이익은 20+30=50퍼센트가 아닌 56퍼센트이다. 가령 수익률을 단순 합산했을 때는 +11.7퍼센트로 나쁘지 않지만 1973년 초에 투자한 1달러가 얼마로 증가 혹은 감소하는지 알기 위해 연속되는 기간의 결과를 곱한 값은 −0.5퍼센트가 될 수 있다. 일정 기간 투자한 1달러의 결과를 '부의 상대치[wealth relative]'라고 한다. 예를 들어, 연중 12퍼센트 수익을 올렸다면 해당 12개월의 부의 상대치는 1.120이다. PNP의 경우 위 기간 동안의 단순 합산 수익률은 42.1퍼센트로, 연속되는 기간의 부의 상대치를 곱해 얻은 실제 수익률 48.9퍼센트보다 훨씬 낮다.

6 S&P500의 월말 수치는 이보슨 어소시에이츠[Ibbotson Associates]의 서비스를 이용했다. 대공황 당시는 물가가 대체로 하락세여서 물가상승률을 반영한 결과인 '실제' 수익률은 덜 극단적이다.

7 16.6센트×6.02=1달러, 16.6센트×502퍼센트=83센트−옮긴이

8 좀 더 정확히 말하면 지급에 소요되는 시간을 가중 평균해 할인한 듀레이션[duration]이다.

9 위험을 감안한 가치−옮긴이

10 VaR값을 초과하는 손실−옮긴이

11 발생 가능성이 낮고 예측이 어렵지만 현실화되면 엄청난 충격을 주는 위험 요인−옮긴이

12 헤지펀드가 필요로 하는 금융 서비스 제공을 목적으로 특화된 금융투자회사−옮긴이

13 신규 투자자의 돈으로 기존 투자자에게 이자나 배당금, 이익을 지급하는 다단계 방식의 금융사기−옮긴이

14 금리 상승기 초반 S&L은 정부주택저당공사[Government National Mortgage Association, GNMA](지니매[Ginnie Mae]−옮긴이) 채권 풋옵션을 싼 가격에 팔아서 자금을 조달했다. 채권은 대개 1,000달러 단위 또는 '액면가[par]'에 거래되고 액면가의 일

정 비율로 호가가 매겨진다. 호가가 98인 지니매 채권은 980달러에 거래되고 있었다. S&L에게서 사들인 풋옵션에는 해당 S&L에 일정 기간 동안 채권을 되팔 수 있는 권리가 주어졌는데 우리가 산 풋옵션은 행사기간이 대개 12~18개월 사이였다. 채권 가격이 하락할 경우 우리는 98보다 낮은 가격에 채권을 사서 '풋옵션을 행사'해 채권을 되판다. 계약 조건에 따라 해당 은행은 우리에게 98을 지불한다. 채권 가격이 오를 경우 풋옵션은 가치 없이 소멸한다. 풋옵션 가격은 기초자산이 되는 증권 가격과 반대 방향으로 움직이기 때문에 우리는 풋옵션으로 인한 손실 위험을 헤지하기 위해 지니매 선물을 매수했다. 즉, 지니매 채권을 미래 특정 시점에 특정 가격에 사겠다는 계약을 채결한 것이다. 선물 시장에서는 하루 단위로 손익이 정산된다(일일정산제도-옮긴이). 채권 가격이 하락할 경우 풋옵션을 청산해 현금을 회수할 수 있지만 그럼에도 불구하고 선물시장에서는 손실을 정산하기 위해 일시적으로 현금을 채워넣어야 한다. 보유한 현금과 차입 능력이 유한한 만큼 우리는 안전하게 포지션을 유지하기 위해 헤지 규모를 제한했다. 우리는 지니매 채권 가격이 향후 18개월 동안 최대 어느 선까지 하락할지 추정했다. 98에서 13포인트 하락한 85가 예상 가능한 최저가격이었다. 나는 극도로 신중할 것을 주문했고 안전마진을 2배로 확대했다. 즉, 가격이 26포인트 하락한 72 수준이 되더라도 손실을 감내할 수 있도록 헤지 규모를 설정한 것이다. 이러한 신중한 태도는 헛되지 않았다. 원금 회수 전 돌발 사건으로 채권 가격이 68까지 하락한 것이다.

15장

1 이익수익률(E/P)에서 E는 연간 이익이다(선택에 따라 12개월 후행 또는 선행 이익이 될 수 있다). 이익수익률은 주가수익비율(PER)의 역수이다. PER는 익숙한 지표이지만 E/P가 더 유용하다고 보는 이유는 E가 0이거나 마이너스일 경우 해석의 문제가 있기 때문이다.

2 증권사 애널리스트들의 실적 추정치의 평균—옮긴이

3 주가매출액비율PSR—옮긴이

4 *Market Neutral Strategies*, Bruce I. Jacobs and Kenneth N. Levy editors, Wiley, New Jersey, 2005

5 1982년 미국은 유선전화사업을 독점하던 AT&T를 7개 지역 전화 회사 베이비 벨스^{Baby Bells}로 강제 분할했다.—옮긴이

6 월스트리트에서 괄목할만한 거래를 성사시킨 것을 기념하여 직원에게 지급하는 감사패이다.

7 '시장가 주문^{market order}'을 낼 경우 매수 주문은 직전 거래가 혹은 그 이상에서 체결되고, 매도 주문은 직전 거래가 혹은 그 이하에 체결됨을 의미한다.

8 3.1103킬로그램—옮긴이

9 발생한 이익이 손실이 되지 않도록 보호하는 행위—옮긴이

10 굳이 5개월 수익률을 검토한 이유는 1987년부터 PNP 회계연도 종료일이 10월 31일에서 12월 31일로 변경되었기 때문이다.

11 샤프 비율^{Sharpe ratio}, 소르티노비율^{Sortino ratio}, 드로다운^{drawdown}(고점에서 다음 저점까지 하락폭—옮긴이) 분포, MAR 비율(연평균 수익률/최대 드로다운) 등이 일반적인 지표로 쓰인다. 윌리엄 짐바^{William Ziemba}가 〈윌모트〉지에 2006년 5월부터 7월까지 3회에 걸쳐 기고한 "위대한 투자자들^{The Great Investors}"을 참고하라.

12 전체 32개 분기 가운데 S&P500은 11개 분기, 소형주는 13개 분기 하락했다.

16장

1 지분 변동 공시 마감일 전 포지션을 줄일 목적으로, 나중에 높은 가격에 되사준다는 전제 하에 중개인의 주선에 따라 제3자에게 주식을 매도하는 불법 행위—옮긴이

2 횡령의 목적으로 우편, 전화선, 전보 제도를 이용하는 행위로 중대한 연방범죄에 해당한다.—옮긴이

3 임기가 종료되지 않은 경영진들에게 지급되는 거액의 퇴직금 및 스톡옵션—옮긴이

4 포브스 400 순위는 정확하지 않다. 마땅히 포함되어야 할 사람들이 누락되고 숫자는 추정치이며 부는 변동하기 때문이다. 예를 들어 워런 버핏은 1982년 순위가 도입되었을 때도 자격이 충분했지만 1985년이 되어서야 이름을 올렸다. 포브스 순위에서 빠진 사람들이 또 있다. 재커리 마이더는 2014년 5월 8일 〈블룸버그 비즈니스위크〉의 "130억 달러를 번 미상의 천사들^{The $13 Billion Mystery Angels}"이란 제목의 기사에서 PNP 출신 일부 사람들이 1989년

함께 회사를 설립하고 22년 만에 최소 130억 달러를 벌었으며 PNP의 계량 분석방법과 컴퓨터 알고리즘을 활용했다고 언급했다.

5 *Los Angeles Times Magazine*, January 23, 2000, pp. 10ff, p. 35

6 D. E. 쇼가 우리 핵심 직원 가운데 한 사람을 채용했을 때, 그에게 가장 먼저 요구한 것이 PNP에 관해 아는 것을 모두 보고하라는 것이었다고 한다.

7 당시로서는 드물게 건전성 하락과 신용부도 위험을 반영하는 방법을 갖춘 프로그램이었다.

17장

1 *The New Yorker*, May 16, 2005

2 아직 가짜 거래로 판명되지 않은 40건의 옵션거래 가운데 10건을 표본으로 살펴보았다.

3 Rothfeld, Michael and Strasburg, Jenny, "SEC Accused of Destroying Files," *Wall Street Journal*, August 18, 2011, page C2

4 Arvedlund, Erin E., "Don't Ask, Don't Tell," *Barron's*, May 7, 2001

5 "Bernard Madoff Gets 150 Years in Jail for Epic Fraud", Bloomberg.com, June 29, 2009

6 평균을 기준으로 군중의 추정치가 양쪽으로 나뉠 때 각각의 추정치보다 평균치가 정확한 값에 더 가깝다는 것은 수학적으로 참이다. 다만 평균치가 각각의 추정치보다 대개 훨씬 우월하다는 점이 흥미롭다.

7 '나그네쥐'라고 불리는 설치류로 우두머리를 따라 달리는 습성 때문에 벼랑으로 돌진해 이른바 집단자살을 하는 일도 있다고 알려져있다. 맹목적인 집단행동에 대한 비판적인 비유로 쓰인다.-옮긴이

8 "The Money Man: A Three-time Winner," *Forbes*, November 25, 1991, pp. 96~97

9 배에서 엔진 및 선체 전체를 제어하는 부분으로 조타실이 위치한다.-옮긴이

10 정확한 정보나 합리적 분석이 아닌 주관적 판단과 근거 없는 소문에 따라 이루어지는 매매-옮긴이

11 오늘날에는 "중요한 타자(배우자) 문제"라는 명칭으로 바꾸어 부르기도 한다.

18장

1 에뮬렉스 사기 사건 2~3주 뒤 〈로스앤젤레스 타임즈〉 보도에 따르면, 증권 거래위원회가 '인터넷 사기 소탕'에 나서 채팅방, 웹사이트, 전자우편 등 인터넷을 이용한 허위 과장 광고로 거래량이 적은 70여 개 소형주의 주가를 끌어올려 1,000만 달러를 벌어들인 혐의로 33개 단체 및 개인을 고발했다.

2 인간은 합리적이라고 가정하는 전통적 재무학에 대응하여 등장한 학문 분야-옮긴이

3 Haugen, *The New Finance: The Case Against Efficient Markets*, Second Edition(1999), p. 71

4 *New York Times*, September 28, 2000

19장

1 미국의 추잉검 재벌 윌리엄 리글리William Wrigley가 사들여 휴양지로 개발한 섬-옮긴이

2 시장 민감도-옮긴이

3 동일한 투자 대상에 대한 같은 물량의 매수-매도 포지션-옮긴이

4 자세한 내용은 다음 참고: Bookstaber, Richard, *A Demon of Our Design*, Wiley, New York, 2008

5 자세한 내용은 다음 참고: Patterson, Scott, *The Quants: How a New Breed of Math Whizzes Conquered Wall Street and Nearly Destroyed It*, Crown, New York, 2010

6 자세한 내용은 다음 참고: "A Three Time Winner," *Forbes*, November 25, 1991, pp. 96~99; Shaw, Thorp and Ziemba, "Risk Arbitrage in the Nikkei Put Warrant Market of 1989~1990," *App. Math. Fin*. 2, 243~71(1995)

7 그래프상으로 첫 번째 시대와 비교한 두 번째 시대의 수익률의 상대적 변동성은 실제보다 훨씬 커보인다. 변동성과 성장률을 제대로 비교하려면 로그 정규분포 그래프가 필요하다.

8 타인자본이 자기자본의 2배 미만이라는 뜻-옮긴이

20장

1 주식 인수 업무를 담당한 기관-옮긴이

2 투자 목적으로 구입해 단기간에 되팔아 이윤을 챙기는 사람-옮긴이

3 자본을 다른 곳에 재투자하느라 발생한 비용뿐만 아니라 S&L 건에 매달리는 동안 수행하지 못한 다른 일의 가치까지 포함한다.

21장

1 버핏 파트너십을 정리한 뒤 버핏은 버크셔 주식을 가능한 한 많이 사 모았다. 친구, 동료, 과거 파트너들에게서도 매수했다. 슈뢰더는 《스노볼》에서 당시 버크셔 주식은 미등록 상태여서 개인 간에 거래가 가능했다고 설명한다.

2 시가는 끝까지 태우면 강한 맛이 난다고 하여 어느 정도 피우고 끝을 일부 남겨둔다. 끌 때도 담배와 달리 비벼서 끄지 않고 재떨이에 놓아두어 자연스럽게 꺼지도록 한다. 이렇게 피우다 버린 시가를 집어 들면 남은 한두 모금 정도는 거저 피울 수 있다. 게다가 최상품 시가라면 공짜로 빨아들이는 마지막 한 모금은 더욱 귀할 것이다. 그레이엄과 버핏의 'cigar butt' 비유는 흔히 '(길거리에 버려진)' 담배꽁초'로 번역된다. 담배꽁초는 가치투자에서 널리 알려진 비유이지만, 시가의 특성, 그리고 가치투자가 가능한 좋은 주식을 싼값에 사라는 비유의 의도를 고려해 여기서는 시가꽁초로 번역하였다.-옮긴이

3 *Forbes* 400, October 22, 1990, p. 122

4 쿠바 아바나 시가는 세계 최상품으로 애호가들 사이에서 동경의 대상이다.-옮긴이

5 버핏은 자녀들에게도 정보를 알려주지 않아서 자녀들도 버크셔 주식을 일찌감치 매도했다. 버핏의 딸 수지가 마지막 남은 버크셔 주식을 팔았을 때 나는 버크셔를 매수하기 시작했다.

6 모회사(버크셔)가 100퍼센트 지분을 보유한 자회사-옮긴이

7 그레이엄, 도드, 버핏, 멍거, 피셔 등이 실행했다.

8 독점적이거나 독점에 준하는 시장 지배력. 버핏은 경기에 상관없이 안정적인 수익을 창출할 수 있도록 하는 독보적인 시장 지배력을 프랜차이즈 가치라고 표현했다.-옮긴이

9 현금 자산 미투자에 따른 기회 손실-옮긴이

22장

1 Munk, Nina, "Rich Harvard, Poor Harvard," *Vanity Fair*, August 2009, pp. 106ff

2 18퍼센트 손실은 업계에서 흔히 인용하는 수치로 이 책에도 여러 차례 등장한다. 그러나 이는 실제 발생한 손실보다 상당히 축소된 것이다. 위험자산 toxic asset 평가 시 충분한 할인율을 적용하지 않은 펀드도 있고 처분에 제약이 있는 자산을 보유한 펀드 가운데 보고가 늦어 통계에 반영되지 않은 경우도 있다. 자발적 보고인 만큼 손실이 발생한 펀드는 보고를 하지 않았을 가능성이 높다. 그해 문을 닫은 펀드의 영향도 반영되지 않았다.

3 *New York Times*, March 25, 2009, p. B1

4 〈월스트리트 저널〉에 따르면 2015년 성과보수는 평균 이익의 17.7퍼센트였다. 2008년에는 19.3퍼센트였다. 운용보수는 평균 1.54퍼센트로 하락했다.

5 Dichev, Ilia D. and Yu, Gwen, "Higher risk, lower returns: What hedge fund investors really earn," *Journal of Financial Economics*, 100 (2011) 248~63; Lack, Simon, *The Hedge Fund Mirage*, Wiley, New York, 2012

6 "Buzzkill Profs: Hedge Funds Do Half as Well as You Think," *Bloomberg Businessweek*, August 17, 2015

7 셰익스피어의 희곡 《줄리어스 시저》에 나오는 대사인 "친애하는 브루투스여, 잘못은 우리 별(운명)이 아니라 노예가 된 우리 자신에게 있다네."를 인용했다.

8 *International Fund Investment*, April 2000, p. 64

9 *New York Times*, March 25, 2009, p. B1

10 지수를 추종해 시장 수준의 수익을 추구하는 투자-옮긴이

11 적극적 운용으로 시장 대비 초과수익을 추구하는 투자-옮긴이

12 비과세단체가 단체의 목적과 무관한 사업으로부터 벌어들이는 과세 가능 소득-옮긴이

13 상승 가능성이 큰 종목을 매수한 뒤 보유하는 전략-옮긴이

14 가격이 싼 주식을 매수하고(롱) 비싼 주식을 공매도하는(쇼트) 전략을 동시에

활용해 시장 중립적인 수익률을 추구하는 펀드-옮긴이

15 펀드 구성, 운영, 판매 등의 전략을 담당한다.-옮긴이

16 *New York Times*, September 9, 1999, National Edition, p. C10

17 즉, 투자자는 결코 이길 수 없다.-옮긴이

18 헤지펀드를 여러 개 편입한 재간접펀드-옮긴이

19 야구에서 타자가 치기 좋게 가운데로 들어오는 공-옮긴이

20 펀드의 자본 규모가 지나치게 커지자 GP에게 수익이 적게 돌아올 것을 우려한 LTCM은 그중 27억 달러를 LP들에게 강제로 돌려주었다.-옮긴이

21 2007~2009년-옮긴이

23장

1 아마 꽤 괜찮을 텐데, 그는 후에 회삿돈을 훔쳐 브라질로 도망갔다.

2 *Forbes*, October 11, 1999, p. 60

3 지하경제는 얼마나 클까? 비공개·비상장 기업의 가치는 얼마일까? 특허, 저작권, 혁신으로 이룬 국부는 얼마나 될까? 또한, 대부분의 가사노동은 현금화되지 않으므로 관습상 국민소득에 포함하지 않는다.

4 상위 2.5퍼센트-옮긴이

5 물가가 상승해 담배 가격이 오른다고 가정하면 일일 저축액은 뒤로 갈수록 늘어난다.

6 〈부록 C〉의 240 법칙을 이용해 암산했다.

7 게이츠 가족의 재산 규모는 미국 15만 일반 가구의 재산을 합한 것과 같았고, 미국 전체 사유재산의 1000분의 1에 해당했다.

8 소비세의 일종으로 최종 판매자가 소비자에게 부과하여 납부하게 한다. 한국의 부가가치세와 유사하다.-옮긴이

9 한 단계 더 나아가, 이 방법으로 미래 저축의 현재가치에 현재 순자산net worth을 합산해 현재 달러 가치로 환산한 미래 부의 수준을 추측할 수 있다. 이 방법은 애널리스트들이 기업의 가치를 현재 달러 가치로 계산하는 데 이용하는 방법과 유사하고, 따라서 주식의 적정가치 계산법과 유사하다. 미래의 예상 물가상승률을 이용해 미래 특정 시점의 부의 가치를 구할 수 있다.

24장

1 거래비용이나 소득세는 포함하지 않는다. 매수 후 보유하는 투자자는 거래 비용으로 잃는 부분이 거의 없고 배당금에만 세금이 부과된다.

2 영국 고전학파 경제학자이자 《인구론An Eassy on the Princile of Population》의 저자− 옮긴이

3 특정 권리의 귀속이 무기한으로 연기되는 것을 금지하는 법안−옮긴이

4 이른바 한계효용체감이다.

25장

1 Sharpe, William, "The Arithmetic of Active Management," *Financial Analyst's Journal*, Vol. 47, No. 1, pp. 7~9, January/February, 1991

2 매매 회전율은 펀드매니저의 자의가 아니라 펀드 자금의 유출입에 의해서도 영향을 받을 수 있다.−옮긴이

3 시장에서 특정 거래나 주문으로 야기된 주가 움직임−옮긴이

4 투자 후보 종목군−옮긴이

5 현금보유로 인한 기회비용. 펀드가 현금을 보유할 때, 현금에 대한 기대수 익률이 주식에 대한 기대수익률보다 낮아 펀드 수익률이 하락하는 현상−옮 긴이

6 Mamudi, Sam, *Wall Street Journal*, October 8, 2009, p. C9

7 추가 과세 대상 손익은 나중에 투자를 청산할 때 상쇄된다.

8 세금으로 인해 손에 들어오는 금액은 매도가격의 70퍼센트이다. 100달러를 회복하려면 70달러에서 30달러만큼, 즉 42.9퍼센트 주가가 상승해야 한다.

26장

1 누구도 시장을 이길 수 없다니 터무니없이 들릴 것이다. 어떤 형태로든 예 측력predictive value이 있는 정보라는 것을 가진 사람은 없다는 것이 실제 의미 이다.

2 단독 소유자의 이익을 위해 지급되거나 누적된 순가치로 해석된다.

3 스팩을 매수하는 것은 무위험 투자가 아니었다. 파산할 경우 자산을 채권자 로부터 보호할 수 없었기 때문이다. 전략을 개발한 제프는 스팩에 투자하기

전에 매번 관련 위험을 조사했다.

4 미국에서 제조사는 판매된 자동차에 대해 '딜러 리베이트'라는 명목으로 장려금을 지급한다. 딜러는 이 장려금을 광고 및 다양한 목적으로 사용하는데 리베이트를 고객에게 돌려주는 방식으로 실질적으로 자동차 가격을 할인해주기도 한다.-옮긴이

5 옵션이 행사되면 발행주식이 늘어나 보통주 가치가 희석된다.-옮긴이

6 자세한 설명은 생략했지만 증거금 규정과 투자자의 기존 포트폴리오의 관계, 그리고 시간에 따라 달라지는 쇼트 포지션의 시가를 반영해 투자에 필요한 실제 현금은 9,000달러에서 변동한다.

7 "Palm Soars As 3Com Unit Makes Its Trading Debut," *Wall Street Journal*, March 3, 2000, p. C19

8 Malkiel, Burton G., *A Random Walk Down Wall Street*, Norton & Co., New York, 2007

9 "Offspring Upstages Parent In Palm Inc.'s Initial Trading," *New York Times*, March 3, 2000, p. A1

10 깜짝실적, 자사주 매입, 인적분할 등이 발표된 뒤 주가에 완전히 반영되기까지는 대개 몇 주에서 몇 개월이 소요된다.

27장

1 뮤추얼펀드 운용회사와 헤지펀드 GP의 지분은 대개 별도로 상당한 시장가치를 지니지만 비상장주식 하위 범주의 일부로 이미 계산에 반영되었다.

2 "Causes of the United States Housing Bubble," Wikipedia, 09/16/09 version; Ziemba, William, "What Signals Worked and What Did Not 1980~2009", Parts I, II, III, *Wilmott magazine*, May, July and Sept. 2009

3 일반적으로 물가상승률을 초과하는 상당한 수익률은 주거용 부동산이 아닌 상업용 부동산에서 나온다. 주택 소유자 및 구매 희망자는 대개 이 차이를 구분하지 못한다. 또한 다양한 시기와 장소에서 큰 돈을 벌었다는 이야기에 현혹되기도 한다. 주식시장 투자자들도 같은 오류를 범한다. 많은 사람들이 양쪽 시장에 겹치는 만큼 당연한 일이다. 행동재무학 이론가들은 인간의 이러한 경향을 분석했다.

4 Hechinger, John, "Princeton's Endowment Declines 23 percent," *Wall Street Journal*, September 30, 2009, p. C3

5 '행운의 공식'은 1961년 미국수학협회 연례 회의의 내 발표문 제목과 같다. 파운드스톤이 책 제목으로 써도 되는지 정중히 문의해왔다.

6 기댓값, 또는 성공 확률-옮긴이

7 이겼을 때 얻는 보상, 또는 원금 대비 수익률-옮긴이

8 Patterson, Scott, "Old Pros Size Up the Game," *Wall Street Journal*, March 22, 2008, p. A9

9 Edward O. Thorp, "Understanding the Kelly Criterion," *Wilmott*, May 2008, pp. 57~59; http://undergroundvalue.blogspot.com/2008/02/notes-from-buffett- meeting-2152008_23.html.

10 생사혼합보험. 피보험자가 보험기간 중에 사망하면 사망보험금을 지급하고 미리 정한 연령까지 생존해있을 경우 일정 비율로 종신연금을 지급하는 보험-옮긴이

28장

1 거래적transactional 기부와 대조되는 개념으로 기부자의 철학과 의도가 기부를 받는 단체와 수혜자에 영향을 미치고 변화를 이끌어내기를 추구하는 기부를 뜻한다.-옮긴이

2 버크셔 주식을 계속 보유하지 않는 이유는 먼 미래에 누가 기금을 운용할지 예측할 수 없고, 따라서 지수 추종이라는 잘 알려진 기계적 접근법에 투자금을 안전하게 묶어두는 것이 최선이라고 생각하기 때문이다. 액티브 투자로 인한 비용의 낭비도 피할 수 있다.

3 *Fortune*, August 11, 2003

4 Steven B. and Bermis, Warren, *Los Angeles Times Book Review*, July 13, 2003, p. R9

5 석좌기금을 설립할 수 있도록 격려하고 도움을 준 로널스 스턴 교수, 법적 도움을 주고 통찰력 있는 대화를 이어간 대학 재단의 폴 막스, 그리고 기부가 가능한 여건을 만들어 준 비비안에게 감사를 표한다.

6 Gross(1997), p. 90

7 수와 빌이 나중에 400만 달러를 추가로 기부해 4층 회의장과 연구실을 완성했다.

29장

1 *Los Angeles Times*, March 12, 2010

2 $10, $20, $40, $80, $160, $320 … -옮긴이

3 $90, $180, $360, $720, $1,440, $2,880 … -옮긴이

4 10퍼센트씩 다섯 차례 상승한 주가는 각각 $100, $110, $121, $133.10, $161.05 이다.

5 이익을 증거금에 추가하여 증거금 거래를 확대하는 것-옮긴이

6 2의 10제곱=1024배-옮긴이

7 결과가 원인을 촉진하는 현상. 반대로 음성피드백negative feedback은 결과가 원인을 억제하는 현상을 가리킨다.-옮긴이

8 1925년 말~1929년 8월말까지의 월말 수익률은 이전 최고점인 10퍼센트에서 하락하지 않았다. 이는 주가가 상승해 차입하기에 유리한 여건이었다는 뜻이다.

9 다음 참고: Thorp, Edward O. and Kassouf, Sheen T., *Beat the Market*, Random House, New York, 1967, Chapter 11

10 포트폴리오 보험은 주식선물을 매도해 주가 하락에 대비할 목적으로 고안되었지만 일단 시장이 하락하자 선물 매도세가 가속화되며 오히려 현물 주식 가격의 하락을 부채질하는 결과를 낳았다.-옮긴이

11 즉, 매수대금의 10퍼센트만 납부하고 보유한 포지션-옮긴이

12 *Frontline: The Warning*, October 20, 2009, pbs.org

13 입증 서류를 요구하지 않고 대출 신청자가 단순 기입한 소득과 자산 정보만으로 실행된 주택구입자금 대출-옮긴이

14 노동자가 실업상태가 아니었다면 가능했을 생산활동은 영원히 회복 불가능하다. 사회적 낭비는 방치된 채 낡아가는 빈 집, 산산조각난 삶이 사회에 미치는 영향 등을 가리킨다.

15 발생 가능성이 상당히 낮지만 일단 발생하면 엄청난 충격을 가져오는 사건-옮긴이

16 Krugman, Paul, "How Did Economists Get It So Wrong?" *New York Times Magazine*, September 6, 2009, pp. 36~43.

17 Patterson, Scott, *The Quants: How a Small Band of Math Wizards Took Over Wall Street and Nearly Destroyed It*, Crown, New York, 2010.

18 자산의 소유권을 나타내는 종이. 실물자산과 대비되는 개념으로 주식, 화폐, 채권 등이 대표적 종이자산이다.-옮긴이

19 고수익·고위험 증권-옮긴이

20 케인즈는 같은 맥락에서 "장기적으로, 우리는 모두 죽고 없을 것이다."라고 말했다('장기적'인 시각은 현재의 문제를 호도한다는 뜻-옮긴이).

21 Krugman, Paul, "Good and Boring," *New York Times* Op-Ed, February 1, 2010

22 Hiltzik, Michael, "Echoes of Bell in CEO Salaries," *Los Angeles Times*, page 31, October 3, 2010

23 Adler, Moshe, "Overthrowing the Overpaid," *Los Angeles Times Opinion*, p. A15, January 4, 2010

30장

1 예방접종 역시 사람들이 접종을 마친 사람으로부터 병을 옮지 않도록 한다는 점에서 긍정적 외부효과이다.

2 소득과 관계없이 일정한 세율을 적용하되 전체 세수에 변동을 일으키지 않는 과세-옮긴이

3 상위 1퍼센트가 과세소득의 3분의 1을 차지하고 그다음 9퍼센트가 3분의 1, 하위 90퍼센트가 나머지 3분의 1을 차지한다.

4 숫자를 대략적 살펴보면 2015년 정부의 세수는 3조 2,500억 달러, GNP는 18조 달러였다. 저소득 가구를 위해 2조 달러를 면제하고 남은 GNP 16조 달러에 단일세율로 세금을 부과하는 경우 실효세율, 즉 소득 대비 실제 세금 납부 비중은 3.25(실제 납부한 세금)/16(소득), 즉 20퍼센트이다.

부록 A

1 정부가 물가상승률 산출법을 여러 차례 수정한 결과, 1970년대 이후 물가상 승률은 실제보다 훨씬 낮게 표시될 수 있다. 그 근거와 그로 인한 투자자와 소비자의 영향에 관한 통찰력 있는 논의를 위해 핌코 홈페이지(www.pimco. com)에서 빌 그로스의 글 "인플레이션 속임수Fooling with Inflation"(2008.6)를 참고 했다. 최신 소비자물가지수와 월별 수치는 다음 링크를 방문하거나 구글 검 색을 이용한다. (ftp://ftp.bls.gov/pub/specialrequests/cpi)

부록 C

1 72 법칙은 72를 수익률로 나누어 원금이 2배가 되는 기간을 간단히 계산하 는 방법이다. 이때, 각 수익률별로 72를 '정확한 법칙' 열의 값으로 대체하면 소요 기간을 좀 더 실제와 가깝게 구할 수 있다.-옮긴이

2 72 법칙의 정확도는 수익률이 8퍼센트일 때 가장 높고, 8퍼센트를 기준으로 점차 하락한다.-옮긴이

3 72.05÷0.30103=239.34-옮긴이

4 *Los Angeles Times*, Thursday, September 7, 2000, p. C5

참고문헌 ————————————————————————————

Bass, Thomas A. *The Endaemonic* Pie. New York: Houghton Mifflin, 1985.

Black, Fischer, and Myron Scholes. "The Pricing of Options and Corporate Liabilities." *Journal of Political Economy* 81.3 (1973): 637~54.

Blackwood, Kevin, and Larry Barker. *Legends of Blackjack: True Stories of Players Who Crushed the Casinos*. Kindle EBook, April 5, 2009.

Bogle, John C. *Bogle on Mutual Funds: New Perspectives for the Intelligent Investor*. Burr Ridge, IL: Irwin, 1994.

Edwardothorp.com.

Feller, William. *An Introduction to Probability Theory and Its Applications*, Volume I. New York: Wiley, 1957, 1968.

Fox, Justin. *The Myth of the Rational Market: A History of Risk, Reward, and Delusion on Wall Street*. New York: Harper Business, 2009.

Griffin, Peter A. Introduction. *The Theory of Blackjack: The Compleat Card Counter's Guide to the Casino Game of 21*. Las Vegas, NV: Huntington, 1995, 1999.

Gross, William H. *Bill Gross on Investing*. New York: Wiley, 1998.

Ibbotson SBBI 2014 Classic Yearbook: Market Results for Stocks, Bonds, Bills, and Inflation, 1926~2013. Chicago, IL: Morningstar, 2014.

Kelly, J. L. "A New Interpretation of Information Rate." *Bell System Technical Journal* 35.4 (1956): 917~26.

Lack, Simon. *The Hedge Fund Mirage: The Illusion of Big Money and Why It's Too Good to Be True*. Hoboken, NJ: Wiley, 2012.

MacLean, L. C., Edward O. Thorp, and W. T. Ziemba. *The Kelly Capital Growth Investment Criterion: Theory and Practice*. World Scientific, 2011.

Malkiel, Burton Gordon. *A Random Walk Down Wall Street: The Time-tested Strategy for Successful Investing*. New York: W. W. Norton,

592

2007.

Mezrich, Ben. *Bringing Down the House: The Inside Story of Six MIT Students Who Took Vegas for Millions*. New York: Free Press, 2002.

Munchkin, Richard W. *Gambling Wizards: Conversations with the World's Greatest Gamblers*. Las Vegas, NV: Huntington, 2002.

Munger, Charles T., and Peter D. Kaufman. *Poor Charlie's Almanack: The Wit and Wisdom of Charles T. Munger*. Foreword by Warren Buffett. Virginia Beach, VA: Donning Publishers, 2008.

O' Neil, Paul. "The Professor Who Breaks the Bank." *Life* 27 March 1964: 80~91.

Patterson, Scott. *The Quants: How a New Breed of Math Whizzes Conquered Wall Street and Nearly Destroyed It*. New York: Crown, 2010.

Poundstone, William. *Fortune's Formula: The Untold Story of the Scientific Betting System That Beat the Casinos and Wall Street*. New York: Hill and Wang, 2005.(한국어판: 윌리엄 파운드스톤, 《머니 사이언스》, 동녘사이언스, 2006)

Schroeder, Alice. *The Snowball: Warren Buffett and the Business of Life*. New York: Bantam, 2008.(한국어판: 앨리스 슈뢰더, 《스노볼》 1~2, 랜덤하우스코리아, 2009)

Segel, Joel. *Recountings: Conversations with MIT Mathematicians*. Wellesley, MA: A K Peters/CRC Press, 2009.

Siegel, Jeremy J. *Stocks for the Long Run: The Definitive Guide to Financial Market Returns and Long-Term Investment Strategies*. New York: McGraw-Hill, 2008.

Taleb, Nassim Nicholas. *The Black Swan: The Impact of the Highly Improbable*. New York: Random House, 2007.(한국어판: 나심 니콜라스 탈레브, 《블랙스완》, 동녘사이언스, 2018)

____. *Fooled by Randomness: The Hidden Role of Chance in Life and in the Markets*. New York: Random House, 2005.(한국어판: 나심 니콜라스

탈레브, 《행운에 속지 마라》, 중앙북스, 2016)

Thorp, Edward O., and Sheen T. Kassouf. *Beat the Market: A Scientific Stock Market System*. New York: Random House, 1967.

____. *Beat the Dealer: A Winning Strategy for the Game of Twenty-One*. New York: Random House, 1962, Rev. 1966, Rev. 2016.(한국어판: 에드 워드 O. 소프, 《딜러를 이겨라》, 이레미디어, 2015)

____. "A Favorable Strategy for Twenty-One." *Proceedings of the National Academy of Sciences* 47.1 (1961): 110~12.

____. "Optimal Gambling Systems for Favorable Games." *Review of the International Statistical Institute* 37.3 (1969): 273~93.

____. "The Kelly Criterion in Blackjack, Sports Betting, and the Stock Market." *Handbook of Asset and Liability Management*, Volume 1, Zenios, Stavros Andrea, and W. T. Ziemba, Editors. Amsterdam: Elsevier, 2006.

Wong, Stanford. *Professional Blackjack*. La Jolla, CA: Pi Yee, 1994.

옮긴이 | 김인정

전북대학교 영어영문학과를 졸업하고 성균관대학교 번역대학원에서 문학(번역학) 석사학위를 받았다. 증권투자권유자문인력, 펀드투자권유자문인력 자격을 보유하고 있으며, 씨티은행, 삼성증권, 대우증권을 거쳐 현재 국내 증권사 리서치센터에서 전문 번역가로 일하고 있다. 옮긴 책으로는 《현명한 옵션매도 투자자》, 《현명한 채권투자자 개정증보판》, 《주식시장의 마법사들》, 《투자를 어떻게 할 것인가》가 있다.

나는 어떻게 시장을 이겼나

초판 1쇄 발행 2019년 4월 25일
초판 4쇄 발행 2022년 8월 10일

지은이 에드워드 O. 소프
옮긴이 김인정
감 수 신진오

펴낸곳 (주)이레미디어
전 화 031-908-8516(편집부), 031-919-8511(주문 및 관리)
팩 스 0303-0515-8907
주 소 경기도 파주시 회동길 219(문발동 518-1), 사무동 4층 401호
홈페이지 www.iremedia.co.kr
이메일 ireme@iremedia.co.kr
등 록 제396-2004-35호

편집 이영주, 이치영
디자인 에코북디자인
마케팅 박주현, 연병선
재무총괄 이종미
경영지원 김지선

979-11-88279-45-6 03320

가격은 뒤표지에 있습니다.
잘못된 책은 구입하신 서점에서 교환해드립니다.
이 책은 투자 참고용이며, 투자 손실에 대해서는 법적 책임을 지지 않습니다.

이 도서의 국립중앙도서관 출판예정도서목록(CIP)은 서지정보유통지원시스템 홈페이지(http://seoji.nl.go.kr)와 국가자료종합목록시스템(http://www.nl.go.kr/kolisnet)에서 이용하실 수 있습니다. (CIP제어번호:CIP2019009537)